JN434459

제4판

Introduction to
Tourism Resources

관광자원론

김영규 저

기문사
www.kimoonsa.co.kr

머리말

관광자원은 관광의 주체인 관광객으로 하여금 관광대상이 되는 목적물로서 매력과 유인력을 발휘하면서 동시에 관광객들의 욕구와 동기를 충족시켜주는 요소로서 "관광가치를 지닌 유형 및 무형의 관광대상"이라 정의할 수 있다. 이와 같은 의미에서 관광자원은 관광객체(관광대상)로서 관광산업에 중요한 경제적 가치를 생산해 내는 관광상품이 되고 있다. 이에 관광관련 학과 교과목에 관광자원론이 대부분 필수과목으로 편제되어 배우고 있다.

이 교재는 관광자원 학습의 범주를 알아보기 위한 목적의 안내서로서 관광분야를 배우는 학생들이 우리나라 관광자원에 대해 이해하고 기본 소양을 쌓는데 도움이 될 수 있도록 전면 개정을 통하여 내용 보완에 노력하였으며, 전체 9장으로 관광자원론의 체계를 구축하여 기술하였다.

이 교재는 관광자원의 이해에 필요한 내용을 중심으로 총 9장으로 구성되었다. 제1장에서는 자연지리적 관광환경의 이해를 돕기 위한 장으로 구성하였고, 제2장에서는 관광자원의 기초적 개념을 간략히 서술하였다. 제3장에서는 관광자원 해

P · r · e · f · a · c · e

설, 제4장에서는 자연관광자원 제5장은 문화관광자원, 제6장은 사회관광자원 제7장은 산업관광자원, 제8장은 위락관광자원 제9장은 관광자원 개발을 다루었다.

이 교재의 집필은 저자의 강의자료와 더불어 여러 학자들의 저서와 논문 및 정부간행물, 특히 신문기사 사례들의 관련 기사를 인용하였음을 밝히고 지면으로나마 깊은 감사의 뜻을 전하고 싶다.

집필 시 완벽을 기하려고 노력하지만 시간에 쫓겨 개정판의 미진한 부분 및 오류에 대한 지적이 있을 수 있다. 따라서 지속적으로 수정 . 보완해 나가며 책의 가치를 높이는데 주력할 생각이다.

끝으로 이 책의 출판을 맡아주신 기문사 여러분께 감사의 마음을 전한다.

저자 김영규

차례

제5장 ▶ 문화관광자원 • 155

제6장 ▶ 사회관광자원 • 219

제1장

자연지리적 관광환경

Introduction to
Tourism Resources
관광자원론

제1장

자연지리적 관광환경

제1절 국토 인식의 변화

1. 국토의 의미와 국토관

1) 국토의 의미

국토는 국민, 주권과 함께 국가를 구성하는 요소이다. 국토란 국가의 주권이 미치는 배타적인 공간적 범위로 외부의 침입으로 보호되어야 할 영역으로 일반적으로 영토와 영해, 영공을 말하며, 국토가 경제적 개념으로 사용될 때에는 국민생활 활동의 기반을 의미한다. 또한 이곳을 삶의 터전으로 살아왔으며 현재는 물론 미래에도 생활과 생산활동을 영유해 나갈 생활 공간으로 국가를 구성하는 기본요소이다.

2) 국토관

국토는 과거부터 현재까지우리의 다양한 삶이 누적된 생활 공간이며 국민의 행복과 국가의 번영이 실현되는 공간이자 미래 세대에게 물려주어야 할 공간이다. 우리는 살아가는 동안 국토에 대한 인식과 관점, 즉 국토관을 형성하게 된다. 국토관에 따라 국토를 이용하는 태도나 방식이 달라지기 때문에 우리가 어떤 국토관을 갖느냐에 따라 우리 국토의 미래 모습이 달라질 수 있다. 국토는 한번 훼손되면 다시 회복되기 어렵다. 따라서 우리는 올바른 국토관의 확립과 국토애 함양에 힘써야 한다.

2. 국토 인식의 변화

1) 경제 개발 과정에서의 국토관

1960년대 이후 경제 개발이 본격적으로 추진되면서 경제적 효율성의 관점에서 국토를 인식하는 국토관이 대두되었고, 이에 따라 삶의 질을 높이기 위하여 국토를 적극적으로 개발 · 이용하기 시작하였다. 갯벌을 매립하여 농경지, 산업 단지 등을 조성하였고, 홍수 피해를 줄이고 용수를 확보하는 등 수자원을 효율적으로 이용하기 위하여 주요 하천에 댐을 건설하였다. 또한 산업화에 필수적인 교통 시설도 대폭 확충되었다. 전국 곳곳에 철도와 도로를 건설하였다. 이처럼 개발과 성장 중심의 적극적인 국토 개발의 결과 경제는 비약적으로 성장하였지만 지역 간 불균형과 심각한 자연 훼손, 환경 파괴 등의 문제가 나타났다. 이러한 문제는 국토의 지속 가능한 발전을 저해하는 요인이 되었으며, 이에 따라 국토에 대한 인식의 변화가 필요해졌다.

2) 생태적 국토관의 대두

국민 소득의 향상과 함께 삶의 질과 친환경적 삶에 대한 관심이 커지고 있다. 또한 과도한 국토 개발이 환경적으로 건전하고 지속 가능한 발전을 저해할 수 있다는 인식이 높아지면서 국토 환경을 보존하며 이용하려는 노력이 나타나고 있다. 이에 따라 인간과 자연의 조화를 추구하는 생태학적 국토관에 대한 관심이 증가하고 있다.

국토를 이용의 대상으로만 보는 것이 아니라, 생태계의 보전과 자원 이용 사이의 형평성을 도모하고 지역 간 조화와 균형을 중시하는 방향으로 인식이 전환되었다. 자연은 일정한 한도 내에서 자정 능력이 있으므로, 국토를 적절한 수준에서 이용하면 경제 성장과 환경 보전을 동시에 달성하는 지속 가능한 발전을 이룰 수 있다.

미래의 우리 국토 개발은 아름답고 자연 친화적인 주거 환경을 갖추는 동시에 지속 가능한 개발을 통해 현 세대뿐만 아니라 후손들의 삶의 질까지 보장하는 방향으로 이루어져야 한다.

신문 읽기

일본이 독도보다 탐내는 '7광구'…5조弗 원유 뺏기나

사우디 매장량 10배 규모 원유 · 천연가스 매장 추정…2029년 이후 일본에 영유권 뺏길 가능성 커

일본이 독도보다도 더 탐내는 한국의 영토가 있다. 바로 세계 최대 산유국인 사우디아라비아의 10배에 달하는 원유와 천연가스가 묻혀 있을 것으로 추정되는 '꿈의 광구', 대륙붕 '제7광구' 다.

7광구는 제주도 남쪽 바다부터 일본 오키나와 해구 직전까지 이어진 대륙붕으로, 면적은 서울의 약 124배인 8만 2000㎢에 이른다. 이 지역이 주목받는 이유는 원유와 천연가스 매장량이 상당할 것으로 추정되기 때문이다.

미국 우드로윌슨연구소는 7광구가 위치한 대륙붕 전체에 천연가스가 약 175조~210조 입방피트 매장돼 있을 것으로 분석했다. 이는 사우디아라비아 매장량의 10배에 달하는 규모다. 원유 매장량도 미국 전체 매장량의 4.5배인 1000억 배럴에 달하는 것으로 추정된다. 유가를 배럴당 50달러로 단순 계산해도 경제적 가치가 무려 5조 달러, 우리 돈으로 5600조 원에 이른다. 그래서 '아시아의 페르시아만' 이라는 별명도 붙었다.

7광구에 가장 먼저 주목한 나라는 한국이다. 1970년 박정희 전 대통령이 이 지역을 7광구로 설정하고 영유권을 선포했다. 온 나라가 '우리도 산유국이 될 수 있다' 는 기대감에 부풀었다. '제7광구' 라는 제목의 대중가요까지 등장했을 정도다. '나의 꿈이 출렁이는 바다 깊은 곳/흑진주 빛을 잃고 숨어 있는 곳/제7광구 검은 진주' 라는 가사는 당시 분위기를 그대로 보여준다.

하지만 '산유국의 꿈' 은 아직까지 실현되지 못했다. 한국은 영유권 선포 이후 50년 가까이 독자적 시추 한 번조차도 진행하지 못했다. 일본과의 외교 분쟁이 발목을 잡았다.

일본은 한국이 7광구에 대한 영유권을 선포하자마자 강하게 반발했다. 한일 간 서남해 해저지역은 공유 대륙붕이기 때문에 등거리 원칙에 의한 중간선으로 영유권을 나눠 가져야 한다는 게 일본의 주장이었다. 일본이 '경제원조 중단' 카드까지 꺼내들며 압박하자 한국 정부로서는 선택의 여지가 없었다. 결국 1974년 양국 정부는 '한 · 일 공동개발협정' 을 체결했다. 협정 기간은 1978년부터 50년간으로, 7광구의 이름을 '한 · 일공동개발구역(JDZ)' 으로 바꾸고 '개발을 양국이 반드시 같이 해야 한다' 는 내용이 골자였다.

하지만 협정 발효 후에도 제대로 된 시추는 이뤄지지 못했다. 1986년 몇 차례 공동탐사를 진행한 끝에 일본이 경제성이 없다는 이유로 탐사를 중단했기 때문이다. 당시 기술력이 부족했던 한국은 이를 받아들일 수 밖에 없었다. 현재는 충분한 기술을 확보했지만 양국이 개발을 함께 해야 한다는 '독소조항' 탓에 독자적 시추가 불가능한 상황이다.

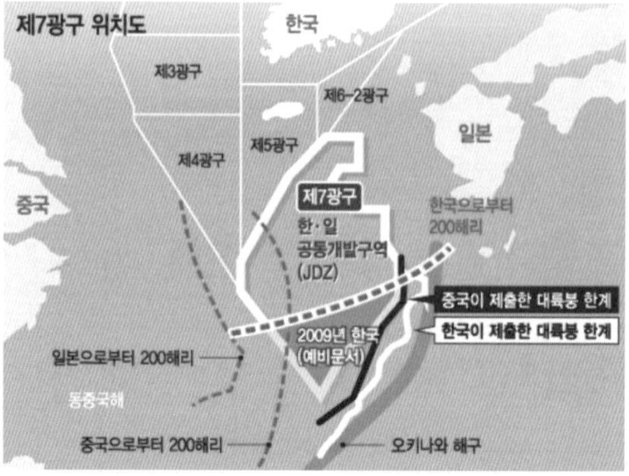

업계에서는 일본이 공동개발을 그만둔 이유에 대해 경제성이 아닌 다른 속셈이 있기 때문이라고 분석하기도 한다. 협정 기간이 끝나는 2029년 이후 독자적인 영유권을 확보하기 위해 시간 끌기 전략을 쓰고 있다는 얘기다.

1970년 한국이 영유권을 선포할 때만해도 대륙붕의 영유권은 대륙붕이 시작된 나라에 귀속된다는 '자연연장설'이 대세였다. 7광구와 일본 사이에는 깊이가 8000m에 이르는 오키나와 해구가 있어 당시 일본으로선 대륙붕의 영유권을 주장하기 어려웠다.

그러나 1985년 '리비아-몰타 대륙붕사건'을 계기로 국제적 분위기가 반전된다. 지형이 아닌 거리를 기준으로 바다영역의 영유권을 갈랐기 때문이다. 일본 입장에서는 7광구의 영유권을 주장할 기회를 잡은 셈이다. 현재 한국은 7광구의 중심부에 이어도 종합해양기지를 짓고 일대를 실효적으로 지배하고 있다. 하지만 영유권 판단 기준이 일본에 유리하게 바뀐 만큼, 협정 만료 이후에 한국이 영유권을 보장받을 수 있을지 불확실하다. 2029년이면 7광구가 일본 영토로 넘어갈 가능성이 크다.

한국 정부는 국제 공론화를 통해 7광구의 영유권을 확보하겠다는 전략을 세웠다. 외교부는 2013년 유엔 대륙방한계위원회(CLCS)에서 7광구가 한국의 영토라는 입장을 공식적으로 밝히고 심의를 신청했다. 하지만 CLCS는 권고만 할 뿐 구속력을 가진 결정을 하지 못한다. 특히 어느 한쪽이라도 분쟁을 제기하면 심사도 할 수 없어 심의가 열리기 어려운 구조다. 결국 양국이 협상을 통해 결정해야 하는데, 현재는 한일 관계가 악화하면서 논의 자체가 진행되지 못하고 있다.

자료 : 머니투데이, 2019. 03. 01

3. 국토의 위치와 영역

1) 우리나라의 위치

위치란 지리적 현상 및 대상이 지표상의 어느 곳에 자리 잡고 있는지 알려주는 것으로 일반적으로 한 나라의 위치는 자연환경이나 역사, 문화, 경제, 국제관계 등에 큰 영향을 받기 때문에 위치는 국가의 과거와 현재를 이해하고 미래를 예측하는데 도움이 된다. 국토의 위치는 수리적 위치, 지리적 위치, 관계적 위치 등에 의해 구분되는데 수리적 위치는 위도와 경도로 표현되고, 지리적 위치는 대륙 · 해양 등 지형지물로 표현되며, 관계적 위치는 주변국과의 정치 및 경제적 관계에 따라 결정된다. 수리적 · 지리적 위치는 변하지 않는 절대적 특징을 갖지만 관계적 위치는 상대적이고 가변적인 특징을 갖는다.

(1) 수리적 위치

수리적 위치란 지구 표면상의 일정 지점을 위도와 경도로 표시한 위치로서, 변화가 불가능하기 때문에 절대적 위치라고도 한다. 위도상의 위치는 각 지역의 기후, 식생 등의 분포에 영향을 미치며, 경도상의 위치는 각 지역의 시간대 및 시간차와 관련되어 있다.

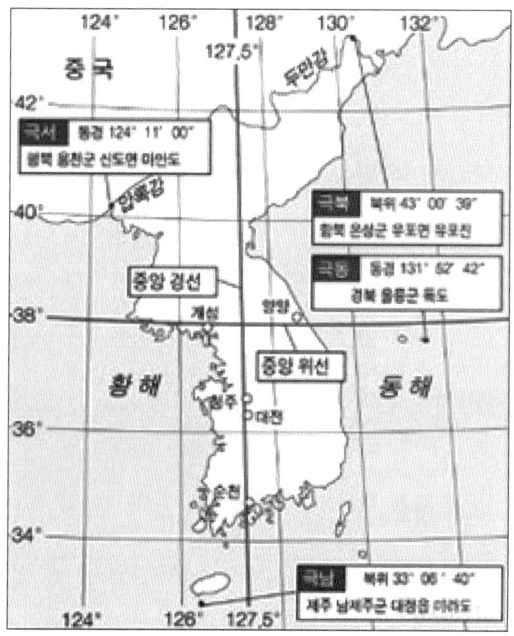

우리나라는 위도상으로 북위 33~43°의 북반구 중위도에 위치하여 계절 변화가 뚜렷한 냉 · 온대 기후가 나타난다. 경도상으로 동경 124~132°에 위치하며, 표준 경선은 동경 135°로 우리나라의 표준시는 본초 자오선이 지나는 영국보다 9시간 빠르다.

(2) 지리적 위치

지리적 위치란 육지, 해양, 반도 등 자연 지형의 관점에서 파악한 위치로서, 자연적 위치라고도 한다. 우리나라는 유라시아 대륙의 동쪽, 태평양의 서쪽에 위치하며 대륙의 영향을 받아 기온의 연교차가 큰 대륙성 기후가 나타난다. 또한, 국토의 삼면이 바다로 둘러싸인 반도국이기 때문에 대륙과 해양으로 진출하는데 유리하다. 이러한 지리적 위치를 기반으로 임해공업 지역이 발달하였으며, 국제 무역과 문화교류가 활발하다.

(3) 관계적 위치

관계적 위치란 주변 국가와의 상호 관계에 따라 달라지는 위치로, 고정 · 불변적인 것이 아니라 주변의 시대 상황과 국제 정세에 따라 상대적이고 가변적으로 많은 변화가 나타난다. 우리나라는 대륙 세력과 해양 세력이 만나는 지역에 위치하고 있어 주변 국가의 영향을 많이 받았다. 오늘날 우리나라는 빠른 경제성장과 민주주의 발전을 바탕으로 세계 여러 국가와 활발하게 교류하면서 태평양 시대의 중심 국가로 발전하고 있다.

2) 우리나라의 영역

영역은 한 국가의 주권이 미치는 공간 범위로 영토, 영해, 영공으로 이루어진다. 영토는 육지의 공간적 범위, 영해는 바다의 공간적 범위, 영공은 하늘의 공간적 범위를 의미한다.

(1) 영토

영토(領土, territory)는 한 나라의 주권이 미치는 지표상의 범위로 토지로 이루어진 국가영역을 말하며, 국제법에서는 국가의 통치권이 미치는 구역으로 정의한다.

우리나라의 영토는 한반도와 그 부속도서로 구성되어 있다. 우리나라의 총 면적은 약 22.3만 ㎢이고, 그 중 남한의 면적은 약 10만 ㎢이다. 우리나라는 간척사업으로 국토면적은 넓혀 왔다.

(2) 영해

영해(領海, territorial waters)는 해안선으로부터 일정한 거리까지의 해역 즉, 영토에 인접한 해역으로서 국가의 주권이 미치는 해역을 말한다.

일반적으로 저조선으로부터 12해리(1해리 : 1852m)까지를 영해로 설정한다. 동해안, 제주도, 울릉도, 독도 등은 통상기선에서 12해리까지로서 남해안은 해안선이 복잡하고 섬이 많아 직선기선에서 12해리까지를 영해로 설정한다. 일본과 가까운 대한해협에서는 직선거리에서 3해리까지만 영해로 설정한다. 각국은 영해기선으로부터 200해리(약 370km)까지의 바다에서 영해를 제외한 수역을 배타적 경제수역(EEZ, Exclusive Economic Zone)으로 설정할 수 있다. 배타적 경제수역은 천연자원 탐사, 개발보전과 어업활동에 관한 배타적 권리를 주장할 수 있는 해역을 가리킨다.

(3) 영공

영공(領空, territorial air)은 한 나라의 영토와 영해의 수직 상공으로 그 나라의 주권이 미치는 범위를 말한다.

영공의 범위는 일반적으로 대기권에 한정되며 대기면 밖의 우주공간은 어느 국가든 자유롭게 이용할 수 있다. 항공교통이 발달하고 인공위성을 통한 관측자료수집이 늘어나면서 영공의 경제적 가치가 점차 커지고 있다.

신문읽기 한국인 92%, 국토 17%에 몰려산다…작년 개발허가 경기도 1위

2018 도시계획현황…1년새 자연환경보전지역 여의도 8.4배 면적 감소

▲2018년 도시지역 거주인구는 4천759만6천명으로 조사됐다. (사진=연합)

우리나라 국민의 92%는 전체 국토 면적의 17%에 불과한 도시에 몰려 사는 것으로 나타났다. 24일 국토교통부가 발표한 '2018년 도시계획현황' 통계에 따르면 지난해 기준 우리나라의 용도지역상 도시지역은 1만 7789㎢로 전체 국토면적(10만 6286㎢)의 약 16.7%를 차지했다. 지난해 기준 도시지역에 거주하는 인구는 4759만여 명으로 전체 인구(5182만여 명)의 91.84%를 차지했다. 2017년과 비교해선 5만여 명이 늘었다. 도시지역에 거주하는 인구비율은 1970년대에는 50% 수준에 불과했고 1990년대에는 80%대였지만 2005년부터는 90%를 웃돌고 있다.

용도지역은 '국토의 계획 및 이용에 관한 법률'에 따라 토지를 경제적 · 효율적으로 이용하기 위해 토지를 도시지역, 관리지역, 농림지역 및 자연환경보전지역으로 나눠 관리하는 것을 말한다. 도시지역은 주거지역, 상업지역, 공업지역, 녹지지역으로 나뉜다.

2018년 기준 용도지역상 도시지역은 1만 7789㎢로 전체의 16.7%를 차지했다. 농림지역이 4만 9351㎢로 46.5%를 차지해 가장 많았고 관리지역 2만 7223㎢과 자연환경보전지역 1만 1923㎢이 각각 25.6%, 11.2%를 차지했다.

도시지역을 살펴보면 주거지역이 2684㎢로 15.1%를 차지했다. 녹지지역이 1만 2628㎢(71%)였고 공업지역 1198㎢과 상업지역 335㎢이 각 6.7%, 1.9%씩 차지했다. 미지정지역은 944㎢(5.3%)였다. 주거지역(14.0㎢), 상업지역(3.7㎢), 공업지역(16.6㎢), 녹지지역(11.8㎢) 모두 전년대비 소폭 늘었다.

도시지역 인구 비율

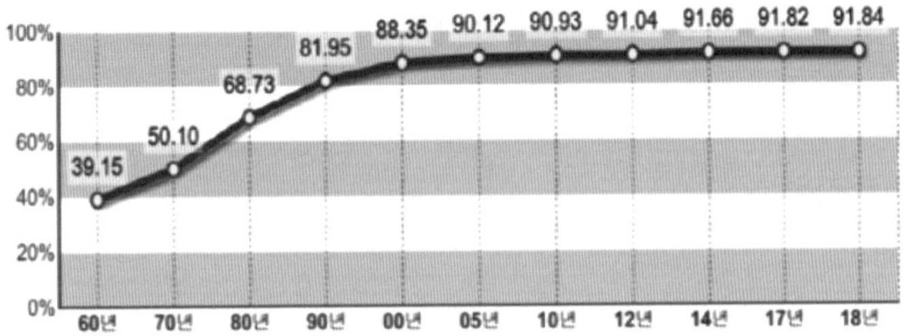

• 도시지역 인구비율: 도시지역 면적 / 행정안전부 주민등록 인구

2017년과 비교해 지역별 증감을 보면 도시(0.9%), 관리(0.2%) 지역은 소폭 늘었지만, 자연환경보전지역은 1년 새 0.2%(24.4㎢) 줄었다. 여의도 면적(윤중로 제방 안쪽 기준 2.9㎢)의 8.4배에 달하는 규모다. 도시지역 가운데 주거(0.5%), 상업(1.1%), 공업(1.4%) 지역도 조금씩 증가했다.

도시지역에 거주하는 인구는 2017년보다 5만 3천475명 많은 4천759만 6천436명으로 집계됐다. 이는 전체 인구의 91.84%에 해당한다. 지난해 모두 30만 5천214건의 개발행위가 허가됐고, '건축물 건축' 이 가장 많은 61.2%를 차지했다. 시 · 도별로는 경기도의 개발행위 허가 건수가 7만 9천254건(면적 401㎢)으로 1위였고, 이어 경북(3만 1천85건 · 363㎢)과 전남(2만 8천567건 · 244㎢) 순이었다. 시 · 군 · 구 단위에서는 경기 화성시(1만 7천859건 · 44.4㎢)의 개발이 가장 활발했다.

지난해 도시 · 군 관리 계획에 따라 모두 7천127.3㎢의 땅이 '도시 · 군 계획시설' 로 지정됐다. 도시 · 군 계획시설 가운데 집행된 면적은 84.4%(6천12.6㎢)였고, 미집행 시설 가운데 가장 많은 것은 공원(446.7㎢)이었다.

자료 : 에너지경제신문, 2019. 06.25

제2절 지형

1. 지형 형성 작용

지형이란 지구표면의 특징적인 형태를 말한다. 즉, 산, 평야, 하천, 해안 등의 각종 땅의 형태를 의미한다. 지형은 내인적 작용과 외인적 작용에 의해 변화되면서 형성된다. 내인적 작용은 지구 내부의 열순환에 의해 만들어지는 지형으로 지표의 기본 골격을 형성하고 있다. 외인적 작용은 대기순환과 관련된 현상으로 내인적 작용으로 만들어진 지형을 변형시키는 역할을 하고 있다.

1) 내인적 작용

(1) 의미

지구 내부의 열 에너지가 작용하여 습곡, 단층, 화산활동 등을 일으키는 것을 말한다.

(2) 종류

조산운동(단층, 습곡), 조륙운동(융기, 침강), 화산활동(화산, 지진)이 있다. 지진발생, 새로운 지각 형성, 해저 골짜기인 해구형성, 침강과 융기 등은 모두 내인적 작용과 관련된다.

2) 외인적 작용

(1) 의미

지구 외부의 태양 에너지에 의해 물과 공기가 순환하며 일으키는 침식이나 퇴적 작용 등을 말한다.

(2) 종류

풍화작용, 하천, 빙하, 파랑 등에 의한 침식, 운반, 퇴적 작용 등이 외인적 작용에 해당한다. 범람원과 삼각주는 하천의 퇴적 작용으로 형성된다. 풍화작용은 암석이나 광물이 기계적 · 화학적 작용을 받아 분해되는 현상을 말한다.

참고

- **조산운동** – 대규모의 습곡산맥을 형성하는 지각변동을 말하며, 마그마의 활동이나 변성작용이 없어도 구부러지거나(습곡) 끊어지는(단층) 현상에 의하여 지각이 융기되어 대규모의 습곡산맥을 만든다.
- **조륙운동** – 오랜 시간에 걸쳐 넓은 범위의 지각이 서서히 상승(융기)하거나 하강(침강)하는 현상. 즉, 지반의 융기, 침강으로 육지가 만들어지는 것과 같은 지각변동을 말한다.
- **화산활동** – 지구 내부에 있던 물질(마그마)의 일부가 지표로 분출되는 현상

2. 산지와 고원 지형

산지와 고원은 각종 지하자원과 임산자원, 물자원의 공급지로 중요한 역할을 하는 곳으로 예전에는 접근이 어려웠으나, 생활수준이 높아지고 교통이 발달하면서 새로운 관심의 대상이 되고 있다. 알프스산맥이나 로키산맥과 같이 경관이 뛰어난 곳은 관광자원으로 활용되고, 안데스산맥과 같은 열대지방의 산지에는 고산도시가 발달하여 생활터전으로 이용되고 있다.

1) 산지

습곡산지의 형성은 대부분 판구조 운동과 관련하여 지각과 지각이 만나는 곳에서는 횡압력에 의한 습곡작용이 발생하여 높고 험준한 산지가 만들어진다. 이러한 지역은 여러 가지 지각 변동이 활발한 지역으로 조산대라고 불린다. 조산대는 고기 습곡산지와 신기 습곡산지로 나눌 수 있다.

(1) 고기 습곡산지

고생대~중생대에 걸친 습곡 작용으로 형성된 산지로 심한 지각변동 이후 오랜 침식을 받아 만들어진 비교적 규모가 작은 산지이다(오랜 기간 침식을 받아 해발고도가 낮고 경사가 완만하다). 주요 자원으로는 석탄과 철광석 등이 매장되어 있으며 고기 습곡산지의 대표적인 예로는 우랄산맥, 에팔래치아산맥, 스칸디나비아산맥 등이 있다.

(2) 신기 습곡산지

중생대 말부터 신생대에 걸쳐 습곡 작용으로 지각변동이 일어나고 있는 높은 산지로 지각판의 경계지역에 주로 위치하며, 이들 산지 주변에는 지각이 불안정하여 지진과 화산활동이 자주 발생한다. 형성된지 오래되지 않아 해발고도가 높고 험준하다.

주요 자원으로는 석유와 천연가스 등이 매장되어 있으며 신기 습곡산지의 대표적인 예로는 환태평양 조산대와 알프스 히말라야 조산대, 로키, 안데스 산지 등이 대표적이다.

2) 고원

고원(高原, plateau)은 오랜 기간 침식, 퇴적된 넓은 평탄면이 융기하거나 화산활동으로 분출된 용암이 쌓여 형성된 지형을 말한다. 한반도에는 개마고원 등이 있고, 이란의 경우 국토의 대부분이 고원이며, 지구에서 가장 높은 고원은 티베트 고원이다.

유형에는 용암 대지와 융기 고원이 있다.

(1) 용암 대지

지표의 갈라진 틈으로 마그마가 분출하여 골짜기를 매워 지표의 경사가 완만해진 지형 즉, 화산 활동으로 인해 용암이 분출하여 높고 평탄한 지형을 이룰 때 형성되는 고원을 말하며 개마고원, 데칸고원(인도) 등을 예로 들 수 있다.

(2) 융기 고원

과거에 평탄했던 지형이 융기하여 높은 곳에 위치하여 형성된 고원 즉, 오랜 기간의 외인적 작용으로 평탄해진 지형이 지반의 융기로 형성된 고원을 말하며 히말라야산맥 부근에 위치한 티베트 고원과 태백산맥 부근에 위치한 대관령 일대의 고원은 이러한 과정에 의해 형성되었다.

3) 산지 지형

(1) 경동성 산지

경동 지형이란 동쪽은 융기량이 많고 서쪽으로 갈수록 융기량이 적어져서 비대칭 지형을 이룬다는 뜻이다.

(2) 고위 평탄면

고위 평탄면이란 해발 고도가 높은 곳에 있는 평탄한 지형이란 뜻으로 오랜 침식 작용을 받아 낮고 평탄해진 지형이 융기과정에서 습곡의 영향을 덜 받은 상태로 솟아올라 형성된 지형을 말한다. 해발고도는 높지만 경사가 완만하다. 해발고도가 높고 평탄하므로 여름철 서늘한 기후를 이용하여 고랭지 농업을 하거나 목축업을 한다. 오늘날 고위 평탄면 지역은 목장, 농경지 등으로 개발되면서 여름철에 많은 비가 내릴 경우 토사가 쓸려 내려가 산사태가 일어나기 쉽다.

3. 하천과 평야 지형

1) 하천 지형

하천은 지표수와 지하수가 바다로 흘러가는 통로, 물이 흐르는 길로 사전적 의미는 육지 표면에서 대체로 일정한 유로(流路)를 가지는 유수(流水)의 계통이라 정의하고 있다. 하천은 예로부터 인간에게 필수적인 물 자원을 공급하기도 하고, 교통로로 이용되기도 하는 등 인간생활에 매우 유용한 자원이지만 비가 많이 와 범람하면 큰 피해를 주기도 한다.

우리나라는 경동성 지형으로 주요 하천들이 대부분 동에서 서 · 남쪽으로 흘러들어 황해와 남해로 유입된다. 하천의 유량 변화가 우리 생활에 미치는 영향은 홍수와 가뭄 등의 자연재해가 자주 발생하면 수자원의 이용률 저조, 하천을 이용하는 내륙 수운이나 수력발전에 매우 불리하다.

(1) 자유 곡류 하천

자유 곡류천은 범람원 위를 흐르면서 측방 침식을 통해 비교적 유로 변경이 자유롭게 이루어지는 하천으로 평야지역에서 발달했다. 대하천 하류로 유입되는 지류 하천에서 잘 나타나고, 오늘날에는 하천의 홍수 범람을 막기 위해 직강 공사가 이루어진 곳이 많다.

(2) 감입 곡류 하천

감입 곡류하천은 산지 사이를 곡류하는 하천을 말한다. 자유 곡류하던 하천이 지반의 융기와 더불어 하천의 하방 침식 작용이 활발해지면서 형성된다. 한강, 금강, 낙동강 등의 상류에 잘 나타난다. 하방 침식이란 강물이 흐르면서 하천의 바닥을 깎는 작용으로 하천의 경사가 급한 상류에서 주로 나타난다.

2) 평야 지형

평야는 해발고도가 낮고 평탄한 지형으로 하천의 퇴적작용으로 발달하기도 하고 침식작용으로 형성되기도 한다. 퇴적평야는 각종 퇴적작용으로 만들어진 평야로 퇴적평야 중에서 선상지, 범람원, 삼각주와 같이 하천의 퇴적작용으로 형성된 평야를 충적평야라 한다. 침식평야는 산지가 오랜 침식작용을 받아 평탄해진 지형을 말하며, 풍화에 약한 암석지대나 하천의 합류지점에서 잘 발달한다. 평야에는 이 밖에도 수심이 비교적 얕은 바다 밑에 있던 평탄한 지역이 지반의 융기나 해수면의 하강으로 인해 육지화되어 형성된 해안평야와 간척사업을 통해 조성된 간척평야 등이 있다.

(1) 침식 분지

분지는 주위가 산으로 둘러싸인 낮고 평탄한 지역을 말하며, 침식 분지는 침식 작용에 의해 기반암의 약한 부분이 깎여서 형성된 오목한 모양의 지형을 말한다.

중생대의 화강암 관입 지역에서 오랜 침식을 받는 동안 주변의 편마암은 침식에 견디어 높은 산지를 이루고, 중앙의 화강암은 침식을 많이 받아 제거되어 형성된다. 분지 내의 하천에 근접한 지역에는 하천의 범람으로 형성된 범람원이, 그 외곽으로는 하안 단구면이 나타나기도 하며 주변 산지와 만나는 곳에는 산록 완사면과 구릉을 이룬다.

(2) 하안 단구

하안은 강가나 강언덕을 말하며, 단구란 강물이나 바닷물의 침식, 지반의 융기 또는 흙, 모래, 자갈의 퇴적에 따라 강, 호수, 바다의 연안에 생긴 층계 모형의 지형을 뜻하는 것으로 하안 단구(河岸段丘 river terrace)란 하천 양안에 발달한 계단 모양의 지형을 말한다. 하안 단구는 지반이 융기하거나 해수면이 하강하여 침식 기준면이 낮아지면 하천의 하방 침식이 활발히 일어나 하곡 안에는 U자형의 좁은 골짜기가 파여 계단 모양의 지형으로 나타나게 된다. 주로 감입곡류 하천 주변에 발달하며 평탄한 부분을 단구면이라 하고 하방침식으로 생긴 절벽은 단구애라고 한다. 단구면은 과거 하천의 하상과 범람원이었던 부분으로 평탄하고 홍수 때에도 침수되지 않기 때문에 취락이 입지하거나 농경지 또는 도로로 이용된다. 특히 우리나라 영서지방과 같은 산지가 많은 곳에서는 단구면이 주민들의 중요한 생활 터전이 되고 있다.

(3) 충적 평야

하천에 의해 운반된 토사가 쌓여서 이루어진 퇴적 평야로 곡구에 발달하는 선상지, 중·하류에 발달하는 범람원, 하구 부근에 발달하는 삼각주 등이 있고 우리나라에서는 선상지와 삼각주의 발달은 미약한 편이며, 범람원이 가장 넓게 발달되어 있다. 우리나라의 평야는 대부분 침식 평야로, 충적 평야의 발달은 미약하고 낙동강 하류에 전개된 김해평야가 대표적 충적 평야이다.

❶ 선상지

선상지(扇狀地)는 산지와 평지 사이의 곡구에 갑자기 경사가 완만해질 때 유속의 감소로 인한 하천 퇴적이 반복되어 형성된 부채꼴 모양의 퇴적 지형을 말한다.

선상지의 토지 이용은 선정이나 선앙에서는 밭이나 과수원이 나타나며, 선단에서는 물을 구하기 쉬우므로 취락(집촌)이나 논이 분포한다. 비교적 입자가 큰 모래와 자갈로 이루어져 있어 하천은 지하로 스며들어 흐르다가 선상지의 끝부분인 선단 부근에서 솟아난다.

❷ 범람원

범람원(氾濫原 : flood plain)은 홍수가 일어났을 때 하천이 범람하여 침수되는 지역의 충적지를 말하며, 한강, 낙동강, 금강 등 대하천의 중 · 하류에 발달하며, 자연제방과 배후 습지로 구분된다. 자연제방은 비교적 입자가 큰 모래가 하천 양안에 퇴적된 곳으로 배수가 양호하며, 지면이 다소 높아 큰 홍수 시를 제외하고는 침수 피해가 비교적 적어 취락이 입지하며 농경지(밭, 과수원)로 이용되어 왔다. 배후습지는 지면이 낮고 입자가 작은 점토질로 이루어져 있기 때문에 배수가 불량하며 홍수 시에 쉽게 침수되는 상습 침수 지역으로 취락의 입지나 농경에 불리하다.

❸ 삼각주

삼각주(三角洲 : delta)는 하천이 바다로 유입되는 하구에 운반 물질이 쌓여 이루어진 최적지형을 말한다. 하천의 물은 하류로 내려옴에 따라 유속이 느려지며 하구에서는 현저하게 늦어져 하구 부근에는 운반되어 온 진흙 등이 퇴적되어 삼각형 모양으로 수면을 메워 들어가는 것을 말하며 델타라고도 한다.

모양이 삼각형을 닮아 삼각주라고 불리고 주로 흘러 내려오는 흙의 양이 많고 조수간만의 차가 작은 곳에서 발달한다. 나일강 삼각주, 미시시피강 삼각주, 메콩강 삼각주 등이 대표적인 삼각주이고, 우리나라에는 낙동강 하구의 김해 평야가 대표적이다.

신문 읽기 국내 최장 해저터널…관통까지 130m 남았다

보령~태안 7㎞ 해저터널 공사현장 가보니
태안行 상행선 뚫은 현대건설 6월엔 보령 방향 하행선 관통 해저면서 50m 아래에 건설
자체 공법으로 해수유입 막아 공사기간 8년간 무사고 기록

홍해 바닷길을 가른 모세의 기적처럼 서해안 지도를 확 바꿀 국내 최장 해저터널(7㎞) 관통이 불과 130m 남았다.

하루 3m 안팎씩 굴착이 계속되면 오는 6월께 양방향 모두 바닷길이 뚫리게 된다. 8년여 전인 2010년 12월 사업이 시작된 보령~태안 해저터널 1공구가 주인공이다. 현대건설이 시공 중인 충남 보령시 대천항과 태안군 안면도를 연결하는 도로로 총연장 8㎞, 터널구간 연장은 7㎞, 해수면에서 최대 깊이는 80m(해저면서 50m)에 달한다.

보령~태안 해저터널

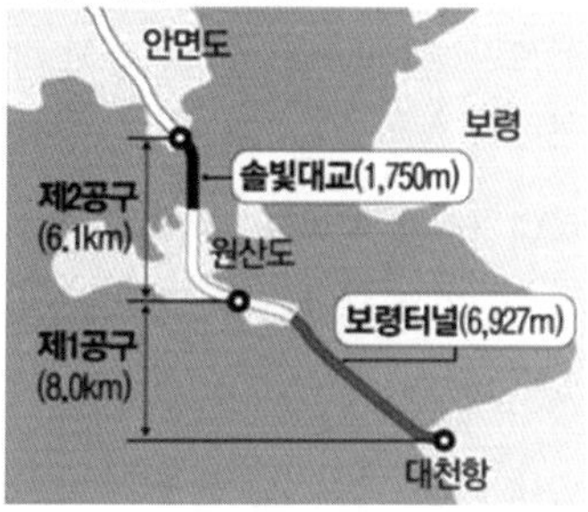

지난 25일 서울에서 서해안 고속도로를 타고 2시간 30분을 달려 찾아간 대천해수욕장 인근 공사 현장은 바닥에 포장이 아직 깔려 있지 않아 울퉁불퉁했지만 아치 모양 터널로의 모습을 거의 갖춰가고 있었다.

김동균 현대건설 현장소장은 "지난 2월에 태안 방향(상행선) 관통은 이미 완료됐다"며 "하행선 보령 방향(후행 터널)도 약 130m 정도 굴착만 남아 있어 오는 6월 관통이 예상된다"고 말했다. 일반 차량이 다닐 수 있도록 개통을 하려면 아직 포장 등 2년여 공사기간이 남았다. 그러나 해저터널 공사에서 가장 큰 고비인 양방향 굴착이 완료되면서 이젠 한숨 돌리게 된 것이다.

현재 해당 터널의 출발점인 충남 보령에서 태안을 비롯해 유명 관광지인 안면도를 가려면 길을 돌고 돌아 차량으로 1시간 30~40분을 가야 한다. 2021년 3월 보령과 원산도를 연결하는 해저터널이 뚫리고 올해 말 준공되는 원산도와 태안을 연결하는 연륙교인 솔빛대교와 연결되면 단 10분 만에 이동이 가능해진다.

해저터널과 솔빛대교가 만나는 원산도는 최대 수혜지다. 1100여 명 주민이 사는 섬마을 원산도는 하루 3편 통통배가 유일한 교통수단이었고 날씨에 따라 배가 아예 뜨지 못하는 날도 많다. 이날 기자가 현대건설 측 안내로 아직 포장되지 않은 도로를 시속 20~30㎞로 달려보니 불과 30분도 안 돼 도착할 수 있었다. 이런 대형 호재로 원산도 지역은 수년 사이 땅값이 들썩거리고 대명리조트가 7000억 원을 투입하는 초대형 해양리조트 건설까지 추진 중이다.

추연신 현대건설 공사부장은 "해저터널은 24시간 내내 물과의 전쟁"이라고 말했다. 공사 중 해수 유입 때문이다. 세계에서 가장 긴 해저터널인 일본 세이칸 철도 해저터널(53.85㎞)은 해수 유입사고가 네 차례나 발생해 착공까지 25년이 걸리기도 했다. 현대건설은 터널을 뚫으면서 발파식공법(NATM)을 적용했다. 단단한 암반에 구멍을 뚫고 화약을 장착한 후 폭발시켜 암반을 뚫으면서 앞으로 전진하는 공법이다.

사전에 전방으로 20m 이상 구멍을 뚫어 다량의 해수를 포함하고 있는 함수층이 발견되면 다시 구멍을 뚫은 후 고압으로 시멘트와 물을 혼합한 현탁액을 주입해 동시다발적으로 지반을 안정시키는 해수차단작업을 거친다.

현대건설 R&D센터 송명규 부장은 "공사기간을 줄이기 위해 여러 개의 터널차수를 동시에 진행시키는 IMG(Intelligent Multi Grout)공법을 개발해 특허 및 신기술로 인정받아 보령~태안 현장에 적용해 8년의 공사기간 중 단 한 차례도 해수 유입이 없었다"고 말했다.

현대건설은 싱가포르에서도 주롱 해저유류 비축기지 공사를 맡아 2014년 준공했다. 해저유류 비축기지는 해저터널 공사기술이 집약된 인프라 공사인데 싱가포르 정부로부터 호평을 받은 바 있다.

국내 최장 해저터널 관통이 다가오면서 해저터널에 대한 관심도 뜨거워지고 후속 공사도 본격 예고됐다. 국내에선 2017년 개통한 인천북항터널(총길이 5.46㎞)이 가장 길고 일제시대 만들어진 통영 해저터널, 2010년 개통한 거가대교 가덕 해저터널 등이 대표적 해저터널이다. 다음달 입찰하는 수도권 제2순환(김포~파주) 고속도로 건설공사 제2공구는 한강을 관통하는 하저터널(하천 관통) 구간이 포함됐다.

송명규 부장은 "침식지형이 많은 노르웨이 같은 경우 수십 개의 해저터널이 만들어졌다"며 "우리나라도 해안 주변에 섬들이 많고 수도권에선 광역철도 사업이 속속 진행되고 있어 앞으로 해저·하저터널이 늘어날 것으로 보인다"고 말했다.

공법도 발전하고 있다. 보령~태안 해저터널에는 발파공법이 적용됐지만 앞으로는 기계를 이용해 터널을 파는 TBM(Tunnel Boring Machine)공법이 대세로 자리 잡을 전망이다. 현대건설은 대곡~소사 복선전철의 5개 공구 중 한강 하저구간에 해당되는 2공구에 TBM공법을 사용해 공사를 진행 중이다. 대곡~소사 2공구는 개화산의 단단한 암층과 하천 하부의 복잡한 지층을 통과해야 하는 상황으로 상당히 힘든 공사다. 현대건설은 각기 다른 지층, 암층의 상황에 적합하게 운전해 최고의 굴착속도를 낼 수 있는 최적운전시스템(TADAS · TBM Advanced Driving Assistance System)을 자체 개발해 현장에 적용하고 있다.

자료 : 매일경제, 2019, 04. 28

4. 해안 지형

우리나라는 국토의 삼면이 동해, 서해, 남해로 둘러싸인 반도이며, 국토면적에 비해 대단히 길고 굴곡이 심한 해안선을 가지고 있다. 동해안은 태백산맥과 함경산맥의 급한 사면이 동해의 해저지형으로 직접 연결되어 비교적 단조로운 해안선을 이루고 있다. 황해안과 남해안은 동해안과 달리 해안선이 매우 복잡하며 남해안은 다도해 지역으로서 많은 도서와 반도 등이 발달하여 세계적인 리아스식 해안을 이룬다. 이와 같은 차이는 지반의 운동 형태와 정도, 산맥의 발달 방향 등에 따라 해안선의 특색이 다르기 때문이다.

1) 해안의 의의와 형성

(1) 해안의 의의

해안(海岸, coast)은 바다에 면한 육지 가운데 파랑과 조석 등의 영향을 직접 받는 폭이 좁은 띠모양의 지역으로 육지와 바다의 경계영역을 말한다. 즉, 바다에 접해 있는 육지의 한 부분, 바다와 만나는 곳을 가리킨다.

(2) 해안의 형성

해수면이 하강하거나 지반이 융기하면 해안선이 단조로운 이수 해안이 형성되고, 해수면이 상승하거나 지반이 침강하면 해안선이 복잡한 침수 해안이 형성된다.

❶ 이수 해안

지반의 융기 및 해수면 하강으로 형성된 해안으로 동해안은 태백산맥 등 한국방향의 산맥이 해안선을 따라 평행하게 뻗어 있기 때문에 해안선이 단조롭다.

❷ 침수 해안

지반의 침강 및 해수면 상승으로 형성된 해안으로 황해안과 남해안은 태백산맥과 낭림산맥에서 갈라져 나온 랴오둥 및 중국방향의 산맥들이 황해와 남해 쪽을 향해 뻗어 해안과 직교하기 때문에 산지는 섬 또는 반도가 되고 골짜기는 만이 되어 해안선이 복잡하다.

참고

해안선의 형태

- **리아스식 해안** : 하천에 의해 침식된 골짜기(V자 모양)가 해수면 상승으로 침수되어 형성된 해안을 가리킨다. 에스파냐 북서 해안, 우리나라 황, 남해안 등이다.
- **피오르 해안** : 빙하에 의해 침식된 골짜기(U자 모양)가 해수면 상승으로 침수되어 형성된 해안을 가리킨다. 노르웨이 북서 해안, 칠레 남부 해안 등이다.

2) 해안 지형

해안지역에는 해수면의 변동, 밀물과 썰물, 파랑 등의 작용을 받아 여러 가지 지형이 형성되며, 해안 침식지형과 해안 퇴적지형으로 나뉜다.

(1) **해안 침식 지형**(암석 해안의 주요 지형)

바다로 돌출하여 파랑의 에너지가 집중되는 부분에서 파식을 받아 형성된 지형으로 주로 해안 돌출부의 암석 해안에서 잘 발달되어 있다. 해안 돌출부란 해안선의 모양이 육지 쪽에서 바다 쪽으로 내민 형태로 나타나는 부분을 말하며 갑, 곶, 반도 등이 해당된다.

❶ 해안 단구

파식에 의하여 형성된 파식대, 혹은 해안 퇴적 지형이 지반의 융기나 빙하기의 해수면 하강으로 인하여 형성된 계단 모양의 지형을 말한다. 평탄한 해안 단구면은 농경지로 이용되고 있으며, 취락이 입지하기도 한다. 해안 단구는 과거에 형성된 지형이며, 현재에는 침식 작용이 진행되지 않는다.

❷ 해식애

해식애는 파랑의 침식 작용에 의하여 해안 사면이 육지 쪽으로 후퇴하여 만들어진 해안 절벽을 말한다. 우리나라에서는 동해안, 울릉도, 전남의 홍도, 흑산도 등지에 잘 발달해 있으며, 거제도의 해금강, 양양의 낙산사, 부산의 태종대 등은 그 좋은 예이다.

❸ 파식대

해식애가 계속되는 침식작용을 받아 육지 쪽으로 후퇴하여 만들어진 평평한 침식면을 말하다. 파식대가 발달한 곳에는 바위섬이 나타나기도 하는데 이는 암석의 단단한 부위가 침식에 견디어 남은 것으로 이러한 바위섬을 시스택(sea stack)이라고 한다.

❹ 시스택

파랑의 침식 작용으로 만들어진 기둥 모양의 바위를 가리킨다.

(2) **해안 퇴적 지형**(모래 해안의 주요 지형)

육지로 들어온 만입부의 해안에서 파랑과 조류의 퇴적 작용을 받아 형성된 지형으로 해안 만입부의 사빈 해안에서 잘 발달되어 있다. 해안 만입부란 해안선의 모양이 바다 쪽에서 육지 쪽으로 들어온 형태로 나타나는 부분을 말하며, 대표적인 해안 퇴적지형으로는 사빈, 사주, 사구, 석호, 간석지 등이 있다.

❶ 사빈

하천에 의해 공급된 모래가 파랑과 연안류의 작용에 의하여 해안에 모래가 퇴적된 지형으로 보통 모래사장, 백사장 등으로 불리며 주로 해수욕장으로 이용되었다. 해안의 모래가 바람에 의해 퇴적되면 사구가 형성되며, 연안류가 모래를 해안선과 평행하게 퇴적시키면 사주가 형성되고, 사주에 의해 바다와 분리된 호수를 석호라 한다.

❷ 사주

파랑과 연안류에 의하여 수심이 얕은 해안을 따라 이동되는 모래가 육지에서 바다쪽으로 해저에서부터 퇴적되어 수면 위로 드러난 좁고 긴 해안 퇴적 지형을 말한다. 보통 한쪽은 모래의 공급원에 속하는 육지에 연결되어 있고 다른 한쪽은 계속 바다쪽으로 발달해 간다.

❸ 사구

사주 또는 사빈의 모래가 바람에 의해 이동되어 사빈 뒤에 퇴적되어 형성된 모래언덕 지형을 말한다. 사구가 육지 쪽으로 계속 발달하여 농경지와 가옥이 매몰되는 것을 방지하기 위하여 방풍림이나 방사림을 조성한다. 사빈과는 달리 겨울철 북서 계절풍이 강하게 부는 태안반도 및 안면도 일대 등 황해안의 곳곳에 대규모로 발달되었다.

❹ 석호

석호는 후빙기 해수면 상승으로 침수된 하곡이 만으로 변하고 연안류에 의해 형성되는 사주가 만의 입구를 막아 바다와 분리되어 형성된 호수를 말한다.

석호는 경포와 같이 훌륭한 사빈을 끼고 있는 경우가 많아 좋은 관광자원이 되기도 한다. 동해로 유입하는 하천의 하구 일대에는 경포, 화진포, 영랑호, 청초호 등의 석호가 발달하는데, 동해안은 조차가 극히 작기 때문에 석호의 물은 항상 좁은 수로를 통하여 바다로 유출되며 석호는 담수호로 유지되고, 황해안에는 규모가 작아 석호가 나타나지만 토사때문에 거의 매립되어 찾아보기 어렵다.

❺ 간석지(갯벌)

강을 타고 운반된 미립 물질이 해안에 퇴적되어 생기는 갯벌을 말한다. 간석지는 다양한 생물의 서식지 및 산란장의 역할을 하고, 해수를 정화시키는 기능을 하며, 양식장 및 염전으로 이용되며, 간척 후 농경지 및 산업 용지 등으로 활용할 수 있는 지형이다. 환경보전에 대한 고려없이 간척사업이 무분별하게 진행될 경우 생태계 파괴 같은 부작용도 나타난다.

3) 해양과 해저 지형

(1) 해류와 조류

❶ 해류

연중 일정한 방향으로 순환하는 바닷물의 흐름을 해류라고 하고 해류는 해수의 온도에 따라 한류와 난류로 구분된다. 무역풍, 편서풍 등의 탁월풍에 의해서 발생한다.

한류는 고위도에서 저위도로, 난류는 그 반대로 흐르는데 한류와 난류가 만나는 해역을 조경수역이라고 한다.

❷ 조차

만조와 간조 때의 해수면 높이의 차를 말한다. 해수면이 가장 높을 때를 만조, 가장 낮을 때를 간조라 한다. 간조에서 만조까지 바닷물이 밀려들어오는 것을 밀물, 만조에서 간조까지 바닷물이 빠지는 것을 썰물이라 한다.

❸ 조류

조차에 의하여 해수면이 오르내릴 때 발생하는 바닷물의 흐름을 말하며, 같은 방향으로 지속적으로 흐르는 해류와는 달리 시간이 지남에 따라 유속이 변한다.

(2) 해저 지형

❶ 대륙붕

해수면의 상승과 파도의 침식작용에 의해 운반된 퇴적물이 쌓여서 만들어진 지형으로 지하 자원 및 수산 자원이 풍부하다. 대륙붕은 좋은 어장이 될 뿐만 아니라 석유나 천연가스의 저장고 역할을 하며 퇴적물 속에 광물자원이 있어 해저지형 중 가장 중요하다.

❷ 뱅크

대륙붕의 얕은 부분으로 섬이나 숨은 바윗돌에 비해서 좀 더 깊은 해저지형을 말한다. 플랑크톤이 풍부해 좋은 어장을 이루며, 꼭대기의 수심은 비교적 얕지만, 항해에는 지장이 없다.

4) 우리나라의 화산 지형과 카르스트 지형

현재에는 화산활동이 없으나 신생대 3기 말~4기 초에 걸쳐 형성된 화산지형이 일부지역에 분포한다. 카르스트 지형은 우리나라 조선계에 해당하는 지역의 석회암이 빗물과 지하수의 용식작용을 받아 카르스트 지형이 형성된다.

화산 지형	제주도	기생 화산(오름), 한라산, 용암 동굴, 현무암, 주상 절리 등
	울릉도	성인봉, 알봉, 나리 분지
카르스트 지형	지형	돌리네, 석회 동굴, 종유석, 석순, 석주, 테라로사(토양)
	이용	지표수가 부족하여 주로 밭농사, 시멘트 공업, 관광산업

신문 읽기 이대로라면…태평양 섬나라처럼 부산 · 인천 잠긴다

기후변화發 해수면상승, 우리도 안전지대 아니라는데

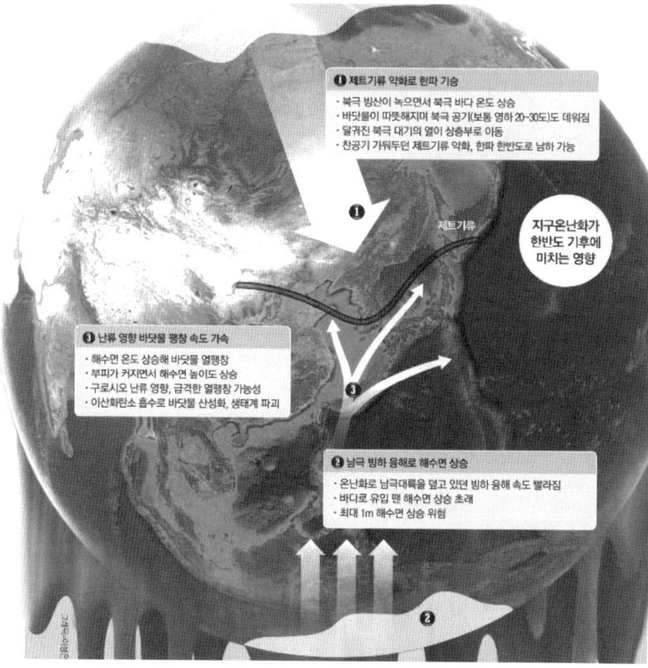

"2019년 세계 최대 글로벌 리스크는 기후변화(Climate Change)다."

지난달 25일 막을 내린 세계경제포럼(WEF · 다보스포럼)에 모인 각국 정상과 기업인, 정치인들은 한목소리로 지구에 불어닥친 기후변화 위험성에 대해 경고했다. WEF가 각계각층 전문가 1000여 명을 대상으로 설문조사한 글로벌 리스크 2019에는 올해 발생 가능성이 가장 큰 위험요인으로 극단적인 기상이변과 기후변화 완화 및 적응 실패, 대규모 자연재해 등 기후변화와 관련된 사안이 1~3위를 차지했다.

한반도도 지구온난화로부터 자유롭지 않다.
제주와 남부 지방은 이미 아열대 기후로 접어들었고, 인천과 부산은 해수면 상승으로 인한 침수를 걱정해야 할 처지다. 기후학자들 사이에서는 "한국도 동남아와 같은 기후가 될 수 있다"는 경고가 조금씩 나오고 있다. 지구온난화로 발생하는 기후변화와 해수면 상승이 강 건너 이야기가 아니라는 것이다. 지구온난화는 한반도에 어떤 영향을 미치게 될까.

◆ 4계절에서 여름 · 겨울로…한반도 아열대 기후?

기상청은 지난해 12월 한반도 기후변화 전망분석서를 발간해 온실가스가 현 추세로 계속 배출되면(RCP8.5 시나리오) 하루 최저기온이 25도 이상인 열대야 일수가 현재 연간 3.8일에서 21세기 후반기(2071~2100년)에는 45.2일로 10배 넘게 증가할 것으로 전망했다. 또 최고기온이 25도 이상인 여름일수는 연간 177.6일, 최고기온이 33도 이상인 폭염일수는 연간 35.5일로 늘어날 것으로 예상했다. 일 년 열두 달 중 절반이 여름이고, 그중 한 달은 폭염 속에서 지내게 되는 셈이다.

지구온난화 영향으로 한국이 머지않아 대만이나 오키나와처럼 아열대 기후에 속하게 된다는 예측도 쉽게 찾아볼 수 있다. 보고서는 RCP8.5 시나리오를 가정할 때 21세기 후반기 고도가 높은 산지를 제외한 대부분의 경상도, 전라도, 충청남도 지역이 아열대 기후구에 속할 것으로 전망했다.

김주홍 극지연구소 책임연구원은 "제주도와 전라남도 해안지역은 이미 아열대 기후 특성을 보이고 있다"며 "현재 추세를 보면 이르면 2050년에 한국 대부분 지역이 아열대 기후권에 들어갈 가능성이 있다"고 설명했다.

아열대 국가 한국은 득보다 실이 크다는 분석이 우세하다. 겨울은 조금 따뜻해지겠지만 가뭄과 홍수, 병충해 때문에 농업 생산성이 저하될 것이라는 진단이다.

김 책임연구원은 "북태평양 고기압이 팽창하면서 우리나라와 일본이 고압대의 건조한 권역에 들어가는 시나리오도 있다"며 "이때 폭염이 지속돼 가뭄이 심해질 것"이라고 우려했다.

반기성 케이웨더 기상예보센터장도 "현재 패턴으로 볼 때 비가 오는 날은 줄어드는 반면 한번 내리는 비의 양은 늘어날 것"이라며 "짧은 시간에 집중되는 비로 인한 침수 피해가 급증할 것"으로 내다봤다. 한반도에 내리는 소나기가 동남아 집중호우 현상인 스콜과 유사해진다는 얘기다.

임영신 한국환경정책 · 평가연구원 전문연구원은 "평균적으로 더위에 따른 온열질환자는 1000명 수준, 이로 인한 사망자는 10여 명 수준이었는데, 작년에는 각각 4500여 명, 40여 명을 기록했다"며 "심각한 피해를 초래하는 기후변화에 대한 장기적 전략을 세울 필요가 있다"고 강조했다.

◆ 여름은 더워지고 겨울은 추워지고

지구 기온이 높아지지만 오히려 추운 날은 더 추워진다. 북극 얼음이 없어지면서 발생하는 기상이변 때문이다. 지난해 8월 북극에서 가장 두껍고 오래돼 최후의 얼음지대로 불리던 그린란드 북쪽 얼음이 붕괴됐다. 지난달 22일에는 마이클 베비스 오하이오 주립대학 지구과학과 교수가 국제학술지 미국국립과학원회보(PNAS)를 통해 그린란드 빙하 유실 속도가 2003년 대비 2012년에 4배나 빨라졌다는 연구 결과를 발표하기도 했다.

햇빛을 반사해주는 역할을 하던 얼음이 떨어져나가면 북극해는 태양에너지를 그대로 받게 된다.

김백민 부경대 환경대기과학과 교수는 "따뜻해진 바닷물의 열이 대기로 가게 되면 북극의 찬 기운을 가두고 있던 제트기류 변동성이 커진다"며 "이로 인해 북극에 있는 한파가 한반도로 몰아치는 빈도가 늘어날 수 있다"고 설명했다.

이미 이 같은 일은 현재진행형이다. 2014년과 2016년 초 미국과 유럽, 한국을 강타한 한파 역시 제트기류가 약해진 틈을 타 북극 한파가 기습적으로 내려온 것이 원인으로 꼽힌다. 현재 유럽과 미국에서 폭설과 한파로 몸살을 앓고 있는 것 역시 제트기류 약화와 관련이 있다.

◆ 남극 빙하 녹으면 해수면 상승

녹고 있는 것은 비단 북극뿐만이 아니다. 따뜻한 바다와 접해 상대적으로 녹기 쉬운 북극 얼음과 달리 대륙 위에 놓여 있는 남극 얼음 역시 빠르게 녹고 있다. 지난 14일 미국 캘리포니아 어바인대와 네덜란드 위트레흐트대 공동 연구진은 남극에서 빙하가 녹는 속도가 40년 전에 비해 6배 넘게 빨라졌다는 연구 결과를 PNAS에 발표했다. 연구진에 따르면 2009~2017년 연간 2520억t의 빙하가 녹은 것으로 관측됐다. 매월 소양호 총 저수량의 7배 규모에 달하는 얼음이 바닷물로 변하고 있는 셈이다.

전문가들은 북극과 달리 남극에 있는 빙하 융해는 해수면 상승에 직접적 영향을 미친다는 점을 주목해야 한다고 조언한다. 북극은 바다 위에 떠 있는 얼음 덩어리인 빙산이 대다수를 이루고 있다. 빙산은 바다에 떠 있는 만큼 부피 증가분이 현재 해수면 높이에 이미 반영돼 있다.그러나 남극 빙하는 북극 빙산과 다르다. 대부분 대륙 위에 존재하는 만큼 남극 빙하 융해는 오롯이 해수면 상승과 직결된다. 특히 최근 들어 그동안 잘 녹지 않는 것으로 알려졌던 남극 동쪽 빙하까지 녹고 있다는 사실이 밝혀지면서 전문가들의 우려를 자아내고 있다. 에릭 리그노 어바인대 지구환경과학과 교수는 "남극 빙하가 계속 녹으면 향후 수세기 동안 수 m의 해수면 상승을 초래할 것"이라고 경고했다. 마이클 베비스 교수도 "그린란드는 금세기 초에 (빙하가 녹는) 결정적 시기를 겪었고 빙하가 녹는 추세는 더 가속화할 것"이라고 주장했다.

◆ 빙하 녹으면 인천공항 · 부산 지역 잠긴다

한반도도 빙하 소실과 해수면 상승에서 자유롭지 않다. 서태평양 해수면 온도가 광범위하게 높아지면서 해수면 상승을 부추기고 있기 때문이다.

김백민 교수는 "바다 온도가 높은 곳에서는 열팽창이 일어나 해수면이 더욱 급격하게 상승한다"며 "구로시오 난류 주변에 있는 우리나라도 안심할 수만은 없다"고 지적했다. 전문가들은 2016년 10월 부산 마린시티에서 발생한 해일과 태풍의 이동 경로가 뜨거운 바다에서 시작해 한반도로 유입됐다는 점을 고려하면 한반도가 해수면 상승에 상당히 취약하다고 이야기한다.

해수면이 1m 상승하면 인천이나 부산 같은 해안 도시에서는 바닷물이 100m 이상 도시 쪽으로 흘러들어온다는 시뮬레이션 결과도 존재한다.

미국항공우주국(NASA)과 미국 국립지리정보국이 위성을 통해 제공하는 셔틀레이더지형미션(STRM) 데이터에 따르면 빙하가 녹아 해수면이 1m 상승하면 인천국제공항 대부분이 물에 잠기고 인천 연수구, 경기도 시흥 · 안산 · 화성시 일대까지 바닷물이 밀려드는 것으로 나타났다. 부산 을숙도와 강서구, 김해공항 인근까지 바닷물에 잠기면서 공항 기능 마비까지 걱정해야 한다. 해수면 1m 상승이 최악의 상황을 가정한 것이지만 인천 부산 등 해안가에 위치한 도시는 이보다 낮은 해수면 상승만으로도 심각한 피해를 입을 수 있다.

자료 : 매일경제, 2019. 02.15

제3절 기후

1. 기후 요소와 기후 인자

기후란 단순히 며칠 동안의 날씨를 말하는 것이 아니라 30년 정도의 오랫동안 반복되는 기상 상태의 평균을 말한다. 기후를 구성하는 하나하나의 현상을 기후 요소라 하며, 기후의 분포나 변화는 여러 가지 지리적 원인에 의해 영향을 받는데 이처럼 기후 요소의 변화와 지역적 차이를 일으키는 원인이 되는 것을 기후 인자(요인)이라 한다.

1) 기후 요소

기후를 구성하는 대기 현상으로 시간에 따라 변화하는 요소로 기온, 강수량, 바람이 3대 기후 요소이다. 이 세 가지 요소 외에도 습도, 구름의 양, 안개 등이 있다.

2) 기후 인자

기후의 지역 차를 유발하는 요인 즉 기후 인자에 의해 지역마다 다르게 나타나는 원인을 제공하는 요인으로 기후 인자에는 위도, 수륙 분포, 지형, 격해도, 해발 고도, 기단, 전선, 해류 등이 있다.

2. 세계의 기후 특징

1) 기온

기온은 대기의 온도로 실내의 기온, 실외의 기온, 상공의 기온 등과 같이 장소를 나타내어 표시한다. 기상관측에서 단순히 기온이라 할 때는 실외의 지표면으로부터 1.2~1.5m 높이에서 측정한 공기의 온도를 말한다.

참고

■ 교차(較差, range)
- 일정한 시간 동안 관측된 기상요소나 바다, 호수의 수위변화 등에서 극대값과 극소값의 차이를 말한다. 하루의 교차는 일교차, 1년의 교차는 연교차라 부른다.
- 보통 기온, 기압, 습도 등의 기상요소, 또는 바닷물이나 호수의 수위변화 등에 사용된다.
- 1일의 극대값과 극소값의 차를 구한 일교차와 1년간의 극대값과 극소값의 차를 구한 절대 연교차가 있다. 단, 기온의 경우에는 월평균값들 중에서 최난월의 평균기온과 최한월의 평균기온의 차이를 '기온의 연교차' 라고 하며, 연최고극기온과 연최저극기온의 차이는 '기온의 절대연교차' 라고 한다.
- 어떤 날의 최고 기온이 30℃, 최저 기온이 18.5℃라 하면 그날 기온의 일교차는 11.5℃가 된다.

2) 강수

강수는 비, 눈, 우박, 이슬, 안개 따위가 땅에 내린 물로 대기 중의 수분이 응결 또는 승화하여 지표에 떨어지는 현상을 말한다. 강수 현상에서 중요한 것은 강우(降雨)와 강설(降雪)이다. 이는 중요한 기후요소의 하나이며, 그 양을 강수량이라고 한다. 한국은 온대에 위치하고 있어 강수의 대부분은 강우이고 추운계절에는 강설이다.

참고

■ 우리나라 강수의 분포

• **비가 많이 내리는 곳(다우지)**

- 산지가 많은 우리나라는 지형의 영향으로 강수량의 지역차가 크게 나타난다. 청천강 중 · 상류와 한강 중 · 상류는 지형적인 영향으로 비가 많이 내린다. 태풍이 자주 통과하는 남해안 지방과 제주도는 우리나라에서 가장 비가 많이 내리는 지역이다.

• **비가 적게 내리는 곳(소우지)**

- 바다에서 멀리 떨어져 있으며 해발 고도가 높은 개마고원 일대는 우리나라에서 강수량이 가장 적은 지역이다. 내륙분지를 이루고 있는 대구를 비롯한 영남 내륙지방도 강수량이 적은 지역이다.

• **눈이 많이 내리는 곳(다설지)**

- 울릉도와 태백 산간지방, 영동지방, 소백산맥 북서 사면 등은 눈이 많이 내리는 지역이다. 이들 지역은 바람과 지형의 영향으로 눈이 많이 내린다.

3) 바람

바람은 기압의 변화로 일어나는 공기의 움직임으로 풍향, 풍속의 벡터량으로 나타낸다. 풍향은 남북방향 기준으로 16방위로 표시하며 풍속은 m/sec 단위로 나타낸다.

(1) 향상풍(탁월풍)

대기 대순환에 의해 일정한 방향으로 부는 바람이다. 즉, 향상풍은 일정 지역 혹은 일정 위도 영역에서 거의 일정한 방향으로 부는 바람을 말한다. 향상풍은 무역풍, 편서풍, 극동풍 등이 있다.

(2) 계절풍

계절풍(몬순, monsoon)은 여름과 겨울에 대륙과 해양의 온도차로 인해서 주기적(반년 주기)으로 풍향이 바뀌는 바람이다. 여름에는 바다에서 대륙으로(고온 다습), 겨울에는 대륙에서 바다로(한랭 건조) 불며 바람이 나타나는 위도에 따라 열대 계절풍, 아열대 계절풍, 온대 계절풍으로 구분한다.

(3) 국지풍(지방풍)

국지풍(local wind)은 높새바람처럼 좁은 지역에서 부는 바람(푄) 즉, 국지적으로 부는 바람을 뜻한다. 한정된 특정지역에서 일반풍과는 다른 풍량, 풍속, 빈도로 부는 바람으로 산곡풍, 해륙풍, 높새바람 등이 있다.

(4) 열대성 저기압

열대지역인 5°와 20° 사이 위도의 해양 위에서 발생하는 저기압으로 강한 비바람을 동반하여 움직일 때 태풍(typhoon), 허리케인(hurricane)이라 부른다.

3. 세계의 기후 분포

세계의 기후는 대체로 저위도 지역에서 고위도 지역으로 가면서 열대기후, 건조기후, 온대기후, 냉대기후, 한대기후의 순으로 분포하지만 수륙분포나 해류, 지형, 해발고도, 바다와의 거리와 같은 기후 요인의 영향을 받아 지역적으로 다양하게 나타난다.

1) 위도별 기후 분포

적도 지방에서 고위도 지방(극 지방)으로 가면서 열대 → 온대 → 냉대 → 한대 기후가 나타난다.

2) 세계의 기후 구분

구 분	특 징
열대 기후	• 열대 우림 – 연중 고온, 열대 우림(밀림), 대류성 강수(스콜) – 플랜테이션, 이동식 화전 농업 • 사바나(야생 동물의 천국) – 건기와 우기 뚜렷
건조 기후	• 사막 – 연 강수량 250mm 미만, 증발량〉강수량, 일교차가 매우 큼 • 스텝 – 연 강수량 250~500mm, 긴 건기와 짧은 우기

구 분	특 징
온대 기후	• 온대 계절풍 – 4계절 뚜렷, 여름 고온 다우, 겨울 한랭 건조 – 벼농사, 인구 조밀 • 지중해성 – 수목 농업 • 서안 해양성 – 낙농업, 원예 농업, 혼합 농업 – 편서풍, 해류의 영향
냉대 기후	– 연교차가 큰 대륙성 기후 – 큰 연고차, 침엽수림(타이가) → 세계적인 임업 지역
한대 기후	• 툰드라 – 순록의 유목, 이누이트 거주 – 긴 겨울, 짧은 여름(이끼류) • 빙설 – 인간 비거주 지역, 과학 연구 기지
고산 기후	– 연중 온화한 날씨 – 일찍부터 고대문명, 고산도시 발달

4. 우리나라 기후의 특징

우리나라는 중위도에 위치하여 냉 · 온대 기후가 나타난다. 기후 요소별로 살펴보면 우리나라는 연교차가 큰 대륙성 기후, 강수량이 비교적 풍부한 습윤기후, 계절에 따라 풍향이 바뀌는 계절풍 기후가 나타난다. 또한 우리나라는 계절에 따라 영향을 미치는 기단과 태양고도 및 일사량 차이 등으로 사계절의 뚜렷한 기후가 나타난다.

1) 대륙성 기후

바다에서 멀리 떨어진 대륙의 내부에서 볼 수 있는 육지의 영향을 크게 받는 기후로 연교차가 바다나 해안 지방에 비해 매우 크다. 연교차가 큰 대륙성 기후로 여름은 매우 덥고, 겨울은 매우 춥다.

2) 계절풍 기후

계절풍의 영향으로 대륙과 바다의 비열차로 계절에 따라 바람의 방향이 바뀌고 유라시아 대륙의 동쪽에 위치하고 있어 계절풍의 영향을 많이 받는다.

여름에는 해양의 영향으로 고온 다습한 북태평양 고기압의 영향으로 무더운 날씨가 계속되며, 연 강수량의 절반 이상이 이 시기에 집중적으로 내린다. 겨울에는 한랭 건조한 대륙성 고기압의 영향을 받아 춥고 건조하다.

3) 사계절이 뚜렷한 기후

우리나라는 북반구 중위도 지역에 위치하여 열대, 한대 기단 및 대륙, 해양 기단의 영향이 계절에 따라 다르게 나타나며 이에 따라 사계절의 변화가 뚜렷한 냉·온대 기후 지역에 속한다.

4) 습윤 기후

강수량이 증발량보다 많은 기후를 말하며 건조 기후와 반대되는 기후이다. 연 강수량 1,300~1,500mm 이상 비가 내리는 지역을 습윤기후라고 한다.

5. 우리나라의 기온

1) 지역차

우리나라는 동쪽과 서쪽 간의 기온 차이보다 남쪽과 북쪽 간의 기온 차이가 더 크다. 또한 여름보다 겨울에 더 기온차이가 크게 나타난다. 대륙에서 불어오는 겨울바람은 매우 차고 건조하며 바다(태평양)에서 불어오는 여름 바람은 덥고 습기가 많다.

2) 계절차

계절	특 징
여름	• 동서 간 기온 분포 – 내륙〉황해안〉동해안 → 기온의 동서차와 남북차는 겨울보다 작음 • 북태평양 기단의 영향을 크게 받음 → 고온
겨울	• 동서 간 기온 분포 – 동해안〉황해안〉내륙 • 동해안의 기온이 황해안보다 높은 이유 → 태백산맥에 의한 북서풍 차단, 푄 현상, 동해의 영향(난류, 깊은 수심) • 시베리아 기단의 영향을 크게 받음 → 저온

3) 연교차

일정한 시간 동안 관측된 기상요소나 바다, 호수의 수위변화 등에서 극대값과 극소값의 차이를 말하며, 하루의 교차는 일교차, 1년의 교차는 연교차라 부른다.

북부지방 〉 남부지방, 내륙지방 〉 해안지방, 황해안 〉 동해안

6. 우리나라의 강수

우리나라는 지구에서 한대와 열대의 중간지점에 위치해 있고, 국토의 65%가 산악지형이기 때문에 강수가 매우 변화무쌍하여 연도별, 계절별, 지역별 강수량 차이가 심한 특성을 가지고 있다.

1) 계절차

여름은 강수량의 분포는 여름철인 6~9월에 연중 강수량의 약 70%가 집중적으로 내린다. 여름은 비를 내리는 요소인 계절풍, 장마 전선, 태풍의 영향으로 여름철에 연강수량의 50~60%가 집중적으로 내려 잦은 홍수가 발생된다. 겨울은 대륙성 기단의 영향으로 강수량이 적어 연강수량의 10% 이하이다.

2) 지역차

지형과 풍향, 격해도 등에 따라 강수의 지역 차이가 크다. 북쪽에서 남쪽으로 올수록, 남해안과 동해안 지역이 내륙 지역에 비해 강수량이 많다.

7. 우리나라의 바람

1) 계절풍

우리나라에서 나타나는 가장 주된 바람의 형태로 1년 중 여름과 겨울을 주기로 풍향이 정반대로 변화하는 경향을 말하는 것으로 계절에 따라 대륙과 바다 사이의 기압 배치가 달라져서 생기는 현상이다. 계절풍은 우리나라의 건기와 우기를 결정하며 강수량의 분포, 추위와 더위 등 기후에 큰 영향을 미친다.

2) 태풍

북태평양의 열대 해상(필리핀 동쪽 해상)에서 발생하는 열대 저기압 중에서 중심 부근의 최대 풍속이 17m/s 이상으로 강한 폭풍우를 동반하는 것을 말한다.

우리나라는 중요 태풍경로에서 다소 벗어나 있으나 중부 및 남부 지방과 때로는 북부지방까지도 태풍의 피해를 받을 때가 있다. 태풍은 1년에 평균 26개가량이 발생하는데 7~9월에 가장 많고 강하다. 태풍이 가장 많은 시기는 7~8월이고 전체의 85%가 이 시기에 나타나며 빠를 때는 6월, 늦을 때는 10월에도 태풍이 내습하여 피해를 주기도 한다.

태풍은 강한 비바람을 동반하여 인명과 재산에 막대한 피해를 초래하고 항만시설, 선박, 양식장, 해안 저지대의 침수 피해가 발생한다.

3) 높새 바람

늦봄에서 초여름 사이에 오호츠크해로부터 불어오는 복동풍이 영서 지방으로 불어 내려가 고온 건조해지는(푄 현상) 바람을 말한다. 한국의 지방풍으로 차고 습기를 띤 한대 해양성 기단인 오호츠크해 고기압이 세력을 확장하여 태백산맥을 넘어 서쪽으로 불어 내리면서 푄 현상을 일으켜 고온 건조한 바람이 되는 것으로 높새바람이 부는 시기는 모내기를 하고 밭작물의 싹이 트는 시기로 물을 필요로 하는 때이므로 가뭄 피해를 입는 경우가 많다.

신문 읽기 비 온다더니 폭염…기후변화로 '장마패턴' 깨졌다

어제 청주 36도 · 서울 34도 등 올 첫 '폭염경보' 오늘도 불볕
"7월 초 장마시작" 예보 빗나가 기상청, 단기예보 계속 수정
"북극 녹아 대륙에 고기압 등 변수 많아져 날씨예측에 장애"

이달 초부터 본격적인 장마가 시작될 것으로 예상됐지만 정작 폭염이 기승을 부리면서 장마 예보가 완전히 빗나갔다. 기상청은 기후변화로 장마전선이 한반도에 불규칙적으로 상륙해 예측이 어려워졌다며 장마 예보를 거듭 수정해 신뢰성이 또다시 도마에 올랐다.

5일 청주 오창의 한낮 수은주가 36.2도까지 치솟고 서울 · 경기 · 강원영서 · 충청 · 경북내륙에는 35도 안팎을 오르내리는 불볕더위가 엄습했다. 서울과 경기 · 강원 일부 지역은 35도 안팎을 기록해 올해 첫 폭염경보가 내려졌다. 특히 주말에는 기온이 더 오를 것으로 예상돼 온열질환자 관리에 비상이 걸렸다. 폭염경보는 낮 최고기온이 35도 이상인 날이 이틀 이상 지속될 것으로 예상될 때 내려진다. 폭염경보가 발령되면서 지방자치단체들은 비상체계에 돌입했으며 무더위 쉼터를 비롯해 119폭염구급대 조기가동 등에 나섰다. 이날 경기도 화성의 한 재활용품 야적장에서는 뜨거운 날씨에 자연발화로 추정되는 불이 나 소방관들이 진압에 나서기도 했다.

당초 이달 초순에는 장맛비가 내릴 것으로 예상됐지만 찜통더위가 기승을 부리면서 '사라진 장마'에 대한 궁금증도 커지고 있다. 하지만 기상청은 이미 장마철이 지난달 말부터 시작됐다고 설명한다. 실제로 지난달 29일에는 광주 · 전남지역에 호우주의보가 발효됐고 도로와 집 마당 등이 침수되는 피해가 발생했다. 다만 서울 등 중부지방에 장맛비다운 비가 안 내리고 찜통더위가 이어지는 것은 잠시 찾아왔던 장마전선이 일본 부근으로 내려가 머물고 있기 때문이라는 게 기상청의 설명이다. 기상청의 한 관계자는 "북서쪽의 선선한 공기가 내려오고 오호츠크발 고기압의 영향을 길게 받아 당분간 장마전선이 북상하기 어려운 조건이 되고 있다"고 설명했다.

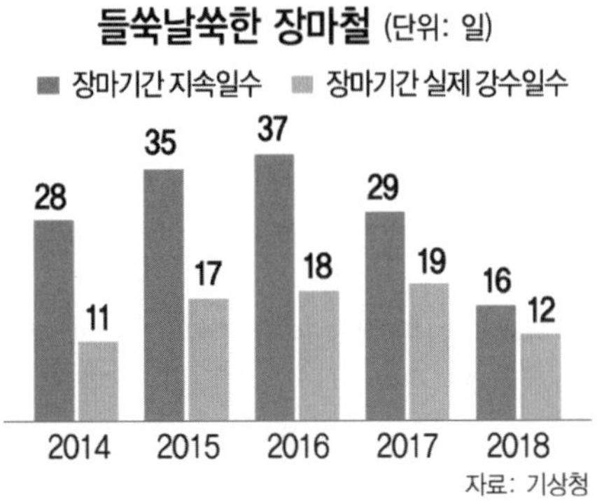

기상청은 최초 예보가 틀린 후 단기예보를 수정하고 있어 예보의 의미가 퇴색된다는 비판마저 나온다. 기상청은 우선 지난달 28일 "장마전선이 대한해협에서 일본열도에 위치하면서 우리나라는 점차 그 영향에서 벗어나고 있다"며 "7월 6~7일께 제주도와 남부지방에 비가 올 것"이라고 예보했다. 하지만 그저께 폭염이 기승을 부리면서 다시 "6~7일보다 사흘 정도 늦어진 오는 9~10일께 비가 내릴 것"이라고 수정을 했다. 장마철마다 통상 열흘 중 4~6일 정도는 실제 비가 내리지 않고 습도만 오르지만 올해처럼 폭염경보까지 내려지는 것은 이례적이라는 지적도 나온다.

빗나간 장마 예보에 대해 기상청은 "기후변화 때문에 예측이 쉽지 않다"고 설명했다. 과거에는 장마전선이 제주와 남부지방을 시작으로 서서히 북상해 전국에 비가 내리는 기간이 비교적 규칙적이었는데 기후변화로 지구의 평균기온이 올라가고 얼음이 녹아 대륙에 고기압이 넘어가는 등 변수가 늘어나면서 날씨 예측에 장애물이 많아졌다는 것이다. 실제로 지난 3년간 장마일수 및 장마기간 중 실제 강수일수를 각각 살펴보면 지난해 16일 · 12일, 2017년 29일 · 19일, 2016년 37일 · 18일 등이다.

장마 예보가 빗나가면서 '마른장마'에 대비를 하지 못해 저수지가 말라가는 등 가뭄 피해도 우려된다. 경기도에 따르면 올해 3월 93%에 달했던 도내 지자체 및 농어촌공사 관리 저수지(338개)의 평균 저수율은 이날 현재 45%까지 떨어졌다. 이는 평년 저수율인 57%보다 12%포인트 낮은 수준이다.

자료 : 서울경제, 2019. 07. 05

제2장

관광자원의 개요

Introduction to Tourism Resources
관광자원론

제2장

관광자원의 개요

제1절 자원의 개념과 가치

1. 자원의 의미

1) 자원의 정의와 특성

자원의 어원은 라틴어의 re-surqere에서 비롯되어 영어의 resource가 되었다. 자원(資源)의 사전적 의미는 인간생활 및 경제생활에 이용되는 물적 자료 및 노동력, 기술의 총칭을 말한다.

넓은 의미에서 자원이란 인간의 생활을 유지하고 발전시키는데 유용한 자연계의 일부를 말한다. 우리는 살면서 많은 자원을 이용하고 있는데 우리의 삶에 필수적인 자원이란 자연에서 얻을 수 있는 것으로 인간이 그것을 필요로 하고, 인간의 기술로 개발되어야 하며, 개발했을 때 경제적 가치를 지니는 것이어야 한다. 자원은 기술적 의미의 자원과 경제적 의미의 자원으로 구분되는데 기술적 의미의 자원은 안간의 기술로 개발이 가능해야 하는 것이고 경제적 의미의 자원은 인간의 기술로 개발이 가능하고 생산했을 때 경제적이어야 한다. 결국 자원은 자연이라는 큰 범위 안에서 기술적 의미의 자원으로 그리고 기술적 의미의 자원 안에서 경제적 의미의 자원으로 볼 수 있다. 즉, 자원의 의미는 우리 일상생활과 경제활동에 유용하며 기술적 · 경제적으로 개발 가능한 것으로 정의할 수 있다.

이처럼 자원의 범위는 시대와 기술적으로 개발이 가능하고, 경제성이 있어야 자원으로 이용되므로 고정된 것은 아니다. 자원은 경우에 따라 분류방법이 달라지나 인간생활의 기초가 되는 구리, 철, 납, 석탄, 석유 등의 광물자원(지하자원)과 인간생활의 터전인 토지자원 및 일상생활을 뒷받침하는 수자원의 3가지 자원을 기초자원이라고 한다. 이러한 기초자원 외에 산림자원 · 동물자원 · 수산자원 등을 일괄하여 천연자원이라고 한다. 기초자원과 천연자원을 인간이 가공하여 생산하는 식량자원 · 공업 원료자원 · 에너지자원 등을 제1차 자원이라고 한다. 이것을 다시 가공한 것을 제2차 자원 · 제3차 자원이라고 하며, 인간 생활의 유용한 물자가 되고 있다. 이 밖에 사람의 노동력을 다른 물자와 마찬가지로 생산 자원의 하나로 보는 것을 이르는 말로 인적 자원이라고 한다.

그림 2-1 • 자원의 의미

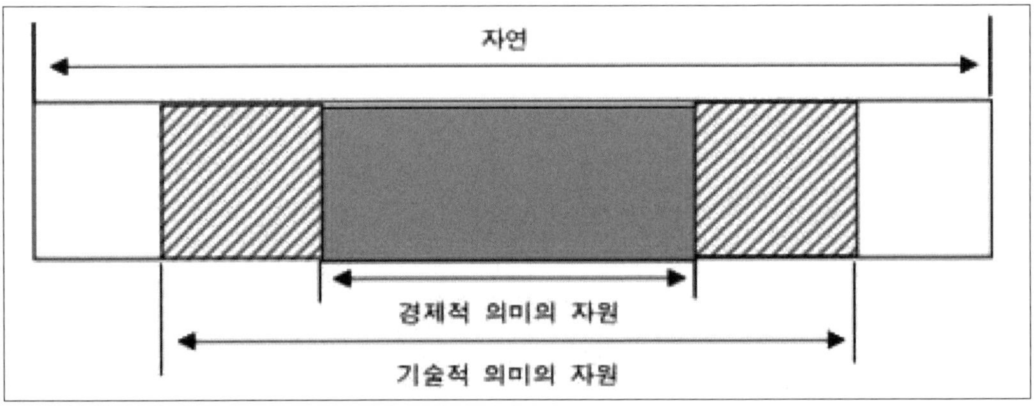

2) 자원의 종류

(1) 범위에 따른 종류

❶ 좁은 의미의 자원

천연자원만을 의미한다.

- 천연자원 : 지하자원, 식량자원, 광물자원, 임산자원, 수산자원, 동력자원, 자연물 등

❷ 넓은 의미의 자원

천연자원 이외에 문화자원, 인적 자원까지 포함한 자원을 말한다.

- 인적 자원 : 인구 자체, 인간의 노동력, 기술, 창의성 등
- 문화 자원 : 전통, 종교, 문화유산, 관습, 언어, 정치, 사회 제도 등

(2) 재생가능성에 따른 분류

❶ 재생 자원(순환자원)

계속적으로 순환하기 때문에 공급이 무한하며 이용하여도 자원의 양이 고갈되지 않아 반복 사용이 가능한 자원이다.

❷ 비재생 자원(고갈 자원)

매장량이 한정되어 이용함으로써 고갈되는 자원으로 인위적으로 재생이 불가능한 자원이다. 즉, 한번 사용하면 없어지는 자원으로 유한성이 크다. 여기에는 석유, 석탄, 천연가스 등의 화석 연료를 비재생자원이라고 한다.

(3) 용도에 따른 분류

- 식량 자원 : 곡물, 과채류(과일+채소), 육류, 어류 등
- 광물 자원 : 철광석(제철공업), 구리(전선), 석회석(시멘트), 보크사이트(알루미늄) 등
- 에너지 자원 : 석유, 천연가스, 석탄, 우라늄(원자력) 등

그림 2-2 • 자원의 연속성

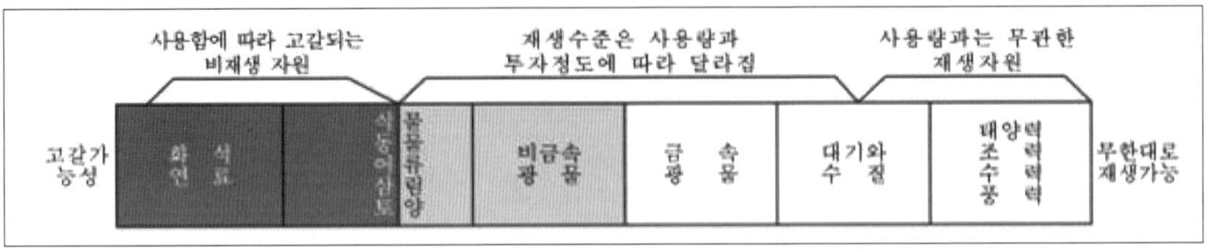

3) 자원의 특성

자원은 가변성, 유한성, 편재성이라는 세 가지 특성을 가진다.

❶ 가변성

자원은 시대. 기술. 경제. 문화적 조건에 따라 그 가치와 의미가 달라지는데 이를 자원의 가변성이라고 한다. 우라나라에서는 돼지고기. 쇠고기. 개고기까지 다 식량자원으로 보지만, 힌두교를 믿는 지역에서는 소가 신이고, 이슬람교를 믿는 지역에서 돼지는 식용 금지 동물로 자원으로서의 가치를 지니고 있지 않다. 또한 경제성의 변화로 인해 자원의 가치는 변화 될 수 있다. 경제적 조건은 기술적으로 개발이 가능하다 할지라도 경제적 조건이 맞아야 개발되는 것을 말한다. 과거 우라늄은 광물에 지나지 않았으나 최근의 기술발달과 우라늄의 생산비용이 절감되어 원자력 발전의 중요한 자원으로서의 가치를 지니게 되었다.

❷ 유한성

유한성은 매장량의 한계를 말하는 것으로 개발하여 사용할 수 있는 매장된 자원이 한정되어 자원고갈의 가능성이 있는 것을 말한다.

지하자원은 대개 유한성을 갖고 있으며 언젠가는 고갈되는 성질을 갖고 있다. 따라서 고갈가능성이 낮은 재생자원을 통해서 대체자원을 개발을 해야한다.

자원의 가채 연수가 짧아 매장량에는 한계가 있으나 경제 발전과 인구의 증 가로 자원의 소비가 증가하여 문제가 발생된다.

❸ 편재성

자원이 고루 분포하지 않고 특정 지역에 편중되어 있는 것을 자원의 편재성이라고 한다. 자원 수급에 영향을 미친다. 자원을 가진 나라와 가지지 못한 나라가 나타나고, 중요한 지하자원을 두고 나라 간 갈등이 벌어진다. 자원의 편재성을 가장 잘 보여주는 대표적인 자원은 석유이다. 따라서 석유를 생산하는 국가들은 석유를 통해 자원의 무기화를 추구하고 있는 것이다. 또한 생산지역과 소비지역의 불일치, 자원 민족주의 대두가 되고 있다.

2. 자원의 가치

인간 생활에 유용하게 이용되는 자연을 자원이라고 한다. 인류 문명은 다양한 자원을 활용하면서 발전해 왔으며, 자원의 가치는 자원을 활용하는 인간의 과학 기술 수준이나 경제적 조건, 문화와 가치관 등에 따라 변화되었다.

석유의 예에서도 볼 수 있듯이 자원은 과학 기술의 변화에 따라 그 범위와 가치가 달라진다. 과거 석유를 사용할 수 있는 기술이 없던 시대에는 석유의 가치가 없었지만, 기술 발달로 석유를 활용할 수 있게 됨으로써 오늘날 중요한 자원이 되었다. 이는 기술이 발달하면서 자원의 가치가 변한다는 것을 보여준다. 과학이 발전하여 과거에는 이용할 수 없었던 자원들이 이용되기도 하고, 과거에는 너무 많아 희소가치가 없어 자원으로 이용되지 않던 것이 시대의 변화에 따라 희소해져 자원으로 인정되기도 한다.

신문 읽기

공항건설, 경기남부 산업 · 문화 가치 높여줘

경기남부 신공항 필요성
경기남부 공항 설치 타당성 연구
국제 간 물류 이동 신속 경제 도움
외국 접근 편해 관광객 증가 예측

수원시가 경기남부권에 국제공항을 설치할 경우 타당성과 관련해 연구용역한 결과에 따르면 2030년 국제선 이용객인 143만명, 국내선 181만 명으로 예측된다. 또 오는 2035년에 342만 명, 2040년 362만 명이 남부권 공항을 이용할 것으로 예상한다.

일반적으로 공항의 손익분기점을 200만 명으로 본다는 점에서 신설의 필요성이 높다는 연구결과로, 인천공항과 김포공항의 포화 해소 및 경기도와 충청권 도민들의 공항 접근성 확보 등을 위해 신공항 건설이 반드시 필요하다는 주장이 곳곳에서 제기되는 이유다.

경기남부 민간공항의 필요성은 수원군공항 이전을 둘러싸고 화성시와 갈등에서 시작됐다.

수원시의 군공항 이전 필요성 주장에 국방부 등이 이전 예정지로 화성시 화홍지구를 지목하면서 두 도시 간 갈등으로 이어졌다.

이후 지자체 간 불필요한 갈등을 자제하며 대안을 모색하다 김해 · 사천공항 등 민군겸용 통합공항에 주목하기 시작했다.

2030년 인천공항의 수용능력 포화 전망 속에 대안공항의 필요성이 제기됐고, 765만 인구와 산업자원과 문화관광지를 보유한 경기남부권이 최적지로 떠오른 것이다.

민간항공기를 수용하는 공항과 관련해 경기남부는 현재 '패싱' 지역에 속한다.

공항 이용을 위해 인천공항까지 왕복 3~4시간을 소요해야 하고, 공항 운영에 따른 지역경제 효과는 제로에 가깝다.

군공항으로 인한 소음만 오산, 수원, 화성 등 주민들이 고스란히 떠 안고 있다.

수원시 등에 따르면 민항공항 설치 시 생산유발효과는 연간 7조 3천558억 원, 그에 따른 부가가치는 2조 5천560억 원으로 5만 1천544명의 고용효과가 발생한다.

무엇보다 유네스코등록문화재인 수원화성, 화성 융건릉과 용주사를 비롯해 영흥도, 대부도, 제부도, 전곡항 등 수많은 관광자원을 가진 경기남부권의 관광 활성화가 기대된다.

전곡항의 경우 국제보트쇼 등을 위해 아시아 각국의 사람들이 찾고 있으며, 수원화성 등을 찾는 외국인도 매년 지속적으로 증가 추세다. 또 용인 에버랜드와 한국민속촌, 여주 · 이천 도예촌 등은 국내뿐 아니라 중국, 동남아시아 등에서도 많이 찾는 여행지다.

민간공항이 설치되면 국내 뿐 아니라 외국에서 접근이 훨씬 편리해지면서 경기남부를 찾는 여행객도 증가할 것으로 예측된다.

산업분야의 활성화도 예상된다.

경기도시공사에 따르면 도를 찾는 중국 관광객의 지속적인 증가와 함께 화성 제약단지 및 바이오산업분야, 용인 SK하이닉스 반도체, 아산국가산단과 평택일반산단 등 대규모 산업단지의 국제물류 이동이 활발해지고 있다.

경기남부권 공항이 신설되면 이같은 국제 간 물류 이동이 더 신속하게 이뤄져 경제성장에도 적지 않은 도움이 될 것으로 전문가들은 예측하고 있다.

통일시대를 앞두고 민간공항의 필요성도 높게 제기된다.

북한지역의 도로, 교통망 등이 부실한 점을 감안할 때 인적 · 물적 자원의 원활한 이동 등을 위해 항공 이용이 급증할 것으로 예측된다. 경기남부권에 집중돼 있는 각종 물류를 북한 원산, 신의주, 라선 등으로 이동하려면 항공이 최적이다.

지역경제 효과는 공항 신설에 따른 부가가치에서도 높게 나타나 항공 MRO단지와 상업 및 업무시설, 조종사 양성시설, 항공물류 처리와 배후단지 등 다양한 분야에서 시너지 효과가 기대된다.

수원시 관계자는 "경기남부권 공항은 경기도뿐 아니라 충남까지 이용할 수 있다는 점에서 특히 필요성이 높다"며 "공항건설이 경기남부 전체에 미치는 영향이 큰 만큼 경기도에서 필요성을 적극 인식해 국가에 제안해야 한다"고 말했다.

출처 : 경기신문, 2019. 6. 23

제2절 관광자원의 개념과 가치

1. 관광자원의 개념

1) 관광자원의 정의

관광자원에 대한 정의는 많은 학자들이 내리고 있으나 관광의 목적, 대상범위, 성격, 시대와 국가, 관광객에 따라 다르게 해석할 수 있어 공통된 개념으로 정의하기는 어렵다. 그러나 대체로 관광자원에 대한 그들의 견해는 "관광의 주체인 관광객으로 하여금 관광동기나 관광의욕을 일으키게 하는 목적물인 관광대상"이나 "관광객의 관광욕구를 유발시키거나 충족시켜 줄 수 있는 매력적 요소를 지닌 유형(visible) · 무형(invisible)의 자연적 · 인문적 관광대상"으로 정의하고 있다.

관광자원의 개념적 정의를 더 살펴보면 "인간의 관광 동기를 불러일으킬 수 있는 생태계 내의 유 · 무형의 모든 자원으로서 보존 · 보호하지 않으면 그 가치를 상실 훼손 당하기 쉬운 자원", "보존, 보호도 중요시되지만 관광자원은 관광대상이 될 수 있는 소재로서 이를 개발할 때에만 비로소 관광자원으로 그 가치를 발휘할 수 있는 자원", "유 · 무형적 자원, 소재적 자원, 매력성, 자력성을 가진 자원으로 보호 · 보존으로 가치가 증가되는 자원 또는 보호 · 보존의 전제하에 개발이 이루어질 때 비로소 그 가치를 발하는 자원" 등으로 정의할 수 있을 것이다. 종합해 보면 관광자원은 "관광객의 욕구 및 동기를 충족시켜 줄 수 있는 것으로서 매력적, 자력적, 교육적, 문화적, 위락적 등의 가치를 갖는 대상으로 보존, 보호가 대단히 중요한 유 · 무형의 자연적, 인문적 자원"을 의미한다고 볼 수 있다.

이처럼 관광자원의 정의를 규정짓기 위해서는 첫째, 관광객의 관광욕구와 동기를 충족시켜 줄 수 있는 관광행동의 목적물이어야 할 것, 둘째, 유 · 무형의 자연적, 인문적 제자원일 것, 셋째, 교육적, 위락적, 문화적 가치가 있으며 매력성과 자력성을 지닌 소재적 자원일 것, 넷째, 관광의 객체로써 보존, 보호의 전제하에 개발할 수 있어야 한다.

관광자원에 대한 학자들의 정의를 종합하면 다음 [표 2-1]과 같다.

표 2-1 • 관광자원에 대한 정의

학자명	관광자원의 정의
末武直義	관광의 매력물이 되는 자연, 인문상의 관광대상으로서 관광의 목적물 또는 관광재로서의 가치를 가진 모든 자원
山村順次	관광산업에 있어서는 경제적 가치가 있고, 관광객에게는 오락적, 문화적 가치를 갖는 관광대상물
剛庭博	개발함으로써 관광대상이 될 수 있고, 보존 · 보호하지 않으면 훼손되고 감소되는 것
津田昇	관광객이 관광동기, 관광욕구의 목적물로 삼는 관광대상
小谷達男	관광객의 관광동기나 의욕을 충족시키고 관광행동을 일으키게 하는 유 · 무형의 관광대상
이장춘	관광동기를 충족시킬 수 있는 생태계 내의 자원으로서 보호 · 보존하지 않으면 가치를 상실하거나 감소할 성질을 내포하고 있는 자원
안종윤	관광대상이 될 수 있는 소재로 이것을 개발함으로써 관광의 대상으로 삼을 수 있으며 또한 보존, 보호하지 않으면 훼손되고 감소되는 자원
김진섭	관광객으로 하여금 관광동기나 관광행동을 일으키게 하는 매력성과 유인성을 가진 목적물, 관광대상
김상훈	관광객의 관광동기나 의욕을 일으키게 하는 매력성과 유인성을 가진 목적물
김홍운	관광목적물이 되는 요소를 지닌 것으로서 관광재로서의 가치를 가진 모든 것
김정배	관광객으로 하여금 관광동기나 의욕을 충족시키고 관광행동을 일으키게 하는 유 · 무형의 관광대상
이근	관광동기와 욕구를 충족시켜 줄 수 있는 자연적, 인문적 대상의 총체로서 자력성을 지닌 소재적 자원
박석희	관광객의 관광동기나 관광행동을 유발하게 하는 매력과 유인성을 지니고 있으면서 관광활동을 원활히 하기 위해 필요한 제반요소이며, 보전, 보호가 필요하고 관광자원이 지닌 가치는 관광객과 시대에 따라 변화되는 비소모성, 비이동성 자원

2) 관광자원의 성격과 특성

(1) 관광자원의 개념적 특성

❶ 가치 변화와 범위의 다양성

관광자원은 자연자원과 인문자원, 유·무형자원 등 그 범위가 넓고 다양한 특성을 가지고 있다. 관광자원은 관광객에 의해 지속적으로 선호, 이용, 선택 소비될 때 가치를 평가받을 수 있고 관광객의 유형이나 사회구조에 따라서 가치가 다르고 범위의 다양성을 지닌다.

❷ 매력성과 유인성

관광자원은 관광객의 욕구나 동기를 일으키는 매력성과 관광객의 행동을 끌어들이는 유인성을 지닌다. 관광자원의 매력성(attraction)이란 관광욕구를 가진 사람의 마음을 끌 수 있는 힘을 지닌 자원을 의미하며, 유인성(흡인력 : sucking force)은 관광욕구를 가진 사람의 관광행동을 끌어당길 수 있는 힘을 지닌 자원을 말한다. 이러한 관광자원의 매력성은 원시적인 자연미(natural beauty), 경관미(landscape beauty), 신기함(novelty), 특이성(uniqueness) 등과 같이 관광객의 욕구에 따라 다양하게 나타난다.

❸ 개발요구성

관광자원은 개발을 통해서 관광대상이 된다. 관광자원은 단순히 자연적 소산의 상태만으로도 관광객의 욕구를 충족시킬 수 있지만 관광자원으로서의 가치를 지니기 위해서는 원형을 훼손시키지 않는 범위에서 개발은 필수적이다. 따라서 관광자원은 개발을 통해 관광대상이 된다.

❹ 보존·보호 필요성

관광자원은 관광욕구 충족 및 관광경험의 질을 유지·향상시키기 위하여 보존 또는 보호를 필요로 한다. 관광자원은 환경에 대한 가치관과 생활양식의 변화로 생태적 가치가 높은 관광자원의 보존 요구가 증대하고 있어 관광자원의 친환경적 보전 및 관리 필요성이 높다.

(2) 관광자원의 일반적 특성

❶ 다양성

관광객에 따라 관광욕구가 다양하기 때문에 욕구를 충족시키기 위해서는 관광자원도 다양하게 개발되고 관광지를 이루고 있는 환경도 다양한 모습으로 관광객을 만족시킬 수 있어야 한다.

❷ 변화성

관광자원은 계절이나 관광객의 여행 패턴의 변화에 따라 관광대상도 달라지게 된다. 즉 과거에는 인기 있던 관광자원이 현재에는 그 가치나 매력을 상실했거나 아니면 과거에는 관광자원으로서 주목을 받지 못했으나 현재에 와서는 관광대상으로서의 새로운 가치와 매력을 갖춘 관광상품으로 떠오르기도 한다.

❸ 비절대성

관광객의 주관성으로 인하여 어떠한 관광자원일지라도 모든 관광객을 충족시키지는 못한다.

❹ 조화성

관광자원은 유형과 무형관광자원 또한 자연적 자원과 문화적 자원, 사회적 자원과 산업적 자원, 위락적 자원이 조화를 이룰 때 관광자원으로서의 가치와 매력이 증가할 수 있다.

2. 관광자원의 가치 결정요인

버가트와 메들릭(Burkart & Medlike)은 접근성, 매력성, 이미지, 관광시설, 하부구조 유형 등에 의해 관광자원의 가치가 결정된다고 하였다.

❶ 접근성(accessibility)

접근성은 관광객의 거주지에서 목적지(관광지)까지의 근접성에 근거한 개념으로 관광객의 행동에 영향을 주게 된다. 보통 관광객은 물리적 거리보다는 시간과 비용에 의한 경제적 거리에 의해 관광자원에 접근하게 된다.

❷ 매력성(attractiveness)

관광자원의 특성을 의미하며, 관광객을 유인할 수 있는 흡인력으로 다양한 자원들이 집중되어 있을수록 매력성이 커지게 된다.

❸ 이미지(image)

관광자원의 이미지는 한 사람 또는 집단이 관광대상에 대해 갖고 있는 일련의 신념으로서, 관광객의 관광자원(관광지)에 대한 이미지는 그들의 여행참여를 유도하는 커다란 동인(動因 : 어떤 사태를 일으키거나 변화시키는 데 작용하는 직접적인 원인)의 역할을 하게 된다.

❹ 관광시설(tourism facilities)

관광시설 자체는 목적지의 단독적인 관광객 유인대상이 되지는 못하지만 목적지의 관광자원의 가치를 향상시키는 역할을 한다. 편의시설, 숙박시설, 식당시설, 휴게시설, 관광안내시설, 위락시설 등이 있는데 이러한 시설들은 관광객들에게 즐거움을 줄 수 있는 요소들이다.

❺ 하부구조(infrastructure)

관광객이 관광지나 관광자원에 접근하는데 이용되는 교통수단과 시설, 그리고 관광지에서 관광편의를 제공하는 전기, 통신시설, 상하수도시설, 의료시설 등이 여기에 해당되며 관광시설과 같이 관광여행의 주된 목적 대상은 아니지만 관광객에게 가장 기초적인 편의를 제공하여 준다.

신문읽기 **대전 관광 활성화 위해 '대전 다움' 필요**

내국인 중심으로 한 관광경쟁력 높여야 과학, 교육 관광 활용 등 대전만의 독창성 요구

'대전방문의해'를 맞아 대전시가 '대전 다움'이나 '대전스럽게'와 같이 독창적인 관광 성격을 갖출 필요가 있다는 지적이다.

최근 대전세종연구원이 발표한 '대전 관광의 현주소와 (리)포지셔닝 방향설정의 필요성'에 따르면 대전은 외래 관광객 비율이 지극히 낮고, 내국인 관광객의 만족도가 전체적으로 높지 않은 당일형 관광목적지로 내국인 관광객을 중심으로 한 관광 경쟁력을 높일 필요가 있다.

문체부의 외래 관광객 실태조사를 보면 2017년 한국을 방문한 외래 관광객 중 약 1.7%만이 대전을 방문했다. 2014년 1.3%, 2015년 1.0%, 2016년 1.0%에 비하면 나아졌지만 여전히 미비한 수준이다. 또한 국민여행 실태조사 결과에서 대전은 국내 여행 참가자 수에서 숙박에 비해 당일 방문의 비중이 크게 높고, 특히 개별 여행에 대한 만족도가 가구 여행에 비해 낮다는 특징을 보인다. 즉 대전은 숙박을 고려할 만한 체류형 관광목적지가 아니며, 개인여행의 만족도를 높이기 위한 방안을 고민하는 게 중요하다는 의미다. SNS매체 분석결과, 대전은 관광목적지 활용측면에서 관광자원은 한계가 있다. 핵심단어 워드클라우드의 노출 단어에서 대전 여행을 제외하고는 '성심당' · ' 한밭수목원' 등 개별 장소와 '당일치기' 등 일부 관광 현상, '온천' · ' 칼국수' 등 대전 고유 특성 등이 나타났다. 특징적인 개별 장소가 눈에 띄게 많지 않아 관광자원 활용 폭이 크지 않다는 것을 유추할 수 있다. 관광에 대한 소비자 반응도 중도적이다. 인터넷 검색을 보면 '재미없는 도시' 로 대전이 꼽히고 있다. 대전여행에 대한 블로그도 대부분 중립적 성향이다. 대전만의 관광 색을 보여주지 못하고 있음을 의미한다.

따라서 '대전 다움' 이나 '대전스럽게' 와 같이 대전만의 성격을 갖출 필요가 있다. 이를 위해 과학관광의 활용이 요구된다. 1993엑스포와 대덕특구, 카이스트, 국립중앙과학관 등 과학자원이 풍부하지만, 관광학적 자원으로 결합해 활용하지 못하고 있는 실정이다. 과학 관련 테마파크 조성 등을 고려해 볼 필요가 있다. 과학 교육 등 다양한 소프트웨어 콘텐츠도 확보해야 한다. 또한, 교육 관광의 확산도 필요하다. 과학과 같이 교육은 엔터테이먼트와 결합해 에듀테인먼트 형태로 확산돼 이를 개발할 필요가 있다. 대전예술의전당과 이응노미술관 등 문화 예술적 자원이 집적된 클러스터를 활용하거나, 접근이 용이한 교통 환경을 관광 목적으로 개선도 필요하다. 2004년 도입된 대전의 슬로건 'it' s Daejeon' 은 정체성 표현이 애매 모호해 제고가 필요하다. 도시 경관 및 거리 조성, 스토리메이킹을 바탕으로 한 상징물 개발 전력도 요구된다. 윤설민 대세연 미래전력실 연구위원은 "대전이라는 곳은 관광인지도가 높지 않아 관광경쟁력을 높이기 위한 노력이 필요하다"면서 "당일방문, 특정장소 방문이 주로 대전은 도시 관광의 필요성을 극대화하고, 뚜렷한 관광 이미지를 부각시킬 수 있어야 한다"고 조언했다.

자료: 중도일보, 2019, 02. 17

제3절 관광자원의 분류 체계

1. 관광자원의 분류 기준

대중관광시대로 접어들면서 관광객의 관광욕구의 변화와 레저문화형태의 질적 변화에 따라 오늘날 관광자원은 매우 광범위하고 다양하게 분류되고 있다. 과거에 많은 비중을 차지하던 자연관광자원 이외에도 사회 · 문화적 관광자원의 비중이 중요시되고 있으며, 산업발달 및 무역의 확대에 따른 산업관광자원의 중요성 증대와 동태적 레저형태의 변화에 따른 관광(위락)레크리에이션 관광자원 등도 그 중요성이 증대되고 있다.

이처럼 관광자원은 관광객의 주관에 의해서 관광가치가 결정되기 때문에 매우 다양할 뿐만 아니라 광범위하며, 어떤 의미에서는 모든 대상이 관광자원으로서의 가치를 지니고 있으므로 관광자원의 분류에 대한 뚜렷한 기준은 없는 실정이다. 또한 관광자원의 유형분류를 위한 접근방법은 기존의 관광자원뿐만 아니라, 지금까지 관광자원으로서 관광활동에 직접적으로 영향을 미치지 못하고 있는 모든 잠재적 관광자원까지도 포함시켜야 한다.

관광자원의 유형분류는 학자나 용도에 따라 [표 2-2]와 같이 다양한 견해를 제시하고 있으나 일률적으로 합의된 통설은 없는 실정이다. 그러나 관광자원을 어떻게 체계적으로 분류할 것인가의 문제에 대해 학자들의 연구가 지속적으로 진행되어 왔다.

1) 존재형태에 따른 분류

관광자원을 존재형태에 따라 유형관광자원과 무형관광자원으로 대별하고 거기에 세부적 분류항목을 설정한 분류방식이다.

① 유형관광자원 - 자연관광자원, 인문관광자원

② 무형관광자원 - 인적 관광자원, 비인적 관광자원

2) 형성원인에 따른 분류

관광자원을 자연관광자원과 인문관광자원으로 유형화한 분류이다.

3) 관광자원을 유형화한 분류

관광자원을 자원특성에 따라 자연적 관광자원, 문화적 관광자원, 사회적 관광자원, 산업적 관광자원, 위락적 관광자원 등으로 유형화한 분류이다.

4) 이용형태에 따른 분류

동적 이용자원과 정적 이용자원의 분류이다.

표 2-2 • **연구자 · 기관별 관광자원의 분류체계**

구분	유형		구성 요소
김진섭	자연관광자원		지형, 지질, 천문, 기상, 동식물
	문화관광자원		유형, 무형문화재, 기념물, 민속자료
	사회관광자원		인정, 풍속, 행사, 생활, 예절, 음식물, 예술, 예능, 교육, 스포츠, 사회 · 문화시설
	산업관광자원		공장시설, 농장시설, 사회공공시설, 견본시설, 전람회, 전시회
안종윤	자연자원		산악, 평원, 해안, 도서, 하천, 호수, 폭포, 계곡, 지질, 기상, 온천, 동 · 식물
	문화자원		미술공예품, 건축물, 조각
	인문자원		국민생활, 풍속, 습관, 인정, 가정생활
	새로운 관광자원 및 기타		공장, 생산공장, 기술, 공원, 음식
이장춘	유형 관광자원	자연관광자원	자연보전특별지구, 자연보전지구, 휴양지보전지구
		인문관광자원	문화관광자원, 관광동기충족 산업시설
	무형 관광자원	인적자원	유형문화재, 판소리, 탈춤, 부채춤
		비인적자원	지역문화재, 축제
한국 관광 공사	유형 관광자원	자연관광자원	천연자원, 천문자원, 동 · 식물
		문화관광자원	고고학적 유적, 사적, 사찰공원
		사회관광자원	풍속, 행사, 생활, 예술, 교육, 스포츠
		산업관광자원	공업단지, 유통단지, 광업소, 농장, 목장, 백화점
		관광 · 레크리에이션 자원	수영장, 놀이시설, 어린이공원

구분	유형		구성 요소
한국관광공사	무형 관광자원	인적관광자원	국민성, 풍속, 관습, 예절 등
		비인적관광자원	고유종교, 사상, 철학, 역사, 음악, 가곡 등
건 (Gunn)	자연자원의존형 관광자원		해변, 피크닉장소, 자연캠핑장소, 일반경관지역, 극적 경관, 낚시장소, 스키 · 동계스포츠장소, 동계휴양지, 하계휴양지, 마리나 · 항만 · 보트계류장 등
	문화자원의존형 관광자원		고고학적 유적, 박물관, 역사유적 · 복원지 · 유령도시, 문화적 주유관광지, 관광목장, 전설유래지역 등
	인공시설자원의존형 관광자원		콘서트 · 드라마 · 극장, 공예품 전시장, 대형운동경기장, 골프장, 테마파크, 쇼핑센터, 관광음식점, 회의장, 운동경기장 등
일본관광협회	자연자원		산악, 고원, 원야, 습원, 협곡, 폭포, 하천, 해안곶, 도서, 암석, 동굴, 식물 등
	인문자원		사적, 절, 성곽, 정원, 공원, 역사경관, 향토경관, 연중행사 등

자료 : 한국관광학회(2009), 박석희(2007)

2. 관광자원의 분류 형태

관광자원의 분류 목적은 첫째, 자원의 특성 유지 즉, 동질의 자원을 한 종류로 묶어 이용 및 보전에 효율성을 꾀함이고 둘째, 관광 동기 및 욕구 충족의 효율화를 위함이다.

관광자원의 유형 구분은 그간 국내 · 외에서 관광자원을 분류한 것을 보면, 1~2개의 요인에 의해 실용적인 측면을 중시하며 각종의 분류방법이 제시 · 적용되어 왔는데, 중요한 것으로는 자원입지, 이용수준, 토지이용단위, 자원성격 등을 중심으로 한 분류를 들 수 있다.

1) 자원입지에 따른 분류 : 클라우슨(Clawson)의 분류(1960)

클라우슨(M. Clawson)은 1960년에 관광 · 위락활동이 일어나는 장소를 이용자중심형 지역, 중간형 지역, 자원중심형 지역의 3가지로 구분하고 있다.

(1) 이용자중심형(user-oriented areas)

일과 후에 쉽게 접근할 수 있는 소규모의 공간 또는 시설지역으로서 지역 주민의 일상 생활권에 위치하여 이용자의 활동이 중심이 되는 지역이다. 활동중심형으로 관광자원의 성격보다 여가 · 위락자원의 성격이 강하다.

지역주민의 일상적 여가시간에 이용이 가능한 위치와 적절한 시설의 구비가 일차적으로 중요한 의미를 갖는 지역으로서 놀이터와 도시공원, 실내수영장 등이 여기에 속한다.

(2) **중간형**(intermediate areas)

보통 거주지에서 1~2시간 정도 소요되는 거리에 위치하면서 이용자의 활동과 자연자원의 매력도가 대등한 조건을 갖는 지역이다. 수변 레크리에이션지역이나 소규모 도립, 군립공원 등이 해당하며 대체로 주말이나 당일 이용형이다. 수변위락형으로 피크닉 · Camping · 수영 · 낚시 등을 할 수 있는 곳이 여기에 해당된다.

(3) **자원중심형**(resource-based areas)

자연자원의 매력성(가치)을 우선적으로 고려해야 하는 지역으로서 관광활동에 대한 고려보다도 사적지나 문화적 보호지역 내의 자원의 질적 가치의 보전이 중시되는 지역이다. 규모가 비교적 광대하며 장거리지역에 위치하고 있어 평일 이용규모가 적은 편으로 체재형이 중심으로 휴가기간을 이용한 지역형으로 등산 · 사냥 · 사적지 · 문화재보호지역 등이 여기에 속한다.

2) 자원의 가시성에 의한 분류

(1) **유형관광자원**(visible tourism resources)

유형관광자원은 가시적인 관광자원으로서 우리의 시각을 통하여 확인가능한 관광자원을 말한다.

(2) **무형관광자원**(invisible tourism resources)

무형관광자원은 눈에 보이지 않지만 생활 속 경험들을 통해 느낄 수 있는 자원을 의미한다.

3) 자원의 생성과정에 의한 분류

(1) 자연적 관광자원

인간의 노동력, 자본, 기술이 투여되지 않은 자연경관지로서의 원형을 보전하고 있는 자연적 소산의 상태의 자원을 의미한다. 자연 관광자원에는 산악 · 구릉 · 해양 · 도서 · 하천 · 호소 · 산림 · 수목 · 화초 · 동물 · 온천 등이 포함된다.

(2) 인문적 관광자원

인물과 문물의 자원으로 인문관광자원은 과거의 문화유산인 문화관광자원을 비롯하여 산업관광자원, 사회관광자원, 관광 레크리에이션 자원 및 기타 관광자원으로 구분할 수 있다. 인문관광자원에는 문화적 · 사회적 자원으로서 건조물 · 사적 · 예술품 · 민속 · 문화적 시설 · 관광시설 · 유무형문화재 등이 포함된다. 이 밖에도 현대사회의 급격한 발전과 각종 공해의 만연, 사회 관광의 보급으로 대규모 관광 레크리에이션 수요의 급증에 대비한 레크리에이션 자원 등이 있다.

4) 자원의 이용성격 및 토지이용 단위에 의한 분류 : 건(Gunn)의 분류(1978)

건(Gunn)은 자원의 성격이 자연적인가, 문화적인가, 인공적인가로 구분하고 여기에 다시 토지이용 단위를 기준으로 관광자원이 토지의 어떠한 특성에 의존하여 관광매력을 보유하게 되는가를 파악하여 자연자원 의존형, 문화자원 의존형, 인공시설 자원의존형으로 구분하고 있는데, 이 분류의 특징은 자연이나 문화재자원이 일정한 토지이용단위로 개발되지 않고서는 그 자체의 매력을 충분히 발휘하지 못한다는 사실에 착안하고 있다는 점이다.

(1) 자연자원(natural resources)

해변, 피크닉장소, 자연캠핑장소, 일반경관지역, 암석채취지역, 화석채취장소, 사냥장소, 낚시장소, 스키, 동계스포츠장소, 보트 · 카누 · 항해장, 하계휴양지, 동굴탐사, 야생지, 조류관찰지역, 동물연구지역, 휴가촌, 전망대, 탐조장소 등

(2) 문화자원(cultural resources)

고고학적 유적, 박물관, 역사유적. 복원지, 특수인종적 문화, 공학적 · 과학적 불가사의, 제조공장, 장엄한 건물, 관광목장, 전설유래지역, 성지 등

(3) 인공시설자원(natural or cultural resources)

콘서트 · 드라마 · 연극장, 공예품전시장, 대형운동경기장, 주제공원, 쇼핑센터, 관광음식점, 운동경기장, 호텔, 스포츠센터, 놀이터 등

5) 관광지 특성에 따른 분류 : 미국 ORRRC의 분류(1962)

이를 두고 분광적 분류방식이라고도 부르고 있는데, 이 분류방법은 어떠한 관광활동을 통하여 어느 정도 다양한 관광경험이 제공되고 있는가에 따라 관광자원을 분류하는 방식이다. 미국의 관광자원조사위원회(ORRRC)는 1962년에 관광활동이 일어나는 장소를 고밀도 관광지역, 일반관광지역, 자연환경지역, 특수경관지역, 야생지역, 역사유적지역 등으로 분류하고 있다. 고밀도 관광지역에서 야생지역까지는 분광체(a spectrum)적 성격을 지니고 있으나 마지막 유형인 역사 · 문화적 지역은 동일한 선상에 놓일 수 없는 제약점을 지니고 있다.

(1) 고밀도 관광지역(high-density recreation areas)

주로 대도시권에 근접에 있으며 집중적인 개발지역으로 대규모 이용을 위한 지역이다.

(2) 일반관광지역(general outdoor recreation areas)

주요 대도시권에서 어느 정도 떨어져 있어 이용밀도가 고밀도 관광지역보다 낮으며, 규모와 활동유형이 상당히 큰 지역이다.

(3) 자연환경지역(natural environment areas)

통상 자연을 있는 그대로 즐길 수 있는 지역으로 자연환경 내에서 레크리에이션을 위해 알맞게 개발한 지역이다.

(4) 독특한 경관지역(unique natural areas)

뛰어난 경관미와 자연적 불가사의를 지니고 있어 과학적 중요성을 지닌 지역이다.

(5) 야생지역(primitive areas)

자연 그대로의 상태를 지닌 원시지역으로 대규모이고 원거리에 위치하고 있다.

(6) 역사 · 문화적 지역(historic and cultural areas)

역사적 · 문화적 중요성을 지닌 장소로서 고고학적 유적지, 주요유물, 유적 등이 여기에 해당된다.

신문 읽기

'BTS'도 '레드벨벳'도 관광자원이다

지난해 여행수지 적자 사상 최대
문화+여행, 관광산업 활로 기대
美 브로드웨이, 佛 박물관 투어
한국선 'K팝 투어' 대안 떠올라

문화콘텐츠와 관광을 결합한 엔터투어먼트가 관광 산업의 화두로 떠오르고 있다.

난타 · 점프 등 넌버벌 퍼포먼스를 시작으로 '엑스칼리버' 등 뮤지컬, BTS 등 K팝 공연이 최근 국내 관광수지 개선의 대안으로 주목받고 있다. 2000년 이후 적자를 기록 중인 여행수지는 지난해에는 사상 최대인 166억 5000만 달러의 적자를 기록했다. 게다가 최근 일본 정부의 경제 보복 공세에 관광업계의 시름도 깊어지고 있어 활로를 찾기 위한 노력이 절실하다는 지적이다. 전문가들은 현재의 어려움을 딛고 관광산업 경쟁력 확보를 위해 '엔터투어먼트'를 보다 서둘러 활성화해야 한다고 강조했다. 단순 쇼핑보다 한류와 문화, 관광을 연계한 엔터투어먼트를 법적 지원과 문화적 토대를 마련해 국내를 찾는 관광객의 '씀씀이'를 늘리자는 것이다.

지난달말 한국관광공사가 발표한 '2019년 1분기 외래관광객 실태조사'에 따르면 올해 1분기 외국인 관광객의 1인당 평균 지출경비는 1267달러(약 150만 원)에 불과했다. 이는 지난해 같은 기간 1441.1달러(약 171만 원)보다 12.1%포인트 감소한 수치로, 10년 전인 2009년(1224달러) 수준이다.

전문가들은 뮤지컬을 특화한 미국 뉴욕이나 영국 런던, 미술관과 접목한 프랑스 파리 등 엔터투어먼트의 성공사례를 국내에 도입하기 위해 노력 중이다. 미국 뉴욕 브로드웨이는 해마다 연극과 뮤지컬 수십편이 격전을 벌인다. 브로드웨이의 업계 관계자 700명이 모인 조직 '브로드웨이리그'가 최근 집계한 자료에 따르면 지난 1년간(2018년 5월~2019년 5월) 브로드웨이 공연 관객은 총 1476만 명에 달했다. 매출로는 18억 달러(약 2조 835억 원)에 달했다. 전년 대비 관객 숫자와 수익 규모는 각각 9.5%, 10.3% 성장한 수치다. 관객 중 관광객의 비중은 약 63%에 달했다. 이는 2014~2015년 40%보다 23% 늘어난 수치다. 뉴욕관광객은 지난해 6510만 명을 기록하며, 9년 연속 성장세를 이어갔다. 올해는 6720만 명에 달할 것으로 추정했다.

최근 들어 방탄소년단(BTS) 등 K팝 가수들을 활용한 엔터투어먼트가 대안으로 떠올랐다. BTS는 지난달 부산과 서울에서 열린 BTS 글로벌 팬미팅에 25만 8000여 명이 몰렸다. 이중 해외에서 온 방문객을 20%만 추정하더라도 무려 5만명을 훌쩍 넘는다. 이들은 팬미팅이 열리기 최소 2~3일 전부터 입국해 팬미팅 일정을 제외하고는 대부분 부산이나 서울의 관광 명소를 둘러보거나 면세점과 백화점에서 쇼핑을 즐겼다. 또 서울 강남 영동대로 마련한 홀로그램 콘서트 현장에는 엑소 등 유명 K팝 그룹의 홀로그램 공연을 수시로 볼 수 있어 대표적 관광 베뉴(Venue)로 떠올랐다. 경기도 일산에 2024년 완공 예정인 2만 석 규모의 K팝 공연 전용 대형 아레나와 경기도 파주 통일동산지구에 준비 중인 아시아 최대 규모의 콘텐츠 월드 등도 엔터투어먼트를 염두에 둔 미래먹거리다. 이훈 한양대 관광학과 교수는 "정부는 '웰컴대학로' 사업 등 사업하나에 국한하기보다 '공연관광중장기 계획' 등을 세워 체계적인 투자와 지원, 진흥 정책을 마련해야 한다"면서 "우리나라 관광산업이 질적인 수준과 부가가치를 높이려면 '예술+미학'과 결합해야 한다"고 강조했다.

엔터투어먼트= 오락적 요소가 결합된 관광을 뜻하는 말로 엔터테인먼트(entertainment)와 여행(tour)의 합성어. 콘서트 · 공연 · 콘서트 등 문화 콘텐츠를 즐기는 관광 · 여행을 뜻한다.

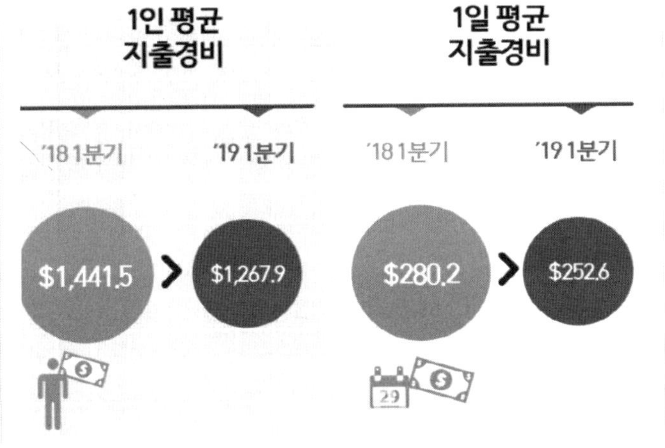

자료 : 이데일리, 2019. 07.12

제3장

관광자원 해설

Introduction to
Tourism Resources

관광자원론

제3장

3

관광자원 해설

제1절 관광자원 해설의 개념

1. 관광자원 해설의 정의

관광해설에 관한 개념적 체계의 형성은 1957년에 간행된 Tilden의 Interpreting Our Heritage에서 본격적으로 착수되었다. Tilden는 여기에서 관광해설을 "단순히 사실적인 정보를 전달하기 보다는 직접적인 경험과 설명에 도움이 되는 해설매체를 통한 실물을 이용하여 관광자원에 내재된 의미와 연관성을 나타내는 교육적인 활동"으로 정의하였다(Tilden, 1977). 박명희는 관광해설을 "지식수준을 향상시키는 교육적 활동, 여행지 환경에 대한 지각수준을 단계적으로 발전시키는 지각 발달적 활동, 이해 및 통찰력 제고를 위한 인식 향상적 활동, 자원보전적 활동"으로 개념화하였다(박명희, 1999). 박석희는 관광해설을 "관광객을 대상으로 하는 교육적 활동, 지각발달을 도모하는 활동, 새로운 이해 · 통찰력 · 열광 · 흥미를 불러일으키는 활동, 관광자원의 보존에 기여하는 설명기술"이라고 규정하였다(박석희,

2001). 또한 유수현은 "관광객에게 관광대상물을 알기 쉽게 매력적 요인을 설명해 주고, 이를 통해 관광대상물에 대한 이해 및 인식을 높여서 이에 대한 흥미와 매력을 유발시키는 일련의 활동"으로(유수현, 2003), 진영재는 "관광자원의 인지의 확대, 문화유산에 대한 이해 및 통찰력 제공, 관광활동 참여에 있어서의 흥미와 관심의 유발, 문화유산에 대한 이해 촉진의 활동이 중심이 되는 관광객과 문화유산해설사 간의 커뮤니케이션 과정"이라고 정의하였다(진영재, 2005).

이상과 같은 선행연구의 정의들을 종합해 보면, 관광해설의 핵심적인 요소로는 교육적 활동이고, 지각발달 도모의 활동이며, 자원보전에 기여할 수 있는 활동이며, 해설 대상지에서 참가자의 참여를 유도하여 자원과의 커뮤니케이션을 극대화하는 과정이라 할 수 있다.

따라서 해설은 "방문객의 지각발달을 도모하는 교육적 활동으로, 자원에 대한 가치와 인식을 증대시켜 자원을 보호하고, 자연 및 문화공간에서 이루어지는 비정형적인 학습형태"라고 정의할 수 있으며(국립수목원, 숲 해설 기초, 2014), 관광자원해설이란 "관광객에게 관광자원에 대한 올바른 인식과 교육적 가치를 부여하며 즐거운 관광경험이 될 수 있도록 도와주는 활동"이라 할 수 있다.

2. 관광자원 해설의 목적

해설의 목적은 단순히 정보를 전달하기 위한 게시판이나 전시와 같은 단순한 것이 아니다. 관광객들은 언제나 가장 흥미로운 경험을 추구하고자하므로 그들에게 자극을 주고 주의를 기울이도록 하여 최상의 지각 수준으로 끌어올려 양질의 경험을 제공하는 것이 해설의 목적이라 할 수 있다. 따라서 관광자원의 올바른 관광해설이 제시되지 않으면 관광자원에 대한 이해의 부족으로 관광객의 만족수준을 감소시킬 가능성도 있다.

관광객과 관광자원 사이의 해설에는 다음과 같은 이점이 있다.

- 관광객이 방문하는 관광지 및 자원에 대한 보다 잘 알고(인식능력), 잘 느끼고(감상능력), 잘 이해할 수 있도록(이해능력) 도와주는 데 있다.
- 해설이 이루어지고 있는 장소나 대상물에 대한 대외홍보와 관리의 수단이 된다. 관광지나 대상물의 가치를 참가자들에게 인식하도록 하여 보호에 대한 의식을 심어줄 수 있다.

• 훼손에 민감한 대상물이나 지역에 무분별에게 접근하지 않고 사려 깊은 이용을 유도할 수 있으며, 환경을 파괴하는 활동을 자발적으로 자제하도록 할 수 있다.
• 해설이 이루어지고 있는 지역에서는 바람직한 해설을 통해 보다 많은 방문객들이 자연과 지역에 대해 긍정적이고 적극적인 보존활동에 참여할 수 있을 것이며, 지역민에게는 자부심과 문화유산에 대해 적극적인 보존활동을 전개할 수 있는 원동력을 제공하는 중요한 역할을 할 수 있다.

그림 3-1 • 해설가와 방문객과 해설대상

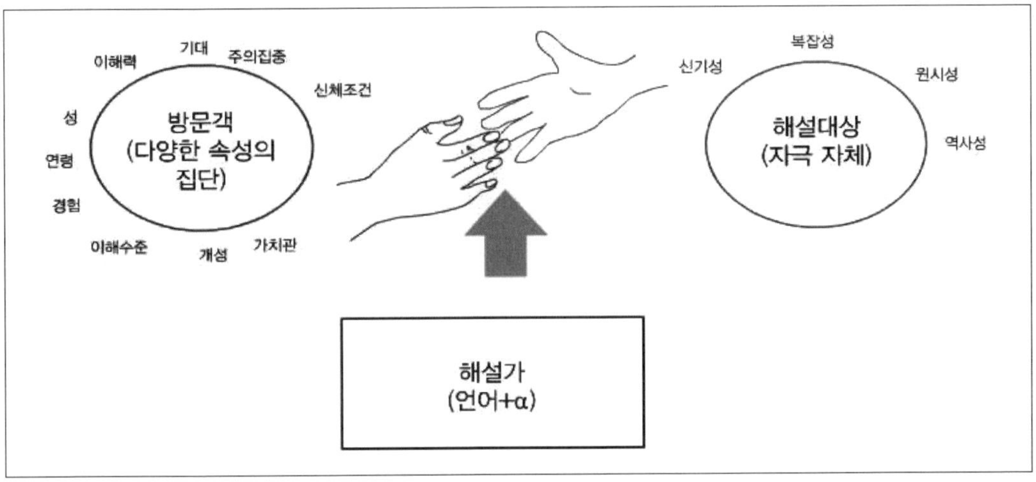

제2절 관광자원 해설의 유형

관광해설의 유형은 크게 두 가지로 나누어 볼 수 있는데, 첫째는 인적해설기법(personal services)으로 해설자가 직접 해설하는 안내자 해설 기법이며, 둘째는 비인적해설기법(nonperson services)으로 해설자가 없이 관광객이 유인물이나 해설간판을 보며 자신이 직접 해설하는 자기안내(self-guiding)해설과 오디오, 비디오 등의 장비를 이용해 해설을 하는 매체이용(gadgetry)해설이 이에 해당된다.

1. 인적 해설

인적 해설(personal services)이란 해설가가 있는 동반 해설을 가리킨다. 현장에서 방문자에게 직접 해설하는 방법으로 대화기능을 이용하는 담화해설기법(talks)과 해설자가 관광객과 동반하여 이동 또는 보행하면서 관람대상을 설명하는 동행해설기법(walks)이 있다.

인적 해설서비스는 여러 해설서비스 중 가장 효과적이고 강력한 해설 기법이다. 해설은 참가자와 대상 간의 의사소통을 돕는 것으로 소통도구인 언어 역시 계획에 의하여 선택할 필요가 있다. 해설에서 소통도구인 언어란 해설가의 말, 표정, 제스처, 재현(연기), 의복, 기타 도구 등 의사소통을 돕는 모든 매개가 해당된다.

1) 담화해설기법

담화해설기법은 안내자 해설의 대표적인 것으로 대화기능을 이용하며, 말, 몸짓, 표정으로서 방문자의 감동을 유도하는 것으로 그 효과는 해설자의 감수성과 관광객의 이해수준간의 상관성을 가지고 있으므로 다음과 같은 사항이 해설자에게 요구된다. 관광객의 기대욕구를 파악하고 분석하여 해설주제내용 형성을 체계적으로 준비하고, 단정한 용모, 올바른 자세, 친절한 태도, 유머 있는 인사와 좋은 이미지를 기초로 한 신뢰감을 형성하도록 유도하는 것을 요구한다.

그림 3-2 • 관광자원 인적해설기법 유형

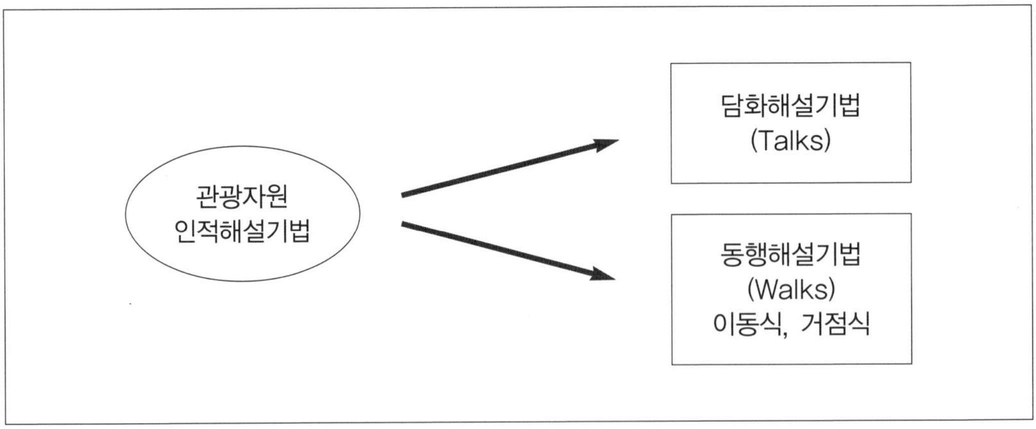

2) 동행해설기법

동행해설기법은 문화유산이나 관광자원 해설의 고전적인 기법으로 해설자가 관광객을 동반해서 이동하거나 보행하는 동안에 관람대상을 직접적으로 해설하는 것이다. 동행해설기법의 특성으로는 해설자가 관광객에게 흥미를 제공하거나 동기를 부여할 수 있다는 장점이 있으며, 관광객이 질문한 사항에 대하여 즉각적인 응답을 할 수 있다는 것이다.

해설 시작 전에 해설 내용에 대한 개요와 관광이동 동선 및 이동 해설의 소요시간 등을 안내하고 시선은 계속 움직여 관광객과 눈맞춤하며 공감을 이끌어내야 한다.

2. 비인적 해설

비인적 해설(nonperson services)이란 동행 해설자가 없는 전시해설을 가리킨다. 즉 해설자의 도움이 없는 상태에서 독자적으로 관람대상을 추적하면서 제시된 안내문에 따라 그 내용을 이해하고 인식수준을 제고하는 것으로 정해진 범주에서 최대한의 효과를 낼 수 있도록 순서에 의해 전개하는 개념과 여러 가지 콘텐츠를 설명적으로 공간화시켜 시각, 청각 등 다양한 감각을 통해 소통하는 한 가지 형태의 해설을 말한다.

1) 자기 안내해설기법

길잡이시설 해설(self-guiding)기법이라고도 하며, 관광객이 해설자의 도움이 없는 상태에서 독자적으로 관람대상을 제시된 안내문에 따라 그 내용을 이해하는 것을 말한다. 안내판, 해설표지판, 방문객센터 전시, 음성안내시스템 등이 있으며, 전문직에 종사한 사람, 지적 욕구가 강한 사람에게 효과적이다.

2) 매체이용해설기법

전자장치이용 해설(gadgetry)기법이라고도 하며, 음성기기와 전자장비 등을 이용한 첨단기술기계도구에 의한 해설방법으로 오디오와 비디오 시설을 통해 참가자들이 스스로 정보를 얻을 수 있도록 설계되어 있다. 원거리의 경우 무전수신기, 근거리의 경우 TV, 전자전시판, 오디오, 무인정보 안내(Touch Screen), CD-ROM, 슬라이드, 비디오 등이 있다. 좀 더

세부적인 매체이용 해설기법에는 모형기법, 실물기법, 청각기법, 시청각기법, 멀티미디어 재현시설기법, 시뮬레이션기법, 인쇄물(전단) 등이 있다.

(1) 모형기법

사물을 축소, 실물, 확대 모형으로 형태를 모방한 기법으로 실물보다 작게 모방하여 형태를 만들어 놓은 것을 축소모형, 실물과 같은 것을 실물모형, 실물보다 확대하여 형태를 만들어 놓은 것을 확대모형이라 한다.

(2) 실물기법

사실을 그대로 재현해 놓은 기법으로 사실재현, 유적재현, 인물재현, 기술재현 등이 있다.

(3) 청각기법

청각기법은 그때마다 안내나 설명을 해 주는 방송과 미리 녹음해 놓은 녹음 테이프, 그리고 상황이나 연출에 적절한 음악 등이 있다.

(4) 시청각기법

직접 가 볼 수 없는 장소나 인물 등을 녹화해 놓은 미디어 시설, 필요한 해설을 누르면 그 부분을 볼 수 있는 터치 스크린, 유명한 장소에 얽힌 설화나 전설, 인물 등을 극화한 영화 등을 볼 수 있도록 한 기법이다.

(5) 멀티미디어 재현시설기법

멀티미디어 재현시설기법에는 디오라마와 라디오라마, 애니메이션 등이 있다.

디오라마(Diorama)는 3차원의 실물 또는 축소모형을 말하며 주로 역사적 사건, 자연풍경, 도시경관 등을 제작하여 교육용이나 오락용으로 활용한다. 라디오라마는 디오라마에 음향효과와 조명효과를 주어 이야기를 전개해 나가는 것으로 전시물의 작동 등을 연출하여 전시물을 보다 생동감 있게 연출해내는 기법, 애니메이션은 인물 대신 만화로 과거의 체험이나 영웅담을 재현시켜주는 방법이다.

(6) 시뮬레이션 기법

가상체험과 게임시설을 통해 생생하고 직접적인 체험을 하는 기법이다.

(7) 인쇄물

인쇄물에는 팜플렛과 리플렛 및 안내해설서가 있다.

그림 3-3 • 관광자원 비인적해설기법 유형

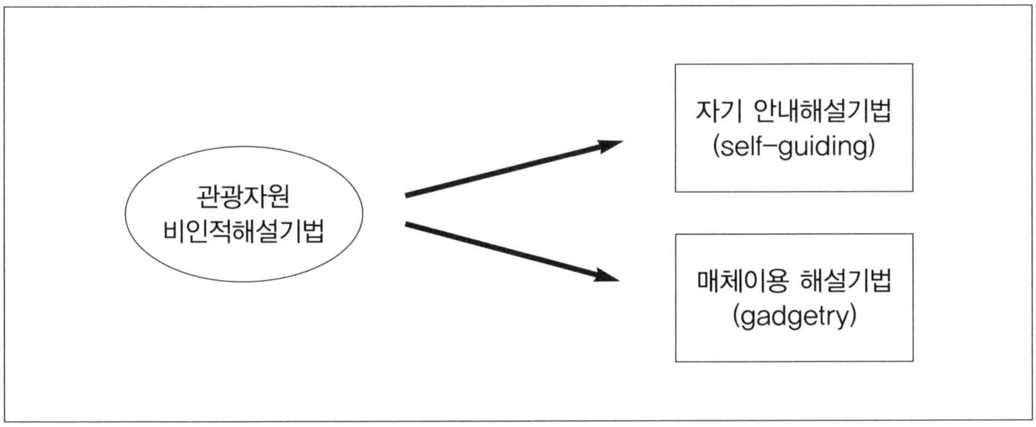

신문 읽기 | 서울시, 한여름 밤 반포한강공원 '야경 투어' 개시

온라인 신청 접수, 6.28~7.26, 매주 수, 금, 토, 일요일에 진행

서울시(한강사업본부)는 "오는 6.28(금)~7.26(금)까지 매주 수, 금, 토, 일요일, 저녁 8시 반포한강공원 일대에서 〈한강 야경 투어〉를 진행하며 6.18(화)부터 참가 신청 접수를 시작한다"고 밝혔다.

〈한강 야경 투어〉는 반포한강공원 일대의 야경 명소를 해설사와 함께 둘러 볼 수 있는 한강만의 투어 프로그램이다. 2018년 처음 선보여 '사전예약 100%', '만족도 92%'를 기록하는 등 큰 호응을 얻어 올해는 운영 횟수를 두 배 이상 확대, 회당 참가 인원을 증원하고 한층 다채로운 이벤트를 준비했다.

운영 횟수는 2018년 총 16회에서 2019년 총 40회로 확대하고, 참가인원도 회당 40명에서 50명으로 늘렸다.

낮에는 숨겨져 있던 한강의 반전 매력, '야경'을 소재로 기획한 〈한강 야경 투어〉는 올해 "달하 높이곰 돋아샤, 한강의 밤 비추오시라"라는 새로운 주제를 담았다.

이번 프로그램은 6.28(금)부터 5주간 매주 4회, 저녁 8시부터 약 90분간, 회당 성인 50명을 대상으로 운영되며, 미성년자라도 보호자를 동반할 경우에는 참가 가능하다.

한강에 특화된 전문 해설사가 안내할 투어 코스는 고즈넉한 야경을 즐기며 사색할 수 있는 '서래섬'에서 시작해 꽃을 형상화하여 조성한 '세빛섬'의 미디어 파사드쇼, 세계 최장 길이로 2008년 기네스북에 등재된 '달빛무지개분수'의 화려한 조명을 감상 할 수 있게 구성되어 있다.

해설사가 들려주는 한강 이야기는 투어에 빠질 수 없는 요소이다. 어둠을 밝혀주는 '달'에 관련된 옛이야기, 야경 속에 숨겨진 주변 건축물과 한강의 다리, 달빛무지개분수 등 익숙하지만 잘 몰랐던 이야기를 재미있게 풀어낸다.

또한 투어를 더욱 즐겁게 해줄 다채로운 이벤트가 진행된다. 올해 새롭게 선보이는 '나만의 한강 랜턴 DIY'는 참가자가 나만의 빛과 색을 담은 감성 랜턴을 만들고, 각자의 랜턴을 들고 투어를 진행하면 자연스럽게 한강의 밤을 밝히는 빛의 행진(랜턴 투어)이 완성되는 프로그램이다.

그 외에도 야경 투어 시간에만 나타나는 '빛의 포토존'에서 인생사진을 남기고, 해설사와 함께 하는 '즉석 퀴즈쇼'도 즐길 수 있다.

한편, 서울시는 한강 이야기를 소재로 한 다양한 프로그램을 진행 중이다. 선사시대부터 현재까지 정치 · 경제 · 문화의 중심지였던 한강의 유구한 역사를 체험하는 〈한강 역사 탐방〉과 투금탄 설화를 스토리 보드게임 형식으로 풀어낸 초등학생 대상의 〈한강공원 비밀지도 : 강서에 숨겨진 황금을 찾아라〉가 있다.

총 12개 코스로 구성된 〈한강 역사 탐방〉은 한강 역사 해설가가 한강 인근 유적지와 문화시설 등 코스에 얽힌 한강 관련 역사, 문화, 인물에 대한 해설을 해주는 도보관광 해설 프로그램이다. 올해 11. 30(토)까지 매주 화요일을 제외한 주 6일간 운영하며, 사전 예약 접수를 통해 진행된다.

최소 5명에서 최대 200명까지 신청할 수 있고, 특히 외국인을 위한 영어 해설이 가능하다. 또한 한강 방문이 어려운 장애인, 노약자를 위해 해설사가 신청단체를 찾아가는 프로그램도 운영한다.

12개 코스를 모두 완주할 경우에는 연말에 '한강역사탐방 수료증' 을 수여받을 수도 있다.

〈한강공원 비밀지도〉는 '투금탄 설화' 속 우애 좋은 형제처럼 미션을 통해 황금도 얻고 협동심과 지혜를 키울 수 있는 초등학생 대상 스토리 보드게임이다. 6.29(토)~7.13(토) 매주 토요일과 일요일, 오전 10시부터 12시 30분까지 개인 및 단체 참가자를 대상으로 강서한강공원에서 진행된다.

'투금탄 설화' 는 길을 가던 형제가 우연히 얻게 된 황금 두 덩이를 강물에 던지며 포기하고 형제간의 우애를 선택한다는 내용의 한강 배경의 옛 이야기다.

특히 강서한강공원은 설화의 배경이 되는 장소로 '투금탄 설화' 이야기 공간이 조성되어 있어 그 의미를 더한다.

회당 총 20명을 대상으로 진행되며, 형제, 자매, 친구와 함께 참여하여 직접 만든 황금덩어리도 찾고 최고의 형제(우승자)에 선발될 수 있도록 도전해보자!

모든 프로그램은 사전 접수를 통해 무료로 참가 가능하다. 〈한강 야경 투어〉와 〈한강공원 비밀지도〉는 6. 18(화)부터 서울시공공서비스예약 (http://yeyak.seoul.go.kr)을 통해 접수하면 되고, 〈한강 역사 탐방〉은 전용 홈페이지(http://visit-hangang.seoul.kr)를 통해 상시 접수가 가능하다.

자세한 사항은 한강 이야기 여행 운영사무국 (☏070-4290-6967)으로 문의하면 된다.

박기용 서울시한강사업본부 총무부장은 "조금씩 더워지는 초여름 밤, 시원한 한강의 야경 투어와 함께 달빛 아래 낭만적인 추억을 만들어보시라."며 "올 가을에는 이촌한강공원에서 새로운 한강 야경 투어를 선보일 예정이니 많은 기대 바란다"고 덧붙였다.

자료 : 대한뉴스, 2019, 06. 18

제3절 관광자원 해설 요령

1. 핵심 스토리 안내하기

1) 관광스토리텔링의 개념

사전적 의미로 '이야기를 들려주는 활동, 이야기가 담화로 변하는 과정'을 뜻한다. 스토리텔링은 story-tell-ing 등의 세 요소로 구성된 단어다. 스토리텔링에서의 'tell'은 단순히 말한다는 의미 외에 시각은 물론 촉각이나 후각 같은 다른 감각들까지 포함한다. 여기에 'ing'은 상황의 공유, 그에 따른 상호작용성의 의미를 내포한다.

우리가 보통 '이야기'라고 말하는 스토리를 어떤 사물이나 현상에 대해 일정한 즐거리를 잡아 구사하는 말이나 글을 뜻한다. 이때 'story'는 사실일 수도 있고, 허구일 수도 있다. 원래 스토리텔링은 문학 용어로 말 그대로 '이야기를 들려주는 것' 혹은 '구전을 말하는 것'이다.

스토리텔링은 글을 쓰는 사람이 어떠한 주제와 관련된 내용을 역사 · 사회 문화적 배경을 바탕으로 상상력을 가미하고 이야기를 창조하여 각 장르의 특성에 알맞은 형태로 이야기를 만든 것을 이야기를 전달하는 사람이 그 내용에 알맞게 상대방에게 전달하는 것을 의미한다.

관광스토리텔링은 관광자원이나 관광지를 이야기하기라는 형식을 빌려 서술하는 형식 중의 하나로서 관광지에 얽힌 이야기를 가져와 관광자원화하는 것으로 관광자원이 부족한 우리나라에서는 스토리텔링이 관광자원 발굴의 중요한 요소로 조명되고 있다. 관광 스토리텔링은 일반적인 안내, 해설의 한계를 뛰어넘어 관광지와 관광객의 관계에서 다양한 상호 작용을 자극하고 관광객에게 능동적인 체험과 추억을 제공할 수 있어야 한다.

2) 관광자원 핵심 스토리 발굴

관광 스토리텔링의 핵심 스토리는 여행객과의 상호 작용을 통해 감성을 자극할 수 있는 것이어야 하며, 같은 관광지라고 할지라도 여행객에게 새로운 스토리를 전달한다면 새로운 경험과 기억을 제공할 수 있다(NCS 학습모듈, 관광자원해설).

❶ 여행객 정보 파악

핵심 스토리 발굴의 첫 번째는 여행객의 정보를 파악하는 것이다. 여행의 참여 형태, 참여 의도, 자발성, 여행비용을 먼저 조사한다. 그리고 여행객의 인구 통계학적 특징인 성별, 나이, 직업, 소득, 학력, 주거 지역 등을 비롯해 개인적 특이 사항, 문화적 취향 등을 꼼꼼하게 파악해야 한다.

이러한 특징들은 관광 스토리텔링을 위한 테마의 선택과 스토리 작성에 큰 방향과 흐름을 결정하기 때문이다.

❷ 관광자원 검색

관광지를 중심으로 여행 일정 동안 이동 가능한 지역의 모든 관광자원을 검색한다.

자연관광 자원, 사회관광 자원, 문화관광 자원, 산업관광 자원, 위락관광 자원으로 구분해 스토리의 테마를 선정할 때 참고하도록 한다.

❸ 정보 수집

조사한 관광지 주변의 관광 자원을 중심으로 관광자원과 관련된 정보를 수집한다.

양질의 정보를 수집하고 관광 스토리텔링의 소재로 활용한다면 여행객에게 잊지 못할 여행 경험을 제공하는 토대가 될 것이다.

❹ 스토리 테마 설정

스토리의 테마는 관광 스토리텔링에서 여행객에게 전달하고자 하는 핵심 메시지이다.

스토리의 테마는 지역과 관광자원, 환경, 여행객이 적절하게 융화되어 상호 작용을 할 때 시너지 효과를 얻을 수 있다. 또한 너무 어렵고 복잡한 것이 아니고, 쉽게 이해하고 즐길 수 있는 것이어야 한다. 관광자원 해설사만의 독창적이고 창의적인 테마의 설정은 여행객에게 차별화된 새로운 경험을 제공할 수 있다.

❺ 스토리 작성

가) 배경

관광자원과 연관된 정보 중 스토리의 테마가 되는 시대를 배경으로 설정하고 그 시대의 관광자원이 위치한 지역의 환경을 상상해 본다. 테마에 사용될 자원의 시대적 상황들을 고려해 전체적인 테마의 배경을 적어 본다. 배경을 설정하는 것은 여행객에게 역사와 문화를 재조명해 알거리를 제공할 수 있기 때문에 흥미 있는 사실들을 위주로 작성한다. 현재와의 비교를 통해 여행객이 쉽게 이해하고 공감할 수 있도록 하는 것이 좋다.

나) 등장인물

스토리에서 가장 중요한 역할을 하는 것이 등장인물이라 할 수 있다. 너무 많은 등장인물과 인물들 간의 사건보다는 여행객이 등장인물을 이해할 수 있고 더 나아가 감정 이입이 가능한 캐릭터를 등장시키는 것이 필요하다.

다) 감동과 교훈

관광 스토리텔링의 목적은 여행객에게 관광자원에 대한 알거리 제공과 스토리를 통하여 잊지 못할 감동과 교훈을 주는 것에 있다. 완성도가 높은 스토리를 위해서는 여행객의 특성뿐 아니라 사회적 이슈, 흐름, 문화 등 사회 전반에 걸친 관심과 이해력이 필요하다. 또한 새로운 스토리와 테마 개발을 위하여 관광 자원 해설자의 끊임없는 노력과 고민이 요구된다.

2. 질의 · 응답하기

1) 관광대상 질문 유도

(1) 질문 전 관광자원 해설사의 역할

❶ 분위기 조성하기

관광자원 해설사와 여행객이 서로 대화를 하기 위해서는 우선 상호 간의 편안한 관계가 형성되어야 한다. 여행객은 여행일정 동안 심신이 피로하고 스트레스를 받을 수 있기 때문에 관광자원 해설사는 여행객의 특성을 살피고 먼저 다가가 편안하고 부드러운 관계를 형성하는 것이 필요하다. 이렇게 자연스러운 관계 속에서 다양한 질문을 유도할 수 있다.

질문을 기다리지 않고 관광자원 해설사가 먼저 질문을 하는 것도 좋은 방법이다. 누구나 답변할 수 있는 주제로 다가간다면 여행객과의 어색한 침묵을 깨고 친해지는 계기가 될 수 있다.

❷ 질문을 준비할 수 있는 시간 주기

여행객이 여행 일정 동안 질문을 준비하기 위한 시간을 주는 것이 좋다. 일과를 마치고 별도로 관광지나 관광자원에 대한 질문 거리를 생각하고 준비할 시간을 갖도록 안내하도록 한다. 사전에 여행 일정을 안내하고 관광지 또는 관광자원에 대한 정보를 탐색할 수 있게 한다면 다양하고 유용한 질문 거리를 찾아 낼 수 있다.

❸ 일상적 질문으로 시작

여행객의 질문은 사소한 일상적인 것에서 관광지의 중요한 것으로 옮겨 가는 것이 좋다. 처음부터 관광지와 관광 자원과 연관된 질문만을 한다면 여행객은 부담을 가질 수 있다. 처음에는 날씨, 식사, 숙소 등 일상적인 질문과 답변으로 대화를 시작해서 관광지와 관광자원에 대한 질문으로 옮겨 간다면 여행객도 부담을 갖지 않고 질문을 할 수 있다.

❹ 질문할 시간 주기

관광자원 해설사는 틈틈이 여행객에게 질문을 할 수 있는 시간과 기회를 자주 주는 것이 좋다. 이때 너무 일정에 쫓겨 조급해 하거나 형식적인 태도와 말투는 하지 않아야 한다. 그런 모습은 여행객에게 오히려 부담을 줄 뿐이다.

여유 있는 모습을 보여 주어야 여행객도 부담을 느끼지 않고 질문을 하고 싶은 마음이 생길 것이다. 틈틈이 여행객에게 질문할 수 있는 시간을 준다면 질문 거리를 잊지 않고 하고 싶었던 질문을 할 수 있게 된다.

❺ 예를 들어 주기

여행객들이 어떤 질문을 할지 고민하거나 머뭇거리는 모습을 보인다면 관광자원 해설사는 해설 관광자원과 관련된 질문의 예를 제시할 수 있어야 한다. 그렇게 하면 여행객은 질문의 형식이나 유형을 보고 질문을 할 수 있게 된다.

(2) 질문 후 관광자원 해설사의 역할

❶ 경청하기

여행객이 어렵게 질문을 할 때에는 모두가 경청해서 발문을 하는 여행객이 인정받고 존

중받고 있다는 느낌을 줄 수 있어야 한다. 또한 관광자원 해설사도 귀를 기울여 질문의 요지를 정확히 파악할 수 있도록 한다.

❷ 감사하기

여행객이 발문을 했을 때에는 먼저 질문에 대한 감사의 표시를 잊지 않아야 한다. 다른 여행객들도 질문의 필요성을 인식할 수 있도록 감사의 표시와 함께 중요성을 인식시킨다. 질문을 당연하게 여기거나 귀찮게 여긴다면 어떤 여행객도 질문을 하지 않게 된다.

❸ 칭찬하기

질문한 여행객에게 감사 인사를 한 후 칭찬을 하는 것이 좋다. 그렇게 하면 다른 질문도 쉽게 할 수 있고, 아직 질문을 하지 않은 다른 여행객들도 질문을 할 수 있는 계기가 될 수 있다.

(3) 관광자원 해설사가 주의해야 하는 행동

❶ 질문 강요하지 않기

여행객이 질문을 하지 않는다고 무리하게 질문을 강요하는 것은 오히려 여행 일정 전체에 걸쳐 여행객과의 관계를 어색하고 불편하게 만들 수 있다. 여행객이 질문을 할 수 있도록 기다리는 것이 바람직하다.

❷ 질문에 핀잔주지 않기

여행의 경험이나 여행객에 따라 각양각색의 질문이 있을 수 있다. 경우에 따라 특이한 질문이 나오더라도 관광자원 해설사는 여행객을 난처하게 해서는 안 된다. 그렇게 되면 여행객은 남은 일정에서 즐거운 여행을 할 수가 없을 것이다.

❸ 대답을 미루지 않기

때로는 여행객의 질문에 대한 답을 알지 못할 수도 있다. 그럴 때에는 공손하게 자신의 실수를 인정하고 여행객에게 정확한 사실을 확인하고 안내할 것을 약속한다. 어설프게 대답을 미루거나 모르는 것을 숨기려 하는 것은 오히려 여행객에게 불신을 느끼게 할 수 있다.

❹ 어색한 분위기 만들지 않기

관광자원 해설사는 여행객이 편안히 질문할 수 있는 분위기를 위해 힘들거나 어려운 내색을 하지 않도록 한다. '시간이 부족하다.', '일정이 많다.' 등의 불평이나 불만을 말하게 되면 여행객은 여행 일정 동안 불편한 마음을 갖게 되고 당연히 질문을 하고 싶은 마음도 생기지 않을 것이다.

2) 관광대상 질문 응답

(1) 고객의 질문에 응답하기 전 준비

❶ 메모하기

여행객의 질문을 그냥 듣지 않고 메모하는 습관을 갖도록 한다. 질문이 너무 길어지거나, 여러 가지 질문을 한 번에 하게 되면 아무리 능숙한 관광자원 해설사라고 해도 모든 질문을 다 기억할 수 없게 된다.

이런 경우 여행객에게 여러 번 질문 내용을 확인하는 것보다는 메모를 통해 답변함으로써 질문에 대한 만족도를 높일 수 있도록 한다.

❷ 질문 확인하기

여행객의 질문을 받게 되면 먼저 여행객의 질문을 요약해 재확인하는 절차가 필요하다. 그렇지 않으면 때로 질문과 전혀 관계없는 동문서답을 할 수도 있기 때문에 아무리 쉬운 질문도 재확인하는 절차가 필요하다. 여행객의 질문을 하는 도중에도 여행객에게 응답의 내용을 확인하면서 여행객이 참여할 수 있도록 하는 것이 좋다.

❸ 공감하기

관광지 또는 관광자원에 대한 여행객의 질문에 대해 함께 공감하는 능력이 필요하다. "정말 그렇군요. 저도 참 궁금해지는데요.", "다른 분들도 그렇게 생각하지 않으신가요?" 등의 답변을 통해 공감대를 형성하고 답변을 하게 된다면 여행객들은 조금 더 답변에 집중하고 이해할 수 있게 된다.

(2) 고객의 질문에 응답하기

❶ 예의 갖추기

모든 질문에 대한 답변을 하기 전에 먼저 관광 자원 해설사는 여행객에게 겸손하고 예의 바른 모습을 갖추어야 한다. 인격적으로 여행객을 배려하지 못한다면 아무리 훌륭한 해설과 답변에도 여행객은 만족하지 못하고 불신과 불만을 갖게 될 것이다.

❷ 이해하기 쉽게 설명하기

여행객의 질문에 대한 답변은 여행객의 특성에 맞추어 최대한 여행객이 알기 쉽도록 설명하는 것이 좋다. 전문 용어나 과거에 사용했던 언어 등으로 박식함을 나타낼 수도 있겠지만 오히려 여행객은 더 많은 궁금증을 갖게 될 것이다. 또한 애매모호한 표현은 하지 않도록 한다. 이해하기 어려운 추상적이고 난해한 답변 역시 여행객의 불만과 궁금증만을 증가시킬 뿐이다.

관광자원 해설사는 평소에 알기 쉽게 설명하는 방법을 습득하도록 노력해야 한다. 말주변이 없거나 표현력이 부족하다면 꾸준한 연습으로 자신만의 노하우를 가질 수 있도록 해야 한다.

❸ 질문, 그 이상의 답변하기

가령 “이 관광자원은 언제 만들어졌나요?”라는 질문에 “이 자원은 언제 만들어졌고, 그 이후에는 어떤 역사적인 사건을 통해 보수되었고, 지금의 모습을 갖추게 되었습니다.”이렇게 추가적인 정보를 알려줌으로써 여행객은 관광자원 해설사의 전문성을 인정하고 신뢰할 수 있는 기회가 된다. 이러한 정보를 여행객에게 제공하기 위해서는 사전에 관광지와 관광자원에 대한 치한 조사와 노력이 있어야 한다. 관광자원 해설사의 노력에 따라 해설의 양과 질은 큰 차이를 보이게 된다.

(3) 예상외 질문 대처하기

❶ 알지 못하는 질문을 받았을 때

여러 유형의 여행객과 함께 여행 일정을 소화할 때 예상치 못했거나 알지 못하는 질문을 받는 경우가 있다. 이때에는 먼저 당황하거나 난처한 표정을 보여서는 안 된다. 침착하게 자신이 알지 못하는 것에 대해 인정하는 것이 필요하다. 그렇지 않고 어설프게 상황을 면하기 위해 거짓말을 하거나 모른 체 한다면 여행객은 관광자원 해설사를 신뢰할 수 없게 된다.

먼저 자신이 알지 못하는 것을 시인하고 사과한다. 그리고 질문에 대한 답변을 최대한 빠른 시간 안에 할 것을 약속하고, 반드시 지켜야 한다. 이런 모습에서 오히려 여행객은 관광자원 해설사의 겸손하고 전심 어린 태도를 보고 즐거운 여행을 할 수 있게 된다.

❷ 답변하기 곤란한 질문을 받았을 때

여행 일정을 진행하다 보면 간혹 여행객으로부터 답변하기 난처하고 곤란한 질문을 받기도 한다. 예를 들면 개인적인 질문이나 여행 가격 같이 답변하기 어려운 질문을 받았을 때 기분 나쁜 표정을 보이는 것은 좋지 않다. 밝은 표정으로 질문에 대한 답변을 하기 어려운 이유를 설명하고 여행객의 이해와 양해를 구하도록 한다.

❸ 기분 나쁜 질문을 받았을 때

여행객의 컨디션이 나쁘거나, 여행 일정에 불만을 가진 여행객이 자신의 상한 마음을 표출하기 위해 기분이 상하거나 상처를 주는 질문을 하기도 한다. 이때에는 여행객과 마찬가지로 감정적으로 대응하지 않아야 한다. 여행객의 상한 마음을 이해하고 해결책을 찾는 것이 바람직하다. 그렇게 되면 기분 나쁜 질문에 대한 답변을 하는 것보다 여행객이 더 만족하는 결과를 얻을 수 있다.

❹ 의견을 묻는 질문을 받았을 때

여행객은 관광지 또는 관광자원과 연관된 관광자원 해설사의 개인적인 의견이나 생각을 묻는 질문을 하기도 한다. 질문을 받았을 때 섣부르게 자신의 생각을 이야기하는 것은 좋은 방법이 아니다. 관광자원 해설사는 민간 외교관이며, 회사를 대표하고 있다는 사실 잊어서는 안 된다. 자신의 말 한마디가 여행객에게 사실과 다른 정보를 제공할 수 있기 때문에 객관적 사실을 기반으로 하는 정보만을 여행객에게 제공할 수 있도록 한다.

신문 읽기

"2022년 외국관광객 2천300만 명, 관광 일자리 96만 명 만든다"

정부 관광 혁신전략 발표…국제관광도시 · 관광거점도시로 지역관광 육성
e스포츠 · DMZ 평화관광에 집중투자…관광기업 창업, 금융 · 기술지원 확대

정부가 오는 2022년까지 지역관광을 육성하고 관광콘텐츠와 관광산업을 혁신함으로써 한국을 찾는 외국인 관광객을 2천300만 명으로 확대하겠다는 구상을 밝혔다.

관광산업 일자리를 올해 58만명에서 96만 명으로 늘리겠다는 목표도 세웠다.

정부는 2일 인천 송도에 있는 경원재에서 문재인 대통령이 참석한 가운데 확대 국가관광전략회의를 열고 이런 내용의 대한민국 관광혁신 전략을 보고했다.

이날 회의에는 국가관광전략회의 의장인 이낙연 국무총리와 13개 중앙부처 장 · 차관, 지방자치단체 부단체장, 관광 유관기관과 학계 대표, 기업인 등 150여 명이 참석했다.

이 같은 전략을 제시한 문화체육관광부는 국제관광도시와 지역관광거점도시를 육성하겠다고 밝혔다. 지역관광의 성공 모델을 만들어내면서, 동시에 관광객을 분산하겠다는 전략이다.

문체부는 서울 · 제주를 제외하고 세계적인 관광 도시로서의 잠재력을 가진 광역시 한 곳을 국제(Global) 관광도시로 키워나가기로 했다.

일정 수준의 기반시설을 갖춘 기초지자체 4곳에 대해서도 관광거점도시로 선정해 지역관광의 중심지로 지원할 방침이다.

또 노후했지만, 잠재 경쟁력이 있는 관광도시에 대해서는 재생사업을 거쳐 체류형 여행지로 만들고 숲 · 농촌 · 낚시 등 체험형 프로그램을 발굴하기로 했다.

오는 8월 제주에서 한국형 마스(MaaS · 관광객 관점에서 교통수단을 조회, 예약 종합 지원) 시범사업을 실시한다. 스마트헬프데스크와 공공와이파이 확충을 통해 관광환경을 개선할 계획이다.

11월 한국에서 열리는 한-아세안 특별 정상회의를 계기로 아세안 국가에 단기 비자 수수료를 면제하고, 신 남방국가를 대상으로 환대주간을 운영하는 등 한국 의 매력을 적극적으로 홍보하는 계획도 이날 소개됐다.

정부는 관광콘텐츠 혁신과 관련해 한류뿐만 아니라 비무장지대(DMZ)를 적극적으로 활용하기로 했다.

그동안 통행이 금지됐던 DMZ는 국민들이 직접 걸어볼 수 있도록 개방한다.

민통선 이북지역 일부와 철거 감시초소(GP)를 잇는 평화의 길 10길을 조성, 올해 상반기에 3개 구간을 시범 운영하도록 하고 평화관광 테마열차도 추진하기로 했다.

또 GP 철거 잔해물을 활용한 예술 프로젝트, DMZ 평화음악제, DMZ 국제다큐영화제 등을 통해 DMZ를 평화관광의 상징으로 육성할 방침이다.

한류와 관련해서는 내년부터 대규모 K팝 축제를 매년 2회 정기적으로 연다.

e스포츠를 새로운 관광 형태로 육성, 상설 경기장을 만들고 국제대회도 개최한다. 서울 대학로도 관광자원으로 활용해 웰컴 대학로 행사를 확대하고, 지하철 혜화역을 공원테마역으로 조성하는 방안도 추진한다.

해양레저 관광에서는 K-오션(Ocean) 루트를 개발하고 크루즈 · 섬 관광을 활성화하는 쪽으로 방향을 잡았다. 특히, 해역별 특성에 따라 7대 권역을 설정해 권역별로 해양레저관광 거점으로 조성하고 전국 일주 바닷길인 K-오션루트를 만들기로 했다.

관광산업 혁신안도 마련됐다.

정부는 초기기업 발굴, 사업체 융자 지원 위주였던 현재의 관광산업 정책을 예비창업-초기창업-성장-선도기업 등 성장단계별 지원으로 전환하기로 했다.

부처 간 협업을 통해 2022년까지 관광 창업 초기 기업 1천개를 발굴, 육성하겠다는 목표다.

관광벤처사업 공모를 통해 융 · 복합 관광기업 창업을 지원하고, 현재의 사업화 자금 지원액도 현재 기업당 2천250만 원에서 최대 5천만 원으로 늘린다.

금융자금 지원도 제조업 수준으로 맞추기 위해 관광기업육성펀드를 최대 2천억 원 규모로 늘리고, 관광사업체가 관광기금 융자를 받을 수 있도록 올해 안에 신용보증제도도 새로 도입할 예정이다.

자료 : 매일경제, 2019, 04. 02

제4절 문화관광해설사

1. 문화관광해설사의 정의와 역할

1) 문화관광해설사의 의미

문화관광해설사란 "관광객의 이해와 감상, 체험 기회를 제공하기 위하여 역사 · 문화 · 자연 등 관광자원 전반에 대한 전문적인 해설을 제공하는 자"로 정의한다(관광진흥법 제2조 12항). 문화관광해설사는 관광현장에서 폭넓은 지식정보를 전달하는 커뮤니케이터(communicator)인 동시에, 관광객들에게 재미와 감동을 줄 수 있는 에듀테이너 (edutainer) 역할을 담당하여야 한다.

문화관광해설사' 는 단순 안내만을 담당하는 가이드와 달리, 관광객들에게 우리의 문화유산이 올바르고 이해하기 쉽게 전달될 수 있도록 설명하는 전문 해설가이다. 관광객이 우리 고유의 문화유산이나 관광자원, 풍습, 생태환경, 해당 지역의 역사나 문화를 쉽게 이해할 수 있도록 해설하고, 생활문화를 체험할 수 있도록 돕는 역할을 한다. 따라서 우리의 문화와 역사, 관광자원에 대한 해박한 지식과 소양을 갖추어야 하며, 관련 자료를 수집하고 연구하는 노력을 계속적으로 이어가야 한다. 처음 문화관광해설사 제도가 도입된 것은 2001년 한국방문의 해, 2002년 월드컵 등 대규모 국가행사를 맞이하여 우리나라를 방문하는 외국인에게 우리의 문화와 전통, 관광자원을 올바르게 이해시키기 위함이었다. 초기에는 '문화유산해설사' 라는 명칭으로, 문화재나 문화유산을 중심으로 활동을 해오다, 이후 '문화관광해설사' 로 이름을 바꾸고 관광지, 관광단지, 농어촌 체험관광 등 다양한 분야의 관광자원으로 업무 영역이 확대되었다. 2011년 관광진흥법이 개정되며 문화관광해설사의 명칭이 법제화 되었다(한국직업능력개발원 커리어넷).

2) 문화관광해설사의 역할

문화관광해설사는 관광현장에서 전문적 지식을 손쉽게, 관광객의 눈높이에 맞춰서 전달해주는 역할을 담당한다. 방문목적이나, 관심 분야, 연령층이 매우 다양한 관광객들을 만족시키기 위해서는 가벼운 이야기 위주의 여흥적 해설로부터 역사, 문화, 자연자원에 대한 전문적 해설까지 가능하도록 준비되어야 한다. 문화관광해설사는 관광정보를 생산 · 확산시키며, 해당지역을 방문한 관광객들의 체류시간을 늘리고, 재방문을 유도하며, 새로운 관광수요를 창출하는데 적극적인 역할을 담당해야 한다. 또한 관광객들의 바람직한 관람예절과 건전한 관광문화를 유도하고 지역문화재를 비롯한 관광자원 및 주변 환경 보호를 위한 지킴이 역할을 수행한다(문화관광해설사 운영지침, 2010).

2. 문화관광해설 진행요령

1) 해설 준비

문화관광해설사는 해설에 앞서 관광객에게 최대의 만족을 제공하기 위하여 누구에게 어떤 해설을 할 것인가를 결정하고, 해설에 적합한 사전 준비하는 것을 말한다.

가. 문화관광해설 준비는 주제 선정 → 목표 설정 → 청중 분석 → 필요 자료 수집 → 시나리오 작성 → 보조자료 작성 → 리허설 순으로 한다.

나. 주제 선정 및 고려사항

① 무엇을 해설하고자 하는가?

② 관광객들에게 도움이 되는 주제를 선정하였는가?

③ 관광객들의 관심을 이끌어낼 수 있는 주제인가?

④ 주제에 대하여 좀 더 연구해볼 자료들이 있는가?

⑤ 한정된 시간 다룰 수 있는 주제인가?

다. 해설목표설정은 청중들이 순수한 관광목적인지, 교육목적인지를 분명하게 정하는 것으로 관광객이 관광자원에 관한 지식을 높이도록 할 것인지 관광을 즐겁게 느끼도록 할 것인지에 대해 명확히 설정해야 한다.

라. 해설목표 달성을 위해서 관광객이 어떤 상황인가를 분석해야 한다.

① 관광객의 관심은 무엇인가?

② 관광객은 관광해설에 대해 긍정적으로 생각하는가 아니면 그 반대인가?

③ 관광객은 해당 문화관광자원에 대해 얼마나 많이 알고 있는가?

마. 주제를 목표와 관광객의 상황에 맞게 자료를 수집한다.

바. 해설의 주제, 목표, 청중, 시간에 맞도록 해설할 내용을 미리 작성하고, 대상에 따라 복수의 시나리오를 작성한다.

사. 작성된 시나리오에 입각하여 작성된 시나리오의 문제점 등을 파악하여 수정 보완하고, 완성된 시나리오를 바탕으로 계획된 해설을 할 수 있도록 수차례에 걸쳐 반복. 연습한다.

2) 해설 서비스

가. 해설서비스는 관광객이 최대의 만족을 얻을 수 있도록 철저하게 고객지향적인 자세로 실시한다.

나. 해설서비스는 시작하기, 해설하기, 마무리하기 순서로 실시한다.

① 시작하기 : 인사하기 → 주의를 집중시키기 → 해설내용 안내하기

② 해설하기 : 해설시작

③ 마무리하기 : 해설내용 요약하기 → 질의응답 → 인상 깊게 마무리하기

다. 시작하기

① 인사하기 : 문화관광해설사로서의 자신을 관광객에게 소개하는 것으로 해당 문화관광자원에 대해 전문적인 지식을 보유하고 있으며, 관광해설에 있어 유익하고 재미있는 내용을 전달할 수 있다는 인상을 심어 주도록 한다.

② 주의 집중시키기 : 주의 집중시키기는 관광객이 해설을 경청하는 조건을 만드는 과정을 말한다.

- 실제 있었던 이야기로 시작하기
- 자원에 얽힌 유래로 시작하기
- 질문으로 시작하기
- 통계로 시작하기
- 다른 유사한 것과 비교하면서 시작하기
- 관광객을 참여시키며 시작하기
- 관광객들에게 해설이 무슨 도움이 되는지 말하기

③ 관심유발 : 해설대상으로 관심을 유발하기는 관광객이 해설을 통해 어떤 정보를 얻게 될 수 있는가를 관광객 스스로 이해하도록 도와주는 과정으로 직접적인 방법을 사용하기보다 간접적인 방법을 동원하여 관광객이 자신도 모르게 관심이 있도록 유도한다.

④ 해설내용 안내 : 관광객이 어떤 해설을 듣게 될 것인지에 대한 전체상황 파악과 이해도를 높이고 흥미를 갖도록 하는 것으로 해설할 사항의 주요 골격을 설명한다.

라. 해설전개시 유의점 : 해설하기에서 해설을 할 관광자원 각각에 대해 해설을 하는 것으로 해설 전개 시의 유의점은 아래와 같다.

① 많은 것을 말하지 않는다 : 3~4개 이내

② 일방적으로 말하지 않는다 : 의문문, 수사의문문 사용

③ 짧고 선명한 문장을 사용한다.

④ 중간마다 인상적인 표현들을 사용하여 청중의 주의를 다시 집중시킨다.

⑤ 전문적인 내용에 대해서는 근거를 제시한다.

⑥ 전환문구들을 잘 구사하여 자연스럽고 체계적으로 설명한다.

마. 마무리하기 : 해설을 끝낸 후 해설내용에 대해 이해도를 높이고 정리를 할 수 있도록 주요 요점을 짧게 다시 설명하고, 질의응답 시 답변요령은 다음과 같다.

① 답변내용이 주제와 연결되도록 한다.

② 모든 질문에 관심을 보이고 감사를 표한다.

③ 질문을 한 번 확인한 후 답변한다.

④ 답변은 간결하게 한다.

⑤ 잘 모르는 것을 대충 답변하지 않는다.

⑥ 질문한 사람과 일방적인 대화가 되지 않도록 한다.

⑦ 주제와 관련이 없는 질문은 설명 후, 따로 답변을 한다.

3) 유의사항

① 너무 교육적이거나 훈계 식으로 진행되지 않도록 한다.

② 문화관광 자원에 생명을 불러 넣어 주고, 관광객이 문화관광 자원과 교감할 기회를 제공해 준다는 자세로 한다.

③ 흥미와 재미를 가미한 해설이 진행되도록 한다.

관광진흥법

제48조의4(문화관광해설사의 양성 및 활용계획 등)

① 문화체육관광부장관은 문화관광해설사를 효과적이고 체계적으로 양성·활용하기 위하여 해마다 문화관광해설사의 양성 및 활용계획을 수립하고, 이를 지방자치단체의 장에게 알려야 한다.

② 지방자치단체의 장은 제1항에 따른 문화관광해설사 양성 및 활용계획에 따라 관광객의 규모, 관광자원의 보유 현황, 문화관광해설사에 대한 수요 등을 고려하여 해마다 문화관광해설사 운영계획을 수립·시행하여야 한다. 이 경우 문화관광해설사의 양성·배치·활용 등에 관한 사항을 포함하여야 한다. [본조신설 2011. 4. 5.]

제48조의6(문화관광해설사 양성교육과정의 개설·운영)

① 문화체육관광부장관 또는 시·도지사는 문화관광해설사 양성을 위한 교육과정을 개설(開設)하여 운영할 수 있다.

② 제1항에 따른 교육과정의 개설､운영에 필요한 사항은 문화체육관광부령으로 정한다.
[전문개정 2018. 12. 11.]

제48조의8(문화관광해설사의 선발 및 활용)

① 문화체육관광부장관 또는 지방자치단체의 장은 제48조의6제1항에 따른 교육과정을 이수한 자를 문화관광해설사로 선발하여 활용할 수 있다. 〈개정 2018. 12. 11.〉

② 문화체육관광부장관 또는 지방자치단체의 장은 제1항에 따라 문화관광해설사를 선발하는 경우 문화체육관광부령으로 정하는 바에 따라 이론 및 실습을 평가하고, 3개월 이상의 실무 수습을 마친 자에게 자격을 부여할 수 있다.

③ 문화체육관광부장관 또는 지방자치단체의 장은 예산의 범위에서 문화관광해설사의 활동에 필요한 비용 등을 지원할 수 있다.

④ 그 밖에 문화관광해설사의 선발, 배치 및 활용 등에 필요한 사항은 문화체육관광부령으로 정한다.
[본조신설 2011. 4. 5.]

관광진흥법 시행규칙

제57조의2(문화관광해설사 양성교육과정 등의 인증 신청절차 등)

① 법 제48조의6제1항에 따라 문화관광해설사 양성을 위한 교육프로그램을 인증받으려는 자는 별지 제39호의2서식의 문화관광해설사 양성 교육프로그램 인증 신청서에 인증받으려는 교육프로그램에 관한 서류를 첨부하여 한국관광공사에 제출하여야 한다.

② 법 제48조의6제1항에 따라 문화관광해설사 양성을 위한 교육과정을 인증받으려는 자는 별지 제39호의3서식의 문화관광해설사 양성 교육과정 인증 신청서에 교육과정 내용 및 교육시설 현황에 관한 서류를 첨부하여 한국관광공사에 제출하여야 한다.

③ 한국관광공사는 제1항 및 제2항에 따른 인증 신청을 받으면 제57조의3에 따른 인증기준에 맞는지를 심사하여 그 인증 여부를 결정하여야 한다.

④ 한국관광공사는 제3항에 따라 인증을 하면 그 사실을 인터넷 등을 통하여 일반국민에게 알리고, 인증을 신청한 자에게 별지 제39호의4서식의 인증서를 발급하여야 한다. 다만, 인증을 하지 아니한 경우에는 그 사유를 적어 인증을 신청한 자에게 알려야 한다.

⑤ 한국관광공사는 제1항 및 제2항에 따른 인증 신청에 보완이 필요하면 그 인증을 신청한 자에게 교육프로그램 또는 교육과정을 보완하도록 요구할 수 있다.

⑥ 제5항에 따른 보완을 요구받은 자는 보완을 요구받은 날부터 14일 이내에 그 보완사항을 한국관광공사에 제출하여야 한다.

⑦ 한국관광공사는 인증을 신청한 자가 제5항에 따른 보완을 요구받고도 정당한 사유 없이 이에 따르지 아니하거나 제6항에 따른 기간 내에 자료를 제출하지 아니하는 경우에는 신청서를 반려할 수 있다.

⑧ 제1항부터 제7항까지에서 규정한 사항 외에 인증 신청 및 인증서 발급 등에 필요한 사항은 문화체육관광부장관이 정하여 고시한다.
[본조신설 2011. 10. 6.]

제57조의3(문화관광해설사 양성교육과정 등의 인증기준)

① 법 제48조의6제2항에 따른 문화관광해설사 양성을 위한 교육프로그램 및 교육과정의 인증기준은 별표 17의2와 같다.

② 제1항의 인증기준에 필요한 세부적인 사항은 문화체육관광부장관이 정하여 고시한다.
[본조신설 2011. 10. 6.]

제57조의4(문화관광해설사 양성교육과정 등의 인증표시)

법 제48조의6제3항에 따른 교육프로그램 또는 교육과정의 인증표시는 별표 17의3과 같다.

[본조신설 2011. 10. 6.]

제57조의5(문화관광해설사 선발 및 활용)

① 문화체육관광부장관 또는 지방자치단체의 장은 법 제48조의8제1항에 따라 문화관광해설사를 선발하려는 경우에는 문화관광해설사의 선발 인원, 평가 일시 및 장소, 응시원서 접수기간, 그 밖에 선발에 필요한 사항을 포함한 선발계획을 수립하고 이를 공고하여야 한다.

② 문화체육관광부장관 또는 지방자치단체의 장이 법 제48조의8제2항에 따라 이론 및 실습을 평가하려는 경우에는 별표 17의4의 평가 기준에 따라 평가하여야 한다.

③ 제1항에 따른 선발계획에 따라 문화관광해설사를 선발하려는 경우에는 제2항의 평가 기준에 따른 평가 결과 이론 및 실습 평가항목 각각 70점 이상을 득점한 사람 중에서 각각의 평가항목의 비중을 곱한 점수가 고득점자인 사람의 순으로 선발한다.

④ 문화체육관광부장관 또는 지방자치단체의 장은 문화관광해설사를 배치 · 활용하려는 경우에 해당 지역의 관광객 규모와 관광자원의 보유 현황 및 문화관광해설사에 대한 수요, 문화관광해설사의 활동 실적 및 태도 등을 고려하여야 한다.

⑤ 그 밖에 문화관광해설사의 선발, 배치 및 활용 등에 필요한 세부적인 사항은 문화체육관광부장관이 정하여 고시한다.

[본조신설 2011. 10. 6.]

신문 읽기 서울시, 영어 등 언어별 '서울문화관광해설사' 30명 신규모집

2~21일 접수, 양성교육 100시간 · 현장실습 3개월
언어별 맞춤 선발, 33개 도보코스 전문 해설

서울시와 서울관광재단은 국내외 관광객들에게 서울 문화관광자원에 대한 해설을 제공하는 '서울문화관광해설사'를 신규모집한다고 2일 밝혔다. 모집기간은 2~21일이며 모집인원은 총 30명이다.

서울문화관광해설사는 경복궁, 북촌, 서촌 등 서울의 주요 관광 명소가 포함된 서울 도보해설관광 33개 코스를 관광객과 함께 걸으며 역사, 문화, 자연 등 관광자원에 대한 전문적인 해설을 들려주는 자원봉사자다. 현재 205명의 해설사가 활동하고 있다.

서울시는 빠르게 증가하는 동남아 관광객 수요에 대응하기 위해 동남아어권 문화관광해설사 10명(말레이인도네시아어 4명, 태국어 4명, 베트남어 2명)을 추가로 선발할 예정이며 이외에도 한국어 5명, 영어 10명, 중국어 5명 등 총 30명을 선발할 계획이다.

문화관광해설사와 함께하는 서울도보관광

'Seoul City Walking Tours'

도보로 다니면서 장시간 해설을 할 수 있고 자원봉사 의지와 관광서비스 마인드가 투철한 시민 누구나 지원 가능하다. 신청은 방문접수, 이메일, 우편을 통해 서울관광재단으로 하면 된다.

최종 선발자는 7월부터 진행되는 문화관광해설사 양성교육 100시간 이수, 현장교육 3개월을 거쳐 문화관광해설사로 배치되며 활동 시에는 전문교육, 활동 실비(1회 2~3시간 해설, 3만 원 지급), 활동 용품 등을 지원받는다.

2003년부터 시작된 '해설사와 함께 하는 서울도보해설관광'은 관광객 누구나 무료로 이용할 수 있으며 지난해만 14만 6183명이 이용하였다. 이용객의 95%가 재참여 의사를 보이는 등 국내외 관광객의 많은 호응을 받고 있다.

서울도보해설관광코스로는 아시아 최초의 교황청 공식 국제 순례지인 서울 순례길 3개 코스를 비롯하여, 한옥의 옛 정취를 느낄 수 있는 북촌코스, 한용운 · 이태준 등 예술가들의 고택을 둘러볼 수 있는 성북동코스 등 총 33개 코스가 있다.

서울 문화관광해설사의 해설과 함께하는 서울도보해설관광은 도보관광 홈페이지를 통해 신청할 수 있다.

이은영 서울시 관광사업과장은 "서울문화관광해설사는 서울관광의 전문 스토리텔러로서 그동안 서울 관광의 매력도를 높이는 데 중요한 역할을 해왔다"며 "서울의 역사와 문화를 외래 관광객에게 널리 알리고 싶은 분들의 많은 관심과 참여를 바란다"고 말했다.

자료 : 뉴스핌(http://m.newspim.com), 2019. 05.02

제4장

자연관광자원

Introduction to Tourism Resources

관광자원론

제4장

4

자연관광자원

제1절 자연관광자원의 개념

1. 자연관광자원의 개념 정의

자연관광자원이란 "인간의 노동력, 자본, 기술이 투여되지 않은 자연적 소산의 상태를 의미하는 자원으로 자연 그대로의 모습이 관광의 객체인 자원적인 역할을 하는 것" 또한 "관광객의 욕구를 충족시켜 줄 수 있는 자연적인 관광대상으로서 경관미 및 레크리에이션 기능을 갖춘 자원"을 의미한다.

일반 여행객들이 외국을 여행하고 돌아오면 현지 관광지에 대해 가장 쉽게 비교하고 평가하는 것이 자연관광자원이다. 방문국의 웅장한 산이나 폭포, 호수를 보고 우리나라의 그것과 단순비교해서 우리나라 관광자원에 대해 부정적인 단정을 내리곤 한다. 그러나 관광자원은 기후적 조건과 지형적 요인들에 따라 복잡하게 결합되어 각 지역의 독특한 자연적 관광자원으로서의 가치가 있는 것이다. 또한 관광대상으로서의 그 가치는 교통, 도로, 숙박시설 등 여러 조건이 복합되어 작용될 때 자연은 관광자원으로서 가치를 갖게 된다.

자연관광자원의 세가지 속성에는(이광원, 2005 : 31) 첫째, 자연관광자원은 관광객의 욕구를 충족시켜 줄 수 있는 자연적인 대상이어야 한다. 둘째, 자연관광자원은 경관미를 갖추어야 한다. 여기서 의미하는 경관미(landscape)는 산수, 풍치, 경치, 풍경 등이 눈에 비치는 모습으로서 함축된 미를 말한다. 이러한 경관미가 관광자원으로서의 매력을 지니기 위해서는 기본적으로 자연미(natural beauty), 신비함(mystery), 특이함(uniqueness)을 갖추어야 한다. 셋째, 자연관광자원은 레크리에이션 기능을 갖추고 있어야 한다. 자연관광자원의 레크리에이션 기능이란 자연관광자원의 원형이 그대로 보존된다는 전제 하에 자연관광자원의 매력요인을 부가시켜 관광객이 관광활동을 즐길 수 있게 여러 가지 기능을 제공하는 것을 의미한다.

자연관광자원은 다른 관광자원과는 달리 비이동성(Immobility), 계절성(Seasonal Varition), 다양성(Diversiy), 변동성(Changeability), 저장불능성 등의 일반적인 성격을 지니고 있으며, 대체로 산악, 해양, 온천, 동굴관광자원으로 나눌 수 있다.

그림 4-1 • 자연관광자원의 유형

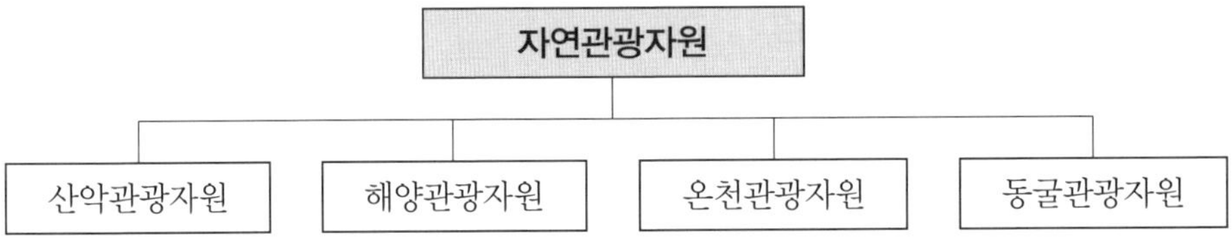

제2절 자연관광자원의 유형과 현황

1. 산악형 관광자원

1) 산악형 관광자원의 개념

산악형 관광자원은 관광의 대상인 자연관광자원 중에서도 가장 원천적이고 대표적인 관광자원으로서 자연관광자원의 기초는 산악이라고 할 수 있다. 산과 고개는 자연자원이자 지형 · 지질자원으로 산악형 자원으로 분류할 수 있다. 산은 풍부한 산림을 보유하고 있어 생물 다양성을 유지시키고 인간에게 깨끗한 물과 공기를 공급해 휴양과 치유의 공간을 제공하며 고개는 산림으로의 접근을 위한 통로로서의 역할과 숙박지 등의 관광편의시설 설치에 필요한 공간을 제공한다.

산악형 관광자원은 예부터 기암절벽과 아름다운 계곡, 원시림, 폭포, 호수, 계절에 따른 경관미, 동 · 식물의 생태 등 자연적 관광자원의 복합적인 경관 등으로 구성되어 있는 복합적 관광자원이라고 볼 수 있다. 산악형 관광자원은 자연의 신비를 감상하기 위하여 많은 관광객이 관광의 주 대상으로 삼고 있다.

우리나라의 경우 복합적인 산악 관광지의 형태는 국립공원이나 도립공원, 군립공원 등으로 지정되어 개발, 관리, 보호되고 있다. 국토면적에서 산지의 비율이 약 70%에 가까운 우리나라는 산악을 중심으로 한 관광자원이 지배적이고 자연공원법상 국립, 도립, 군립공원이 매우 높은 비중을 차지하고 있다. 이러한 산악형 관광자원은 그 자원의 특성에 따라 관광가치와 범위도 다양하지만 일반적으로 그 자체의 아름다운 풍경은 물론 관광목적에 따라 피서지 및 휴양지, 등산, 캠핑, 스키 등 각종 스포츠의 장소로 또한 학술연구와 종교연구의 대상지로도 이용되고 있다. 산악형 관광자원이 관광객에게 부여할 수 있는 기능을 살펴보면 [표 3-1]과 같다.

표 4-1 • 산악형 관광자원의 기능

구 분	내 용
자연감상, 휴식 기능	경관미 감상, 피서, 피한, 보건, 휴양
건강증진, 스포츠 기능	체력단련과 등산활동, 암벽등반, 산악자전거, 캠프, 스키
학술연구, 수련기능	생태계관찰, 청소년수련장, 수련회, 세미나

2) 산악형 관광활동의 유형

산지(산악)는 관광의 일차적인 자원으로 산지가 관광지가 되는 데는 여러 가지 조건들이 필요하다. 즉 지형조건, 조망조건, 지표조건, 문화경관조건 등이 잘 갖추어져야 한다. 산지가 관광지로 개발될 때 산지에서 이루어지는 다양한 관광활동에는 다음과 같은 몇 가지의 유형이 있다.

(1) 등산형

관광활동이 주로 등산을 중심으로 이루어지는 산악관광의 유형이다. 다른 관광의 목적으로는 개발의 한계가 있는 지극히 원시적인 경관을 지닌 매력적인 산악관광의 유형이라 할 수 있다.

(2) 스포츠형

아름다운 자연경관을 바탕으로 각종 스포츠를 즐길 수 있는 관광시설을 개발한 산악관광지에서 나타나는 관광활동의 유형이다. 겨울에는 등산, 스키 등이 활발하며 여름철에도 피서지로 이용된다.

(3) 종교 신앙형

산은 인간에게 영감을 일으키고 영혼을 구제해주는 예로부터 숭배와 경의의 대상이 되어 왔다.

(4) 레크리에이션 교육환경형

산악의 고원이나 분지와 같이 자연적 특성이 교육적이거나 레크리에이션 시설의 설치가 양호한 산악관광지에서 나타나는 관광활동의 형태이다.

(5) 종합관광형

산악관광지에 온천, 고원, 폭포, 동 · 식물 등과 문화적 자원이 많이 분포되어 있는 지역에 나타나는 관광활동의 유형이다.

3) 산악형 관광자원의 현황

일반적으로 널리 알려진 산악관광자원은 대부분 자연공원법 제2조에 근거하여 자연공원으로 지정되어 개발, 관리, 보호되고 있다. 자연공원법의 목적은 자연공원의 지정보존 및 관리에 관한 사항을 규정함으로써 자연생태계와 자연 및 문화경관 등을 보전하고 지속가능한 이용을 도모함을 목적으로 하고 있다.

자연공원은 자연생태계와 수려한 자연경관, 문화유적 등을 보호하고 지속적으로 이용할 수 있도록 하여 자연환경의 보전, 국민의 여가와 휴양 및 정서생활의 향상을 기하기 위하여 지정한 일정구역으로 국립공원, 도립공원, 군립공원, 지질공원으로 구분된다. 자연공원의 지정기준은 자연생태계, 자연경관, 문화경관, 지형보존, 위치 및 이용편의 등을 종합적으로 고려하여 지정한다.

2019년 기준, 우리나라의 자연공원은 국립공원 22개소, 도립공원 29개소, 군립공원 27개소, 지질공원 12개소를 지정하였다.

자연공원의 정의(자연공원법 제2조 관련)

제2조 (정의)

이 법에서 사용하는 용어의 뜻은 다음 각호와 같다.〈전문 개정 2008.12.31〉

1. "자연공원"이라 함은 국립공원 · 도립공원, 군립공원 및 지질공원을 말한다.
2. "국립공원"이라 함은 우리나라의 자연생태계나 자연 및 문화경관(이하 "경관"이라 한다)을 대표할만한 지역으로서 제4조 및 제4조의 2의 규정에 의하여 지정된 공원을 말한다.
3. "도립공원"이라 함은 특별시 · 광역시 · 도 및 특별자치도(이하 "시 · 도"라 한다)의 자연생태계나 경관을 대표할만한 지역으로서 제4조 및 제4조의 3의 규정에 의하여 지정된 공원을 말한다.
4. "군립공원"이라 함은 시 · 군 및 자치구(이하 "군"이라 한다)의 자연생태계나 경관을 대표할만한 지역으로서 제4조 및 제4조의 4의 규정에 의하여 지정된 공원을 말한다.

4의 2. "지질공원"이란 지구과학적으로 중요하고 경관이 우수한 지역으로서 이를 보전하고 교육관광사업 등에 활용하기 위하여 제 36조의 3에 따라 환경부장관이 인증한 공원을 말한다.

(1) 국립공원

국립공원은 우리나라를 대표할 만한 자연생태계보유지역 또는 수려한 자연경관지로 환경부장관이 지정한 곳이다. 1967년 12월 29일 지리산국립공원 지정을 최초로 1960년대에 지리산 · 경주 등 4개소, 1970년대에 설악산 · 속리산 등 9개소, 1980년대에 다도해 해상 등 7개 공원, 2013년에 무등산국립공원, 2016년에 태백산국립공원을 포함하여 총 22개의 국립공원을 지정하였다.

국립공원의 지정권자는 환경부장관이며, 국립공원을 지정하고자 하는 때에는 관할 시 · 도지사의 의견을 들은 후, 관계 중앙행정기관의 장과 협의하고, 환경부에 '국립공원위원회'와 국토건설종합계획심의회의 심의를 거쳐야한다. 국립공원의 관리는 '환경부' 가 관장하지만, 실제적으로 20개소는 '국립공원관리공단' 에, 2개소는 도에 위임되어 있다.(경주-경주시 관리, 한라산-제주도 관리)

세계 최초로 지정된 국립공원은 1872년 미국의 옐로우스톤 국립공원(Yellowstone National Park)이며, 미국 서부의 아이다호와 몬테나주의 일부 그리고 와이오밍주에 걸친 가장 크고 오래된 국립공원이다.

우리나라 국립공원의 총면적은 6,726.298㎢(육상기준 전 국토의 3.96%)로서 이 중 육지면적은 3,972.589㎢, 해면면적은 2,753.709㎢이며, 해면이 포함된 공원으로는 다도해해상국립공원(해면 1,975.198㎢), 한려해상국립공원(해면 408.488㎢), 태안해안국립공원(해면 352.796㎢), 변산반도국립공원(해면 17.227㎢)이 있다.

공원별 특징을 살펴보면 한려해상 · 다도해해상국립공원은 바다 및 도서와 육지를 대표하는 해상공원이고, 태안해안 국립공원은 해안절경과 육지를 대표하는 해안공원이며, 경주국립공원은 사적공원으로 이들 4개를 제외한 나머지 국립공원은 우리나라를 대표하는 명산 등을 위주로 한 산악육지공원으로 구성되어 있다.

표 4-2 • 국립공원 지정현황

단위 : ㎢

지정순위	공원명	위 치	공원구역		비 고
			지정년월일	면적	
계				6,726.298	육지 : 3,972.589 해면 : 2,753.709 ※국토면적의 3.96% (육상면적 기준)
1	지 리 산	전남 · 북, 경남	'67.12.29	483.022	
2	경 주	경북	'68.12.31	136.550	
3	계 룡 산	충남, 대전	'68.12.31	65.335	
4	한려해상	전남, 경남	'68.12.31	535.676	해상 408.488
5	설 악 산	강원	'70.3.24	398.237	
6	속 리 산	충북, 경북	'70.3.24	274.766	
7	한 라 산	제주	'70.3.24	153.332	
8	내 장 산	전남 · 북	'71.11.17	80.708	
9	가 야 산	경남 · 북	'72.10.13	76.256	
10	덕 유 산	전북, 경남	'75.2.1	229.430	
11	오 대 산	강원	'75.2.1	326.348	
12	주 왕 산	경북	'76.3.30	105.595	
13	태안해안	충남	'78.10.20	377.019	해상 352.796
14	다도해해상	전남	'81.12.23	2,266.221	해상 1,975.198
15	북 한 산	서울, 경기	'83.4.2	76.922	
16	치 악 산	강원	'84.12.31	175.668	
17	월 악 산	충북, 경북	'84.12.31	287.571	
18	소 백 산	충북, 경북	'87.12.14	322.011	
19	변산반도	전북	'88. 6.11	153.934	해상 17.227
20	월 출 산	전남	'88. 6.11	56.220	
21	무등산	광주, 전남	2013.3.4	75,425	
22	태백산	강원, 경북	2016.8.22	70,052	

자료 : 2017년 기준 관광동향에 관한 연차보고서(환경부, 2017년 12월 31일 기준)

(2) 국립공원의 현황

❶ 지리산국립공원

1967년 최초의 국립공원으로 지정된 지리산은 경남의 하동, 함양, 산청, 전남의 구례, 전북의 남원 등 3개 도, 5개 시군에 걸쳐 483.022㎢의 가장 넓은 면적을 지닌 산악형 국립공원이다. 둘레가 320여km나 되는 지리산에는 셀 수 없이 많은 봉우리가 천왕봉(1,915m), 반야봉(1,732m), 노고단(1,507m)을 중심으로 병풍처럼 펼쳐져 있으며, 20여 개의 능선 사이로 계곡들이 자리하고 있다. 이질적인 문화를 가진 동과 서, 영남과 호남이 서로 만나는 지리산은 단순히 크다, 깊다, 넓다는 것만으로는 표현할 수 없는 매력이 있는 곳이다.

❷ 경주국립공원

우리나라에서 유일한 사적형 공원인 경주국립공원은 지리산에 이어 두 번째로 1968년 국립공원으로 지정되었다. 불교문화의 백미인 불국사, 석굴암을 품에 안은 토함산과 '불교노천박물관' 으로 불리는 남산을 비롯해 8개 지구의 면적이 136.55㎢에 달한다. 잘 보존된 신라 문화 유적과 조화로운 자연경관 때문에 역사 교육의 장으로 많은 사랑을 받고 있다. 또한 1979년 유네스코가 지정한 세계 10대 유적지 중 하나로 그 가치를 세계적으로 인정받고 있다.

❸ 계룡산국립공원

충남 제일의 명산 계룡산국립공원은 1968년 우리나라 2번째 국립공원으로 지정되었으며 면적은 65.335㎢이다. 계룡산 정상인 천황봉(845m)을 중심으로 10개에 달하는 봉우리 사이에 약 7개의 계곡이 형성되어 있다. 산의 능선이 닭의 벼슬을 쓴 용의 모습과 닮아 계룡(鷄龍)으로 불리게 되었다고 한다. 계룡산은 산세가 아늑하면서도 변화무쌍하고 서울, 대전 등 대도시에서도 일일 탐방이 가능해 연중 탐방객의 발길이 끊이지 않는 곳이다. 풍수지리학적으로도 뛰어나 조선의 수도로도 거론되었으며 나라의 제사를 지내던 신성한 산이기도 하다.

❹ 한려해상국립공원

한려해상국립공원은 1968년 우리나라에서 4번째이자 해상공원으로는 최초로 국립공원으로 지정되었다. 경남 거제시 지심도에서 전남 여수시 오동도까지 300리 뱃길을 따라 크고 작은 섬들과 천혜의 자연경관이 조화를 이루는 해양생태계의 보고이다. 상주 · 금산지구, 남해대교지구, 사천지구, 통영 · 한산지구, 거제 · 해금강지구, 여수 · 오동도 지구의 전체 면적은 535.676㎢이며 76%가 해상 면적이다. 가장 아름다운 바닷길로 이름난 한려수도는 71개의 무인도와 29개의 유인도가 보석을 점점이 흩어놓은 듯하다.

❺ 설악산국립공원

1970년 우리나라에서 다섯 번째 국립공원으로 지정되었고, 1965년 천연기념물로 지정되었다. 국제적으로도 그 보존 가치가 인정되어 1982년 유네스코로부터 생물권보전지역으로 지정 · 관리되고 있는 지역이다. 설악산국립공원의 총면적은 398.237㎢에 이르며 행정구역으로는 인제군과 고성군, 양양군과 속초시에 걸쳐 있는데 인제 방면은 내설악, 한계령~오색방면은 남설악, 그리고 속초시와 양양군 일부, 고성군으로 이루어진 동쪽은 외설악이라고 부른다. 설악산은 주봉인 대청봉을 비롯하여 소청봉, 중청봉, 화채봉 등 30여 개의 높은 산봉우리가 웅장하게 펼쳐져 있다.

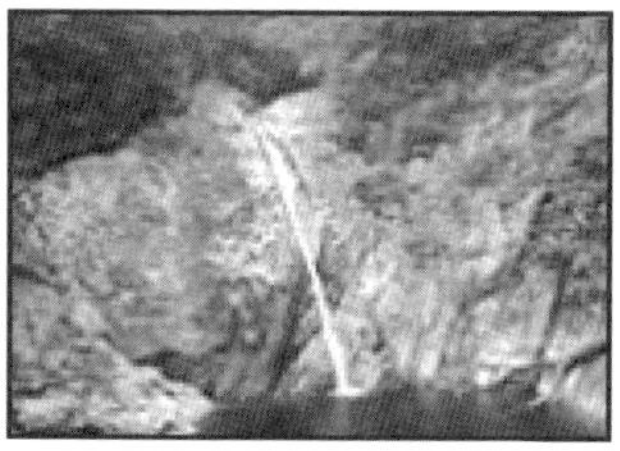

❻ 속리산국립공원

1970년 6번째 국립공원으로 지정되었으며 예로부터 제 2금강 또는 소금강이라 불릴 만큼 경관이 빼어나다. 총 면적 274.766km²에 달하는 속리산국립공원은 충북과 경북의 여러 지역에 걸쳐 바위로 이루어진 산으로, 주요 봉우리인 천왕봉과 비로봉, 문장대는 백두대간의 장엄한 산줄기를 잇고 있어 암봉과 암릉이 잘 발달되어 있다. 속리산에는 많은 산들이 접해 있으며, 남쪽의 천왕봉(1,058m)을 중심으로 비로봉, 문장대, 관음봉 등 8개의 봉우리가 활처럼 휘어져 뻗어나간다.

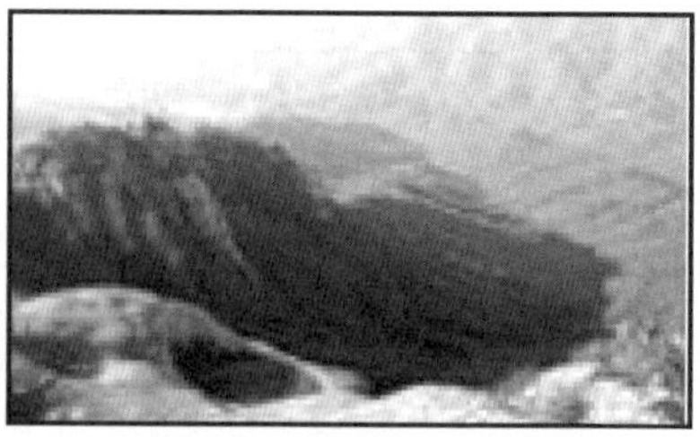

❼ 한라산국립공원

남한 최고봉, 민족의 영산인 한라산은 1966년 한라산 천연보호구역으로, 1970년 국립공원으로 지정되었다. 그리고 2002년에는 유네스코 생물권보전지역으로 지정되었으며 2007년에는 유네스코 세계자연유산으로 등재되었다. 2008년에는 물장오리오름 산정화구호 습지가 람사르 습지로 등록되어 보호 관리되고 있다.

❽ 내장산국립공원

호남 5대의 명산 중 하나이자 한국을 대표하는 8경 중 하나로 손꼽히는 곳으로 1971년 우리나라 8번째 국립공원으로 지정되었다. 면적은 80.708㎢이다. 신선봉(763m)을 주봉으로 하는 내장산은 봉우리들의 높이가 700m 내외지만 봉우리 정상이 저마다 독특한 기암으로 이루어져 있어 예로부터 '호남의 금강' 이라 불렸다. 내장산은 원래 본사인 영은사의 이름을 따서 영은산(靈隱山)으로 불리다가 산 안에 감춰진 것이 무궁무진하다고 하여 안 내(內), 감출 장(藏) 자의 내장산으로 불리게 되었다.

❾ 가야산국립공원

남부내륙 산간지역에 위치한 명산으로 1972년 국립공원 제 9호로 지정되었다. 가야산은 예부터 해동(海東)의 10승지 또는 조선 팔경의 하나로 이름이 높았다. 공원 면적은 76.256㎢

이다. 주봉인 상왕봉(1,430m)이 소의 머리를 닮았다 해서 우두봉(牛頭峯)으로 불리기도 하며, 가야산에는 회장암으로 이뤄진 산악경관과 화강암으로 이뤄진 하천경관이 공존하고 있다. 불교의 성지인 가야산은 해인사와 팔만대장경, 홍류동계곡 등의 뛰어난 명승고적과 자연경관으로 예로부터 뛰어난 지덕을 갖춘 산으로 여겨졌다.

⑩ 덕유산국립공원

백두대간의 중심부에 위치한 덕유산은 1975년 10번째 국립공원으로 지정되었다. 행정구역 상으로 전북 무주군과 장수군, 경남 거창군과 함양군 등 영호남을 아우르는 4개 군에 걸쳐 있으며, 총 229.43㎢의 면적이 공원구역으로 지정되었다. 백두대간의 중심부에 자리잡고 있는 덕유산국립공원은 동쪽의 가야산, 서쪽의 내장산, 남쪽의 지리산, 북쪽의 계룡산과 속리산 등으로 둘러싸여 있다. 덕유산은 남한에서 네 번째로 높은 산(향적봉 1,614m)으로 아고산대 생태계의 보존가치 또한 높으며, 북쪽으로 흘러가는 금강과 동쪽으로 흐르는 낙동강의 수원지이기도 하다.

⑪ 오대산국립공원

1975년 11번째 국립공원으로 지정되었으며 면적은 326.348㎢이다. 해발 1,563m의 비로봉을 주봉으로 동대산(1,434m), 두로봉(1,422m), 상왕봉(1,491m), 호령봉(1,561m) 등 다섯 봉우리가 병풍처럼 늘어서 있고 동쪽으로

따로 떨어져나온 노인봉(1,338m) 아래로는 천하의 절경 소금강이 자리하고 있다. 또한 서쪽에는 설경이 아름다운 계방산(1,577m)이 위치하고 있다. 오대산국립공원은 우리나라 문수신앙의 성지이자 조선왕조실록을 보관하였던 오대산 사고가 있던 역사적 장소이자 백두대간의 중추로 생태적 가치가 높은 장소이다.

⑫ 주왕산국립공원

1976년 우리나라 12번째 국립공원으로 지정되었으며, 면적은 105.595㎢이다. 보는 이를 한눈에 사로잡는 암봉과 깊고 수려한 계곡이 빚어내는 절경을 간직한 영남 제1의 명승지이다. 주왕산(720.6m)을 중심으로 태행산(933.1m), 대둔산(905m), 명동재(875m), 왕거암(907.4m) 등의 산들이 말발굽형으로 자연성곽 같은 멋진 산세를 이루고 있으며, 7천만 년 전의 용암이 흘러내리면서 굳은 회류 응회암으로 이루어져 특색 있는 경관을 이루고 있어 우리나라의 3대 암산 중 하나로 손꼽히고 있다.

⑬ 태안해안국립공원

태안해안국립공원은 1978년 우리나라 13번째 국립공원으로 지정되었다. 태안반도와 안면도를 남북으로 아우른 230km의 해안선에 27개의 해변이 펼쳐지며, 전체 면적은 377.019㎢이다. 예로부터 큰 자연재해가 없고 온화한 기후와 풍부한 먹거리로 삶이 고단하지 않아 지명을 태안(泰安)이라고 하였다. 리아스식 해안을 따라 펼쳐진 갯벌과 사구, 기암괴석과 크고 작은 섬들이 서해 특유의 아름다운 경관을 자랑한다. 태안해안국립공원은 다양한 해안생태계가 공존하는 국내 유일의 해안형 공원으로 보전가치가 매우 크다.

⑭ 다도해해상국립공원

서남 해안과 해상 지역에 흩어져 있는 우리나라 최대 면적의 국립공원이다. 1981년 14번째 국립공원으로 지정되었으며 면적은 2,266.221㎢(육지 291.023㎢, 해상 1,975.198㎢)에 달한다. 따뜻한 해양성 기후 영향으로 생태적 보존가치가 높은 상록수림이 존재하며 과거 화산활동으로 형성된 섬과 기암 괴석들은 그 독특한 아름다움으로 보존의 가치가 높다. 또한 신라시대 장보고(?~846)가 건설한 해상왕국과 조선시대 충무공 이순신(1545~1598)이 왜적을 격파한 전적지가 곳곳에 남아 있다.

⑮ 북한산국립공원

세계적으로 드문 도심 속의 자연공원인 북한산국립공원은 1983년 우리나라 15번째 국립공원으로 지정되었다. 면적은 76.922㎢로 우이령을 경계로 하여 북쪽으로는 도봉산 지역, 남쪽으로는 북한산 지역으로 나뉜다. 북한산국립공원은 화강암 지반이 침식되고 오랜 세월 풍화되면서 곳곳에 깎아지른 바위봉우리와 그 사이로 흘러내리는 아름다운 계곡들을 이루고 있다. 또한, 2,000년의 역사가 담긴 북한산성을 비롯한 수많은 역사, 문화유적과 100여 개의 사찰, 암자가 위치하여 다양한 볼거리를 제공함과 동시에 역사 문화 학습의 장이 되고 있다.

⑯ 치악산국립공원

한반도 중부지방 내륙산간에 위치한 치악산은 1984년 우리나라 16번째 국립공원으로 지정되었다. 공원면적은 175.668㎢로, 주봉인 비로봉(1,288m)을 중심으로 동쪽은 횡성군, 서쪽은 원주시와 접하고 있다. 치악산은 남쪽 남대봉과 북쪽의 매화산 등 1,000m가 넘는 고봉들 사이에 가파른 계곡들이 자리해 예로부터 산세가 뛰어나고 험난하기로 이름이 높다. 고속도로망과 철도가 발달하여 접근성이 뛰어나고 수도권에서 1일 탐방이 가능한 근거리에 있어 많은 탐방객들이 치악산국립공원을 방문하고 있다.

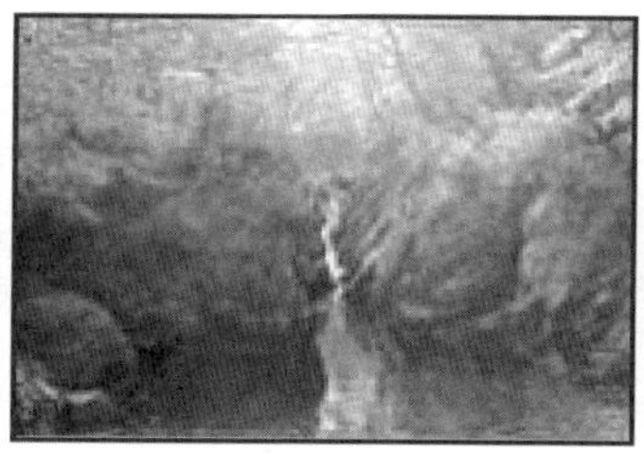

⑰ 월악산국립공원

1984년 17번째 국립공원으로 지정되었으며 면적은 287.571km^2이다. 소백산을 지나 속리산으로 연결되는 백두대간의 중간에 위치하고 있다. 월악산은 기암절벽이 치솟아 산세가 험준하고 예로부터 신령스러운 산으로 여겨져 주봉은 영봉(1,097m)으로 불리고 있다. 만수봉, 금수산, 신선봉, 도락산 등 22개가 넘는 크고 작은 산과 봉우리를 거느리고 있다. 충북 제천시, 단양군, 충주시와 경북 문경시가 접해 있으며 수도권에서 가깝고 충주 호반과 어우러진 탐방지로 사계절 탐방객의 발길이 끊이지 않는 곳이다.

⑱ 소백산국립공원

1987년 18번째 국립공원으로 지정되었으며 면적은 322.011㎢로 지리산, 설악산, 오대산에 이어 산악형 국립공원 가운데 네 번째로 넓다. 해발 1,439.5m인 비로봉을 중심으로 국망봉(1,420.8m), 연화봉(1,383m), 도솔봉(1,314.2m) 등이 백두대간 마루금 상에 솟아있다. 퇴계 이황이 "울긋불긋한 것이 꼭 비단 장막 속을 거니는 것 같고 호사스러운 잔치 자리에 왕림한 기분"이라며 소백산 철쭉의 아름다움을 묘사한 것처럼 수많은 탐방객이 봄철 소백산국립공원을 방문하고 있으며, 겨울이면 장중한 백두대간 위에 설화가 만발하는 절경을 이룬다.

⑲ 변산반도국립공원

변산반도국립공원은 1971년 12월에 전북 부안군 변산 면 일대 구릉지를 중심으로 도립공원으로 지정되었 다가 수려한 자연경관, 다양한 (육상 · 해상) 자연자원 및 역사문화자원의 보존가치를 인정받아 1988년 6월 11일에 19번째 국립공원으로 승격되었다.

변산반도국립공원은 육상의 대자연과 해상의 청 정함을 아우르는 우리나라 유일의 반도형 국립공원이 다. 내변산의 직소폭포, 의상봉, 쇠뿔바위와 외변산의 채석강, 적벽강, 고사포해변 등 산과 바다를 아우르는 아름다운 자연경관을 만끽할 수 있는 매력적인 곳이다.

⑳ 월출산국립공원

1988년 20번째 국립공원으로 지정되었다. 호남정맥의 거대한 암류가 남해바다와 부딪치면서 솟아 오른 화강암이 오랜 세월이 지나면서 지금과 같은 월출산이 만들어졌다. 월출산의 면적은 56.22㎢로 비교적 작지만 다양한 동 · 식물이 분포하며, 국보를 비롯한 수준 높은 문화유산을 보유하고 있다. 월출산의 정상은 천황봉(809m)이며 신라 때부터 하늘에 제사를 지낸 곳으로 알려져 있다. 천황봉을 중심으로 북쪽과 동쪽은 큰 바위가 굵직한 능선줄기 위에서 웅장한 풍경을 만들어 내며, 남쪽과 서쪽지역은 크고 작은 바위들이 마치 탑을 이룬 듯한 형상을 하고 있다.

㉑ 무등산국립공원

광주 · 전남의 진산(鎭山)이자 호남정맥의 중심 산줄기로 2013년 3월, 우리나라의 21번째 국립공원으로 지정되었다. 전체 면적은 75.425㎢이다. 해발 1,187m의 무등산은 '비할 데 없이 높고 큰 산' 또는 '등급을 매길 수 없을 정도의 고귀한 산'이라는 의미를 지니고 있다.

최고봉인 천왕봉을 중심으로 서석대 · 입석대 · 광석대 등 수직 절리상의 암석이 석책을 두른 듯 치솟아 장관을 이룬다. 봄에는 진달래, 여름에는 참나리, 가을에는 단풍과 억새, 겨울에는 설경 등 사계절 생태경관이 뚜렷하며, 멸종위기 야생생물 수달 · 하늘다람쥐 · 으름난초 등이 서식하는 우수한 생태계를 자랑한다.

㉒ 태백산국립공원

태백산은 1989년 5월 13일 도립공원으로 지정되었으며, 2016년 우리나라 22번째 국립공원으로 지정되었다. 전체면적은 70.052㎢이며 천제단이 있는 영봉(1,560m)을 중심으로 북쪽에 장군봉(1,567m) 동쪽에 문수봉(1,517m), 영봉과 문수봉 사이의 부쇠봉(1,546m) 등으로 이뤄져 있으며, 최고봉은 함백산(1,572m)이다. 태백산은 수천 년간 제천의식을 지내던 천제단과 한강의 발원지인 검룡소 등 풍부한 문화자원과 야생화 군락지인 금대봉~대덕산 구간, 만항재, 장군봉 주변의 주목 군락지, 세계 최남단 열목어 서식지인 백천계곡 등 다양하고 뛰어난 생태경관을 보유하고 있다.

신문 읽기 **부산시 '금정산 국립공원' 본격 추진**

부산시가 금정산 국립공원 논의가 나온 지 13년 만에 환경부에 국립공원 지정을 공식 건의한 것으로 확인됐다.

부산시는 지난 18일 환경부에 금정산 국립공원 지정을 건의했다고 1일 밝혔다. 현행법상 특정지역을 국립공원으로 지정하기 위해서는 관할 시·도가 타당성 조사를 거쳐 환경부에 건의해야 한다. 부산시는 지난해 12월 금정산 국립공원 지정 타당성 조사 연구 최종 용역을 마치고 6개월여 만에 환경부에 처음으로 지정 건의했다.

환경부 자연공원과 관계자도 1일 이와 관련, "지난달 부산시의 금정산 국립공원 지정 건의를 받고 평가 기준에 따라 타당성 여부를 검토하고 있다"며 "해당 지역의 국립공원 지정 가치 여부를 따지는 것은 물론, 관련 행정기관과 주민 의견을 청취하고 협의하는 과정을 거칠 것"이라고 확인했다.

이번 지정 건의는 2006년 부산연구원(전 부산발전연구원)에서 금정산을 체계적으로 관리하기 위해 자연공원으로 지정할 필요가 있다는 주장이 나온 지 13년 만에 이뤄진 것이다. 국립공원은 우리나라를 대표할 만한 자연생태계와 자연·문화 경관을 보전하기 위해 환경부 장관이 지정, 국가가 직접 관리하는 보호지역을 뜻한다. 국립공원으로 지정되면 국가관리 원칙에 따라 환경부 산하기관인 국립공원공단이 관리하게 된다. 부산시 녹색도시과 관계자는 "기존에는 금정산 관리를 위해 시비 1억 원도 배정하기 어려웠지만 국립공원으로 지정되면 국비 100억 원 이상을 지원받을 수 있을 것"이라면서 "금정산 국립공원 지정 시 천혜의 자연환경과 풍부한 문화유산을 활용해 1200억 원대의 경제 효과와 1400여 명의 고용 창출이 기대된다"고 말했다.

금정산 국립공원 관련 주요 진행 경과

2006년	부산연구원, 금정산 자연공원 지정 필요성 제기
2008년	부산시, 금정산 기본계획에서 '도립공원 지정 어렵다' 판단
2013년	금정산국립공원시민추진본부 설립
2015년	시민추진본부, 시민 10만 명 서명부 市에 전달
2017년	부산시, 금정산 국립공원 지정 타당성 연구 용역 착수
2018년	금정산 국립공원 용역 조사 '타당성 높다' 판단
2019년	부산시, 환경부에 금정산 국립공원 지정 건의

금정산국립공원지정범시민네트워크 유진철 공동집행위원장은 "부산 시민들의 염원인 금정산 국립공원 지정이 본격 추진되는 것은 반가운 일"이라며 "불법 건물 증축과 자연 훼손 등으로 몸살을 앓는 금정산을 보호하기 위해 하루빨리 국립공원으로 지정되어야 한다"고 말했다.

하지만 다른 국립공원에 비해 높은 사유지 비율과 이로 인한 주민 반발은 과제로 남았다. 금정산의 사유지 비율은 84.5%에 달하며 이 중 일부는 소유권이 주민에게 있다.

자료 : 부산일보, 2019. 07.01

(2) 도립공원

자연공원법 제2조에서 "도립공원"이라 함은 특별시 · 광역시 · 도의 자연생태계나 경관을 대표할 만한 지역으로서 제4조 및 제4조의 3의 규정에 의하여 지정된 공원을 말한다. 도립공원은 특별시, 광역시, 도의 자연경관을 대표할 만한 국립공원 이외의 수려한 자연경관지로서 1970년 6월 1일 경상북도의 금오산을 최초의 도립공원으로 지정한 이래 1970년대에 13개소, 1980년대에 7개소, 1990년대에 2개소, 2005년대에는 연인산 1개소, 2008년에 제주도의 행정구역 개편으로 제주조각공원 등 6개 군립공원이 도립공원으로 편입되었고, 2009년 수리산 도립공원을 지정하였다. 2011년에 제주조각공원을 폐지하고 제주 곶자왈 1곳을 추가로 지정하였다. 2016년 태백산도립공원이 국립공원으로 승격되고 낙산도립공원 자연공원 최초로 지정해제되었으나 벌교갯벌도립공원이 신규지정되어 현재 29개의 도립공원으로 지정되어 있다. 그 현황은 [표 3-4]와 같다.

이들 도립공원은 남한산성과 같은 사적공원과 경포 및 낙산도립공원과 같은 해안공원, 기타 명산 등을 위주로 한 산악육지공원으로 구성되어 있다. 우리나라의 도립공원은 도립공원위원회와 시 · 도 건설종합계획심의회 심의를 거친 후 환경부장관의 승인을 얻어 시 · 도지사가 지정한다.

표 4-3 • 도립공원 지정현황 (단위 : ㎢)

지정순위	공원명	위치(시 · 군별)	면적	지정일
계	29개소		1,139.135	
1	금 오 산	경북 구미, 칠곡, 김천	37.290	'70.6.1
2	남 한 산 성	경기 광주, 하남, 성남	35.166	'71.3.17
3	모 악 산	전북 김재, 완주, 전주	43.309	'71.12.2
4	덕 산	충남 예산	19.859	'73. 3. 6
5	칠 갑 산	충남 청양	32.946	'73. 3. 6
6	대 둔 산	전북 완주, 충남 논산, 금산	59.933	'77. 3.23
7	마 이 산	전북 진안	17.221	'79.10.16
8	가 지 산	울산, 경남 양산, 밀양	104.354	'79.11.5
9	조 계 산	전남 순천	27.250	'79.12.26
10	두 륜 산	전남 해남	33.390	'79.12.26
11	선 운 산	전북 고창	43.683	'79.12.27
12	팔 공 산	대구, 경북 칠곡, 군위, 경산, 영천	125.668	'80. 5.13

지정순위	공원명	위치(시 · 군별)	면적	지정일
13	문경새재	경북 문경	5.494	'81. 6. 4
14	경　포	강원 강릉	6.865	'82. 6.26
15	청량산	경북 봉화, 안동	49.470	'82. 8.21
16	연화산	경남 고성	22.260	'83. 9.29
17	고　복	세종특별자치시	1.949	'90.1.20 (13.1.17, 군립→도립)
18	천관산	전남 장흥	7.594	'98.10.13
19	연인산	경기 가평	37.445	'05. 9. 15
20	신안갯벌	전남 신안	144.000	'08.6.5 ('13.12.31)
21	무안갯벌	전남 무안	37.123	'08.6.5
22	마라해양	제주도 서귀포시	49.755	'97.8.23 ('08.6.19)
23	성산일출해양	제주도 서귀포시	16.156	'97.8.23 ('08.6.19)
24	서귀포해양	제주도 서귀포시	19.540	'99.1.5 ('08.9.19)
25	추자	제주도 제주시	95.292	'00.8.31 ('08.9.19)
26	우도해양	제주도 제주시	25.863	'00.8.31 ('08.9.19)
27	수리산	경기안양, 안산, 군포	6.963	'09.7.16
28	제주곶자왈	제주도 서귀포시	1.547	'11.12.30
29	벌교갯벌	전라남도 보성군	23.068	'16.1.28

자료 : 2017년 기준 관광동향에 관한 연차보고서(환경부, 2017년 12월 31일 기준)

신문 읽기

공원서 해제된 양양 낙산지구…후속 조치 미흡 재산권 행사 불편

강원 양양지역 대표적 관광지인 낙산지구의 해안 일대가 도립공원 구역에서 해제됐지만, 후속 조치가 지연돼 주민들이 재산권 행사에 제한을 받고 있다.

4일 양양군에 따르면 환경부는 2016년 12월 강현면 정암리에서부터 현북면 잔교리에 이르는 868만 1천823㎡를 낙산도립공원 구역에서 해제, 이 지역 주민들이 그동안 겪었던 재산권 행사 불편을 대폭 해소할 수 있게 됐다.

하지만 공원구역에서 해제된 지 3년이 지나도록 주민들은 여전히 재산권 행사를 제대로 하지 못하고 있다.

공원구역 해제 후 후속 조치가 제대로 이뤄지지 않고 있기 때문이다.

도립공원에서 해제된 구역은 종전에 적용받던 자연공원법 대신 국토계획 및 이용에 관한 법률 적용을 받고 주민들이 재산권을 행사하기 위해서는 이 법률에 따른 군 관리계획이 수립돼야 한다.

그러나 지난달 양양군이 원주지방환경청에 제출한 전략환경영향평가서 초안이 공원해제 시 국립공원위원회가 공원해제 승인조건으로 제시한 5가지 가운데 일부가 이행되지 않고 있다는 이유로 반려되면서 용도지역 및 지구 결정, 지구단위계획 수립 등 도시관리계획 절차가 이행되지 못하고 있다.

공원해제 시 국립공원위원회는 문화재보호구역 지정과 습지보호구역 지정, 산지보호구역 지정, 보전연안해역 지정, 도립공원 대체지정을 승인조건으로 제시했으나 이 가운데 보전연안해역 지정과 도립공원 대체지정이 아직 이행되지 못하고 있다.

미이행 중인 승인조건 가운데 하나인 보전연안해역 지정은 현재 강원도 심의 계획 중에 있으나 도립공원 대체지정은 횡성군 태기산 도립공원지정이 지난달 29일 중앙산지위원회에서 부결된 상태다.

강원도는 태기산 도립공원지정을 재추진할 계획인 것으로 알려졌다.

공원구역 해제 이후 후속 조치가 늦어지면서 재산권 행사에 불편을 겪는 주민들의 불만도 높아지고 있다.

이에 대해 양양군 관계자는 “후속 조치가 늦어져 주민들의 피해가 커지는 만큼 원주지방환경청과 재협의를 최대한 빨리 마무리하는 등 행정절차를 완료하겠다”고 말했다.

자료: 매일경제, 2019, 04. 04

(3) 군립공원

자연공원법 제2조에서의 "군립공원"이라 함은 시 · 군 및 자치구(이하 "군"이라 한다)의 자연생태계나 경관을 대표할만한 지역으로서 제4조 및 제4조의 4의 규정에 의하여 지정된 공원을 말한다. 군립공원은 시 · 군의 자연경관을 대표할만한 국립공원 및 도립공원 이외의 수려한 자연경관지로 1981년 1월 7일 전라북도 순창군의 강천산이 최초 군립공원으로 지정된 이래 2017년 12월 31일 기준 27개소에 걸쳐 총면적 237.755km²가 군립공원으로 지정되어 있으며 그 현황은 [표 4-4]와 같다.

지역별로는 대구광역시 1개소(비슬산), 경기도 2개소(천마산, 명지산), 강원도 3개소(아미산, 대이리 병방산), 전라북도 2개소(강천산, 장안산), 경상북도 5개소(보경산, 불영계곡, 빙계계곡, 덕구온천, 운문산), 경상남도 14개소(상족암, 고소성, 거열산성, 웅석봉, 구천계곡, 입곡산, 호구산, 봉명산, 기백산, 황매산, 신불산, 화왕산, 방어산, 월성계곡)가 지정되어 있다.

표 4-4 • 군립공원 지정현황

(단위 : ㎢)

지정순위	공원명	위치(시 · 군별)	면적	지정일
계	27개소		237.751	
1	강 천 산	전북 순창군 팔덕면	15.800	'81.1.7
2	천 마 산	경기 남양주시 화도읍, 진천면, 호평면	12.461	'83.8.29 ('09.10.15)
3	보 경 사	경북 포항시 송라면	8.510	'83.10.1
4	불 영 계 곡	경북 울진군 울진읍, 서면, 근남면	25.140	'83.10.5
5	덕 구 온 천	경북 울진군 북면	6.060	'83.10.5
6	상 족 암	경남 고성군 하일면, 하이면	5.106	'83.11.10
7	호 구 산	경남 남해안 이동면	2.839	'83.11.12
8	고 소 성	경남 하동군 악양면, 화개면	3.134	'83.11.14
9	봉 명 산	경남 사천시 곤양면, 곤명면	2.645	'83.11.14
10	거 열 산 성	경남 거창군 거창읍, 마리면	3.271	'83.11.17
11	기 백 산	경남 함양군 안의면	2.013	'83.11.18
12	황 매 산	경남 합양군 대명면, 가회면	21.784	'83.11.18
13	웅 석 봉	경남 산청군 산청읍, 금서 · 삼장 · 단성	17.960	'83.11.23
14	신 불 산	경남 울산시 울주군 상북면, 삼남면	11.585	'83.12.2

지정 순위	공원명	위치(시 · 군별)	면적	지정일
15	운 문 산	경북 청도군 운문면	16.173	'83.12.29
16	화 왕 산	경남 창원군 창녕읍	31.283	'84.1.11
17	구 천 계 곡	경남 거제시 신현읍, 동부면	5.871	'84.2.4
18	입 곡	경남 함양군 산인면	0.995	'85.1.28
19	비 슬 산	대구 달성군 옥포면, 유가면	13.382	'86.2.22
20	장 안 산	전북 장수군 장수읍	6.274	'86.8.18
21	빙 계 계 곡	경북 의성군 춘산면	0.880	'87.9.25
22	아 미 산	강원 인제군 인제읍	3.160	'90.2.23
23	명 지 산	경기 가평군 북면	14.027	'91.10.9
24	방 어 산	경남 진주시 지수면	2.588	'93.12.16
25	대 이 리	강원 삼척시 신기면	3.660	'96.10.25
26	월 성 계 곡	경남 거창군 북상면	0.650	'02.4.25
27	병 방 산	강원 정선군 정선읍	0.500	'11.9.30

자료 : 2017년 기준 관광동향에 관한 연차보고서(환경부, 2017년 12월 31일 기준)

(4) 지질공원

국가지질공원은 지구과학적으로 중요하고 경관이 우수한 지역으로서 이를 보전하고 교육 · 관광 사업 등에 활용하기 위하여 환경부 장관이 인증한 공원이다. 2012년 12월 27일 제주도와 울릉도 · 독도가 국가지질공원으로 최초 지정된 이래 2017년 12월 기준 10개소가 지정되었으며, 총넓이 11,146㎢로서 전 국토의 11.1%가 국가지질공원으로 지정되었다. 한편 고시일로부터 4년마다 국가지질공원의 관리 · 운영현황을 조사 · 점검하여 재평가한다.

표 4-5 • 지질공원 지정현황

(단위 : ㎢)

지정 순위	공원명	위치	면적	지정일
계	10개소		11,146.45	
1	울릉도 · 독도	경북 울릉군	127.90	'12.12.27
2	제주도	제주도 제주시, 서귀포시	1,864.40	'12.12.27
3	부산	부산 7개 자치구(금정구, 영도구, 진구, 서구, 사하구, 남구, 해운대구)	296.98	'13.12.6

인증 순위	공원명	위치	면적	지정일
4	강원평화지역	강원도 4개군(화천군, 양구군, 인제군, 고성군)	1,829.1	'14.4.11
5	청송	경북 청송군	845.71	'14.4.11
6	무등산권	광주 2개 자치구(동구, 북구) 전남 2개군(화순군, 담양군)	246.31	'14.12.10
7	한탄강	경기도 2개 시 · 군(포천시, 연천군) 강원도 철원군	1164.74	'15.12.31
8	강원 고생대	강원도 4개시 · 군(태백시, 영월군, 평창군, 정선군)	1,990.01	'17.1.5
9	경북 동해안	경북 4개시 · 군(경주시, 포항시, 영덕군, 울진군)	2261	'17.9.13
10	전북 서해안권	전북 2개군(고창군, 부안군)	520.3	'17.9.13

자료 : 2017년 기준 관광동향에 관한 연차보고서(환경부, 2017년 12월 31일 기준)

신문 읽기

'국가지질공원' 등재, 어떤 가치 품고 있나

지질 · 지형학적 특성 및 지질명소로 학술적 가치 높아
현재 12곳 지정… 지속가능한 지역 발전 본보기 역할

지질공원이라는 개념은 1990년대 중반 유럽에서 지구 역사에 있어 지질학적 중요성을 가진 지역의 가치를 보존하고 증대시키기 위해 대두되기 시작했다. 2000년 유럽지질공원 네트워크가 결성된 후 2004년에 유네스코가 지원하는 세계지질공원네트워크가 출범하면서 점차 일반에 알려졌다.

제주도가 2010년 제4차 세계지질공원네트워크(GGN)에서 우리나라 최초의 세계지질공원으로 등재됐으며, 2011년에 국가지질공원제도가 도입되면서 '지질유산의 보존과 현명한 이용' 이라는 국제적 흐름에 동참하게 됐다.

환경부는 지난달 28일 과천정부청사에서 열린 '제21차 지질공원위원회' 에서 인천광역시와 전라북도가 신청한 '백령 · 대청' 과 '진안 · 무주' 를 국가지질공원으로 인증했다. 또한 이날 지질공원위원회에서는 2014년에 인증했던 '청송 국가지질공원' 을 재인증했다.

현재 국가지질공원은 '백령 · 대청' 과 '진안 · 무주' 가 새로 포함됨에 따라 총 12곳으로 늘어났다. 기존 10곳은 울릉도, 독도, 제주도, 부산, 청송, 강원평화지역, 무등산권, 한탄강, 강원고생대(태백 일대), 경북동해안(울진 일대), 전북서해안권(고창 일대) 등이다. 이중 제주도, 청송, 무등산권 3곳은 유네스코 세계지질공원으로도 등재돼 있다.

지질공원은 세계적으로도 보호지역 관리의 새로운 모델로 각광받고 있으며 현재 41개국 147곳의 공원이 유네스코 세계지질공원으로 등재돼 있다.

국가지질공원은 지구과학적으로 중요하고 경관이 우수한 지역으로 이를 보전하고 교육 · 관광사업 등에 활용하기 위해 환경부장관이 인증한 공원이다.

지질공원은 단순히 지질을 다루는 것이 아니고 사람(주민) 중심의 활동이 핵심이다. 지질공원은 지질유산을 보전하고 교육 및 관광에 활용해 지역의 지속가능한 발전을 도모하는 것으로 일정한 경계와 면적이 있으며 생물 · 고고 · 역사 · 문화를 모두 포함해 지역 주민들이 관리하는 것이라 할 수 있다.

이번에 새롭게 인증된 국가지질공원 중 '백령 · 대청 국가지질공원' 은 인천시 옹진군 백령면(백령도) 및 대청면(대청도, 소청도)에 위치해 있다.

이 지역은 후기 시생대, 초기 원생대 환경을 연구할 수 있는 암석이 다른 지역에 비해 많이 분포해 있어 한반도와 동아시아 지사연구에 국제적으로 높은 가치가 있다. 또한 이 지역은 중기 원생대(11억~10억 년 전) 변성퇴적암층을 백악기(6000만~7000만 년 전)에 암석이 뚫고 들어왔으며 신생대 3기(600만 년 전) 용암이 분출돼 현무암층으로 덮고 있는 특징을 갖고 있다.

이 지역은 섬 전체가 노년기 지형으로 완만한 지역이 많고 급경사는 일부 지역에 한정돼 있으며 해안가에는 시스텍과 침식 붕락형동굴, 해식절벽, 만입지, 대규모 해안사구가 발달해 있다.

아울러 이번에 재인증된 '청송 국가지질공원(청송 세계지질공원)' 은 경상북도 청송군 전체를 품고 있다. 이 지역은 남한에서 가장 큰 퇴적분지인 경상분지에 속하며 선캠브리아기~신생대(20억 년~현재)까지 넓은 시간적 범위의 화성암, 변성암, 퇴적암이 모두 분포한다. 백악기(1억

5000만~6500만 년)에 한반도 동남부 지역에서 가장 두꺼운 응회암(화산재가 쌓여 만든 암석)이 쌓인 곳으로 격렬한 화산 분출이 있었음을 알 수 있는 등 지질학적 중요성이 큰 지역이다.

또한 청송은 임야가 81.7%를 차지하는 산간지로 높은 산과 산맥들로 인해 산세가 험준하다. 그 중 동부산계는 치밀하고 견고한 기반암의 특성으로 평균고도 700m 정도의 험준한 지형을 이루고 있으며 서부산계는 풍화에 대한 저항력이 낮은 기반암으로 구성돼 낮은 산지를 이루고 있다.

현재 세계적으로 유네스코 세계지질공원은 41개국 147개소 중 중국이 39개소로 가장 많다. 아시아는 8개국 60개, 유럽은 24개국 75개, 북미는 1개국 3개, 중남미는 6개국 7개, 아프리카는 2개국 2개의 유네스코 세계지질공원을 갖고 있다.

• 41개국 147개소(19년 5월)이며 중국이 39개로 최다

구 분	아시아	유럽	북미	중남미	아프리카
국가 (공원 수)	8개국 (60개)	24개국 (75개)	1개국 (3개)	6개국 (7개)	2개국 (2개)
비고	중국 39 일본 9 인도네시아 4 한국 3 등	스페인 13 아탈리아 10 프랑스 7 영국 6 등	캐나다 3	멕시코 2 브라질 1 우르과이 1 등	모로코 1 탄자니아 1

이 가운데 우리나라에 속한 유네스코 세계지질공원은 총 3개소다. 중국이 39개로 압도적인 수를 보이고 있지만 일본이 9개, 인도네시아가 4개인 상황에서 우리나라도 3개나 있어 결코 적지 않은 수를 보유하고 있다.

박천규 환경부 차관은 "지질공원 제도에 대한 지자체와 주민들의 관심이 높아지고 있으며 국가지질공원 및 유네스코 세계지질공원도 계속해서 늘어나고 있다"면서 "환경부는 지질공원이 지역의 지속가능한 발전의 본보기로 성공할 수 있도록 관련 제도를 정비하고 지원할 계획"이라고 밝혔다.

자료 : 그린포스트코리아(http://www.greenpostkorea.co.kr), 2019. 07.07

2. 해양형 관광자원

1) 해양형 관광자원의 개념

해양관광(marine tourism)은 관광의 다양한 형태 중에서 공간적으로 해안선에 인접한 육지, 바다, 연안, 해안, 해역 등에서 이루어지는 관광목적의 활동으로, "일상생활에서 벗어나 변화를 추구하기 위해 해안과 해양에서 행하는 모든 여가활동"이라 정의할 수 있으며, 연구자들은 해변과 해양이라는 연안공간에서 이루어진다는 공간적 측면과 더불어 해양을 직·간접적으로 이용하거나 이와 연관된 활동이라는 활동적 측면 및 목적에 따라 해양관광을 정의하고 있다.

공간적인 측면에서 해양관광이란, 해중(해저), 바다(해양, 해상), 도서(섬), 해안(연안), 해변(육역), 어촌, 강 하구 및 집수지역을 비롯하여 육상시설(해양을 주제로 조성되어 있는 전시관, 체험관, 박물관, 문화관 등)과 해양 주제의 이벤트 .축제와 전시회 개최장 소를 포괄하는 범위로 정의할 수가 있으며, 활동적 측면에서 해양관광이란, 해양관광 그 자체와 해양스포츠와 레저, 위락(레크리에이션) 행위를 포함하는 개념으로써 유람선, 축제관람, 먹거리, 숙박, 연계관광 및 연계활동, 크루즈, 연수, 교육, 연구, 쇼핑, 견학, 산책, 일광욕, 해수욕, 낚시 등의 포괄적인 활동으로 정의할 수 있다. 해양형 관광자원이란 해양자원 중에서 관광자원적 성격을 지닌 대상 모두를 지칭하며 해안, 섬, 해양, 암초, 포구, 백사장, 수평선, 일출과 일몰 등의 자연적 경관미를 대상으로 관광객의 욕구를 충족시킬 수 있는 각종 해양스포츠, 레저시설을 종합적으로 갖춘 복합성 자원을 의미한다. 따라서 해양관광자원은 "바다를 중심으로 한 자연적, 사회문화적 그리고 산업적 측면의 공간이나 시설 그리고 무형적 자원 등으로서 관광욕구나 관광동기를 일으킬 정도의 매력적 가치를 지닌 해양관광대상"을 개념적 정의로 내릴 수 있다.

여기서, 자연적 자원이란 해수욕장, 도서, 바다낚시터, 철새도래지, 갯벌 등이고 사회문화적은 어촌, 지역고유축제, 어촌역사, 음식, 언어 등의 어촌문화 등과 전통적인 관습이나 음식 문화 등을, 산업적 자원은 어촌지역의 소득이나 경제에 직결되는 자원으로 주요 어항이나 어장, 지역 고유 음식을 판매하는 각종 음식점을 말한다.

표 4-6 • 해양형 관광자원의 기능

구 분	내 용
휴식기능	해수욕, 피서, 낚시
교육기능	해저수족관, 생태관광, 훈련, 교육캠핑
교통수단이용기능	유람선, 보트, 요트

이러한 해안형 관광자원은 두가지 형태의 관광활동이 이루어진다. 하나는 해안경관을 보고 감상하는 것과 다른 하나는 해안이나 바다를 활용한 관광활동으로 구분지을 수 있다. 해안경관 감상이란 자연경관 감상과 어촌, 어항, 등대 등 인공물 또는 무형문화재 등의 인문자원의 감상을 말하며, 해안 및 해양을 이용한 관광활동은 해수욕, 낚시 요트, 스킨 스쿠버 등을 의미한다.

표 4-7 • 해양관광의 정의

구 분	정 의
Mark(1999)	자신의 거주지를 벗어나 해양환경과 관련된 레크레이션 활동을 포함하는 관광
Hall(2001)	해양과 해변에서 일어나는 모든 관광, 레저, 레크레이션 활동으로 해양관광시설(숙박, 식당, 별장)과 관련 기반시설(마리나, 레저장비)을 포함하는 활동
해양수산발전 기본법(2001)	해양에서의 관광활동 및 레저 · 스포츠
정석중 · 이미혜(2004)	일상생활을 벗어나 다시 돌아올 예정으로 다양한 관광욕구를 충족하기 위하여 해역 과 해안에서 이루어지는 해양 행태적 관광활동
김성귀(2007)	해양과 도서, 어촌, 해변 등을 포함하는 공간에 부존하는 자원을 활용하여 일어나는 관광목적의 모든 활동
한국관광공사(2005)	해양관광이란 일상생활을 벗어나 변화를 추구하기 위한 행위이며 해역과 연안에 접 한 단위지역사회에서 일어나는 관광목적의 활동이고, 직 · 간접적으로 해양공간에 의존하거나 연관된 활동임
부산광역시 해양레저 육성 및 해양관광 진흥 조례(2017)	건강 · 휴양 및 정서생활의 향상을 위한 해양에서의 관광활동

자료: 한국경제개발연구원, 부산 해양관광진흥 실행계획, 2018

2) 해양형 관광활동의 유형

해양관광활동은 좁게는 해안과 해양에 의존하는 스포츠, 레저, 관광을 의미하며 넓게는 해안 및 해양과 직간접적으로 관련된 모든 관광활동을 포함한다.

협의의 해양관광자원은 스포츠형, 레저형, 관광형으로 구분된다. 스포츠형은 주로 바다에서 모험과 스릴을 추구하는 역동적인 관광형태로 세일링, 보우팅, 다이빙 등이 대표적이다. 레저형은 해양보다는 해안에 직접 신체를 접촉하며 체험하는 유형으로 스포츠형에 비해 다소 정적인 해수욕, 생물채집 등이 주된 사례이다. 관광형은 해안과 해양에서 풍경을 감상하는 해상유람, 크루즈 등이 주를 이루고 있다. 한편 광의의 해양관광자원은 위의 스포츠형, 레저형, 관광형 외에 해안가에서 하는 스포츠, 일광욕, 축제 등이 속한다.

우리나라의 해양관광은 대부분 하계 휴가기간에 이루어져서 여름철 관광객 편중현상이 심하게 나타나고 있다. 유형별로는 해수욕, 체험활동 등 레저형의 비중이 매우 높은 가운데 최근 바다낚시, 모터보트 등 스포츠형도 크게 증가하였다. 최근의 낚시어선이용객이 늘어나는 데다 유람선이용객, 국제크루즈 입항횟수 등도 지속적으로 증가하는 점에 비추어 해양관광중 스포츠형과 관광형이 상대적으로 빠르게 증가할 것으로 보인다.

해양형 관광자원의 구체적인 분류내용은 [표 4-8]과 같다.

표 4-8 • 해양관광활동의 유형별 분류

<table>
<tr><th colspan="2">공원명</th><th>위치</th></tr>
<tr><td rowspan="8">해변</td><td rowspan="8">체험활동형
(동적)</td><td>마리나</td></tr>
<tr><td>해양테마파크</td></tr>
<tr><td>해수욕장</td></tr>
<tr><td>비치발리볼</td></tr>
<tr><td>어촌체험관광, 수산물 채취 체험관광</td></tr>
<tr><td>해안길 걷기</td></tr>
<tr><td>해상 연날리기</td></tr>
<tr><td>모래스키</td></tr>
</table>

공원명		위치
해변	체험활동형 (동적)	머드체험관광
		해양생태탐방
		해양산업관광(항만, 조선시설 등)
	휴식관광형 (정적)	등대관광
		해양낚시
		해양박물관, 해양성 축제
		해양과학관, 수산먹거리 체험관광
		수족관, 돌고래쇼장
		해변캠프, 도서관장
		모래찜질, 해변야외온천, 상징물관광
해상	체험 및 활동형 (동적)	해저관광잠수정, 해중전망탑, 해중호텔 해중피쉬파크
		유람선(크루즈), 도선, 수륙양용버스 해상버스, 해상택시, 관광위그선
		해양레저선박(요트, 그라스보트, 모터보트 등) 및 해양레저 · 스포츠장비(수상오토바이, 수상스키, 패러세일, 조정, 카약, 카누, 워커슬레드, 수상자전거, 서프보드, 노보트, 웨이크 보드 등)
		해양극기훈련(겨울바다수영대회 등)
		해상교량관광(해상교량전망대, 교량 등반 등)
		해상항공레저, 해상번지점프, 해상골프연습장
	휴식관광형 (정적)	해상케이블카, 해상호텔, 수상관광펜션, 수상레스토랑, 수상 카페, 해상불꽃놀이, 선박축제
해중 · 해저	체험 활동형 (동적)	씨워킹
	휴식관광형 (정적)	스킨다이빙(스노클링), 스쿠버다이빙

자료: 한국경제개발연구원, 부산 해양관광진흥 실행계획, 2018

3) 해양형 관광자원의 현황

표 4-9 • 전국해양관광자원 실태조사 자원별 분포현황

구 분			전국	부산	인천	울산	경기	강원	충남	전북	전남	경북	경남	제주
합계			1,435	61	100	22	53	263	168	54	248	117	249	100
문화자원	축제	지역축제	130	6	8	1	6	16	19	6	27	8	23	10
	마을	어촌체험마을	104	3	3	0	9	8	9	7	30	8	20	7
		전통마을	6	0	0	0	0	6	0	0	0	0	0	0
자연자원	해수욕 산책	해수욕장	358	7	37	5	4	103	47	10	65	33	28	19
		해안산책로	81	7	10	3	4	7	8	4	12	5	13	8
	보호구역	천연보호구역	39	2	8	0	0	4	5	0	10	1	7	2
		해양생태계 보호구역	9	3	1	0	0	0	1	0	3	0	0	1
		습지보호지역 (연안)	12	0	2	0	1	0	1	2	5	0	1	0
	경승지	전망대 조망시설	61	3	3	0	9	5	5	4	12	7	11	2
		일출/낙조 경관도로	31	2	1	1	1	10	1	0	4	6	3	2

자료: 한국경제개발연구원, 부산 해양관광진흥 실행계획, 2018

신문 읽기 부산경제 활로 열 해양관광대책, 친수문화공간 활성화 촉진 기대

지난 5월 정부가 확정한 '해양레저관광 활성화 대책'…
부산 · 울산 등 동남권 친수공간 개발에 힘 실릴 전망

지난 5월 정부는 제16차 경제활력대책회의 겸 제15차 경제관계장관회의를 열면서, 관광수요 증가에 맞춘 고부가가치 및 일자리 창출을 목표로 해양레저관광 콘텐츠를 개발한다는 '해양레저관광 활성화 대책'을 확정했다.

해양레저관광객을 오는 2023년까지 지금의 2배 가까운 1000만명까지 늘리고 해양관광분야에서 3000개의 신규 일자리를 창출하겠다는 목표를 세우고, 전국 해역을 수도권 · 서해안권 · 다도해권 · 제주권 · 한려수도권 · 동남권 · 동해안권 등 7개 권역으로 나눠 특성에 맞는 해양레저관광 거점을 조성한다는 계획이다.

이번 대책에는 해양치유(건강관리 및 휴양서비스를 제공하는 융복합 산업) · 마리나 · 크루즈 · 수중레저 등 4대 해양레저관광산업 육성방안도 담겼다. 해양치유산업 육성에 필요한 관련 법률 제정 등을 추진하고 부산 해운대, 울진 후포 등 전국 6곳에 거점형 마리나를 조성할 계획이다.

해양레저관광 산업을 미래 혁신 성장 산업으로 육성하겠다는 이번 대책으로 인해, 부산 등 동남권의 친수공간 개발도 더욱 활성화 될 것으로 기대된다.

지난해 말 부산시의회 최도석의원이 지역 해양관련기관 전문가 300명을 대상으로 시행한 설문조사 결과, 응답자의 83%가 부산이 해양수도로 발전할 가능성이 크다고 봤고, 이를 위해 정책의 최우선순위를 '해양관광'에 두어야 한다고 생각하는 것으로 나타난 바 있다.

오거돈 부산시장도 지난 1월 기자회견을 통해 "중부산인 원도심 롯데타워, 북항 복합문화벨트, 동부산 오시리아 관광단지를 잇는 복합문화관광벨트를 완성함으로써 부산은 명실상부한 세계적 문화관광도시로 도약하게 될 것"이라며, 부산의 관광벨트 조성에 힘을 쏟겠다는 의지를 밝히기도 했다.

대규모 랜드마크 시설 및 단지를 해변을 끼고 조성함으로써 침체된 원도심에 활력을 불어넣고 도시의 미래 성장동력이 될 관광인프라를 확보하겠다는 부산시의 구상과 해양전문가들이 기대하는 부산시의 미래상이 정부의 '해양레저관광 활성화 대책'으로 인해 더욱 빠르게 구체화될 수 있을 것으로 보인다.

부산과 같은 해양관광도시는 바다와 맞닿은 자연환경 때문에 관광레저, 문화 등의 분야에서 높은 성장잠재력을 갖기 마련이다. 세계 관광산업도 육지관광에서 해양관광으로 옮겨가는 추세이다. UN관광기구는 2015년 12억 명이었던 해양관광인구가 2030년 18억 명으로 증가하는 한편, 해변/스포츠/생태/농어촌/크루즈/문화/도시/모험/테마파크/국제회의 등 미래 10대 관광트렌드의 절반이 해양에서 이뤄질 것으로 전망한 바 있다.

부산은 동해안과 남해안, 낙동강을 포함한 여러 하천들까지 수변공간이 어느 도시보다 많다. 해양관광에 대한 부산시의 비전에 따라 개발되고 있는 대규모 프로젝트들에 쏠리는 기대도 커져가고 있다. 북항재개발지역, 해운대관광특구, 동부산 오시리아관광단지 등이 대표적이다. 특히 해운대는 입지와 자연환경으로 보면 세계적인 해양관광지로서 손색없는 조건을 갖추고 있다. 하지만, 24시간 365일 내내 활기 넘치는 관광특구가 되려면 보완해야 할 부분들이 많다고 전문가들은 지적한다.

그런 면에서 이번 정부 대책에 해양치유, 마리나, 크루즈, 수중레저 등 4대 해양레저관광산업 육성이 포함된 것은 해운대에는 희소식이다. 해운대는 해양치유와 관련성이 깊은 해변온천관광지구인데다가, 마리나와 크루즈 시설이 갖춰져있어서 해양레저관광산업 발전의 토대가 갖춰져 있기 때문이다.

여기에, 해운대해수욕장변에 올해 말 준공 예정인 해운대관광리조트 엘시티도 해양관광 랜드마크로서 한 몫을 할 것으로 기대되고 있다. 4계절 내내 온천을 이용할 수 있는 실내외 워터파크와 인피니티 풀, 해양치유산업과 관련성 높은 메디컬 스파, 부산 해변과 도심은 물론 멀리 쓰시마섬까지 볼 수 있는 초고층 전망대, 국내 최고 수준의 호텔, 쇼핑 및 식음료 시설 등을 갖춘다.

부산이 관광지로서 관심을 받는 가장 큰 이유는 바다 때문이다. 아름다운 바다와 해변의 정취는 부산을 찾는 관광객들에게 깊게 각인되는 이미지이다. 부산시도 그 동안 해변 관광자원 개발을 위해 많은 노력을 기울여 왔지만, 이제는 한발 더 나아가 해변 관광 거점들을 좀 더 확실하게 성장 동력화하려는 의지와 실천이 필요한 시점이라는데 정부와 지자체, 해양전문가들의 의견이 일치하고 있다.

자료 : 서울경제, 2019. 07.02

3. 온천형 관광자원

1) 온천형 관광자원의 개념

온천관광자원이란 온천관광지를 관광상품으로 온천을 중요한 관광자원으로 하여 관광객의 욕구와 동기를 충족시킬 수 있는 편의시설, 기반시설 등이 갖추어진 자원을 의미한다. 온천자원은 국민복지차원에서의 관광휴양 공간 제공과 지역경제활성화 측면에서 지역균형발전을 위한 중요한 수단으로 인식되고 있다. 이와 같은 온천은 고대 관광시대부터 성지순례 또는 질병치료를 위하여 이동하는 지역관광의 효시였으며, 최근에는 국내 · 외에서 온천을 활용한 미용관광자원의 역할을 담당하고 있다.

온천(Hot Spring, Thermal Spring)이란 일반적으로 '땅속에서 지표위로 평균기온 이상의 물이 자연히 솟는 샘' (내무부, 1983), 땅속에서 지표 위의 평균기온보다 높은 온도의 물이 자연적으로 솟는 샘(이희승, 1979), 지열로 말미암아 땅속에서 평균기온 이상의 온도로 데워진 물이 자연적으로 솟아나는 샘(김현식, 1994)을 의미하며, 좀 더 구체적으로는 "땅 표면에 자연 용출되거나 인공적으로 착정 시추하여 끌어올린 지하수의 수온이 그 지역의 연평균 기온 또는 그 지역의 얕은 지층의 지하수 수온보다 높은 것"으로 정의할 수 있다.

지하수의 수온보다 낮은 것은 냉천이라고 하며, 수온과는 관계없이 무기물질 또는 가스 성분을 다량으로 함유하고 있는 것을 광천이라 한다.

온천학상 광의의 온천이란 '물리적, 화학적으로 보통의 물과 성질이 다른 천연의 물이 땅속에서 지표로 나오는 현상'으로 규정하며 이 물을 온천수(Thermal Spring)로 정의함으로써 보통의 불과 구별하고 있다.(내무부, 1983)

온천을 정의하는 가장 보편적인 기준은 당연히 온도이며 화학성분에 대한 기준은 일부 국가에서 채택하고 있고 구체적 내용도 국가에 따라 다소 차이가 있다.

온천의 한계온도는 지역에 따라 다르며 우리나라는 온천을 지하로부터 용출되는 섭씨 25도 이상의 온수로 그 성분이 인체에 해롭지 아니한 것으로 규정하고 있다(온천법 제2조).

2) 온천형 관광지 유형

온천관광지는 법규상으로 관광지로 지정되어 개발되는 곳 중에서 온천을 주류한 관광자원으로 하는 곳이라고 할 수 있다. 즉 온천관광지는 온천이라는 관광자원을 중심으로 편의시설, 기반시설 등의 구비된 공간과 경제적인 편익까지 추구되는 지역이라고 할 수 있다. 온천지는 관광객의 이용형태 또는 시설의 발달에 의해서 자연형 온천지, 보양 및 휴양형 온천지, 관광지형 온천지 등으로 구분할 수 있다. 자연형 온천지란 자연상태와 개발상태를 비교하여 자연상태가 월등하거나 온천이 아직 자연그대로 용출되는 온천지를 말하며, 보양 및 휴양형 온천지는 자연 상태가 우세한 온천지로서 류마티스, 신경통, 피로회복 등의 건강증진 및 심신요양에 적합한 온천지를 말한다. 관광지형 온천지란 온천지를 관광자원화시켜 온천지에 온천도시화 현상이 일어나고 숙박시설 및 상가가 발달하고 주변 관광지와 연계한 사계절 온천지를 말한다. 이처럼 온천관광지는 심신휴양과 건강증진을 위한 휴양지, 요양지로 중요한 관광자원으로서 주변관광지와 연계한 사계절 온천관광지로 여행객들에게 더욱 주목을 받고 있다.

우리나라 온천시설 유형은 시설마다 그 기능이 다양한데, 목욕장 위주의 시설에서 숙박시설을 갖춘 온천, 물놀이시설 등을 갖춘 대규모 온천시설까지 존재한다. 목욕장 위주의 온천은 목욕장만 갖추고 있거나 찜질방 기능이나 휴게 기능 등을 함께 갖춘 경우도 있으며, 물놀이시설을 갖춘 온천의 경우는 물놀이 시설 위주의 워터파크, 스파, 수영장 등을 포함할 수 있다. 숙박시설의 경우는 호텔, 콘도, 여관 등으로 세분화시킬 수 있다.

표 4-10 • 온천형 관광자원의 기능

구 분	내 용
건강증진 및 요양 기능	온천욕, 질병 치료 및 요양, 미용중심
휴양 · 휴식 기능	온천욕
관광(오락) 기능	부대시설, 가족휴양지, 주변 관광자원과 연계한 관광, 종합휴양관광지

3) 온천형 관광자원의 현황

(1) 우리나라 온천의 유형

지질학적 측면에서 보면 우리나라의 온천은 지질시대가 젊은 화성암체와 화성암체의 주변에 분포하고 있다. 남한지역에 있는 온천은 제3기 화산대에서 벗어난 비화산성 열원의 온천이 주류를 이루고 있으며 거의 대부분이 화강암지대에 분포하고 있다. 지질구조상에서 본 온천의 분포는 크게 세 가지로 구분해 볼 수 있다. ① 경기지구(이천, 온양, 도고, 덕산), ② 옥천구조대(수안보, 유성, 운홍리), ③ 제3기 화산대(덕구, 포항, 옥명, 자양, 경산, 청도, 영산, 부곡, 동래, 해운대, 마금산, 마산) 등의 세 지대에 주로 온천이 분포되고 있다. 제3기 화산대에 속하고 있는 온천들은 그 분포가 실제로 약간 더 넓게 차지하고 있고, 제3기 화산대와는 직접 관계가 없는 지구까지도 내포하고 있다.

일본지역의 온천은 대체적으로 고온의 온천이나 우리나라의 온천은 평균 47℃로서 일반적으로 온도가 낮은 편에 속하기 때문에 경제성이 낮은 편이다.

우리나라에서 최고의 온도를 자랑하는 부곡온천은 76℃이며, 그 밖에 온도가 다소 높은 지역은 동래, 해운대, 수안보, 온양, 유성, 백암온천 등이다. 신규로 개발되는 온천 역시 온도가 낮은 편에 속하고 있다.

(2) 온천자원의 현황

표 4-11 • 우리나라 온천 현황

시·도	계	신고수리	보호지구지정			보호구역지정			개발계획 수립(지구)	연간이용 인원(천명)	지정면적(단위 : 천 ㎡)	
			계	이용중	개발중	계	이용중	개발중			보호지구	보호구역
합계	437 (574)	84 (1)	136 (412)	68 (411)	68 (1)	217 (161)	165 (160)	52 (1)	97	61,528	174,664	2,505
서울	10 (9)	0	1 (1)	1 (1)	0	9 (8)	8 (8)	1	1	1,506	149	93
부산	39 (73)	2	4 (44)	4 (43)	0 (1)	33 (29)	30 (29)	3	1	7,579	3,592	262
대구	14 (12)	0	2 (1)	1 (1)	1	12 (11)	11 (11)	1	2	2,882	1,731	73
인천	13 (1)	6 (1)	4 (0)	0 (0)	4	3 (0)	0 (0)	3	-	30	4,655	46
광주	2 (2)	0	1 (1)	1 (1)	0	1 (1)	1 (1)	0	1	115	543	2
대전	3 (68)	0	1 (67)	1 (67)	0	2 (1)	1 (1)	1	1	3,536	938	8
울산	14 (16)	2	4 (11)	4 (11)	0	8 (5)	8 (5)	0	2	1,107	3,818	100
세종	1 (2)	0	0 (0)	0 (0)	0	1 (2)	1 (2)	0	-	0	0	22
경기	47 (25)	4	18 (9)	7 (9)	11	25 (16)	18 (16)	7	14	3,608	21,836	363
강원	46 (32)	7	15 (17)	5 (17)	10	24 (15)	15 (15)	9	17	4,298	16,402	379
충북	21 (41)	4	10 (36)	5 (36)	5	7 (5)	5 (5)	2	6	2,398	18,786	30
충남	28 (87)	14	12 (85)	8 (85)	4	2 (2)	2 (2)	0	10	9,459	11,706	34
전북	23 (6)	5	13 (2)	2 (2)	11	5 (4)	4 (4)	1	7	1,125	20,846	39

시·도	계	신고수리	보호지구지정			보호구역지정			개발계획 수립(지구)	연간이용 인원(천명)	지정면적(단위 : 천 ㎡)	
			계	이용중	개발중	계	이용중	개발중			보호지구	보호구역
전남	14 (40)	1	8 (38)	5 (38)	3	5 (2)	2 (2)	3	9	1,942	6,749	171
경북	100 (93)	18	32 (51)	17 (51)	15	50 (42)	40 (42)	10	2	12,850	50,540	461
경남	52 (64)	19	9 (48)	6 (48)	3	24 (16)	17 (15)	7(1)	23	8,233	9,934	323
제주	10 (3)	2	2 (1)	1 (1)	1	6 (2)	2 (2)	4	1	760	2,431	93

자료 : 2018년도 전국온천현황, 행정안전부, 2018

4) 온천의 분류

온천의 3대 요소는 수량, 성분, 온도인데 3가지 요소에 따라서 온천의 절대적인 가치가 평가된다. 온천의 용출량은 온천이 되기 위해서는 반드시 갖추어야 할 요소이다. 즉 고온, 고농도의 물이 있어도 계속해서 그것을 끌어내지 못하면 온천이라고 할 수 없다. 온도는 용출구에 있어서의 온천수의 온도이며, 온천수의 지하에 있어서의 온도가 아니다. 온천은 수온, 용출형태, 화학적 성분에 따라 여러 종류의 온천이 있다.

(1) 수온에 의한 분류

국가별로 기준이 되는 온도에는 다소 차이가 있으나 우리나라의 온천을 기준으로 냉천(25도 이하), 미온천(25~34도), 온천(34~42도), 고온천(42도 이상) 등으로 분류하고 있다.

(2) 용출형태에 의한 분류

용천은 온천수의 분출이 계속적으로 일어나는 온천을 가리키며, 간헐천은 온천수가 일정한 시간간격을 두고 주기적으로 용출하는 형태의 온천으로 아이슬랜드, 뉴질랜드, 미국 등지에서 볼 수 있다.

(3) 성분에 의한 분류

온천수에 포함된 화학적 성분에 따라 유황천, 탄산천, 라듐천(방사능천), 염류천(식염천), 광천 등으로 구분한다. 온천수에 포함되어 있는 화학적 성분은 신체에 미치는 영향이 각각 다르나 피부질환, 위장병, 신경통 등 신병치료에 효과적으로 이용되고 있다.

(4) 개발상태에 따른 분류

자연형 온천지, 휴양(보양)형 온천지, 관광지형 온천지 등으로 구분 가능하다.

첫째, 자연형 온천지는 온천지의 자연상태와 개발형태를 비교할 때 자연상태가 더 많이 남아 있으나, 온천이 자연 그대로 용출하는 온천지로서 개발할 때까지는 많은 시간을 필요로 하는 곳에 위치하는 온천지를 말한다. 둘째, 보양 및 휴양형 온천지는 병치료에 탁월하거나 가족휴양지로서 조용하고 숙박시설과 편의시설이 잘 갖추어진 온천지를 말한다. 셋째, 관광지형 온천지는 온천 본연의 기능 외에 여러 가지 숙박시설, 음식점, 기념품점, 오락시설 등이 밀집되어 레크리에이션 목적의 관광객을 위하여 개발한 온천지를 말한다.

신문 읽기 **폐업 위기 日온천들, 글로벌 사모펀드들 덕에 되살아난다**

폐업 위기에 내몰렸던 일본의 지방 온천들이 글로벌 사모펀드들의 투자 열기 덕에 되살아나고 있다.

블룸버그통신은 일본의 대표적 관광 자원인 온천에 글로벌 사모펀드들의 투자가 급증하고 있다고 15일 보도했다.

통신에 따르면 올해 2월 소프트뱅크 산하 미국 사모펀드 포트리스인베스트먼트는 일본 중부 오사카 연안의 고층 빌딩에 대형 온천형 테마파크 '소라니와 온천'을 열었다. 토머스 프리 부동산 부문 최고투자책임자(CIO)가 미국과 오사카를 수 없이 오가며 개발을 지휘한 것으로 알려졌다. 사모펀드로서는 이례적으로 온천 사업에 큰 공을 들였다는 의미다. 프리 CIO는 "온천은 일본을 대표하는 특유의 문화로, 도심 온천에는 큰 수요가 있다"며 기대감을 나타냈다. 포트리스는 외국인 관광객은 물론 일본 여성 고객을 겨냥, 방마다 노천 온천을 설치하고, 거기에 고급 도자기 욕조와 벚나무를 심어 아기자기한 정원 느낌이 나게 했다. 휴게실에는 일본 전통주 매장과 유명 만화 '드래곤볼' 1만 5000권도 비치했다.

포트리스는 일본에서 약 90개의 온천과 호텔을 운영하고 있으며, 앞으로 4년간 호텔 등을 포함한 일본 부동산에 최대 4000억 엔(약 4조 3420억 원)을 투자할 계획이다. 산하 부동산투자신탁(REIT)인 인빈서블투자법인은 작년에 호텔 12곳을 인수, 운용 자산에서 호텔이 차지하는 비율은 작년말 시점에 64.1%로 1년 전보다 3.2%포인트 상승했다.

또다른 사모펀드인 베인캐피털도 일본의 온천에 공격적으로 투자 중이다. 베인캐피털은 2015년 인수한 오오에도온센모노가타리 등 30개 이상의 시설을 운영 중이다. 3월에는 구마모토현의 '가메야호텔하나쓰바키'를 인수했고, 4월에는 미에현에서 온천 리조트를 열었다. 이뿐 아니라 사업 확대를 위해 일본 전역에서 물건을 물색하고 있다. 온천으로 특화한 오오에도온천리조트투자법인의 자산 규모는 367억 엔으로 1년간 40% 증가했다.

이같은 미국 사모펀드들의 뜨거운 온천 투자 열기는 금융시장에서도 주목을 받고 있다. 인빈서블의 REIT 투자구(한 주당 가격) 가격은 올해 들어 20% 이상 뛰었다. 오오에도온천리조트도 10% 가까이 올라 도쿄증권거래소 REIT지수의 상승률(6.6%)을 웃돌고 있다.

홍콩 사모펀드인 오딧세이캐피털은 작년에 니가타현 에치고유자와에키에 있는 오래된 온천 여관인 '쇼센카쿠가게쓰'를 인수했다. 1955년에 문을 연 이 여관은 설비투자 자금 조달이 난항, 채권자인 지방은행 주도로 추진된 사업계획도 진척이 없어 새로운 주인을 기다리다가 오딧세이에 넘어갔다. 여관 주인은 오딧세이가 인수한 후 홈페이지 쇄신과 적극적인 홍보 덕에 매출이 15% 늘었다고 말했다. 오딧세이는 "원래 있던 직원을 내보내지 않고 계속 고용하고, 부족한 부분을 보충한 방식 덕분"이라고 설명했다.

오딧세이에서 일본 부동산투자를 총괄하는 크리스토퍼 아이에로 이사는 "불경기와 잘못된 경영 방식 때문에 많은 여관이 과소 평가된 채 방치돼 있었다"며 "바다와 산 등 지역 풍광이 뛰어난데다 일본의 접객 문화에는 경이적인 투자 기회가 있다"고 강조했다. 오딧세이는 향후 3년간 5억 달러(약 5950억 원)를 투자해 일본의 오래된 여관을 20건 정도 인수할 계획이다.

일본 환경성에 따르면 일본 전역에 있는 온천지는 약 3000곳, 숙박 시설은 1만 3000곳이다. 일본 정책투자은행 등의 조사에서는 일본을 찾는 외국인 관광객 수가 작년에 처음으로 3000만 명을 돌파했다. 온천은 특히 아시아인들 사이에서 인기가 높다.

일본 부동산자문업체 아이비소켄은 "목욕탕 문화가 없는 서양인들에게 온천은 독특한 일본의 문화를 느끼게 하는 스트라이크 존"이라며 "후계자 부족 문제로 매물이 대량으로 나옴에 따라 해외 펀드들이 그 맛을 알아가고 있다"고 말했다.

일본 중소기반정비기구가 2017년에 일본 전국 1600개 시설을 대상으로 한 조사에 따르면 온천 관광지의 호텔과 여관 50%에서 후계자가 정해지지 않았다.

자료 : 이투데이, 2019, 05.15

4. 동굴형 관광자원

1) 동굴형 관광자원의 개념

동굴형 관광자원은 화산성 지질작용과 관계가 깊은 자원으로서 천연적으로 이루어진 바위굴로 관광적 가치 외에도 지질학적 측면에서 매우 중요한 지하경관자원을 말한다.

동굴이란 "지하에 발달된 공동(空洞)으로서 인위적으로 만들어지지 않고 자연 현상에 의하여 형성된 것"을 지칭한다. 동굴의 정의는 크게 [표 4-12]와 같이 학술적 의미의 동굴(White. 1984)과 일반적으로 동굴탐험가나 일반인들 에게 통용되는 동굴(Gillieson. 1996)로 구분한다. 또한 우리나라의 문화재청(2000)에서도 천연동굴 보존 · 관리 지침에서 문화재로서 천연동굴의 규모를 정의하고 있다.

표 4-12 • 동굴의 정의

구분	내용
Gillieson(1996)	자연적으로 형성되었으며, 인간의 출입이 가능한 공동으로서 일반적으로 직경이 0.3m 이상인 공동
White(1984)	자연현상에 의해 형성된 공동으로 지하수가 흘렀던 지점으로부터 끝나는 지점
루마니아	연간의 출입이 가능한 공동으로서 그 길이가 15m 이상인 것
문화재청(2000)	지하 암체 내에서 천연으로 만들어진 공동으로 적어도 사람이 들어갈 수 있는 정도 의 규모' 단, 사람의 출입이 어려우나 연장가능성이 충분히 있는 것

이상의 것을 정리하여 보면 천연동굴이란 "지하에서 자연적으로 만들어지고 사람이 들어 갈만한 크기를 가진 공동"으로 정의할 수 있다.

동굴 속에서는 아름다운 동굴생성물(종유석, 석순, 석주 등)뿐만 아니라 다양한 동굴생물들이 살고 있는 자연의 보고로 동굴은 역사적, 예술적, 경관적, 학술적 가치가 매우 큰 것으로 알려져 있으며 또한 문화재보호법에 의해 문화재로 지정된 경우 국가적, 세계적 자연유산이기도 하다.

특히 관광 지역의 범위가 확대되고 관광객들의 관광선호도 역시 다양해지는 경향에 따라 동굴관광자원의 관광성이 더욱 높아져 가고 있다고 볼 수 있다.

동굴의 관광가치는 지하경관의 단일성 관광자원 외에 산업 및 군사적 이용 또는 동굴탐험, 지질탐사 등의 학술적 연구이용 등으로 비춰볼 때 관광자원으로서의 가치를 단순히 지하경관의 신비성 정도로만 보아서는 안 된다.

또한, 동굴은 예로부터 우리 조상들의 주거지 또는 피난지 · 수도장(修道場) · 저장고 그리고 군사 작전지나 농작물의 재배지 등으로 이용되어 왔다. 이렇듯 자연동굴은 신비스러운 내부 경관과 자연생태의 보고라는 교육적 관점에서 훌륭한 관광자원으로 그 가치를 인정받고 있으며 자연동굴을 보유하고 있는 지방자치단체의 경우 지역개발 및 관광수입원으로서 자연동굴의 개발에 많은 관심을 보이고 있다.

우리나라의 동굴은 내부환경이 화려하고 하천 연안이나 산간지역에 발달되어 있어 주변 경관이 수려하여 근래 들어 종합적인 관광지로 개발 · 공개되고 있다. 동굴 속의 환경은 가능하면 그대로 보전하는 것이 최선이겠으나, 일단 개발, 이용하게 된다면 동굴환경의 보전이나 보호에 힘써야 한다.

현재 이들 동굴들의 보호를 위하여 주요 동굴들은 천연기념물로 정하고 있다.

표 4-13 • 동굴형 관광자원의 이용가치

가치	내용
관광자원성	지하경관, 관광동굴 주변 관광지와의 연계로 지역주민의 소득증대에 기여
역사성	자연으로부터 피난처, 심신을 수양하는 수련장, 원시인들의 선사주거지, 종교의식의 장소
유용성	탐험스포츠 장소, 핵폐기물 처리장, 전쟁 시의 피난처, 특수자원의 저장고
학술성	지질탐사 등의 학술조사의 대상

2) 동굴의 지형(종류)

동굴은 자연이 만든 천연동굴과 사람이 일부러 파놓은 인공동굴로 나눌 수 있다. 천연동굴이란 “지하에서 자연적으로 만들어지고 사람이 들어갈만한 크기를 가진 동굴”로 크게 석회동굴(종유동), 해식동굴(파식동굴) 그리고 용암동굴(화산동굴)로 나눌 수 있다. 석회동굴은 석회암지대에서 틈을 따라 지하로 스며든 물이 석회암의 주성분인 탄산염 성분을 녹이면서 오랜 세월에 걸쳐 만들어진 동굴로 한반도 육상에 형성된 천연동굴은 대부분 석회동굴이다. 해식동굴은 해안절벽을 이룬 암석이 파도에 의해 지속적으로 깎여 들어가면서 생긴 동굴이다. 제주도 가파른 해안에서 많이 볼 수 있다. 용암동굴은 화산활동으로 분출한 뜨거운 용암이 흐르는 과정에서 만들어지며 용암동굴은 용암이 흐르다 굳으면 그 자체로 동굴형성이 된다.

수많은 천연동굴 중에서 우리나라에서는 석회동굴과 용암동굴이 일반적으로 가장 잘 알려져 있는데, 석회동굴이 물의 예술 작품이라 한다면 용암동굴은 불의 예술 작품이라고 할 수 있다.

(1) 천연동굴

❶ 석회동굴

석회동굴(石灰洞窟; limestone cave)은 퇴적암에 속하는 석회암이나 변성암에 속하는 대리암(주성분 탄산칼슘-CaCO3) 내에 지하수의 용식작용(溶蝕作用)으로 발달되는 천연동굴이다. 즉 석회암이 지하수나 빗물에 의해서 만들어진 동굴로 석회동굴내의 소지형으로는 석순, 종유석, 석주, 석회화 단구등과 같은 갖가지 동굴의 퇴적물을 성장시킨다.

우리나라의 대표적인 석회동굴은 강원도 일대의 석회암 지대에 나타나며 영월의 고씨동굴, 정선 환선굴, 울진 성류굴이 모두 석회동굴로 석회동굴내부는 그 내부가 아름다운 경관을 가지고 있어 관광적 가치가 높은 동굴이다.

❷ 용암동굴

용암동굴(熔岩洞窟; lava tube)은 화산이 폭발하여 용암이 지표면을 흐를 때 용암류에 의해 형성된 동굴이다. 용암동굴은 화산암으로 이루어진 지역에 발달하는데, 지하에 있던 마그마가 화산활동과 함께 지표로 불출하여 용암으로 흘러내리면서 형성된다.

용암동굴은 용암이 흘러내릴 때 공기와 만나는 바깥쪽 부분은 빨리 식어서 굳어지고 안쪽은 뜨거운 상태로 흘러가는데, 용암이 계속 흘러가 버리면 이후에 남은 부분이 용안동굴이 된다.

우리나라 제주도에 있는 만장굴, 협재굴, (금녕사굴) 등의 동굴 등을 들 수 있으며, 만장굴은 2007년 7월 '제주화산섬과 용암동굴' 이라는 명칭으로 세계자연유산으로 등재된 세계적인 명소이다.

참고

• 종유석(鍾乳石 Stalactites) : 석회동굴에서 가장 흔하게 발견되는 동굴생성물 중의 하나로 동굴의 천장에 고드름처럼 매달린 원추형의 광물질로 밑부분이 뾰족한 형태를 띠고 있다.

• 석순(石筍 Stalagmite) : 종유석을 형성하고 있는 물이 바닥에 떨어지면서 종유석과 반대로 바닥으로부터 천장을 향해 자라나는 석회 생성물이다. 즉, 동굴 천장에 떨어지는 물방울에 들어 있던 석회질 물질이 동굴 바닥에 쌓여 원주형으로 위로 자란 돌출물을 말한다.

• 석주(石柱 Column) : 종유석과 석순의 발달이 계속되어 서로 맞닿아 기둥모양을 이룬 생성물이다. 즉 석회동굴의 천장에서 종유석이 바닥까지 성장하여 석순과 맞닿은 돌기둥을 말한다.

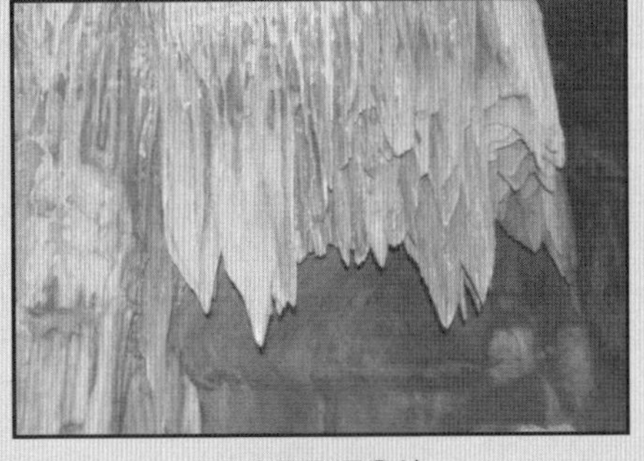

고수동굴 종유석

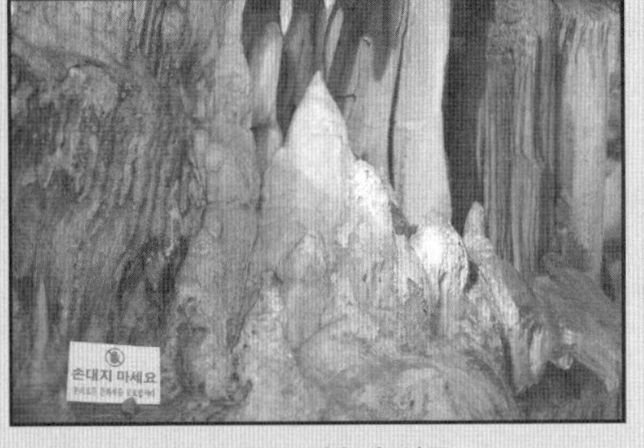

고수동굴 석순과 석주

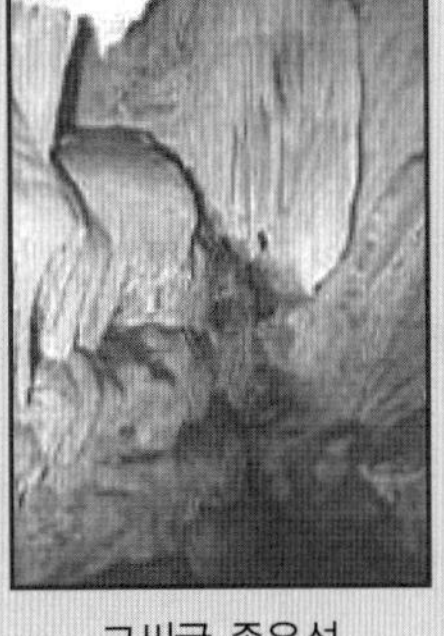

고씨굴 종유석

고씨굴 석주

❸ 해식동굴

해식동굴(海蝕洞窟 ; sea cave)은 파랑(파도)의 차별침식으로 인하여 해안가나 섬 주위 암반의 약한 부분이 침식되어 형성된 천연동굴로서 모암과 상관없이 대부분의 해변 등에서 볼 수 있다. 해식동굴은 파랑(파도)에 의해 만들어진 동굴로 절리 등의 약한 부위가 지속적인 파도에 의해서 깎여서 만들어 진다. 즉, 해식동굴은 암석해안에 연한 암석이 국부적으로 끼어 있거나, 절리의 발달 등으로 풍화 · 침식에 약한 부분을 따라 波浪(파랑)의 차별침식이 가해질 때 해식동이 잘 발달한다.

우리나라에서도 쉽게 살펴볼 수 있는 유형의 동굴로 여수의 오동도에 있는 해식동굴, 제주도 서귀포 서쪽의 해식동굴, 그리고 부안의 해식동굴 등이 있다. 특히 화산암으로 이루어진 제주도와 동해안의 가파른 해안선에 많으며 특히 제주도와 같이 화산활동으로 생긴 암석의 경우 절리가 많고 해식작용에 영향을 많이 받는 암석으로 이루어져 있기 때문에 동굴을 쉽게 찾을 수 있다.

(2) 인공동굴

인공동굴이란 자연이 만든 천연동굴이 아닌 사람이 어떤 목적(저장용, 산업용, 군사용 등)에 따라 만든 동굴로서, 우리나라의 경우 대부분 일제강점기 군사용 목적으로 인공동굴이 만들어졌다. 최근 들어 일제강점기 일본군의 무기창고용, 방공호, 군수물자 창고로 쓰이던 군사용동굴이 역사, 문화, 자연을 담은 관광지로 활용되고 있다. 수탈한 곡식이나 군수물자를 보관하던 울산 태화강 주변 동굴 창고 열 곳 중 네 곳이 최근 관광지로 조성돼 일반에 공개되었다. 또한 광명동굴은 사람이 만든 인공동굴로서 일본 식민 시절인 1912년에 개발되어 1931년까지 대동아전쟁의 무기제작을 위해 금, 은, 동, 아연, 구리 등이 수탈되었고 해방 후 수도권 최대의 금속광산으로서 대한민국 경제 건설의 심장부였다. 홍수로 1972년 폐광, 40여 년 동안 어둠에 묻혀 있다가 2011년 100년 만에 시민에게 개방되어 문화예술 향유를 위한 동굴테마파크 공간으로 재탄생했다.

인공동굴은 관광지 외에도 자연학습장, 레저스포츠, 주거지 등 다양한 형태로 개발되고 있다.

표 4-14 • 생성원인상의 동굴의 종류

구분		내용	주요 동굴
인공동굴		인간의 어떤 목적에 따라 굴착된 것으로 산업용, 군사용 목적을 지닌 동굴	
자연동굴	석회동굴	석회암이 지층이 있는 곳에 생기며 복합된 여러가지 지질변화와 지하수의 침식작용에 의해서 생성된 동굴	성류굴, 고씨굴, 고수굴, 용담굴, 화암굴
	용암동굴	화산지역에서 용암이 흘러내려 굳어지면서 형성된 동굴	만장굴, 금녕굴, 김녕사굴, 협재굴
	해식동굴	해안단애의 하단 측에 파도의 침식작용으로 형성된 동굴	오동도굴, 금산굴, 정방굴, 산방굴, 용굴

3) 우리나라의 동굴 현황

국내 보고된 천연동굴의 814개(강원도 470개 ; 충북 134개 ; 대전 1개 ; 충남 2 ; 경북 32개 ; 경남 2개 ; 전북 3개 ; 전남 3개 ; 인천 2개 ; 경기도 6개 ; 제주도 159개)가 알려져 있으며 대부분이 석회암동굴이며 용암동굴과 해식동굴, 침식동굴, 절리동굴 등이 있다(한반도(남한) 천연동굴 분포 현황(환경부, 2002 ; 문화재청, 2003, 국립공원연구원, 2011).

현재 국내에서 보고된 동굴은 강원도(삼척, 태백, 영월, 정선, 평창, 강릉 등)를 비롯하여 충청북도(단양 등), 경상북도, 전라남 · 북도, 평안남 · 북도, 함경남 · 북도에 분포된 석회암 지대에 석회동굴이 발달되어 있다.

용암동굴은 화산작용으로 용암이 분출되어 형성된 제주도에 집중적으로 분포하고 있지만 철원이나 한탄강 유역의 현무암 지대에도 발달해 있는 것으로 알려져 있다. 또한 삼면이 바다로 둘러 쌓여있고 섬이 많은 한반도에는 크고 작은 해식동굴이 많이 발달되어 있다.

(1) 석회동굴

석회동굴은 내륙과 반도부의 석회암 지역에 분포한다. 전체 동굴의 90% 이상을 차지하는 이 석회동굴은 강원도를 비롯하여 충청북도와 경상북도 일대에 분포하고 있고, 북한에서는 평안남도와 평안북도 지역에 널리 분포한다. 주로 고생대에 속하는 대석회암통(大石灰巖統)의 지질층에서 발달하며 현재 관광 개발된 것은 울진의 성류굴(聖留窟), 영월의 고씨굴,

그리고 단양의 고수굴(古藪窟) · 노동굴(蘆洞窟) · 천동굴(泉洞窟), 익산의 천호굴(天壺窟) 등이다. 그 밖에 현재 보존되고 있는 동굴 중에서 이름난 동굴로는 삼척의 환선굴(幻仙窟))과 관음굴(觀音窟) · 초당굴(草堂窟) · 용연굴(龍淵窟) 등이 있다.

석회암층은 북한의 황해남북도와 평안남북도 일부지역과 남한의 문경 · 단양 · 제천 · 영월 · 평창 · 정선 · 삼척 · 강릉에 걸쳐 대규모로 분포한다. 이들은 대부분 캄브리아-오르도비스기(Cambrian-Ordovician Perid)의 조선계 대석회암통의 막동 석회암층으로 이루어져 있다. 이들 석회암층은 지질시대가 오래되고 석회암의 화학성분이 CaO 45% 이상, MgO 3% 이하의 고품위를 지니고 있어 규모가 크고 동굴생성물들의 경관이 매우 화려하여, 학술적 가치와 관광지로서의 가치가 높다. 그 밖에 지질시대가 불분명한 옥천계 창리층 내의 석회암층에도 석회동굴이 발달해 있으며, 경상북도 울진의 성류굴이 대표적이다.

(2) 용암동굴

용암동굴로는 빌레못동굴을 비롯하여 만장굴(萬丈窟) · 김녕사굴(金寧蛇窟) · 협재굴(挾才窟) · 소천굴(昭天窟) · 황금굴(黃金窟) · 미천굴(美千窟) · 수산굴(水山窟) 등이 제주도에 분포한다. 제주도는 세계적인 용암동굴 분포 지역이다. 세계 제일의 화산동굴인 빌레못동굴(1만 1729m)을 비롯하여 화산 동굴 시스템으로 가장 큰 협재굴(1만 7714m)과 만장굴(1만 3729m) 등이 좁은 지역에 분포한다. 특히, 협재굴은 그 성인이 용암동굴이지만 석회질이 침출되어 코팅된 특수한 경관을 이루고 있어 학계의 관심을 끌고 있다.

용암동굴은 제주도에 국한되어 분포하고 있으며, 이곳은 세계적인 화산동굴지대를 이루고 있다. 용암동굴은 유동성이 높고 점착성이 약한 알칼리성 현무암지대에 발달하는데, 특히 제주도 동 · 서해안 저지대에 넓게 분포되어 있는 표선리층 현무암지대에 제주도 용암동굴의 80%인 56개소의 동굴이 밀집해 있다.

(3) 해식동굴

파도의 침식작용에 의해 발달하는 해식동은 제주도 남해안과 동해안 일대에 형성되어 있다. 여수의 오동도굴, 제주도의 정방굴 · 산방사굴을 비롯해 함경남도 홍원군의 청도해식굴

(북한 천연기념물 제280호), 강원도 통천군의 금란굴(북한 천연기념물 제22호) 등이 주변의 경관과 어울려 널리 알려져 있다. 동해안에는 지각변동에 영향을 받은 것으로 융기작용으로 인한 이수(離水) 해식동이 있으며, 남해안에는 소규모의 침강해식동이 형성되어 있다.

신문읽기

택지 바닥난 홍콩, 인공 동굴 프로젝트

도시 주변 산에 동굴 뚫어 사회기반시설 이전 추진... "28만㎡ 택지 확보 가능"

극심한 주택난으로 아시아 최고 수준 집값을 자랑하는 홍콩이 부족한 지상 거주지를 확보하기 위해 지하동굴 개발을 추진하고 있다. 주차장 · 체육시설 등은 새로 뚫은 동굴로 옮기고 남은 땅에 집을 짓겠다는 것이다. 이르면 내년부터 관련 프로젝트가 본격적으로 추진될 예정이다.

19일(현지시간) 홍콩 언론과 미국 월스트리트저널(WSJ)에 따르면 홍콩 당국이 극심한 택지난을 돌파하기 위한 중대 결단을 내렸다. WSJ은 "택지가 바닥난 상황에서 폭발물의 도움으로 새로운 부동산을 건설하려고 하고 있다"고 보도했다. WSJ는 '홍콩에서 인류가 다시 동굴로 이동한다' 는 은유적 제목의 해당 기사에서 도시 주변의 산과 언덕에 인공 동굴을 뚫은 뒤 일부 사회기반시설을 이전한 뒤, 비어있게 된 공간에 주민 거주지역을 만들겠다는 홍콩 정부의 계획을 전하고 있다.

실제 홍콩 행정당국은 최대 주택지 중 한 곳인 샤틴(沙田) 지역의 하수처리장을 인근 언덕 속 동굴로 이전하는 방안을 추진하고 있다. 동굴을 뚫고 해당 시설을 옮기는 데에만 최소 2억 6,500만달러(약 3,000억 원)의 거금이 들어가고 공사 및 이전 기간도 8년 이상 걸릴 것으로 예상되지만, 적어도 28만㎡에 달하는 새로운 택지를 확보할 수 있다는 점 때문에 홍콩 당국은 내년 초부터 본격 시행에 나설 예정이다. 우리의 국회 격인 입법원도 이와 관련한 법적 뒷받침을 마친 상태다.

홍콩에서 지하동굴 건설을 검토한 건 1980년대부터다. 1975년 노르웨이가 5,500여 명을 수용할 수 있는 아이스하키 경기장을 지하동굴에 건설한 것을 한 단계 발전시켜, 이 아이디어를 차용한 것이다. 홍콩 지반이 화강암과 화산암으로 구성돼 있어 콘크리트보다 5배 이상 강하다는 점도 작용했다. 구릉지역으로 연결되는 지하에 동굴을 뚫어 주요 기반시설을 옮겨도 안전에 지장이 없다는 판정이 나왔다. 이에 따라 지난해 말 장기 개발을 위한 동굴 굴착지 48곳을 지정했다. 이 프로젝트는 국제터널협회(ITA)로부터 '혁신적 지하공간 개념상' 을 수상하기도 했다.

홍콩 행정당국은 일단 상·하수 처리시설과 급수장, 석유·가스 저장고, 주차장, 기록물 보관소, 체육시설, 도축장, 영안실과 화장터 등을 지하동굴로 옮길 작정이다. 설계 단계를 통과해 내년 초부터 시작할 샤틴지역 하수처리장 이전이 바로 첫 사업이다.

홍콩의 주택 가격은 매년 천정부지로 치솟아 평균 180만달러(약 20억 2,000만 원)를 넘어섰다. 고급 주거단지인 피크지역의 마운트 니컬슨 단지 아파트는 3.3㎡당 6억 6,000만 원에 거래되고 있을 정도다. 하지만 주택을 조성할 수 있는 평지가 거의 남아 있지 않아 주택 가격 급등세는 멈출 기미를 보이지 않고 있다. 막대한 비용을 들여서라도 지하동굴을 개발하려는 이유다.

홍콩 토목공학·개발부의 지질공학자 토니 호는 "홍콩 내 모든 평지에 이미 건물이 들어선 상태"라며 "추가 택지를 확보하려면 지하공간을 이용할 수밖에 없다"고 말했다.

자료: 한국일보, 2018. 9. 20

제5장

문화관광자원

Introduction to
Tourism Resources

관광자원론

제5장

5

문화관광자원

제1절 문화관광자원의 개념

1. 문화관광의 개념

문화(文化, culture)라는 용어는 라틴어의 cultura에서 파생한 culture를 번역한 말로 본래의 뜻은 경작(耕作)이나 재배(栽培)였는데, 나중에 교양 · 예술 등의 뜻을 가지게 되었다. 일반적으로 문화는 ① 구미풍(歐美風)의 요소나 현대적 편리성(문화생활 · 문화주택 등), ② 높은 교양과 깊은 지식, 세련된 생활, 우아함, 예술풍의 요소(문화인 · 문화재 · 문화국가 등), ③ 인류의 가치적 소산으로서의 철학 · 종교 · 예술 · 과학 등을 가리킨다(두산백과사전).

현대의 관광 개념은 자연경관 또는 문화유적지를 둘러보거나 시설 좋은 휴양지를 찾는 것에 국한되는 경향이 많았다. 이에 비해 문화관광은 전통적인 의미의 관광보다 관광의 대상이 포괄적이고 관광의 목적이 다양화되었다고 할 수 있다. 문화의 의미가 포괄적이듯, 문화관광은 자연경관이나 문화유적뿐만 아니라 지역마다 서로 다른 전통지역 생활문화를 포함하여 민족예술 등 무형의 문화유산, 박물관 소장유물과 미술관 전시품, 대중문화를 포함한 공연예술, 지역축제와 각종 문화예술행사 등을 대상으로 그 범위를 넓혀 왔다.

문화관광은 대중관광의 문제점과 한계가 드러나고 관광의 패러다임이 변화하면서 새로운 유형의 관광, 유 · 무형의 문화적 관광자원을 대상으로 하여 문화적 관광욕구 충족을 목적으로 하는 관광활동인 문화관광(cultural tourism)이 성장하게 되었다(서울시정개발연구원, 2007).

문화관광이 관광시장에서 새로운 대안관광으로서 인식하게 된 이유는

❶ 관광행태 변화와 자연과 문화역사자원의 융합에 따른 새로운 유형의 문화관광상품 등장

❷ 주5일제 근무제가 정착되고 건강과 삶의 질에 대한 관심이 증대되면서 Slow 문화 확산과 더불어 자연을 느끼고 역사 · 문화를 체험하고자 하는 욕구가 증가됨

❸ 기존 소비 · 관람형 대중관광에서 역사문화 및 자연생태 체험 등 가치지향적 새로운 여행문화 창출

❹ 자연과 문화역사자원이 융합된 새로운 형태의 관광자원으로 변화 등을 들 수 있다.

과거의 문화관광은 문화재, 박물관, 유적지 등 주로 전통문화유적을 소재로 한 관광만을 의미하였으나 최근에는 전통문화와 관련된 관광행태에서 벗어나 현대 생활문화, 토속적 생활양식, 각종행사, 예술영역까지도 포함하고 있다.

문화관광의 정의와 범위는 연구자마다 다르나 [표 5-1]과 같다.

표 5-1 • 문화관광의 정의

연구자	개념적 정의
WTO(1085)	개인의 문화적 수준을 향상시키고, 새로운 지식과 경험, 만남을 높이기 위해 인간의 다양한 욕구를 충족시키는 인간의 모든 활동
MacCannell (1976)	문화관광이란 예술과 문화유적, 민속 등에 대한 관광객의 소비활동을 포함한 총체적인 문화적 감상 및 표현활동
Mc-intosh & Golender(1986)	여행자들이 관광지 주민의 삶 또는 사상에 대한 방식 또는 다른 나의 유산과 역사를 배울 때 관계된 여행의 총체
Irish Tourist Board(1998)	문화관광은 관광객들이 유럽의 문화자원에 대한 개인의 이해를 증진시키기 위해 전적으로 또는 부분적으로 행한 여행

연구자	개념적 정의
Foo(1998)	관광의 일부분으로서 목적지에서의 문화활동에 참가하는 것
Woos(1984)	"문화정체성의 독특성에 초점을 맞추지 않고, 일반적 상황에 대한 관광객의 경험을 형성하는 것으로서의 문화역할"을 설명하고, '관광객들을 겨냥한 독특성을 지닌 문화정체성으로 살아가는 사람들' 에 초점을 맞춘 것.
ATLAS(1991)	개인의 문화적 욕구를 충족시키기 위해 새로운 정보와 경험획득을 목적으로 한 거주지를 벗어난 문화자원으로의 개인이동
Craik(1995)	다른 문화와 장소로, 그곳의 문화와 역사적 맥락을 알려주는 사람, 생활양식, 문화유산, 예술을 배우기 위한 여행
Silberberg(1995)	공동체 · 지역 · 집단의 역사 · 예술 · 과학 · 생활양식/유산에 대한 관심으로 동기화되어 외부에서 사람들이 방문하는 것
Richards(1996)	문화적 욕구를 충족시키기 위한 경험과 정보를 얻기 위해 일상의 거주지로부터 문화적 자원이 있는 곳으로 이동하는 행위
한국관광공사(1998)	문화적 동기를 가지고 전통과 현대의 다양한 문화를 적극적으로 체험하는 SIT의 일종으로 기존의 관람형 관광이 아니라 접촉과 교류를 통해 문화를 체험하는 여행

자료 : 주종대(2007), 서울시정개발연구원(2007) 참조하여 재구성

이상의 내용을 보면 문화관광이란 "관광객이 여가시간 중에 일상의 생활권을 떠나 다시 돌아올 예정으로 타국이나 타지역을 유형 · 무형의 문화적 관광자원을 대상으로 하여 문화적 관광욕구 충족을 목적으로 하는 관광활동"으로 정의할 수 있다(서태양, 2002).

한편, 문화관광은 다음과 같은 측면에서 그 의미가 크다 할 수 있다.

❶ 문화관광은 지역경제 활성화의 한 수단이 될 수 있다.
문화와 예술은 지역의 관광자원으로서 가치를 지니고 있기 때문에 관광객을 불러들여 관광수입을 올릴 수 있다. 관광객은 문화관광을 위한 지출 외에도 숙박, 교통, 쇼핑 등에 지출을 함으로써 문화관광은 지역을 활성화할 뿐만 아니라 문화관광시설에 대한 투자를 유도함으로써 지역의 소득을 높여주고 고용을 창출할 수 있다.

❷ 도시는 문화관광자원을 개발함으로써 도시의 이미지를 고양시킬 수 있으며 지역주민들로 하여금 지역에 대한 애정과 자부심을 갖도록 해준다.

❸ 문화관광은 문화예술을 진흥시킨다.

다양한 문화자원을 개발하여 문화관광 수요를 창출함으로써 관광매력을 한층 더 강화하는 것과 또 다른 하나는 증가하고 있는 관광객들의 문화관광 수요에 대응하여 지역의 다양한 문화자원을 개발하는 것이다.

❹ 문화관광은 관광의 영역을 확대시키는 데 기여한다.

문화관광은 계절이나 공간의 영향을 별로 받지 않기 때문에 공간적, 시간적으로 관광을 확대하는 잠재력을 가지고 있다.

2. 문화관광자원의 개념과 유형

모든 문화가 관광의 대상이 되는 것은 아니며, 이들이 '학습, 성찰, 체험' 의 측면에서 관광상품화될 때 비로소 문화관광이 대상이 되는 것으로 문화관광자원은 문화유산으로서 보존할 만한 가치가 있고, 관광매력을 지닐 수 있는 예술적, 학술적 가치를 지닌 것을 총칭하는 것이다.

즉, 문화관광자원이란 "민족문화유산으로서 보존성 · 역사성 · 예술성 · 학술성 등 문화의 가치가 있고, 관광객을 유인할 수 있는 매력을 지닌 자원"을 의미한다. 문화관광자원은 학자마다 다양하게 분류하고 있으며, 주종대(2007)의 유형 분류기준을 살펴보면 문화유적관광자원, 민속예술관광자원, 역사교육관광자원, 전통생활체험관광자원, 종교 · 성지순례, 현대문화시설관광자원으로 분류하고 있다.

표 5-2 • 문화관광자원의 유형별 특성 및 사례

유형	특징	사례
문화유적관광	유 · 무형의 문화적 유적을 관광하면서 한민족의 우수성과 민족적 자긍심 회복	왕릉, 궁궐, 매장문화재, 민속자료
민족예술관광	타 민족과 다른 민족예술적 성격을 특화	화회별신굿탈놀이, 무당춤, 종묘재례약, 전통축제
역사교육관광	특정분야애 대한 배움의 욕구 충족	유교 · 불교문화연구, 풍수지리연구
전통생활체험관광	타 민족과 다른 전통적인 삶을 재현	화회마을, 낙안읍성 등 전통 민속마을 관광
종교 · 성지순례	종교발생지, 순교지 및 종교적 의의가 깊은 곳 순례	마니산, 동학발생지, 기독교 박해 현장
현대문화시설관광	과거문화와 현대적인 문화시설을 관광함으로써 문화의 발전과정 이해	박물관, 극장, 각종 전시관, 공연장, 문화의 거리, 조각공원 등

자료 : 주종대(2007), 문화관광론, p51 참조

(1) 유럽 지역전통문화센터

유럽 지역전통문화센터(European Center for Traditional and Regional Cultures : ECTARC, 1989)는 문화관광객들을 유치할 수 있는 유산이나 자원의 전형적인 형태를 다음과 같이 제시하고 있다.

❶ 고고학적 유산과 유물

❷ 건축물(옛터, 유명한 건물, 도시전체)

❸ 예술, 조각, 공예품, 미술, 축제, 이벤트

❹ 음악과 춤(고전, 민속, 현대)

❺ 드라마(영화, 연극)

❻ 언어와 문헌연구, 여행, 이벤트

❼ 종교적 축제, 성지참배

❽ 완전(민속적 또는 원시적)문화와 하위문화

(2) Munsters의 문화관광자원 유형

표 5-3 • Munsters의 문화관광자원 분류

대분류	중분류	소분류	서울의 문화관광자원 예
매력물 (Attractions)	기념물 (Monuments)	종교적 건물	성당, 교회, 절 등
		공공건물	시청, 의사당 등
		역사적 주택	가회동, 인사동 한옥 등
		성과 궁전	경복궁, 창덕궁, 창경궁, 덕수궁, 종묘 등
		공원과 정원	
		성벽	북한산성, 서울한양도성길 등
		고고학적 유적지	석촌동백제초기적석총 등
		산업고고학적 유적지	
	박물관 (Museums)	민속박물관	국립민속박물관 등
		예술박물관	서울시립미술관 등
	루트 (Routes)	문화역사루트	역사문화탐방로
		예술루투	문화의 거리
	테마공원 (Theme parks)	문화역사적 공원	남산골 한옥마을 등
		고고학적 공원	
		건축공원	
이벤트 (Events)	문화역사적 이벤트(Cultural historic event)	종교적 축제	연등축제 등
		세속축제	명동거리 축제 등
		민속축제	서울단오민속축제 등
	예술 이벤트 (Art events)	미술전람회	홍대거리미술전 등
		예술축제	서울드림페스티발 등

자료 : 이종규(2002), 서울시 문화관광상품마케팅방안, 서울시정개발연구원, p. 22.

(3) 서울시 문화관광자원 유형

표 5-4 • 서울시 문화관광자원 분류

서울시정개발연구원(1995)		
유형 문화 관광 자원	고궁	
	전시장	박물관, 기념관
	문화보급 전수시설	문화원, 국립국악원, 전수회관
	문화유적지	사적
	주제공원	
	서울의 거리	특화거리, 역사탐방로
	야간관광	
무형 문화 관광 자원	전통예술	
	상설공연장	
	무형문화재	
	자치구 문화행사	

서울시정개발연구원(2001)		
역사 문화 관광 자원	유형적역사 문화관광자원	문화재
		박물관
	무형적 역사문화관광 자원	전통문화행사
		상설 전통문화 프로그램
		무형문화재
현대 문화 관광 자원	테마공원	
	공연장	
	현대문화행사	
	소비문화공간	특화거리, 야간관광

자료 : 이종규(2002), 서울시 문화관광상품마케팅방안, 서울시정개발연구원, p. 27

신문 읽기

[2017 베스트셀링 브랜드] 폐광이 문화 관광자원으로…세계가 놀란 기적, 광명동굴

광명동굴은 1972년 이후 40년간 버려진 폐광산이 문화 관광자원으로 재탄생하면서 대한민국 창조경제의 대표 모델로 그 위상을 확고히 했다. 광명시가 폐광산(가학광산)을 역사 체험, 문화와 예술, 힐링이 복합된 도심 속 동굴테마파크로 조성해 2011년 이후 현재까지 국내외 관광객 326만 명이 방문하는 관광 명소가 되었다. 광명동굴은 특히 2015년 4월 4일 유료화 재개장 이후 2016년 11월 말 현재 유료 관광객 228만 명, 2016년에만 136만 명이 방문하는 전국 최고의 동굴관광지로 떠올랐다.

광명시는 중국인 관광객을 비롯한 동남아시아 등 외국인 관광객 유치를 적극 추진했다. 2015년 8월부터 올해 11월까지 중국, 대만, 싱가포르, 태국 등 외국인 관광객 약 5만 명을 유치해 광명 지역경제를 활성화시키며 세계적인 관광지로 발돋움하고 있다. 광명동굴을 통해 지난해 57억 원, 올해 들어 11월 말 현재 82억여 원 등 139억 원의 세외수익을 올린 광명시의 사례는 재정적 어려움을 겪고 있는 지방자치단체들에 자치단체의 창의적 사업을 통한 수입원 창출의 가능성을 제시하고 있다.

아울러 광명시는 2011년도부터 광명동굴을 문화 · 예술 · 역사체험이 어우러진 복합관광시설로 본격 개발하면서 광명시민에게 새로운 일자리를 제공하고 있다. 특히 2015년 4월 4일 유료화 개장하면서 관광통역사, 디자인 전문가, 마케팅 기획 등 전문직과 광명동굴 시설물 운영, 관람 콘텐츠 운영, 환경관리 등에 필요한 일자리를 2015년 217개, 2016년 412개를 각각 창출해 행복도시 건설의 기반을 조성했다.

광명동굴은 차량으로 5분 거리에 위치한 KTX광명역 및 주변 역세권과 시너지 효과를 창출하며 향후 광명시의 발전과 브랜드 가치 제고에 기여할 것으로 보인다.

자료 : 동아일보, 2016. 12.08

제2절 문화관광자원 유형과 현황

1. 역사문화관광자원 현황

1) 유형적 역사문화관광자원

(1) 유형문화재

유형문화재란 "건조물, 전적(典籍), 서적(書跡), 고문서, 회화, 조각, 공예품 등 유형의 문화적 소산으로서 역사적 · 예술적 또는 학술적 가치가 큰 것과 이에 준하는 고고자료(考古資料)"로서 지정된 문화재로 정의하고 있다(문화재보호법 제2조 1항 1호). 즉, 역사적 · 예술적으로 보존할 가치가 있는 문화재 가운데 일정한 형태를 지닌 것을 총칭하는 말이다.

우리나라는 유형문화재로 사찰, 고대예술작품 등의 훌륭한 문화재를 보유하고 있고, 이들 가운데서 국가에서 중요하다고 인정되는 것은 국보, 보물 등의 중요문화재로 지정하고 있다. 이들 중요문화재는 관광자원으로의 가치가 높을 뿐만 아니라 관광객의 유치에도 큰 공헌을 하고 있다. 대표적인 유형문화재 현황을 살펴보면 다음 [표 5-5]와 같다.

표 5-5 • 유형문화재 현황

구 분	중요문화재
건조물	당탑(堂塔), 궁전, 성문, 전묘(殿廟), 사우, 서원, 루정(樓亭), 향교, 관아, 객사, 민가 등의 목조 건축물류와 석굴, 석등, 석탑, 전탑(塼塔), 부도, 석종(石鐘), 비갈(碑碣), 석교, 석계(石階), 석단(石壇), 석빙고, 첨성대, 당간지주, 석표(石標), 석정(石井) 등과 분묘의 유구(遺構) 등
전적류	사본(寫本)류, 판본류, 활자본류 등
서적류	사경(寫經), 어필(御筆), 명가필적, 고필(古筆), 묵적(墨蹟), 현판(懸板), 주련(柱聯), 고문서 등
고고자료	선사시대 유물, 고분(지석묘 포함), 패총, 사지, 유적 등의 출토품, 전세품(傳世品) 등
무구	우리나라 전시에 사용된 무기, 역사상 명장이 사용했던 무구 등
공예품	도자기, 불상, 종, 장신구 등

(2) 박물관 및 미술관

❶ 박물관과 미술관의 개념

박물관(博物館, museum)은 문화유산 관광자원으로 중요한 위치를 자리하고 있는 관광 매력물로서, 다양한 역사적 자원과 예술적 자원이 밀집되어 있어 박물관만큼 손쉽게 다가갈 수 있는 관광자원도 없다.

박물관은 역사적 자료와 정신적, 물질적 문화의 흔적인 예술품, 수집품, 자연물의 표본을 수집 · 보존하고 전시, 연구, 교육하는 기관으로 사전적 의미의 박물관의 정의를 보면 "고고학적 자료, 미술품, 역사적 유물, 그 밖의 학술적 자료를 널리 수집하여 보관 · 진열하고 일반에게 전시하여 학술연구와 사회교육에 기여할 목적으로 만든 시설"을 뜻한다.

국제박물관협의회(ICOM)는 박물관을 "예술 · 역사 · 미술 · 과학 및 기술 관계 수집품과 식물원 · 동물원 · 수족관 등 문화적 가치가 있는 자료 · 표본 등 여러가지 방법으로 보존하고 연구하여 고양시키는데, 특히 일반대중의 즐거움과 교육을 위해 공개 전시하는 것을 목적으로 공공의 이익을 위해 설립된 항구적 시설"이라고 정의하고 있다.

현행 박물관 및 미술관진흥법 제2조(정의)에 따른 박물관이란 "문화 · 예술 · 학문의 발전과 일반 공중의 문화향유 및 평생교육 증진에 이바지하기 위하여 역사 · 고고(考古) · 인류 · 민속 · 예술 · 동물 · 식물 · 광물 · 과학 · 기술 · 산업 등에 관한 자료를 수집 · 관리 · 보존 · 조사 · 연구 · 전시 · 교육하는 시설을 의미"한다. 더불어 미술관은 "문화 · 예술의 발전과 일반 공중의 문화향유 및 평생교육 증진에 이바지하기 위하여 박물관 중에서 특히 서화 · 조각 · 공예 · 건축 · 사진 등 미술에 관한 자료를 수집 · 관리 · 보존 · 조사 · 연구 · 전시 · 교육하는 시설"에 대해 미술관으로 정의하고 있다.

요컨대 박물관은 소장품의 수집, 보존, 전시, 연구를 통해서 문화적인 가치를 높이고 공공하게 봉사하는 시설이고 미술관은 그 중에서도 미술분야의 소장품의 수집, 보존, 전시, 연구를 통해서 문화적인 가치를 높이고 공공에게 봉사하는 시설로 정의할 수 있다.

한편 박물관 및 미술관진흥법 제4조(사업)에서는 박물관의 사업범위를 다음 각 호와 같이 정하고 있다.

1. 박물관자료의 수집 · 관리 · 보존 · 전시
2. 박물관자료에 관한 교육 및 전문적 · 학술적인 조사 · 연구
3. 박물관자료의 보존과 전시 등에 관한 기술적인 조사 · 연구
4. 박물관자료에 관한 강연회 · 강습회 · 영사회(映寫會) · 연구회 · 전람회 · 전시회 · 발표회 · 감상회 · 탐사회 · 답사 등 각종 행사의 개최
5. 박물관자료에 관한 복제와 각종 간행물의 제작과 배포
6. 국내외 다른 박물관 및 미술관과의 박물관자료 · 미술관자료 · 간행물 · 프로그램과 정보의 교환, 박물관 · 미술관 학예사 교류 등의 유기적인 협력, 평생교육 관련 행사의 주최 또는 장려
7. 그 밖에 박물관의 설립 목적을 달성하기 위하여 필요한 사업 등

❷ 박물관과 미술관의 기능

박물관의 공간은 기존의 박물관의 역할이었던 전시, 교육, 보존 및 연구활동 외에도 국민의 다양한 문화활동이 가능하도록 구성되었다. 우리나라에서 2005년 국립중앙박물관이 대형 복합 공간으로 조성되어 복합문화공간으로서의 박물관 기능 확장에 영향을 미쳐 박물관의 기능을 새롭게 정의하기 시작하였다.

이러한 박물관은 다음과 같은 기능을 수행하고 있다.

첫번째 수집, 보존기능이다. 박물관의 가장 기본적인 기능으로 문화, 예술적 혹은 역사적으로 가치가 있거나 관람자의 관심을 끌 수 있는 희귀물품이나 정보, 교육적 가치가 있는 것들을 모아 제공하는 기능이다.

두번째 연구 및 조사기능이다. 박물관이 가지는 수집, 보존, 전시, 교육, 보급 등의 기본적인 기능을 심도 있게 수행하기 위해 박물관에 관련된 자료를 연구, 조사하는 기능이다. 연구는 주로 박물관의 학예사(curator)에 의해 이루어진다.

세번째 전시기능이다. 수집된 물품들을 일반 공중을 대상으로 전시하여 관람하게 하는 기능이다. 즉 박물관의 전시는 전시자료를 이용하여 그 역사적, 문화적 가치를 제시하여 관람객에게 감동과 이해 및 발견의 가치를 제시해주는 것이다.

네번째 교육기능이다. 박물관은 평생교육기관이자 사회교육기관으로써 원활한 연구와 보존, 전시를 위해서 폭넓은 자료수집 및 타 박물관과의 정보교환 등의 정보체계를 갖추고 일반 관람객에게 예술, 문화정보를 제공하여 체험적인 지식을 얻을 수 있도록 하고, 다양한 계층으로 대상정보를 전달하는 교육기능이다.

미술관의 기능은 '미술에 관련한 자료'의 '수집 및 보존', '전시 및 공개', '조사 및 연구', '교육 및 보급'이라는 네 가지의 기능을 갖고 있다.

미술자료의 '수집 및 보관'은 미술관이 미술관으로서 성립하기 위한 본질적인 기능 중 하나이다. '전시 및 공개' 또한 본질적인데, 본래 미술관은 '사회교육을 위한 기관'으로서 자료전시와 공개가 필연적으로 요구된다. 즉, 미술관의 본래 사명은 미술자료를 대중의 관람에 기여하는 것에 있다고 볼 수 있다. 특히 최근 전 세계적인 미술관의 발전 추세에 따라 평생학습사회에 부응하는 미술관이 되기 위해서도 이 기능은 필수적이다.

'조사 및 연구'는 미술관의 모든 기능을 위해 기초적으로 필요한 조건이며, '교육 및 보급'은 대중의 미술자료 관람에 기여하는 것으로 강하게 나타나는 특징이다. 따라서 이 네 가지 기능이 얼마나 균형을 이루고 있느냐가 체계적인 미술관 활동의 관건이 된다.

그림 5-1 • 국내박물관 · 미술관 기능 변화

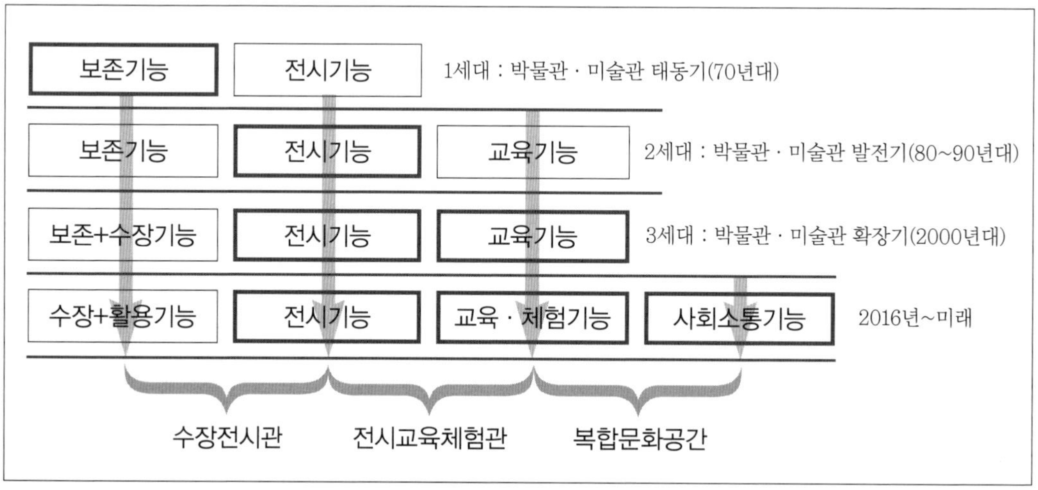

자료 : 한국박물관협회, (http://www.museumnews.kr)
김현경 칼럼, '복합문화공간'으로서의 국내 박물관의 기능 변화와 현황, 2016.11.7

❸ 박물관과 미술관의 유형

박물관은 첫째, 설립, 운영 주체에 따라 국립박물관, 공립박물관, 대학박물관, 사립박물관으로 구분한다. 박물관 및 미술관진흥법 제3조(박물관 · 미술관의 구분)에 따르면 국립박물관은 국가가 설립, 운영하는 박물관이며, 공립박물관은 지방자치단체가 설립, 운영하는 박물관이다. 그리고 사립박물관은 「민법」, 「상법」 그 밖의 특별법에 따라 설립된 법인, 단체 또는 개인이 설립 · 운영하는 박물관이며, 대학박물관은 「고등교육법」에 따라 설립된 학교나 다른 법률에 따라 설립된 대학 교육과정의 교육기관이 설립 · 운영하는 박물관이다. 둘째, 전시내용에 따라 종합박물관과 전문박물관으로 나눌 수 있다. 종합박물관은 모든 분야의 자료를 수장하고 있는 박물관으로 여러 종류의 전시품을 함께 모은 것이며, 전문박물관은 미술 · 역사 · 과학 등 특정분야의 자료를 전문적으로 수장하고 있는 박물관을 말하며 이 박물관은 다시 미술관 · 역사박물관 · 과학박물관의 3가지로 구별한다.

미술관은 그 설립 · 운영 주체에 따라 국립 미술관, 공립 미술관, 사립 미술관, 대학 미술관으로 나눌 수 있다. 그 설립 · 운영의 주체에 관하여는 제3조(박물관 · 미술관의 구분) 제1항 각 호를 준용한다.

표 5-6 • 전국 등록박물관 및 미술관 운영 주체별 현황 (2018년 1월 1일 기준)

구 분	서울	부산	대구	인천	광주	대전	울산	세종	경기	강원	충북	충남	전북	전남	경북	경남	제주	합계
박물관	129	30	15	28	12	14	9	7	140	100	42	52	43	57	67	66	62	873
국공립	28	13	7	14	5	4	7	3	55	50	25	31	28	34	38	42	14	398
사립	73	6	5	13	3	4	1	4	75	45	12	17	10	19	18	19	47	371
대학	28	11	3	1	4	6	1	0	10	5	5	4	5	4	11	5	1	104
미술관	43	7	4	5	10	5	0	0	54	17	11	9	18	29	11	9	19	251
국공립	5	2	2	2	2	2	0	0	12	4	5	2	6	8	5	4	7	68
사립	33	3	0	3	7	3	0	0	38	13	6	7	12	21	5	5	12	168
대학	5	2	2	0	1	0	0	0	4	0	0	0	0	0	1	0	0	15
총계	172	37	19	33	22	9	9	7	194	117	53	61	61	86	78	75	81	1,124

자료 : 문화체육관광부, 2018 전국문화기반시설 총람, 2018.11

신문 읽기

박물관 · 미술관 186곳 더 만든다

문체부 2023년까지 계획 ... 7월부터 입장료 소득공제도

박물관 · 미술관이 기존 건물 매도 후 새 지역으로 이전하면 양도소득세가 감면될 전망이다. 지역 사립 박물관 · 미술관이 신진 작가 도록을 발간하는 데 사용하도록 소액 기부 프로그램인 온라인 크라우드 펀딩도 활성화된다. 특히 올해 7월 1일부터 박물관 · 미술관 입장료에 소득공제 혜택이 주어진다. 문화 향유층 저변을 넓히려는 정부의 노력이 빛을 볼지 주목된다.

문화체육관광부는 박물관 · 미술관 진흥 중장기계획(2019~2023)을 24일 발표했다. 이번 계획은 박물관과 미술관이 전국의 문화 향유층이 소수에만 돌아가고 있다는 위기의식과 무관치 않다. 박물관이나 미술관을 1년간 단 1회라도 찾은 국민은 2018년 기준으로 100명 가운데 16.5명에 불과해서다. 정부는 이번 계획을 통해 5년 뒤엔 2배 수준인 30명으로 끌어올린다는 방침이다.

박물관·미술관 5개년 계획 개요

- '박물관·미술관 정책위' 설치·운영
- 박물관 유형 구분 삭제해 간소화
- 지역 내 문화 통계 시스템 구축
- 신규 건립 시 사전평가 법제화
- 건물 매도 시 양도세 감면(이전 전제)
- 학예 인력 자격 제도와 등급 개선
- 스마트 박물관·미술관 구축
- 입장료 소득공제 혜택(올해 7월부터)

※ 자료=문화체육관광부

먼저 양적 확대다. 현재 1124개인 박물관 · 미술관을 2023년까지 186개 더 만든다. 세부적으로는 박물관 140개, 미술관 46개다. 이렇게 되면 박물관 · 미술관 하나당 인구수는 4만 5000명에서 5년 뒤 3만 9000명으로 줄어든다. 실무를 진행할 학예 인력도 확충한다. 학예사 자격증 취득 요건인 근무경력 인정 대상 기관을 확대한다는 계획이다.

박물관 관리도 간소화된다. 종합 · 전문박물관의 현재 구분을 일괄 삭제하고 문화의집 등 기능이 약한 박물관은 박물관 분류에서 제외한다.

또한 박물관이나 미술관 입장료는 다음달부터 일괄 소득공제된다. 특히 사립 박물관이나 미술관이 이전을 전제로 기존 건물을 매도할 때 양도소득세를 3년 나눠 내는 조항이 올해 일몰 조건으로 적용 중인데, 아예 양도세를 감면해주는 방안을 기재부와 협의하기로 했다.

자료 : 매일경제, 2019. 06. 24

2) 무형적 역사문화관광자원

(1) 무형문화재

무형문화재란 "여러 세대에 걸쳐 전승되어 온 전통적 공연 · 예술, 공예 · 미술 등에 관한 전통기술, 한의약 · 농경 · 어로 등에 관한 전통지식, 구전 전통 및 표현, 의식주 등 전통적 생활관습, 민간신앙 등 사회적 의식(儀式), 전통적 놀이 · 축제 및 기예 · 무예에 해당하는 무형의 문화적 유산 중 국가적 · 민족적 · 역사적 · 예술적 · 학술적 의미가 큰 것"을 말한다(문화재보호법 제2조 1항 2호).

우리나라는 1962년 "문화재보호법"을 제정하면서 무형문화재에 대한 보호를 본격적으로 시작하였다. '국가무형문화재 보유자 인정제도' 로 특징되는 우리나라의 무형문화재 보호제도는 무형문화재의 기능 또는 예능을 원형대로 체득 · 보존하고 그대로 실현할 수 있는 '기 · 예능 보유자' 를 인정하고, 그 보유자로 하여금 전수교육의 의무를 부과하여 무형문화재 전승자를 양성하는 것을 목적으로 하는 제도이다. 국가무형문화재 전승제도는 2015년 "무형문화재 보전 및 진흥에 관한 법률(약칭 : 무형문화재법)" 제정을 통하여 새로운 전기를 마련하였다.

이 법의 제정 목적은 무형문화재의 보전과 진흥을 통하여 전통문화를 창조적으로 계승하고, 이를 활용할 수 있도록 함으로써 국민의 문화적 향상을 도모하고 인류문화의 발전에 이바지하는 것을 목적으로 하고 있다.

무형문화재의 분류는 국가무형문화재와 시 · 도무형문화재로 구분되는데, ① 국가무형문화재는 음악, 무용, 연극, 공예기술 등 무형의 문화적 소산으로서 역사적 · 예술적 또는 학술적 가치가 큰 것을 문화재청장이 무형문화재위원회의 심의를 거쳐 무형문화재 중 중요한 것을 지정한 문화재가 국가무형문화재이고, ② 시 · 도무형문화재는 시 · 도지사가 관할구역에 있는 문화재로서 국가지정문화재로 지정되지 아니한 문화재 중 보존가치가 있다고 인정되어 지정하는 문화재가 시 · 도무형문화재이다.

2018년 현재 국가무형문화재는 총 142개 종목(세부종목 포함), 6,816명의 전승자가 지정 및 인정되어 있다. (보유단체 66개 단체 인정) 대표적인 국가무형문화재의 현황을 살펴보면 [표 5-7]과 같다.

표 5-7 • 국가무형문화재 지정범주별 현황

구분 \ 지정범주		전통공연예술				전통기술				전통생활관습			
		종목전승	개인	단체	소계	종목전승	개인	단체	소계	종목전승	개인	단체	소계
지정종목	종목	1	13	25	39	0	51	1	52	4	1 *복합1		6
	세부종목 포함	1	13	32	46	0	51	1	52	4	3	1	8
지정종목	보유자	0	27	39	66	0	67	0	67	0	4	0	4
	전수교육조교	0	44 (1)	128	172 (1)	0	47	1	48	0	1	0	1
	이수자	0	2,248	2,352	4,600	0	629	0	629	0	28	3	31
	소계	0	2,319 (1)	2,519	4,838 (1)	0	743	1	744	0	33	3	36
	보유단체	0	0	32	32	0	0	1	1	0	0	1	1
영예보유자		0	2	3	5	0	6	0	6	0	0	0	0
전수장학생		0	17	0	17	0	48	0	48	0	0	0	0

구분 \ 지정범주		의례 · 의식				전통놀이 · 무예				전통지식	구전전통 및 표현	계
		종목전승	개인	단체	소계	종목전승	개인	단체	소계	종목전승	개인	
지정종목	종목	0	0	15	15	1	1	14	16	2	0	130
	세부종목 포함	0	0	18	18	1	1	14	16	2	0	142
지정종목	보유자	0	0	14	14	0	1	16	17	0	0	168
	전수교육조교	0	0	37	37	0	0	27	27	0	0	285 (1)
	이수자	0	0	498	498	0	1	604	605	0	0	6,363
	소계	0	0	549	549	0	2	647	649	0	0	6,816 (1)
	보유단체	0	0	18	18	0	0	14	14	0	0	66
영예보유자		0	0	4	4	0	0	2	2	0	0	17
전수장학생		0	0	0	17	0	1	0	1	0	0	66

자료 : 문화재청, 통계로 보는 문화유산 2018, 2019.2.28

(2) 전통문화행사

전통문화란 오랜 역사를 통해 형성된 것으로서 고유한 문화에 더해 외래문화를 수용하고 재생산하면서 시대를 이어 내려온 문화로 현대문화와 단절된 것이 아니라 연속성을 갖는 것이다.

전통문화의 종류는 크게 정신문화, 유형문화, 생활문화로 구분할 수 있다.

- 정신문화(무형문화) : 각종 민속놀이, 명절과 세시풍속, 한의학
- 유형문화 : 건조물, 고문서(古文書), 회화, 공예품 등 유형의 문화적 소산. 고인돌유적, 훈민정음, 조선왕조실록, 해인사장경판전 등
- 생활문화 : 먹거리(된장, 김치, 전통차 등), 한복, 살림살이(한지, 황토집, 도자기, 옹기 등)

전통문화는 콘텐츠산업의 연관 영역에서도 다양하게 활용되고 있다(관광 콘텐츠 : 궁중문화축전, 지역축제 등).

참고

전통문화 체험관광 프로그램

'전통문화 체험관광 프로그램' 은 대한민국 곳곳에 숨어있는 지역의 대표적인 전통문화 상품을 찾아내고 이를 명소 관광으로 연계, 활성화하기 위해 2016년부터 문화체육관광부가 한국관광공사(이하 관광공사)와 함께 지원하고 있는 사업이다.

지원을 받는 체험관광 프로그램은 인물 · 이야기, 역사 · 유적지, 생활문화(한복 · 한방 · 음식 등), 고건축물, 전통예술, 전통공예, 역사놀이, 신화 · 전설 등 다양한 주제를 다룬다.

2018년 선정된 전통문화 체험관광 프로그램으로는 ▲단양의 '고구려 온달과 평강이야기' ▲고령의 '신비의 대가야 여행' ▲영양의 '음식디미방과 장계향 예절' 등, 올해 새롭게 선정된 프로그램을 비롯해, ▲인천의 '고인돌 밀당 강화도 여행' ▲광주의 '광산 비밀의 월봉서원' ▲울산의 '울주 외고산 옹기마을 전통가마' ▲강릉의 '한류문학 힐링스토리' ▲전주의 '한옥마을에서 만나는 한국의 미' ▲해남의 '예술가와 함께하는 남도 수묵 기행' ▲산청의 '한방테마파트 오감+알파(α)체험' 등이 있다.

표 5-8 • 2018년도 전통문화 체험관광 프로그램

관광콘텐츠		수행기관(문의처)	주요 프로그램 내용
인물 · 이야기	강릉 김시습, 신사임당, 허난설헌	강릉문화재단 033-647-6802 www.gntour.go.kr	사임당, 김시습 기념관 등 문학투어 · 탁본 체험 등 〈4~12월/상설체험은 자체 무휴운영 중 〉
	단양 온달, 평강공주 (온달관광지)	만종리대학로극장 043-421-2263	온달과 평강 상황 속 역할극, 공연관람 〈5~10월/상설체험은 자체 운영 중〉
생활문화 (한옥 · 한복)	전주 인근 유네스코 유산	전북전통문화연구소 063-282-3072 tour.jeonju.go.kr	소리문화 · 마당극, 음식문화 체험, 한지 제조, 한복 체험 및 한옥마을 투어 등 〈3~11월/화~토, 상설체험은 자체 별도운영 중〉
생활문화 (한방)	산청 한방테마파크	큰들문화센터, 한방약초힐링산업 육성사업단 055-973-2171 donguibogam-village.sancheong.go.kr	'산청 동의보감촌' 한방 항노화, 기체험, 약선 음식 체험 등 한방힐링캠프 〈4~11월/화~일, 상설체험은 자체 별도운영 중〉
생활문화 (음식 요리)	영양 두들마을, 음식디미방	영양축제관광재단 054-683-7300 dimibang.yyg.go.kr	전통음식요리, 예절교육 〈4~12월/상설체험은 예약제 운영〉
전통예술 (수묵화)	해남, 진도, 강진 일원 수묵화 배경	행촌문화재단 061-530-8281	해남 해안, 녹우당, 일지암 등을 예술가와 동행 등 남도 수묵화 예술 여행 〈5~10월 주말〉
전통공예 (옹기)	울주 옹기마을	울산옹기축제추진위 옹기마을협동조합 052-227-4960	전통 옹기가마 체험, 스토리 엑터들과 함께하는 놀이마당, 옹기화덕 체험 등 〈6~11월, 토/상설체험은 자체 별도운영 중〉
문화유적 전통공예	강화 고인돌 공원 일원	우리문화재보호회 032-934-1400 032-930-3562	고인돌 1박2일 캠프, 강화 소창손수건 만들기 등〈8~11월 매주, 토,일/상설체험은 자체 별도운영 중〉
문화유적 생활문화	고령 대가야 고분군 등 일원	고령군관광협의회 www.grta.co.kr 054-950-6423	대가야 고분군, 가야금, 음식, 공연 문화관광 체험 연계투어〈4~11월/상설체험은 자체 별도운영 중〉
선비문화 (서원)	광주 월봉서원	고대문화재연구원, 광주 광산구청 062-651-3701, 960-8255 www.wolbong.org	전통카페 다시체험, 다시공방, 꼬마철학자 등 〈4~11월/수~일, 상설체험은 자체 별도운영 중〉

자료 : 문화체육관광부 홈페이지, 국내관광진흥과, 2018. 1.

신문 읽기

[광주세계수영] "원더풀 광주"…대회 기간 전통문화행사 다채

광주시 전통문화관의 2019 광주세계수영선수권대회 특별프로그램과 야간 개장이 외국선수단과 관람객의 필수 방문코스로 자리 잡고 있다.

16일 광주시에 따르면 전통문화관은 '세계수영선수권대회에 전통미를 더하다'를 주제로 한 자리에서 예향 광주의 역사와 정취를 감상하고 즐겁게 체험할 수 있는 특별 프로그램을 기획했다. 전통문화관의 특별프로그램은 전시 · 공연 · 체험 부문으로 구성됐다.

전통문화관 곳곳에는 전통한옥의 멋과 어우러진 각양각색의 한지 등(燈), 전통 설치작품, 부채 병풍, 달항아리, 청화백자, 모시발, 분경 작품들이 전시돼 눈길을 끌고 있다.

전통부채, 한지 등(燈) 만들기, 전통 다도, 다식, 천연염색, 도자기, 은공예, 목공예, 가죽공예, 규방공예 등의 전통과 현대예술을 직접 경험할 수 있는 체험 프로그램도 준비했다.

특별 프로그램 중의 백미는 전통 무형문화재와 현대예술이 융합된 문화공연 행사다. 판소리(적벽가, 수궁가), 전통무용(한량무, 화선무, 승무, 진도북춤), 강강술래, 미디어아트+아프리카 타악공연 등이 수시로 열려 전통문화와 유네스코 미디어아트도시 광주의 저력을 선보이고 있다.

유네스코 세계지질공원인 무등산 증심사 지구에 있는 광주시 전통문화관은 전통한옥 무송원을 이설 · 복원한 공간이다. 광주의 멋과 전통문화를 관람하고 참여 · 경험할 수 있는 전통문화 멀티플렉스로 기능하고 있다.

이 밖에 오는 8월에는 5 · 18민주광장에서 풍년과 광주세계수영대회 성공을 기원하는 광주칠석고싸움놀이(국가무형문화재 제33호)가 열린다.

외국선수단과 관광객의 고-퍼레이드 동참을 유도해 광주다움을 만끽할 수 있도록 할 예정이다.

박향 시 문화관광체육실장은 "세계수영선수권대회 기간 광주를 찾는 외국인들이 우리의 전통미를 보고, 배우고, 즐기면서 평생의 추억으로 간직하기를 바란다"고 말했다.

자료 : 연합뉴스, 2019. 07. 16

2. 현대문화관광자원 현황

1) 유형적 현대문화관광자원

(1) 테마공원

테마파크(Theme park) 란 특정 주제를 기반으로 연출되는 관광 시설을 말한다. 즉 다양한 놀이시설과 매력물을 제공하여 오락과 즐거운 경험을 체험하게 하는 곳으로 특정 테마를 주제로 계획 운영되는 곳이라 할 수 있다. 또한

- 주어진 일정한 공간에(Specific Space)
- 특정한 주제를 가지고(Theme)
- 자연과 놀이, 오락, 체험, 교육시설 등 인공시설을 적절히 조화. 개발하여(Harmony)
- 고객들에게 휴식과 즐거움, 그리고 체험과 감동을 주는 곳(Be moved)으로 정의해 볼 수도 있다.

그렇다면 각각의 정의에 대해서 자세하게 살펴보면 다음과 같다.

공간적인 측면에서 보자면 테마파크는 인구 밀집지역에서 2시간 이상 떨어지지 않는 곳에 가능한 30,000㎡ 이상의 공원부지를 보유하고 있어야 한다. 두번째로 산만한 주제를 나열해놓은 곳이 아니라 공원 전체의 분위기, 시설 등의 내용과 디자인이 한가지 주제를 향해 동일화 되어 있는 곳이어야 한다. 세번째, 있는 그대로의 자연과 함께 놀이, 오락, 체험, 교육시설 등의 다양한 attraction 이 적절하게 조화를 이루어야 한다. 네번째, 단순한 놀이의 차원을 넘어 체험적인 교육효과까지 거둘 수 있는 곳, 그리하여 한번 방문하고 끝나는 곳이 아니라 감동과 함께 다시 방문할 수 있는 동기를 부여할 수 있는 곳이다. (출처 : https://in-valley-themepark.tistory.com)

국내 테마파크는 과거 창경궁과 어린이대공원의 열악한 시설을 기반으로 하던 시대에서 벗어나 현재는 아시아 상위규모의 에버랜드와 유일한 실내 테마파크 인 롯데월드와 같은 준수한 규모의 자원을 확보하고 있다. 한국과 달리 세계 테마파크의 천국으로 불리는 미국은 식스 플래그즈 매직 마운틴, 유니버설 스튜디오, 디즈니랜드, 레고랜드, 씨월드, 샌디에이고 동물원 등의 테마파크가 운집해 전 세계 관광객이 많이 방문하는 테마공원이다. 테마파크 개발은 훌륭한 관광자원이 되므로 관광산업 발전과 지역경제 활성화에 크게 기여하게 된다.

(2) 문화시설(공연장)

문화시설이란 "문화예술 활동에 지속적으로 이용되는 공연시설, 전시시설, 도서시설, 문화시설이 복합된 종합시설, 창작공간으로서 다중이용에 제공되는 시설 또는 예술인의 창작물을 공연 · 전시 등을 하기 위하여 조성된 시설, 지역문화활동시설, 문화보급전수시설" 등을 말한다.

"공연장"이란 공연을 주된 목적으로 설치하여 운영하는 시설로서 연간 90일 이상 또는 계속하여 30일 이상 공연에 제공할 목적으로 설치하여 운영하는 시설을 말한다.(공연법제2조4, 공연법시행령 제1조의 2) 등록공연장은 매년 꾸준히 증가하는 추세로서 주40시간 근무제의 확대로 여가시간이 증가하고 국민의 문화에 대한 수요가 많아짐에 따라 문화시설 수요가 점증하고 있어 공、사립 공연장 건립이 증가하고 있다.

또한 대도시에 비해 문화기반시설이 열악한 지방의 경우 공연장, 전시장 등을 갖추고 공연과 전시 등 다양한 문화프로그램을 운영하는 문예회관의 역할이 크며 이에 따른 건립 필요성 증가하고 있으며, 기존 문예회관 중 개보수 불가능 문예회관 대체 문예회관 건립 필요성 대두되고 있다.

표 5-9 • 공연장 및 문화회관 등 문화시설 추이

(단위 : 개소)

구 분	2011	2012	2013	2014	2015	2016	2017
등록공연장	751	826	881	992	991	1,024	1,024
문예회관	209	211	220	232	229	229	236

자료 : 문화체육관광부, http://www.index.go.kr

(3) 소비문화공간

홍대, 압구정동, 신촌, 명동, 대학로, 동대문 등의 상업공간들이 독특한 소비문화공간을 형성하면서 다양한 계층의 방문객들을 끌어들이는 중요한 관광자원의 요소가 되고 있다. 이러한 상업공간은 대체적으로 거리를 중심으로 표출되고 있어, 문화의 거리 또는 특성 상업가로라는 이름으로 정부의 보호, 육성을 받고 있다.

1997년 '서울도시기본계획' 에서 제시한 특화거리 조성 방안에 의한 특화거리는 문화의 거리와 특성상업가로로 구분할 수 있다. 문화의 거리의 경우 쇼핑, 공연, 축제 등의 문화행사와 사람들의 여가활동이 함께 이루어지는 거리로서 주로 대학가 앞이나 상가 밀집지역으로 지정하여, 각 거리의 특성과 분위기에 맞는 안내표시와 가로 장치물을 개발 · 정비, 보행자와 차량통행공간을 확실히 구분하거나 보행자 우선도로로 지정하는 한편, 문화행사나 축제 등을 활성화하도록 하는 기본방침을 정하고 있다. 특성 상업가로의 경우 자연발생적으로 형성된 상업지역으로 특정상품의 구입과 관광목적의 보행자 중심의 가로이므로, 주로 보행로 조성 및 기존 거리성격과 상업활동의 특성을 보존할 수 있도록 외부공간을 개성화하는 방향으로 유도, 정비하고 있다.

문화시설의 분류와 차이점

[별표 1] 〈개정 2019. 4. 16〉

Ⅰ. 문화시설의 상세 분류(문화예술진흥법 시행령 제2조의 제2항 관련)

1. 공연시설
 가. 공연장 : '공연법' 제2조제4호에 따른 공연장(영화상영관은 제외한다)
  (1) 종합공연장 : 시 · 도 종합문화예술회관 등 1천 석 이상의 대규모 공연장
  (2) 일반공연장 : 시 · 군 · 구 문화예술회관 등 1천 석 미만 300석 이상의 중규모 공연장
  (3) 소공연장 : 300석 미만의 소규모 공연장
 나. 영화상영관 : '영화 및 비디오물의 진흥에 관한 법률' 에 따른 영화를 상영하는 공연장
  (1) '영화 및 비디오물의 진흥에 관한 법률' 제36조제1항에 따른 영화상영관
  (2) '영화 및 비디오물의 진흥에 관한 법률' 제2조제10호 단서에 따른 비상설상영장
 다. 야외음악당 등 : 연주 · 연극 · 무용 등을 할 수 있는 야외시설로서 공연법에 따른 공연장 외의 시설

2. 전시시설
 가. 박물관 : '박물관 및 미술관 진흥법' 제2조제1호에 따른 박물관
 나. 미술관 : '박물관 및 미술관 진흥법' 제2조제2호에 따른 미술관
 다. 화 랑 : 회화 · 서예 · 사진 · 공예 등의 작품을 전시 · 매매하는 시설
 라. 조각공원 : 조각 작품을 전시하는 공원

3. 도서시설

가. 도서관 : '도서관법' 제2조제1호에 따른 도서관

나. 작은 도서관 : '도서관법' 제2조제4호의 가목에 따른 작은 도서관

4. 지역문화활동시설

가. 문화의 집 : 지역주민이 생활권역에서 문화예술을 이해하고 체험하며 직접 참여할 수 있도록 하기 위한 것으로서 관련 프로그램과 지식 및 정보를 제공하는 복합문화공간

나. 삭제〈2019.4.16〉

다. 문화체육센터 : 지역주민의 문화 · 체육활동을 향상하기 위하여 건립된 시설

라. 청소년활동시설 : '청소년기본법' 제17조에 따른 청소년활동시설

5. 문화보급 · 전수시설

가. 지방문화원 : '지방문화원진흥법' 제2조에 따른 지방문화원

나. 국악원 : 전통 국악의 발전을 위하여 설치된 교육시설 및 전수시설

다. 전수회관 : 지방 고유의 무형문화재를 지속적으로 교육 · 전수하고 보존할 수 있는 시설

6. 종합시설

제1호 가목, 나목 또는 다목의 시설과 제2호부터 제5호까지의 시설이 복합되어 다양한 문화예술활동에 이용될 수 있는 시설

7. 삭제〈2019.4.16〉

2) 무형적 현대문화관광자원

(1) 현대문화행사

현대문화행사는 명동축제, 신촌문화축제 등과 같이 주로 지역상인, 지역 예술가 등이 주체가 되어 고유의 거리문화를 표출하여 관광객 및 시민이 참여하는 행사이다. 지역문화행사가 관광객들에게 훌륭한 문화관광상품으로 기능하기 위해서는 다른 곳에서는 접할 수 없는 개성 있고 독특한 관광상품으로 제시되어야 한다.

신문 읽기 예술의전당 일대 공실상가 문화공간으로 재탄생한다

서울 서초구 예술의전당 인근 골목상권은 예술가와 학생들의 꾸준한 수요로 명맥을 지켜왔지만, 최근 경기 부진의 '늪'을 피하지 못해 곳곳에 공실이 생겨나고 있다. 서울시에 따르면 예술의전당 맞은편 남부순환로 317길과 325길의 경우 한식과 편의점, 부동산업종 모두 창업위험도가 '위험' 수준으로 분류됐다. 핵심 입지라고 불리는 곳도 최근 공실이 나거나 영업이 되지 않아 나빠진 경기를 체감하고 있다는 게 주변 관계자들의 얘기다.

서초구가 이런 예술의전당 일대 공실상가를 장기임차해 문화공간으로 조성한다.

서초구는 19일 '서초음악문화지구 관리계획 승인(안) 열람공고'를 냈다. 예술의전당 일대 클래식음악 관련 문화자원과 문화특성을 보존하고 육성하기 위한 것으로, 문화공간을 조성 · 운영하고, 문화 산업을 지원하며, 권장시설을 선정해 지원관리하는 방안 등이 담겼다.

서초구는 먼저 공실상가를 장기임차해 문화예술인과 방문객을 위한 휴식 · 교류 · 정보공간 등으로 조성할 예정이다. 예술의전당 제2지하보도에 청년예술가들 육성을 위한 전시 · 공연공간을 조성한 서리풀 청년아트갤러리도 운영한다. 서초음악문화지구에 있는 소규모 공연장과 연습실에 청년문화예술인이 개최하는 정기 실내악 공연도 개최할 예정이다. 지구 공연장과 연계해 예술가들과 관객이 만나는 기회도 마련한다.

공연 · 전시 · 문화의집 · 국악원 등 문화지구에 있는 공연장을 권장시설로 선정해 지원 · 관리한다. 상생협약을 체결한 건물주는 취득세와 재산세를 감면받고 시설개선 비용 융자 지원도 받을 수 있게 된다. 악기판매점이나 악기수리 · 제작공방 등 악기 관련 시설과 음악관련 연습 · 교습시설 등은 준권장시설로 지정한다. 복합문화시설 리모델링을 위한 융자를 지원받고, 문화활동, 운영 컨설팅 등의 지원도 받는다.

이밖에 문화지구 관리계획과 관련해 평가할 주민협의체를 구성해 서초구가 운영을 지원할 방침이며, 신중초교 정문 앞과 신중어린인공원 일대도 정비할 계획이다.

서초구는 "서초구 예산과 '서울시 서초구 문화예술진흥기금 설치 및 운용 조례' 에 따른 서초구 문화예술진흥기금, 서울시와의 협의에 따른 서울시 예산 지원 등을 통해 재원을 확보하겠다"고 밝혔다.

자료 : 조선비즈, 2019, 04. 22

제3절 문화재

1. 문화재의 개념 및 분류

1) 문화재의 개념 정의

일반적 개념의 문화재(文化財, cultural properties)란 "문화적 가치가 있는 사물(事物)로서 보존할 만한 가치가 있는 민족의 문화 유산으로 수많은 우리 조상의 창조물 중 역사적 값어치가 인정되어 현재까지 보존해 오고 있는 유형 · 무형의 유산"을 말한다. 넓은 의미에서 보면 형태를 갖춘 유형의 것만 문화재가 아니라 눈에 보이지 않으나 여러 세대를 거치는 동안 입에서 입으로 전해져 온 여러가지 예술활동과 인류학적인 유산, 민속, 법, 습관, 생활양식 등 민족적 또는 국민적인 체질의 본질을 표현하는 모든 것까지 포괄된다고 볼 수 있다(문화재청 홈페이지).

우리나라는 문화재를 보존하기 위해 문화재보호법(1962년 제정)을 제정, 시행하고 있는데 제2조 1항 법률상에서는 문화재란 "인위적이거나 자연적으로 형성된 국가적, 민족적 또는 세계적 유산으로서 역사적, 예술적, 학술적 또는 경관적 가치가 큰 유형문화재, 무형문화재, 기념물, 민속문화재로 정의내리고 있다.

또 문화재란 개념은 산업혁명 후 영국에서 천연자원의 개발이 활발해짐에 따라 개발로 인한 자연파괴와 문화유산의 파손을 우려한데서 일어난 민간의 자연보호, 문화재보호의 과정에서 성립되었다.

우리나라에서 문화재란 용어가 널리 사용되기 시작한 것은 1961년 정부직제에 문화재관리국이 생기고, 1962년에 문화재보호법이 제정되어 문화재에 대한 관심이 높아지면서부터이다. 이러한 문화재의 관리 · 보호 · 지정 등의 사무를 관장하기 위해 설립한 문화체육관광부의 외청인 문화재청이 문화재 행정을 담당하고 있다. 문화재는 한 번 훼손되면 다시 원래의 상태로 되돌릴 수가 없기 때문에 원상태로 잘 보존해야만 한다. 스스로 주인의식을 가지고 우리의 소중한 문화유산을 잘 지키고 가꾸는데 노력을 기울여야 한다.

2) 문화재의 분류

문화재는 크게 문화재 보호법 또는 시 · 도 문화재 보호조례에 의해서 보호되는 "지정문화재"와 법령에 의하여 지정되지는 않았지만 문화재 중에서 지속적인 보호와 보존이 필요한 "비지정문화재"로 구분한다. 지정문화재는 다시 국가지정문화재, 시 · 도지정문화재, 문화재자료 등으로 나뉘며, 국가지정문화재는 국보, 보물, 국가무형문화재, 사적, 명승, 천연기념물 및 국가민속문화재 등의 7종류로 나누고, 시 · 도지정문화재는 지방유형문화재, 지방무형문화재, 지방기념물, 지방민속자료와 문화재자료로 나눈다. 비지정문화재는 비지정이면서 문화재보호법에 의해 보호되는 것으로 일반동산문화재와 매장문화재로 구분된다. 또한 문화재청에서 지정하지만 국가지정문화재에는 포함되지 않는 "등록문화재"가 있다. 등록문화재는 다시 국가등록문화재, 시 · 도등록문화재로 나눈다. 지정 · 비지정 문화재를 막론하고 모든 문화재는 우리의 소중한 문화유산으로 보존 및 보호에 최선을 다하여야 한다.

(1) 문화재보호법에 따른 분류

문화재는 우리나라의 현행 문화재보호법 제2조 제1항에서 유형문화재, 무형문화재, 기념물, 민속문화재로 분류하고 있다. 위의 네 가지를 보통 4대 문화재라고 한다.

1) 유형문화재	건조물, 전적(典籍), 서적(書跡), 고문서, 회화, 조각, 공예품 등 유형의 문화적 소산으로서 역사적 · 예술적 또는 학술적 가치가 큰 것과 이에 준하는 고고자료(考古資料)를 말하며, 국가에서 지정하는 국보 · 보물과 시 · 도에서 지정하는 시 · 도유형문화재가 있다.
2) 무형문화재	전통적 공연 · 예술, 공예, 미술 등에 관한 전통기술, 구전 전통 및 표현, 한의약 · 농경 · 어로 등에 관한 전통지식, 의식주 등 전통적 생활관습, 민간신앙 등 사회적 의식, 전통놀이 · 축제 및 기예 · 무예 등 여러 세대에 거쳐 전승되어 온 무형의 문화적 유산으로서 역사적 · 예술적 또는 학술적 가치가 큰 것을 말하며, 국가에서 지정하는 국가무형문화재와 시 · 도에서 지정하는 시 · 도무형문화재가 있다.
3) 기념물	절터, 옛무덤, 조개무덤, 성터, 궁터, 가마터, 유물포함층 등의 ① 사적지(史蹟地)와 특별히 기념이 될 만한 시설물로서 역사적 · 학술적 가치가 큰 것, ② 경치 좋은 곳으로서 예술적 가치가 크고 경관이 뛰어난 것, ③ 동물(그 서식지, 번식지, 도래지를 포함한다), 식물(그 자생지를 포함한다), 광물, 동굴, 지형, 지질, 생물학적 생성물 또는 특별한 자연현상으로서 역사적 · 경관적 또는 학술적 가치가 큰 것을 말하며, 국가에서 지정하는 사적 · 명승 및 명승 천연기념물과 시 · 도에서 지정하는 시 · 도기념물이 있다.
4) 민속문화재	의식주, 생업, 신앙, 연중행사 등에 관한 풍속이나 관습에 사용되는 의복, 기구, 가옥 등으로서 국민생활의 변화를 이해하는 데 반드시 필요한 것을 말하며, 국가에서 지정하는 국가민속문화재와 시 · 도에서 지정하는 시 · 도민속자료로 구분된다.

그림 5-2 • 문화재보호법에 따른 문화재 분류

(2) 지정 여부에 따른 분류

❶ 지정문화재

문화재보호법이나 시 · 도의 문화재보호조례에 의하여 지정된 문화재로 문화재보호법에 의거 문화재청장이 지칭하는 국가지정문화재와 시 · 도 조례에 의거 시 · 도지사가 지칭하는 시 · 도지정문화재 및 문화재자료로 구분된다.

가. 국가지정문화재

문화재청장이 문화재보호법에 의하여 문화재위원회의 심의를 거쳐 지정한 중요문화재로서 종류와 가치에 따라 국보 · 보물 · 사적 · 명승 · 천연기념물 · 중요무형문화재 · 중요민속자료 등 7개 유형으로 구분된다.

구분	내용
국보	보물에 해당하는 문화재 중 인류문화의 관점에서 그 가치가 크고 유례가 드문 것 : 서울숭례문, 훈민정음 등
보물	역사, 예술, 학술적으로 가치가 큰 유형문화재 중 중요한 것 : 서울흥인지문, 대동여지도 등
사적	우리 민족의 자취를 확인할 수 있는 중요한 역사적 현장 등의 유적으로 역사적, 학술적 가치가 높은 기념물 중 중요한 것 : 수원화성, 경주포석정지 등
명승	기념물 중 경치 좋은 곳으로서 예술적 가치가 크고 경관이 뛰어난 것 : 명주청학동의 소금강, 상백도하백도일원 등
천연기념물	기념물 중 학술적, 관상적인 가치가 높은 동물이나 식물(또는 서식지), 지질 · 광물로서 중요한 것 : 달성의측백수림, 노랑부리백로 등
국가무형문화재	우리 민족의 무형의 문화적 소산으로 전통음악과 무용, 연극 및 전통기술과 놀이 등 유형적으로 보존할 수 없는 전통 무형문화재에 관한 것 : 종묘제례악, 양주별산대놀이 등
국가민속문화재	국가무형문화재 이외의 유형 민속자료로, 의식주와 생업, 전통민속과 신앙, 예능 등에 관한 중요 유형민속자료에 관한 것 : 덕온공주당의, 안동하회마을 등

나. 시 · 도지정문화재

시 · 도지사가 국가지정문화재로 지정되지 아니한 문화재 중 보존가치가 있다고 인정되는 것을 지방자치단체(시 · 도)의 조례에 의하여 지정한 문화재로서 유형문화재 · 무형문화재 · 기념물 및 민속문화재 등 4개 유형으로 구분된다.

"경기도 유형문화재 제OO호OOOO"와 같이 시 · 도의 명칭을 표시하여 지정 시 · 도가 구분되도록 한다.

다. 문화재자료

시 · 도지사가 시 · 도지정문화재로 지정되지 아니한 문화재 중 향토문화 보존상 필요하다고 인정하여 시 · 도 조례에 의하여 지정한 문화재를 말한다.

"경기도 문화재자료 제OO호OOO"로 표기한다.

라. 등록문화재

지정문화재가 아닌 유형문화재, 기념물 및 민속문화재 중에서 보존과 활용을 위한 조치가 특별히 필요한 것을 등록한 문화재를 말한다.

등록문화재는 근대문화유산들 가운데 보존에 가치가 높은 건조물, 문학예술작품, 동산문화재, 역사유적 등으로 개발이나 문화재 훼손이 우려되는 자료를 등록문화재로 지정하여 보존하고자 하는 목적이 크다.

근대 문화유산의 개념과 범위	'개화기'를 기점으로 하여 '해방 전후'까지의 기간에 축조된 건조물 및 시설물 형태의 문화재가 중심이 되며, 그 이후 형성된 것일지라도 멸실 훼손의 위험이 크고 보존할 가치가 있을 경우 포함될 수 있음.

❷ 비지정문화재

비지정문화재는 법이나 조례에 따라 지정되지는 않았지만 보존할 만한 문화적 유산가치가 있는 문화재를 말한다.

법령에 의하여(문화재보호법 또는 시 · 도의 조례) 지정되지 않은 문화재 중에서 토지, 해저, 탑, 불상 등에 포장되어 노출되지 않은 매장문화재와 제작된지 50년 이상 된 일반동산문화재, 그리고 그 외 향토유적이나 유물 등 보존할 만한 가치가 있는 문화재를 지칭한다. 지자체별로 비지정문화재를 관리하지 않거나, 향토문화재로 지정해 관리하는 경우가 있으나 그 관리가 잘 이루어지지 않고 있어 우리나라의 소중한 자산으로 관리할 필요성이 있다.

일반동산문화재 (문화재보호법 제60조)	일반동산문화재 수출 등의 금지에 따라 지정 또는 등록되지 아니한 문화재 중 동산에 속하는 문화재를 지칭하며 회화, 조각, 석조물, 공예, 전적, 고문서, 서간, 서각, 근대매체, 고고자료, 자연사자료, 과학기술용구 및 민속자료, 외국문화재로서 역사상 · 예술상 보존가치가 있는 것들을 말한다. '동산문화재' 란 이동이 가능한 모든 문화재를 말하며, 건물과 같이 땅 위에 고정되어 움직일 수 없는 '부동산문화재' 에 대응하는 개념이다. 엄밀히 말하여 '동산문화재' 와 '부동산문화재' 는 문화재 보호법상의 용어는 아니지만 굳이 구분하는 이유는 문화재 행정상의 편의를 위한 것이다. '동산문화재' 는 문화재청 동산문화재과에서 지정과 보존 · 관리를 담당하고 있으며, 주로 국보와 보물 등 감정의 대상이 되는 문화재가 이에 해당된다고 할 수 있다.
매장문화재 (문화재보호법 제43조)	'매장문화재' 는 땅 속이나 바다 밑에 묻혀 있어 드러나지 않았지만 문화재적 가치가 있는 것들을 말한다. 고고학에서는 발굴대상이 되는 유적(遺跡), 유구(遺構), 유물(遺物)을 매장문화재로 각각 구분하고 있다. 유물은 토기, 석기, 철기 등의 출토물을 말하며, 유구는 집터, 고분, 건물터 등 옛사람들이 이루어 놓은 구조물 하나 하나를 일컫는 말이다. 일반적으로 발굴유적지에서 출토되는 각종 유물이 해당된다.

그림 5-3 • 지정 여부에 따른 문화재 분류

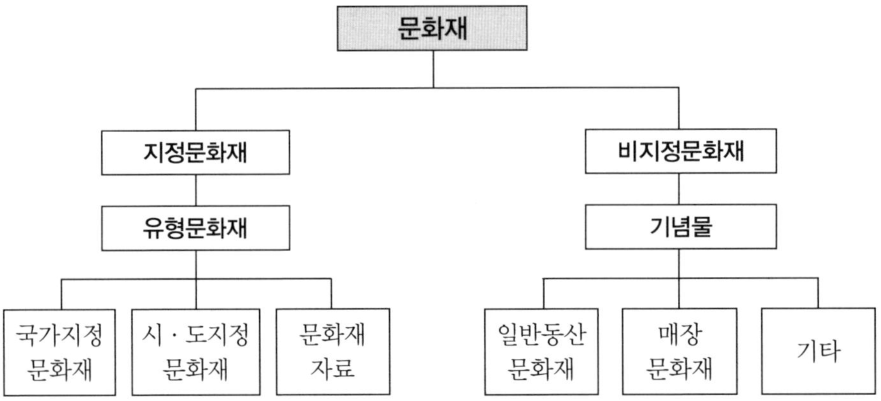

표 5-10 • 문화재 지정 · 등록 현황

(2018년 12월 31일, 단위 : 건)

구 분	서울	부산	대구	인천	광주	대전	울산	세종	경기	강원	충북	충남	전북	전남	경북	경남	제주	기타	합계
(국가지정문화재)																			
국보	163	5	3	1	2	2	2	0	11	11	12	28	8	21	54	13	0	0	336
보물	706	47	72	29	14	13	8	2	161	81	94	130	95	182	341	162	9	0	2,146
사적	67	6	9	18	2	1	5	0	69	18	19	50	39	45	99	51	7	0	505
명승	3	2	0	1	1	0	0	0	4	25	10	3	7	20	15	12	9	0	112
천연기념물	12	7	2	14	2	1	3	1	19	42	24	17	32	61	67	44	49	62	459
국가무형문화재	29	5	0	5	1	0	0	0	11	3	4	4	8	15	9	14	4	30	142
국가민속문화재	41	2	6	0	3	2	2	1	22	11	21	24	13	38	93	12	8	0	299
합계	1,021	74	92	68	25	19	20	4	297	191	184	256	202	382	678	308	86	92	3,999
(등록문화재)																			
등록문화재	203	19	11	8	19	21	6	0	85	40	29	60	68	100	47	44	24	0	784
(시 · 도지정문화재)																			
시도유형문화재	395	184	76	68	29	57	34	13	298	162	311	189	239	237	465	570	36	0	3,363
시도무형문화재	49	25	17	28	20	24	5	3	68	29	28	53	87	59	46	39	21	0	601
시도기념물	39	51	17	65	24	47	46	11	183	80	135	161	117	192	154	262	128	0	1,712
시도민속문화재	33	19	4	2	9	2	1	0	12	4	20	28	35	40	158	21	82	0	470
합계	516	279	114	163	82	301	86	27	561	275	494	431	478	528	823	892	267	0	6,146
(문화재자료)																			
문화재자료	68	105	53	25	30	59	30	13	176	144	90	314	158	242	569	641	10	0	2,727

자료 : 문화재청 홈페이지(https://www/cha/go/kr)

신문 읽기

우리의 잃어버린 문화재 18만점, 돌아올 수 있을까?

민족의 아픔을 상징하는 국외소재문화재, 인력과 예산 · 조직적 대응 환수 어려움 겪어 · · · 장기적이며 체계적 대응 필요

우리 선조들은 유구한 역사 속에서 훌륭한 문화유산들을 남겼다. 하지만 오랜 역사 동안 전쟁과 식민 지배라는 가슴 아픈 사건들 속에서 수많은 문화재가 훼손되거나 도난당하는 일도 수없이 벌어졌다.

국외소재문화재 재단에 따르면 2019년 4월 기준, 외국에 있는 우리 문화재가 파악된 것은 21개국 18만 2080점이나 있다고 한다. 이 중에서는 특히 일본이 전체의 42%인 7만 6382점을 갖고 있으며, 그다음은 미국 5만 532점, 독일 1만 2052점 순이다.

해외에 소재하고 있는 다양한 우리 문화재들

오랜 세월에 걸쳐 이루어진 문화재 반출이지만 통계를 보면 알 수 있듯이 이 중의 상당수는 일본의 영향이 컸다. 한일합방의 주역이었던 '이토 히로부미'는 고려청자를 너무나 좋아한 것으로 알려졌다. 그는 1000점의 고려청자를 무분별하게 수집해갔으며, 일부는 일본 왕실에 진상하기도 했다.

또한 고고학자이자 교사였던 '가루베 지온'은 백제 고분 1천 기를 도굴하여 무수히 많은 문화재를 가져갔으며, 기업인 '오구라 다케노스케' 역시 수많은 유물을 도굴 및 수집하여 일본으로 가져갔다. 오구라가 가져간 유물은 오늘날 '오구라 컬렉션'으로도 잘 알려져 있다. 이렇듯 수많은 일본인이 경매와 도굴 등의 방법으로 우리 문화재를 유출시켰다.

일본 가라쓰시의 가가미신사에서 소장하고 있는 '수월관음도'는 약 5m의 거대한 크기를 자랑하는 고려불화이다. 일본학자들은 이 불화를 최고의 그림이라고 극찬하고 있다. 그런데 이 불화는 고려사 기록 등을 통해 고려 시대 당시 왜구가 약탈해간 것으로 추정된다.

또한 신라 흥덕왕 8년(833)에 만들어진 연지사종은 신라 3대 범종의 하나로 꼽힌다. 하지만 임진왜란 당시 왜군이 가져갔으며, 현재 일본 국보로 지정되었다. 2006년 우리나라에서 반환운동을 시작하기도 했지만 일본측은 이후, 수장고에 보관하며 거의 공개하고 있지 않다.

한편, 국보급 유물인 백제금동관음상은 7세기 초 만들어진 불상으로, 1907년 충남 부여에서 한 농부가 발견했다. 하지만 이후 행방이 묘연해졌으며 몇 년 전 한 일본인이 소장하고 있는 것으로 드러났다. 문화재청 측은 소장자와 협상을 시도했지만 원하는 액수와 문화재청의 예산이 맞지 않아 결렬되었다.

문화재 환수를 위한 노력과 성과

이렇게 수십만 점의 무수한 문화재가 외국에 가있지만 해방 이후, 지금까지 환수된 문화재는 겨우 1만 120점에 불과하다. 또한 이 중에서도 가치 있는 지정 문화재는 국보 4건, 보물 21건, 문화재 5건 등 689점뿐이다.

한국 정부는 1965년 한일협정 등을 통해 '경주 황오동 금귀걸이', '녹유골호', '강릉 한송사지 석조 보살좌상' 등 1,400여 점을 돌려받았다. 하지만 이것은 경제 지원을 받기 위해 서둘러 이루어진 졸속 협상이었다. 돌려받은 것들은 우리가 처음에 요구한 문화재의 3분의 1에 불과한 것이었으며, 그중에서도 짚신, 막도장 등 희소가치가 없는 것도 많았다.

2010년에는 당시 일본 간 나오토 총리와의 협상을 통해 일본 왕실에서 보관하고 있던 '조선왕실의궤' 의 1205권을 반환받기도 했다.

김영삼 정부 때부터 시작된 프랑스와의 외규장각 협상도 오랜 이슈였다. 1866년 병인양요 당시 프랑스군이 약탈해간 '외규장각 의궤'는 1975년 박병선에 의해 프랑스 국립도서관에 있다는 것이 확인되었고, 이후 지속적인 반환 운동으로 인해 1993년 협상이 시작되었다.

이후, 14년 동안 수많은 우여곡절을 겪으며, 2007년 임대 형식으로 의궤가 들어올 수 있게 되었다. 완전한 반환이 아니라는 점에서 미흡하다는 비판이 제기되기도 한다. 하지만 프랑스 국내의 법적, 정치적 사정을 고려하면 임대 형식으로라도 들여올 수 있게 된 것도 무시할 수 없는 성과였다는 의견도 있다.

2012년에는 해외에 있는 우리 문화재에 대해 좀 더 체계적이고 탄력적인 대응을 위해 문화재청 산하 '국외소재문화재재단' 이 설립되었다. 이 재단은 국외에 소재된 우리 문화재에 대한 현황과 경위에 대한 조사 · 연구 및 환수와 활용을 위한 각종 전략 · 정책 연구 및 추진 등을 종합적으로 수행한다.

하지만 국외문화재재단이 설립된 이후, 지금까지 환수한 문화재는 2018년 12월 기준 17건, 88점에 불과하다. 특히 2017년 국정감사에서 최근 4년 동안의 성과가 직접 매입은 1건, 타기관 예산에 의존하여 환수 협력한 4건 등 총 5건뿐인 것으로 나타났다.

열악한 문화재 환수 실태

문화재 환수는 국가 간의 협정을 통한 것도 있지만 문화재가 소재되어 있는 국가에서의 법적 상황으로 인해 협정이 쉽지 않은 부분이 있다. 특히 소장자가 약탈, 밀수 등의 물건인 것을 몰랐던 경우 소유권이 인정되는 '선의취득' 이 문제인데, 프랑스, 일본 등은 선의취득을 인정하고 있다.

이렇게 되면, 결국 기증 또는 직접 매입을 통해 들여오는 수밖에 없다. 특히, 문화재청은 국내외에 있는 우리 문화재를 매입하기 위한, 긴급 매입비 예산을 운용하고 있다. 그러나 이 예산은 한 해 약 50억 원에 불과하다.

국외소재문화재재단 관계자는 "문화재청의 긴급 매입비 50억은 해외뿐만 아니라 국내 문화재 매입비도 포함되는 만큼, 액수가 턱없이 부족하다고 할 수 있다. 하지만 해외 시장에서의 우리 문화재 거래에 대해서는 정확한 예측이 불가능하여 변동이 너무나 크다. 혹시라도 예산이 남는 경우에도 문제가 되기 때문에, 많은 예산이 배정되지 못하고 있다"라고 전했다.

또한, 세계의 다양한 국외소재 문화재 동향을 파악하고 실시간으로 대처하기는 인력과 예산이 턱없이 모자라다. 실제로 현지 실태 조사가 이뤄진 문화재는 17만 점 중에 4만여 점에 불과하다. 분명 이러한 관련 기관의 예산과 인력 부족은 시급히 해결해야 할 문제로 보이며, 더욱 많은 지원과 관심이 촉구된다.

아픈 역사를 내딛고, 문화강국으로의 재정비를 위해

하지만 현재와 같이, 몇몇 부처 차원의 매입 등을 통한 방법이 과연 충분한 것인지 지적하지 않을 수 없다. 여기저기 산재되어 있는 국외문화재를 일일이 파악하여 찾아오는 것은, 결국 현지에서의 협조가 없으면 쉽지 않은 일이다.

실제로 지금까지 거대한 규모의 문화재 반환은, 정부 차원에서의 조직적 대응과 국가 간 협의로 이루어진 것이 많았다. 결국은 정부가 직접 나서, 끈질긴 협상과 주도면밀한 대응을 강구해야 하는 것이다. 물론 이러한 것은 앞서 살펴본 한일협정처럼, 당장 정치적 성과를 내기 위한 용도로, 활용되는 경우도 있어 문제가 된다. 따라서 문화재 환수 협의는 오랜 인내심을 갖고 협상을 주도해야 한다.

이를 위해서는 국제법과 문화재관계법 등에 능통한 학자 및 외교관 등 전문 인력을 활용한 대응과 함께 각 부처 조직 간의 유기적인 협력과 대응이 절실해진다. 정치 논리에 매몰되지 않는 독립성과 전문성을 갖추고, 장기적인 대응이 가능한 인프라와 체제 정비가 필요한 것이다.

고국을 떠나 이역만리 세계 여기저기를 떠돌고 있는 우리 문화재는 그동안의 대한민국 역사의 아픔을 상징하는 잔재라고 할 수 있다. 수많은 사람들이 우수한 우리 문화재를 어떻게든 빼돌렸고, 지금도 그 가치를 알고 있기 때문에 쉽게 되돌려주지 않고 있다.

지금 21세기, 우리나라는 어느 때보다 국력이 강해졌다. 또한 문화산업의 중요성은 날로 커지고 있다. 이러한 때에 민족적 감정을 극복하고, 세계무대에서 문화산업을 선도하기 위해서는, 흩어져있는 국외문화재들이 다시 고국의 땅을 밟을 수 있도록 하는 것이 중요하다. 때문에 이를 위해, 국민과 정부가 더욱 관심을 갖고 움직일 수 있는 지혜가 절실해지고 있다.

자료: 핸드메이커(http://www.handmk.com), 2019. 07.06

2. 문화재의 지정기준

1) 국가지정문화재의 지정

문화재보호법 [일부개정 2018.6.12 법률 제15639호]

제4장 국가지정문화재

제1절 지정

제23조(보물 및 국보의 지정)

① 문화재청장은 문화재위원회의 심의를 거쳐 유형문화재 중 중요한 것을 보물로 지정할 수 있다.

② 문화재청장은 제1항의 보물에 해당하는 문화재 중 인류문화의 관점에서 볼 때 그 가치가 크고 유례가 드문 것을 문화재위원회의 심의를 거쳐 국보로 지정할 수 있다.

제24조(국가무형문화재의 지정)

① 문화재청장은 무형문화재위원회의 심의를 거쳐 무형문화재 중 중요한 것을 국가무형문화재로 지정할 수 있다.

제25조 (사적, 명승, 천연기념물의 지정)

문화재청장은 문화재위원회의 심의를 거쳐 기념물 중 중요한 것을 사적, 명승 또는 천연기념물로 지정할 수 있다.

제26조 (국가민속문화재의 지정)

문화재청장은 문화재위원회의 심의를 거쳐 민속문화재 중 중요한 것을 국가민속문화재로 지정할 수 있다.

[별표 1] 국가지정문화재의 지정기준(제11조제1항 관련)〈일부개정 2018. 2. 27〉

문화재의 종류	지정기준
보물	1. 건조물(建造物) 가. 목조건축물류 당탑(堂塔), 궁전, 성문(城門), 전랑(前廊), 사우(祠宇), 서원(書院), 누정(樓亭), 향교, 관아(官衙), 객사(客舍) 등으로서 역사적, 학술적, 예술적, 기술적 가치가 큰 것 나. 석조건축물류 석굴, 석탑, 전탑(塼塔), 승탑(僧塔) 및 석종(石鍾), 비갈(碑碣), 석등(石燈), 석교(石橋), 계단(戒壇), 석단(石壇), 석빙고(石氷庫), 첨성대, 당간지주, 석표(石標), 석정(石井) 등으로서 역사적, 학술적, 예술적, 기술적 가치가 큰 것 다. 분묘 분묘 등의 유구(遺構) 또는 건조물, 부속물로서 역사적, 학술적, 예술적, 기술적 가치가 큰 것 라. 조적조 및 콘크리트조 건축물류 청사(廳舍), 학교, 병원, 역사(驛舍), 성당, 교회 등으로서 역사적, 학술적, 예술적, 기술적 가치가 큰 것 2. 전적 · 서적 · 문서 가. 전적류 1) 사본류(寫本類): 한글서적, 한자서적, 저술고본(著述古本), 종교서적 등의 원본이나 우수한 고사본(古寫本) 또는 이를 계통적, 역사적으로 정리한 중요한 것 2) 판본류: 판본(版本) 또는 판목(版木)으로서 역사적 또는 판본학적 가치가 큰 것 3) 활자본류(活字本類): 활자본 또는 활자로서 역사적 또는 인쇄사적 가치가 큰 것 나. 서적류 사경(寫經), 어필(御筆), 명가필적(名家筆跡), 고필(古筆), 묵적(墨跡), 현판(懸板), 주련(柱聯) 등으로서 서예사상 대표적인 것이거나 금석학적 또는 사료적 가치가 큰 것 다. 문서류 역사적 가치 또는 사료적 가치가 큰 것 3. 회화 · 조각 가. 형태 · 품질 · 기법 · 제작 등에 현저한 특이성이 있는 것 나. 우리나라의 문화사적으로 각 시대의 귀중한 유물로서 그 제작기법이 우수한 것 다. 우리나라의 회화사적으로나 조각사적으로 특히 귀중한 자료가 될 수 있는 것 라. 특수한 작가 또는 유파를 대표한 중요한 것 마. 외래품으로서 우리나라 문화에 중요한 의의를 가진 것 4. 공예품 가. 형태 · 품질 · 기법 또는 용도에 현저한 특성이 있는 것 나. 우리나라의 문화사적으로나 공예사적으로 각 시대의 귀중한 유물로서 그 제작기법이 우수한 것 다. 외래품으로서 우리나라의 공예사적으로 중요한 의의를 가진 것

보물	5. 고고자료 가. 선사시대 유물로서 특히 학술적 가치가 큰 것 나. 고분(지석묘 등을 포함한다) · 패총(貝塚) 또는 사지(寺址) · 유적 등의 출토품으로서 학술적으로 중요한 자료가 될 수 있는 것 다. 전세품(傳世品)으로서 학술적 가치가 큰 것 라. 종교 · 교육 · 학예 · 산업 · 정치 · 군사 · 생활 등의 유적 출토품 또는 유물로서 역사적 의의가 크거나 학술적 자료로서 중요하거나 제작상 가치가 큰 것 6. 무구(武具) 가. 우리나라 전사상(戰史上) 사용된 무기로서 희귀하고 대표적인 것 나. 역사적인 명장(名將)이 사용하였던 무구류로서 군사적으로 그 의의가 큰 것
국보	1. 보물에 해당하는 문화재 중 특히 역사적, 학술적, 예술적 가치가 큰 것 2. 보물에 해당하는 문화재 중 제작 연대가 오래되었으며, 그 시대의 대표적인 것으로서, 특히 보존가치가 큰 것 3. 보물에 해당하는 문화재 중 제작의장(製作意匠)이나 제작기술이 특히 우수하여 그 유례가 적은 것 4. 보물에 해당하는 문화재 중 형태 · 품질 · 제재(製材) · 용도가 현저히 특이한 것 5. 보물에 해당하는 문화재 중 특히 저명한 인물과 관련이 깊거나 그가 제작한 것
사적	1. 제2호 각 목의 어느 하나에 해당하는 문화재로서 해당 문화재가 역사적 · 학술적 가치가 크고 다음 각 목의 어느 하나 이상을 충족하는 것 가. 선사시대 또는 역사시대의 사회 · 문화생활을 이해하는 데 중요한 정보를 가질 것 나. 정치 · 경제 · 사회 · 문화 · 종교 · 생활 등 각 분야에서 그 시대를 대표하거나 희소성과 상징성이 뛰어날 것 다. 국가의 중대한 역사적 사건과 깊은 연관성을 가지고 있을 것 라. 국가에 역사적 · 문화적으로 큰 영향을 미친 저명한 인물의 삶과 깊은 연관성이 있을 것 2. 해당 문화재의 유형별 분류기준 가. 조개무덤, 주거지, 취락지 등의 선사시대 유적 나. 궁터, 관아, 성터, 성터시설물, 병영, 전적지(戰蹟地) 등의 정치 · 국방에 관한 유적 다. 역사 · 교량 · 제방 · 가마터 · 원지(園池) · 우물 · 수중유적 등의 산업 · 교통 · 주거생활에 관한 유적 라. 서원, 향교, 학교, 병원, 절터, 교회, 성당 등의 교육 · 의료 · 종교에 관한 유적 마. 제단, 지석묘, 옛무덤(군), 사당 등의 제사 · 장례에 관한 유적 바. 인물유적, 사건유적 등 역사적 사건이나 인물의 기념과 관련된 유적
명승	1. 자연경관이 뛰어난 산악 · 구릉 · 고원 · 평원 · 화산 · 하천 · 해안 · 하안(河岸) · 섬 등 2. 동물 · 식물의 서식지로서 경관이 뛰어난 곳 가. 아름다운 식물의 저명한 군락지 나. 심미적 가치가 뛰어난 동물의 저명한 서식지

명승	3. 저명한 경관의 전망 지점 가. 일출 · 낙조 및 해안 · 산악 · 하천 등의 경관 조망 지점 나. 정자 · 누(樓) 등의 조형물 또는 자연물로 이룩된 조망지로서 마을 · 도시 · 전통유적 등을 조망할 수 있는 저명한 장소 4. 역사문화경관적 가치가 뛰어난 명산, 협곡, 해협, 곶, 급류, 심연(深淵), 폭포, 호수와 늪, 사구(砂丘), 하천의 발원지, 동천(洞天), 대(臺), 바위, 동굴 등 5. 저명한 건물 또는 정원(庭苑) 및 중요한 전설지 등으로서 종교 · 교육 · 생활 · 위락 등과 관련된 경승지 가. 정원, 원림(園林), 연못, 저수지, 경작지, 제방, 포구, 옛길 등 나. 역사 · 문학 · 구전(口傳) 등으로 전해지는 저명한 전설지 6. 「세계문화유산 및 자연유산의 보호에 관한 협약」 제2조에 따른 자연유산에 해당하는 곳 중에서 관상적 또는 자연의 미관적으로 현저한 가치를 갖는 것
천연기념물	1. 동물 가. 한국 특유의 동물로서 저명한 것 및 그 서식지 · 번식지 나. 석회암지대 · 사구 · 동굴 · 건조지 · 습지 · 하천 · 폭포 · 온천 · 하구(河口) · 섬 등 특수한 환경에서 생장(生長)하는 특유한 동물 또는 동물군 및 그 서식지 · 번식지 또는 도래지 다. 생활 · 민속 · 의식주 · 신앙 등 문화와 관련되어 보존이 필요한 진귀한 동물 및 그 서식지 · 번식지 라. 한국 특유의 축양동물(畜養動物)과 그 산지 마. 한국 특유의 과학적 · 학술적 가치가 있는 동물자원 · 표본 및 자료 바. 분포 범위가 한정되어 있는 고유의 동물이나 동물군 및 그 서식지 · 번식지 등 2. 식물 가. 한국 자생식물로서 저명한 것 및 그 생육지(生育地) 나. 석회암지대 · 사구(砂丘) · 동굴 · 건조지 · 습지 · 하천 · 호수 · 늪 · 폭포 · 온천 · 하구 · 도서 등 특수지역이나 특수환경에서 자라는 식물 · 식물군 · 식물군락 또는 숲 다. 문화 · 민속 · 관상 · 과학 등과 관련된 진귀한 식물로서 그 보존이 필요한 것 및 그 생육지 · 자생지 라. 생활문화 등과 관련되어 가치가 큰 인공 수림지 마. 문화 · 과학 · 경관 · 학술적 가치가 큰 수림, 명목(名木), 노거수(老巨樹), 기형목(畸型木) 바. 대표적 원시림 · 고산식물지대 또는 진귀한 식물상(植物相) 사. 식물 분포의 경계가 되는 곳 아. 생활 · 민속 · 의식주 · 신앙 등에 관련된 유용식물(有用植物) 또는 생육지 자. 「세계문화유산 및 자연유산의 보호에 관한 협약」 제2조에 따른 자연유산에 해당하는 곳 3. 지질 · 광물 · 지형 가. 지각의 형성과 관련되거나 한반도 지질계통을 대표하는 암석과 지질구조의 주요 분포지와 지질 경계선 1) 지판(地板) 이동의 증거가 되는 지질구조나 암석

천연기념물	2) 지구 내부의 구성 물질로 해석되는 암석이 산출되는 분포지 3) 각 지질시대를 대표하는 전형적인 노두(露頭)와 그 분포지 4) 한반도 지질계통의 전형적인 지질 경계선 나. 지질시대와 생물의 역사 해석에 관련된 주요 화석과 그 산지 1) 각 지질시대를 대표하는 표준화석과 그 산지 2) 지질시대의 퇴적 환경을 해석하는 데 주요한 시상화석과 그 산지 3) 신속(新屬) 또는 신종(新種)으로 보고된 화석 중 보존 가치가 있는 화석의 모식표본(模式標本)과 그 산지 4) 다양한 화석이 산출되는 화석 산지 또는 그 밖에 학술적 가치가 높은 화석과 그 산지 다. 한반도 지질 현상을 해석하는 데 주요한 지질구조 · 퇴적구조와 암석 1) 지질구조: 습곡, 단층, 관입(貫入), 부정합, 주상절리 등 2) 퇴적구조: 연흔(漣痕), 건열(乾裂), 사층리(斜層理), 우흔(雨痕) 등 3) 그 밖에 특이한 구조의 암석: 베개 용암(pillow lava), 어란암(魚卵岩; oolite), 구상(球狀) 구조나 구과상(球顆狀) 구조를 갖는 암석 등 라. 학술적 가치가 큰 자연지형 1) 구조운동에 의하여 형성된 지형: 고위평탄면(高位平坦面), 해안단구, 하안단구, 폭포 등 2) 화산활동에 의하여 형성된 지형: 단성화산체(單成火山體), 화구(火口), 칼데라(caldera), 기생화산, 화산동굴, 환상 복합암체 등 3) 침식 및 퇴적 작용에 의하여 형성된 지형: 사구, 해빈(海濱), 갯벌, 육계도, 사행천(蛇行川), 석호(潟湖), 카르스트 지형, 석회동굴, 돌개구멍(pot hole), 침식분지, 협곡, 해식애(海蝕崖), 선상지(扇狀地), 삼각주, 사주(砂洲) 등 4) 풍화작용과 관련된 지형: 토르(tor), 타포니(tafoni), 암괴류 등 5) 그 밖에 한국의 지형 현상을 대표할 수 있는 전형적 지형 마. 그 밖에 학술적 가치가 높은 지표 · 지질 현상 1) 얼음골, 풍혈 2) 샘: 온천, 냉천, 광천 3) 특이한 해양 현상 등 4. 천연보호구역 가. 보호할 만한 천연기념물이 풍부하거나 다양한 생물적 · 지구과학적 · 문화적 · 역사적 · 경관적 특성을 가진 대표적인 일정한 구역 나. 지구의 주요한 진화단계를 대표하는 일정한 구역 다. 중요한 지질학적 과정, 생물학적 진화 및 인간과 자연의 상호작용을 대표하는 일정한 구역 5. 자연현상 관상적 · 과학적 또는 교육적 가치가 현저한 것
국가 민속문화재	1. 다음 각 목의 어느 하나에 해당하는 것 중 한국민족의 기본적 생활문화의 특색을 나타내는 것으로서 전형적인 것

국가 민속문화재	가. 의 · 식 · 주에 관한 것 궁중 · 귀족 · 서민 · 농어민 · 천인 등의 의복 · 장신구 · 음식용구 · 광열용구 · 가구 · 사육용구 · 관혼상제용구 · 주거, 그 밖의 물건 또는 그 재료 등 나. 생산 · 생업에 관한 것 농기구 · 어렵구(漁獵具) · 공장용구 · 방직용구 · 작업장 등 다. 교통 · 운수 · 통신에 관한 것 운반용 배 · 수레, 역사 등 라. 교역에 관한 것 계산용구 · 계량구 · 간판 · 점포 · 감찰 · 화폐 등 마. 사회생활에 관한 것 증답용구(贈答用具), 경방용구(警防用具), 형벌용구 등 바. 신앙에 관한 것 제사구, 법회구, 봉납구(捧納具), 우상구(偶像具), 사우(祠宇) 등 사. 민속지식에 관한 것 역류(曆類) · 점복(占卜)용구 · 의료구 · 교육시설 등 아. 민속예능 · 오락 · 유희에 관한 것 의상 · 악기 · 가면 · 인형 · 완구 · 절귀용구 · 도구 · 무대 등 2. 제1호 각 목에 열거한 민속문화재를 수집 · 정리한 것 중 그 목적 · 내용 등이 다음 각 호의 어느 하나에 해당하는 것으로서 특히 중요한 것 가. 역사적 변천을 나타내는 것 나. 시대적 또는 지역적 특색을 나타내는 것 다. 생활계층의 특색을 나타내는 것 3. 민속문화재가 일정한 구역에 집단적으로 소재한 경우에는 민속문화재의 개별적인 지정을 갈음하여 그 구역을 다음의 기준에 따라 집단 민속문화재 구역으로 지정할 수 있다. 가. 한국의 전통적 생활양식이 보존된 곳 나. 고유 민속행사가 거행되던 곳으로 민속적 풍경이 보존된 곳 다. 한국건축사 연구에 중요한 자료를 제공하는 민가군(民家群)이 있는 곳 라. 한국의 전통적인 전원생활의 면모를 간직하고 있는 곳 마. 역사적 사실 또는 전설 · 설화와 관련이 있는 곳 바. 옛 성터의 모습이 보존되어 고풍이 현저한 곳

신문 읽기

19년 만의 인간문화재 지정 제대로 될까

정재숙 문화재청장 "19년 공백 더 이상 방치할 수 없다"

방탄소년단(BTS)을 필두로 한 케이컬처가 세계를 휩쓸고 있다. 물론 이들도 정상에서 내려오고, 어느덧 사라져 전설이 될 날이 오겠지만 그들의 춤과 음악은 기록으로 남는다.

하지만 근대 이전의 춤과 음악은 기록되지 않아 사람을 통해서만 전수돼왔다. 이런 무형의 자산을 보존하고자 우리나라는 무형문화재 지정 제도를 도입해 지원하고 있다. 무형문화재 보유자를 흔히 '인간문화재' 라고 부른다.

현재 무형문화재 지정 제도는 인간문화재를 정점으로 삼고, 그로부터 기량을 배운 제자 가운데 뛰어난 이를 '전수(교육)조교' 로 선정하며, 그 밑에 '이수자' 를 둔다.

문화재청은 인간문화재가 타계하면 전수조교 가운데 한 명을 다음 인간문화재로 지정해왔다. 하지만 이 과정에서 전수조교들 사이에 갈등이 싹텄다. 인간문화재로 지정되면 엄청난 지원이 약속되는데 한번 탈락하면 다음에 된다는 보장이 없기 때문이다.

더구나 인간문화재가 장수하다 타계하면 전수조교도 이미 고령의 나이라 기량을 전수하고 보급하는 의무를 수행하지 못할 수도 있다. 이 때문에 비교적 젊은 전수조교를 선정해야 한다는 주장도 나왔다. 그래서 인간문화재 지정이 늘 구설에 오르자 문화재청도 시간을 끌며 사실상 회피해왔다.

문화재청은 2015년 승무와 태평무 · 살풀이춤(이매방류와 김숙자류) 분야에서 차기 인간문화재를 지정하는 '인정조사' 를 15년 만에 실시했다. 이때 전수조교는 물론 이수자들에게도 응모 자격을 줘 24명이나 신청했다. 그러자 전수조교들이 "전통예술은 기량만큼이나 보급이 중요한데, 기량만 갖고 따질 수 있느냐. 인정조사는 콩쿠르가 아니다"라고 반발했다. 또 심사위원단 일부 명단과 심사 기준이 유포되는 사태도 일어났다.

이런 소동 속에서 문화재청은 2016년 2월 태평무 응모자 가운데 가장 젊은 양모 씨를 인간문화재로 지정하겠다고 예고했다. 그러자 당시 만 80세인 태평무 최고령 전수조교가 1인 시위에 들어갔고, 다른 분야에서도 기준과 평가에 문제가 있다며 비상대책위원회(비대위)가 만들어졌다.

당시 '무형문화재 보전 및 진흥에 관한 법률' (무형문화재법)은 고령과 와병 등으로 더는 활동할 수 없는 인간문화재는 '명예' 인간문화재로 변경해 전통문화 보급 의무를 면제한다고 돼 있었다. 이 경우 인간문화재의 실질적 역할은 나이 많은 전수조교가 하게 되는데, 나중에 그가 고령이라는 이유로 인간문화재가 되지 못하면 불공정하다는 것이었다.

'전수조교도 명예 인간문화재 될 수 있다'

반발이 심해지자 문화재청은 추가 예고를 중지하고 전수조교도 명예 인간문화재가 될 수 있도록 법을 바꿨다. 이어 2015년 심사가 문제없다 보고, 올해 3월 세 분야에서 11명의 후보자를 발표했다.

이 명단에 고령을 이유로 예고에 빠졌던 전수조교 9명이 모두 포함돼 있었다. 그러자 전원 합격한 전수조교들과 나머지 2명은 문화재청 발표를 지지하고, 그렇지 못한 이들은 비난하는 현상이 일어났다. 문화재청은 5월 중 최종 발표하겠다는 방침을 확고히 했다.

정재숙 문화재청장은 "19년째 인간문화재를 공석으로 두는 것은 국가적으로도 용납할 수 없는 일이다. 법령을 개정하고, 다섯 차례나 의견을 수렴해 제도 개선을 했으며, 2015년 조사에서도 문제가 없다는 것이 밝혀졌으니 최종 심사를 통해 결과를 밝힐 예정"이라고 말했다.

자료: 주간동아 1187호, 2019. 05. 07

제4절 유네스코 유산

1. 유네스코 유산의 개념

유네스코라는 이름은 유엔교육과학문화기구(United Nations Educational, Scientific and Cultural Organization)의 앞머리 글자를 딴 약칭으로 전 세계의 교육과 문화, 인권 향상을 위한 다양한 일을 하고 있다.

교육 분야에서는 전 세계 문맹 퇴치를 위해서 초등 의무교육을 보급하고 난민들을 가르치는 일을 돕고 있으며 교육과 과학용 자재를 보급하거나 인재 양성을 위한 연구보조금을 지급하는 등 다양한 활동을 벌이고 있다.

또 유네스코는 과학 분야에도 지원을 아끼지 않고 있다. 생물과 해양 분야의 국제적 연구를 통해 환경 문제 해결을 위해 노력하고 있다. 그뿐만 아니라 세계문화유산을 지정해 세계 각국의 문화유적과 유산을 보호하는 지원을 하고 있다. 이런 유네스코 활동을 널리 알리고 참여를 촉구하기 위해서 세계의 유명 인사를 "유네스코 친선 대사"로 임명해 다양한 활동을 하고 있다.

유네스코는 1972년, 이집트의 아스완 하이 댐 건설로 인하여 수몰 위기에 놓인 고대 누비아 유적들(고대 이집트 문명으로서 람세스 2세가 세운 아부심벨 대신전과 소신전, 프톨레마이오스 왕조 시대에 세운 필레 신전 등이 대표적 유적)을 보호하기 위하여 '유네스코의 세계 문화 및 자연 유산 보호 협약' 사업을 시작하였다.

그 후 1989년 '전통 문화 및 민속 보호에 관한 유네스코의 권고'를 시작으로, 유네스코는 산업화와 지구화 과정에서 급격히 소멸되고 있는 무형유산을 보호하고, 계승하기 위하여 2003년 제32차 유네스코총회를 통해 최초의 무형유산 보호 국제협약인 '무형문화유산 보호 국제협약'을 채택하였다.

세계기록유산의 경우 1992년 '세계의 기억(Memory of the World: MOW)' 사업이라는 이름으로 시작되어 전쟁과 사회적 변동, 그리고 자원의 부족으로 소멸 위기에 놓인 인류의 중요한 기록들을 보호하고 보존하는 일을 시작하였다.

유네스코의 정의를 보면 "유산(heritage)은 "과거로부터 물려받은 것으로서, 우리가 그것과 더불어 현재 살고 있으며 미래의 세대에게 전승하는 것"(Heritage is our legacy from the past, what we live with today, and what we pass on to future generations.") 이라고 한다.

2. 유네스코 유산의 종류

그림 5-4 • 유네스코 유산의 종류

자료: http://heritage.unesco.or.kr

1) 세계유산

'세계유산' (World Heritage)은 유네스코가 제정 하여 1972년부터 범세계적으로 운영하고 있는 세계 '유산' 보존제도의 기본 개념 이다.

유네스코 '세계유산' 은 1972년 '유네스코(UNESCO, 국제연합교육과학문화기구) 세계문화 및 자연유산 보호 협약(Convention Concerning the Protection of the World Cultural and Natural Heritage; 약칭 세계유산협약)' 에 의하여 세계유산목록에 등재된 유산을 뜻한다.

즉 세계유산이란 1972년 유네스코총회에서 채택된 "세계유산조약"에 근거하여 세계유산 목록에 기재(등록)된 유산으로서, 세계적으로 "현저한 보편적 가치"를 가진 기념물, 유적, 자연 지역 등 국가와 민족을 뛰어넘어 미래 세대로 계승해 가야 할 전인류에게 공통된 매우 중요한 지구 차원의 자연이나 인간에 의해 창조된 문화유산을 말한다.

따라서, 세계유산으로 등록되기 위해서는 첫째 세계적으로 현저한 보편적 가치를 지니고 있음이 전제가 되어야 한다. 둘째 세계유산 등록 기준 중 1가지 이상을 충족하고 있어야 한다. 셋째 세계유산으로서의 가치를 미래에 까지 계승해 가기 위한 보호 및 관리 조치가 취해져 있어야 한다.

세계유산 목록에 등록되어 있는 것은 2018년 8월 현재 167개국의 1,092건(자연유산 209, 문화유산 845, 복합유산 38)이 등재되어 있다.

인류의 보편적이고 뛰어난 가치를 지닌 자국의 부동산 유산이 등재되는 세계유산의 종류에는 문화유산(cultural heritage), 자연유산(natural heritage) 그리고 문화와 자연의 가치를 지닌 복합유산(mixed heritage)이 있다.

표 5-11 • 세계유산의 종류 및 정의

구 분	정의
문화유산	• 기념물 : 기념물, 건축물, 기념 조각 및 회화, 고고 유물 및 구조물, 금석문, 혈거 유적지 및 혼합유적지 가운데 역사, 예술, 학문적으로 탁월한 보편적 가치가 있는 유산 • 건조물군 : 독립되었거나 또는 이어져있는 구조물들로서 역사상, 미술상 탁월한 보편적 가치가 있는 유산 • 유적지 : 인공의 소산 또는 인공과 자연의 결합의 소산 및 고고 유적을 포함한 구역에서 역사상, 관상상, 민족학상 또는 인류학상 탁월한 보편적 가치가 있는 유산
자연유산	• 무기적 또는 생물학적 생성물들로부터 이룩된 자연의 기념물로서 관상상 또는 과학상 탁월한 보편적 가치가 있는 것 • 지질학적 및 지문학(地文學)적 생성물과 이와 함께 위협에 처해 있는 동물 및 생물의 종의 생식지 및 자생지로서 특히 일정구역에서 과학상, 보존상, 미관상 탁월한 보편적 가치가 있는 것 • 과학, 보존, 자연미의 시각에서 볼 때 탁월한 보편적 가치를 주는 정확히 드러난 자연지역이나 자연유적지
복합유산	문화유산과 자연유산의 특징을 동시에 충족하는 유산

2) 무형문화유산

유네스코 '무형문화유산'(Memory of the World)은 2003년 유네스코의 '무형문화유산 보호 국제협약(Convention for the Safeguarding of Intangible Cultural Heritage)'에 의하여 인류무형문화유산 대표목록, 긴급보호가 필요한 무형문화유산목록 혹은 유산보호 우수사례목록으로 등재된 무형의 유산을 뜻한다.

유네스코는 1997년 제29차 총회에서 산업화와 지구화 과정에서 급격히 소멸되고 있는 무형문화유산을 보호하고자 '인류 구전 및 무형유산 걸작 제도'를 채택했다. 이후, 2001년, 2003년, 2005년 모두 3차례에 걸쳐 70개국 90건이 인류 구전 및 무형유산 걸작으로 지정되었다. 무형문화유산의 중요성에 대한 국제사회의 인식이 커지면서 2003년 유네스코 총회는 무형문화유산 보호 협약을 채택하였다. 이것은 국제사회의 문화유산 보호 활동이 건축물 위주의 유형 문화재에서 눈에 보이지 않지만 살아있는 유산(living heritage), 즉 무형문화유산의 가치를 새롭게 인식하고 확대하였음을 국제적으로 공인하는 이정표가 되었다.

무형문화유산 보호를 위한 국제사회의 관심이 높아져가고 있는 한편으로 아직도 세계화와 급속한 도시화, 문화 통합 정책과 더불어 젊은 세대의 관심 부족으로 인해 많은 무형유산이 사라지고 있다.

3) 세계기록유산

유네스코 '세계기록유산'(Documents heritage)은 국제자문위원회(IAC) 회의의 권고에 따라 등재를 권고받은 기록유산 중 유네스코 사무총장의 승인을 통해 최종결정되어 등재된 기록물을 뜻한다. 그 외에 세계기록유산 지역목록의 경우 각 지역별로 구성되어있는 세계기록유산 지역위원회(아태지역의 경우 세계기록유산 아태지역위원회 (MOWCAP)) 총회를 통하여 등재된 해당 지역의 기록물을 뜻하며, 세계기록유산 국가목록은 각 국가별로 해당 국가에서 중요하다고 지정하여 보호하는 기록물을 뜻한다.(한국의 경우 문화재청에서 지정하는 문화재로 갈음함)

유네스코가 고문서 등 전 세계의 귀중한 기록물을 보존하고 활용하기 위하여 1997년부터 2년마다 세계적 가치가 있는 기록유산을 선정하는 사업으로 유산의 종류로는 서적(책)이나 문서, 편지 등 여러 종류의 동산 유산이 포함된다.

3. 유산등재

1) 세계유산 등재

세계유산(World Heritage)은 '탁월한 보편적 가치'(OUV ; Outstanding Universal Value)를 갖고 있는 부동산 유산을 대상으로 한다. 따라서 세계유산 지역내 소재한 박물관에 보관한 조각상, 공예품, 회화 등 동산 문화재나 식물, 동물 등은 세계유산의 보호 대상에 포함되지 않는다.

어떤 유산이 세계유산으로 등재되기 위해서는 한 나라에 머물지 않고 탁월한 보편적 가치가 있어야 한다. 세계유산 운영지침은 유산의 탁월한 가치를 평가하기 위한 기준으로 다음 10가지 가치 평가 기준을 제시하고 있다.

기준 Ⅰ부터 Ⅵ까지는 문화유산에 해당되며, Ⅶ부터 Ⅹ까지는 자연유산에 해당된다.

이러한 가치평가기준 이외에도 문화유산은 기본적으로 재질이나 기법 등에서 유산이 진정성(authenticity)을 보유하고 있어야 한다. 또한, 문화유산과 자연유산 모두 유산의 가치를 보여줄 수 있는 제반 요소를 포함해야 하며, 법적, 제도적 관리 정책이 수립되어있어야 세계유산으로 등재할 수 있다.

세계유산 등재기준을 표로 정리하면 [표 5-12]와 같다.

표 5-12 • 세계유산 등재기준

구 분	기 준	사 례
문화유산	(Ⅰ) 인간의 창의성으로 빚어진 걸작을 대표할 것 (Ⅱ) 오랜 세월에 걸쳐 또는 세계의 일정 문화권 내에서 건축이나 기술 발전, 기념물 제작, 도시 계획이나 조경 디자인에 있어 인간 가치의 중요한 교환을 반영 (Ⅲ) 현존하거나 이미 사라진 문화적 전통이나 문명의 독보적 또는 적어도 특출한 증거일 것 (Ⅵ) 인류 역사에 있어 중요 단계를 예증하는 건물, 건축이나 기술의 총체, 경관 유형의 대표적 사례일 것 (Ⅴ) 특히 번복할 수 없는 변화의 영향으로 취약해졌을 때 환경이나 인간의 상호 작용이나 문화를 대변하는 전통적 정주지나 육지. 바다의 사용을 예증하는 대표 사례	Ⅰ. 호주 오페라 하우스 Ⅱ. 러시아 콜로 Ⅲ. 멘스코이 성당 Ⅵ. 태국 아유타야 유적 Ⅴ. 종묘, 리비아 가다메스 옛도시 Ⅵ. 일본 히로시마 원폭돔
문화유산	(Ⅵ) 사건이나 실존하는 전통, 사상이나 신조, 보편적 중요성이 탁월한 예술 및 문학작품과 직접 또는 가시적으로 연관될 것 (다른 기준과 함께 적용 권장) ※ 모든 문화유산은 진정성(authenticity; 재질, 기법 등에서 원래 가치 보유) 필요	
자연유산	(Ⅶ) 최상의 자연 현상이나 뛰어난 자연미와 미학적 중요성을 지닌 지역을 포함할 것 (Ⅷ) 생명의 기록이나, 지형 발전상의 지질학적 주요 진행과정, 지형학이나 자연지리학적 측면의 중요 특징을 포함해 지구 역사상 주요단계를 입증하는 대표적 사례 (Ⅸ) 육상, 민물, 해안 및 해양 생태계와 동 · 식물 군락의 진화 및 발전에 있어 생태학적, 생물학적 주요 진행 과정을 입증하는 대표적 사례일 것 (Ⅹ) 과학이나 보존 관점에서 볼 때 보편적 가치가 탁월하고 현재 멸종 위기에 처한 종을 포함한 생물학적 다양성의 현장 보존을 위해 가장 중요하고 의미가 큰 자연 서식지를 포괄	Ⅶ. 케냐 국립공원, 제주 용암동굴 · 화산섬 Ⅷ. 제주 용암동굴 · 화산섬 Ⅸ. 케냐 국립공원 Ⅹ. 중국 쓰촨 자이언트 팬더 보호구역

구 분	기 준	사 례
공통	- 완전성(integrity) : 유산의 가치를 충분히 보여줄 수 있는 충분한 제반 요소 보유 - 보호 및 관리체계 : 법적, 행정적 보호 제도, 완충지역(buffer zone) 설정 등	

자료 : http://heritage.unesco.or.kr

2) 무형문화유산 등재

표 5-13 • 무형문화유산 등재기준

구 분	기 준
긴급보호가 필요한 무형문화유산 목록 등재기준	(기준1) 무형유산협약 제2조에서 규정하는 무형문화유산에 부합할 것 (기준2) 관련 공동체나 집단, 개인 또는 당사국의 노력에도 불구하고 소멸위험에 처해있어 긴급한 지원이 필요한 경우 (기준3) 즉각적인 보호 조치가 없으면 곧 소멸될 정도로 극도로 긴급한 상황에 놓여있을 것 (기준4) 관련 공동체, 집단, 개인이 계속 실연하고 전승할 수 있도록 보호조치가 마련되어 있을 것 (기준5) 관련 공동체, 집단, 개인들이 자유롭게 사전 인지 동의(free, prior, informed consent)하고, 가능한 최대한 폭넓게 신청과정에 참여할 것
긴급보호가 필요한 무형문화유산 목록 등재기준	(기준6) 신청유산이 당사국 무형문화유산 목록에 포함되어있을 것 ※ 이와 별도로, 극도로 긴급한 상황인 경우 무형유산위원회는 관련 당사국과 적절한 협의를 거쳐 해당 유산을 긴급보호무형유산목록에 등재할 수 있음.
무형문화유산 대표목록 등재기준	(기준1) 무형유산협약 제2조에서 규정하는 무형문화유산에 부합할 것 (기준2) 대표목록 등재가 해당 유산의 가시성 및 중요성에 대한 인식 제고, 문화간 대화에 기여하며, 아울러, 세계 문화다양성 반영 및 인류의 창조성을 입증할 것 (기준3) 신청유산에 대한 적절한 보호 조치가 마련되어 있을 것 (기준4) 관련 공동체, 집단, 개인들이 자유롭게 사전 인지 동의(free, prior, informed consent)하고, 가능한 최대한 폭넓게 신청과정에 참여할 것 (기준5) 신청유산이 당사국 무형문화유산 목록에 포함되어있을 것

자료: http://heritage.unesco.or.kr

3) 세계기록유산 등재

세계기록유산은 영향력, 시간, 장소, 인물, 주제, 형태, 사회적 가치, 보존 상태, 희귀성 등을 기준으로 선정된다. 기록유산은 일국 문화의 경계를 넘어 세계의 역사에 중요한 영향력을 끼쳐 세계적인 중요성을 갖거나 인류 역사의 특정한 시점에서 세계를 이해할 수 있도록 두드러지게 이바지한 경우 선정된다. 또는 전 세계 역사와 문화의 발전에 큰 기여를 한 인물 및 인물들의 삶과 업적에 관련된 기록유산도 있다.

표 5-14 • 무형문화유산 등재기준

구 분	기 준
유산의 진정성 (Authenticity)	해당 유산의 본질 및 기원(유래)을 증명할 수 있는 정품일 것
독창적(Unique)이고 비(非)대체적(Irreplaceable)인 유산	특정 기간 또는 특정 지역에 지대한 영향력을 끼쳤음이 분명한 경우. 해당 유산이 소멸되거나 유산의 품질이 하락한다면 인류 유산의 발전에 심각한 해악을 끼치리라 판단되는 경우
세계적 관점에서 유산이 가지는 중요성	시간(Time) : 국제적인 일의 중요한 변화의 시기를 현저하게 반영하거나 인류 역사의 특정한 시점에서 세계를 이해할 수 있도록 이바지하는 경우
※ 한 지역이 아닌 세계적으로 어떠한 영향을 끼쳤는지 여부. 그리고 아래의 5가지 요소들 중에 반드시 한 가지 이상으로 그 중요성을 증명할 수 있어야 함.	• 장소(Place) : 세계 역사와 문화의 발전에 중요한 기여를 했던 특정 장소와 지역에 관한 주요한 정보를 담고 있는 경우 • 사람(People) : 전 세계 역사와 문화에 현저한 기여를 했던 개인 및 사람들의 삶과 업적에 특별한 관련을 갖는 경우 • 대상/주제(Subject/Theme) : 세계 역사와 문화의 중요한 주제를 구현하고 있는 경우 • 형태 및 스타일(Form and Style) : 뛰어난 미적, 형식적, 언어적 가치를 가지거나 형태 및 스타일에서 중요한 표본이 된 경우
보조 요건	• 희귀성(Rarity) : 독특하거나 희귀한 자료 • 원 상태로의 보존(Integrity) : 온전한 하나의 전체로서 보존되어 있는 경우 • 위협(Threat) : 해당 유산이 각종 위험 요소에서 안전한 가 또는 안전을 담보할 수 있는 경비 조치가 적절한지의 여부 • 관리 계획(Management Plan) : 해당 유산의 중요성에 비추어 적절한 보존 및 접근 전략의 존재 여부

자료: http://heritage.unesco.or.kr

신문 읽기 [ONE SHOT] 유네스코 세계유산 한국은 14건…가장 많은 나라는?

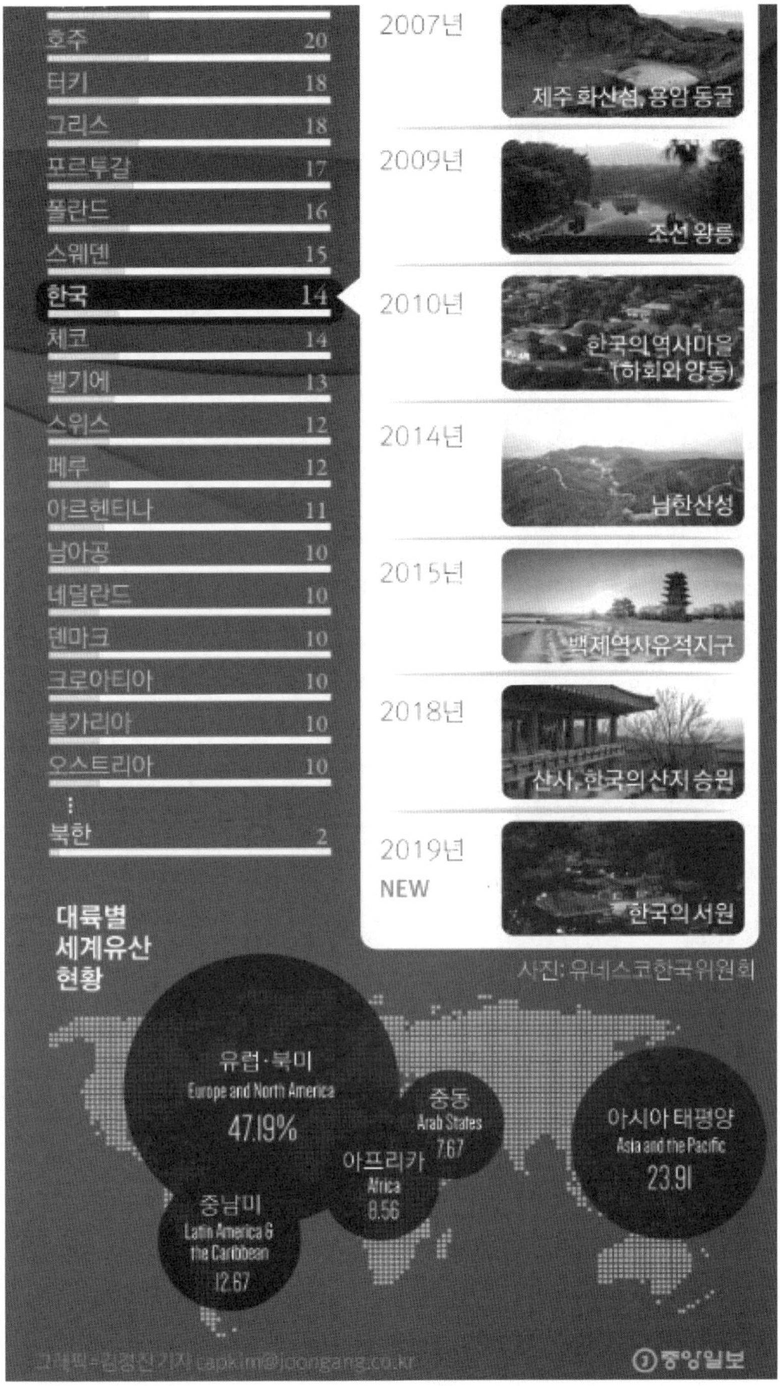
호주 20
터키 18
그리스 18
포르투갈 17
폴란드 16
스웨덴 15
한국 14
체코 14
벨기에 13
스위스 12
페루 12
아르헨티나 11
남아공 10
네덜란드 10
덴마크 10
크로아티아 10
불가리아 10
오스트리아 10
⋮
북한 2
2007년 제주 화산섬, 용암 동굴
2009년 조선 왕릉
2010년 한국의 역사마을 (하회와 양동)
2014년 남한산성
2015년 백제역사유적지구
2018년 산사, 한국의 산지 승원
2019년 NEW 한국의 서원
사진: 유네스코한국위원회
대륙별 세계유산 현황
유럽·북미 Europe and North America 47.19%
중동 Arab States 7.67
아프리카 Africa 8.56
아시아 태평양 Asia and the Pacific 23.91
중남미 Latin America & the Caribbean 12.67
그래픽=김경진 기자 capkim@joongang.co.kr
중앙일보

유네스코 세계유산 등재를 결정하는 세계유산위원회(WHC)가 '한국의 서원'을 포함한 29건을 새로 등록하며 인류를 위해 보호해야 할 세계유산이 1092건에서 총 1121건으로 늘었다.

중국과 이탈리아는 지금까지 세계유산 55건을 각각 등재해 공동 최다 보유국이 됐다. 한국은 조선시대 각지에 건립한 성리학 교육기관인 서원 9곳을 묶은 '한국의 서원'(Seowon, Korean Neo-Confucian Academies)을 세계유산 목록에 올리며 총 14건의 세계유산을 보유한 국가가 됐다.

아시아에서는 중국이 '량주(良渚) 고고학 유적'과 '황해보하이만 철새 서식지'를 세계유산에 올렸고, 일본은 오사카에 있는 고대 무덤떼 '모즈·후루이치(百舌鳥·古市) 고분군'을 추가했다.

세계적으로 유명한 미얀마 불교 유적 '바간'과 이라크 바빌로니아 왕국 수도 '바빌론'은 이제야 세계유산이 됐다. 특히 '바빌론'은 이라크 정부가 1983년 세계유산 등재 신청을 한 뒤 36년 만에 결실을 봤다.

또 라오스 '시엥쿠앙의 거석 항아리 유적'과 인도네시아 '사왈룬토의옴빌린 탄광', 인도 '라자스탄 자이푸르', 이란 '히르카니아 숲'도 세계유산에 등재됐다.

이외에도 이탈리아 '코넬리아노와발도비아데네의프로세코 언덕', 미국 건축 거장 프랭크 로이드 라이트 건축물을 묶은 '프랭크 로이드 라이트의 20세기 건축', 러시아 '프스코프 건축학교의 교회들', 포르투갈 '마프라의 왕립건물', 캐나다 '라이팅 온 스톤'이 세계유산이 됐다

자료 : 중앙일보, 2019. 07. 11

3. 유산목록(현황)

1) 한국의 세계유산

2019년 7월 현재 세계유산은 전 세계 167개국에 분포되어 있으며, 총 1,121점(2019년 등재기준) 가운데 문화유산이 869점, 자연유산 213점, 복합유산이 39점이다. 한편 위험에 처한 세계유산목록에는 총 54점(2018년 8월 기준)이 등재되어 있다. 이밖에 세계유산목록 등재를 희망하는 회원국들이 작성한 자국의 유산 목록(세계유산 잠정목록)은 193개 협약 당사국 중 176개국이 1,669개의 잠정목록(2017년 7월 기준)을 제출해둔 상태이다.

우리나라의 유네스코 세계유산은 총 14곳이 등재되어 있으며 [표 5-15]와 같다.

표 5-15 • 한국의 유네스코 세계유산 등재 현황

(2019. 7월 현재)

연번	등재 목록	등재일	비고
1	석굴암 · 불국사	1995. 12. 9	문화유산
2	해인사 장경판전	1995. 12. 9	문화유산
3	종묘	1995. 12. 9	문화유산
4	창덕궁	1997. 12. 6	문화유산
5	수원화성	1997. 12. 6	문화유산
6	경주역사유적지구	2000. 12. 2	문화유산
7	고창 · 화순 · 강화 고인돌 유적	2000. 12. 2	문화유산
8	제주 화산섬과 용암	2007. 7. 2	자연유산
9	조선왕릉	2009. 6. 30	문화유산
10	한국의 역사마을: 하회와 양동	2010. 7. 31	문화유산
11	남한산성	2014. 6. 22	문화유산
12	백제역사 유적지구	2015. 7. 8	문화유산
13	산사, 한국의 산지승원	2018. 6. 30	문화유산
14	한국의 서원	2019. 7. 7	문화유산

자료: http://heritage.unesco.or.kr

2) 한국의 무형문화유산

무형문화유산은 긴급보호목록, 인류무형문화유산 대표목록, 모범사례목록으로 분류되어 등재된다.

긴급한 보호가 필요한 무형문화유산목록에 등재된 무형유산은 32개국 59건(2018년 등재기준)이다. 긴급보호목록은 2009년 처음 선정되었다.

인류무형문화유산 대표목록에 등재된 무형유산은 전 세계 117개국 429건(2018년 등재기준)에 이른다. 유네스코가 2001년, 2003년, 2005년 각각 선포했던 '인류 구전 및 무형유산걸작' 90건은 2008년 11월, 대표목록으로 자동 전환되었다. 대표목록 선정은 2009년부터 시작되었으며, 2009년 71건, 2010년 44건, 2011년 18건, 2012년 26건, 2013년 25건, 2014

년 34건, 2015년 23건, 2016년 33건, 2017년 34건, 2018년 31건이 새로 대표목록에 등재되면서 전체 429건이 되었다.

유산 보호의 모범사례목록은 협약의 원칙과 목적에 잘 부합한 보호 프로그램과 프로젝트, 활동 들을 보여준다. 2009년 3건, 2011년 5건, 2012년 2건, 2013년 1건, 2014년 1건, 2016년 5건, 2017년 2건, 2018년 1건 등 총 20건이 목록에 등재되어 있다.

우리나라는 인류무형문화유산 대표목록에 현재까지 총 20건의 유산이 등재되어 있으며 [표 5-16]과 같다.

표 5-16 • 한국의 유네스코 무형문화유산 등재 현황

(2018년 기준)

연번	등재목록	등재일
1	종묘 및 종묘제례악	2001년
2	판소리	2003년
3	강릉단오제	2005년
4	강강술래	2009년
5	남사당	2009년
6	영산재	2009년
7	제주 칠머리당영등굿	2009년
8	처용무	2009년
9	가곡	2010년
10	대목장	2010년
11	매사냥	(2010년, 공동등재)
12	줄타기	2011년
13	택견	2011년
14	한산모시짜기	2011년
15	아리랑	2012년
16	김장문화	2013년
17	농악	2014년
18	줄다리기	(2015년, 공동등재)

연번	등재목록	등재일
19	제주해녀문화	2016년
20	한국의 전통 레슬링(씨름)	2018년

자료: http://heritage.unesco.or.kr

3) 한국의 세계기록유산

세계기록유산 목록은 전 세계적으로 124개국 및 8개 기구 432건(2017년 등재기준)에 이른다. 우리나라의 세계기록유산은 현재까지 총 16건의 유산이 등재되어 있으며 [표 5-17]과 같다.

표 5-17 • 한국의 유네스코 세계기록유산 등재 현황

(2017년 기준)

연번	등재목록	등재일
1	훈민정음	1997년
2	조선왕조실록	1997년
3	직지심체요절	2001년
4	승정원일기	2001년
5	해인사 대장경판 및 제경판	2007년
6	조선왕조 의궤	2007년
7	동의보감	2009년
8	일성록	2013년
9	5.18 민주화운동 기록물	2011년
10	난중일기	2013년
11	새마을운동 기록물	2013년
12	한국의 유교책판	2015년
13	KBS 특별생방송 '이산가족을 찾습니다' 기록물	2015년
14	조선왕실 어보와 어책	2017년
15	국채보상운동 기록물	2017년
16	조선통신사 기록물	2017년

자료 : http://heritage.unesco.or.kr

4. 등재절차 및 등재 효과

1) 등재 절차

(1) 세계유산 등재절차

세계유산 등재 절차는 세계유산협약에 가입한 각국 정부가 유네스코 세계유산센터에 잠정목록 등재 신청서를 제출하면서 시작된다.

연번	연번	연번
1 매년 2월 까지	신청 각 국가 집단(State Party) 각 국가는 세계유산협약에 가입하고, 자신의 문화적, 자연적 유산을 보호할 것을 서약함으로써 가입국이 됨	• 각 가입국은 자국 영통 안에 있으며 "탁월한 보편적 가치를 보유한 것으로 인정되는 문화적 · 자연적 財 중에서 세계유산목록에 등록하려는 財를 선정함 • 자국 문화재위언회의 심의와 현지 조사 등을 거쳐 잠정목록에 등록 신청하고자 하는 후보 문화재를 선정함 → ICOMO 국가위원회가 이를 평가함 → 문화재위원회가 심의함 → 등록신청 서류(영문 신청서, 사진 · 슬라이드 · 비디오 등 시각자료)를 UNESCO에 제출(매년 2월 1일까지)함
2 2월1일 ~ 3월1일	접수 및 자료 완비 세계유산센터(WH Centre) 1992년 설립되었으며 UNESCO 안에서 세계유사에 관련된 모든 업무에 관련하여 중심과 조정의 역학을 수행함	• 신청서 및 부속 서류를 접수하고 자료를 완비함 • 신청유산의 검토 및 평가를 자문기구인 ICOMOS(문화유산)와 IUCN(자연유산)에 의뢰함
3 6월 ~ 2월(+)	평가 ICOMOS 및 또는 IUCN 문화유산은 ICOMOS에 자연유산은 IUCN에 의뢰함	• 세계유산위원회의 기준에 의거, 전문적 평가를 함 • 당해 문화유산에 관한 전문가를 ICOMOS 회원 중에서 선정하여 신청된 유산 현장에 방문 실사 평가를 하게 함 • 3가지 범주의 평가 결과를 세계유산위원회에 제출함
4 2월(+)	평가서 접수 세계유산위원회 비서	• 세계유산위원회에서는 ICOMOS 평가 결과서를 운영사무국회의 개최 6주 전까지 접수받음
5 4월(+) 중	회의안건 준비 운영사무국 회장단으로 구성함	• 운영사무국은 각 신청 사항을 검토하여 4가지 범주 중에서 하나를 선택하여 세계유산위원회에 추천함

연번	연번	연번
6 4월(+) ~ 5월(+)	회의안건 배포, 회부 유산위 서기 세계유산위원회의 위원 7인으로 구성하는 소위원회로서, 본 위원회의 작업을 준비함	• 운영사무국 보고서를 모든 위원국 및 관련 가입국에 배포함 • 추가 정보가 필요한 경우, 문화유산의 추가 정보를 확보하고 이를 관계자에게 배포함 • 범주에 따라 회의 안건으로 회부함
7 6월(+)	심의 세계유산위원회(WH Committee) 협약국 21개국 대표로 구성되며 세계유산협약의 실천을 책임짐	• 세계유산위원회의 정기총회에서 등록 여부를 최종 심의 · 결정, 공포함 • 신청유산을 세계유산목록에 등록하거나 등록하지 않거나 심의를 유보하거나 추가 정보가 필요하여 반송함
8 6월(+) 이후	결과 통보 세계유산위원회	• 세계유산위원회의 정기총회 결과를 당사국 및 가입국 모두에게 통보함

자료 : http://www.icomos-korea.or.kr(국제기념물유적협의회한국위원회)

(2) 무형문화유산목록 등재절차

무형유산 등재 절차는 무형유산협약에 가입한 각국 정부가 유네스코에 긴급보호무형유산목록 또는 인류무형문화유산 대표목록 등재 신청서를 제출하면서 시작된다. 무형유산 등재 여부에 대한 최종결정은 매년 11월경 개최되는 무형유산위원회에서 확정된다.

1단계 (문화재청)

▶ 등재신청서 작성 및 제출 : 1년차 3.31까지
- 신청서 접수 기한

※ 제출서류 : 신청서(영문) 및 부속자료(사진, 영상물 등)
- 사무국의 신청서 미비점 보완권고 : 1년차 6.30
- 당사국의 신청서 최종 보완제출 : 1년차 9.30

▼

2단계

▶ 소위원회의 신청서 검토 및 제출 : 2년차 5월
- 위원국으로 구성된 소위원회
- 검토내용 : 신청 건의 등재기준 충족 여부
- 보고서 작성 : 신청유신의 등재, 정보보안, 등재불가 권고

▶ 검토보고서 위원국에 전송 및 웹페이지 게재 : 2년차 위원회 개최 4주 전까지

▼

3단계

▶ 정부간위원회 회의에서 최종 평가 및 등재여부 결정 : 2년차 11월

자료 : http://heritage.go.kr

(3) 세계기록유산 등재절차

등재신청 대상선정

▶ 문화재위원회 심의를 통해 문화재청장이 대상 유산 선정

▼

등재신청서류 유네스코제출

▶ 제출처 : 유네스코사무국
▶ 제출시기 : 매 2년마다 3월 말까지
▶ 제출서류 : 신청서(영문) 및 부속자료(사진, VTR, 오디오, 관련도서, 지도)

▼

국제자문 위원회 심사

▶ 세계기록유산 국제자문위원회 산하 등재심사소위원회에서 사전 심사
▶ 제출 이듬해 유네스코 세계기록유산 국제자문위원회에서 최종심사 및 등재권고
※국제자문위원회(IAC : International Advisory Committee)
: 유네스코 사무총장이 임명하는 임기 4년의 전문가 14인으로 구성

▼

유네스코 사무총장 승인

▶ 세계기록유산 국제자문위원회에서 등재권고 후 유네스코 사무총장 승인

자료: http://heritage.go.kr

2) 등재 효과

세계유산으로 등재되는 것의 이점은 해당유산의 보호에 대한 국내외의 관심과 지원을 높일 수 있는데 있다. 한 국가의 문화수준을 가늠하는 척도로서도 작용하기 때문에 유산 소재 지역 및 국가의 자긍심과 자부심을 고취시키며 유산 보호를 위한 책임감을 형성한다.

또한 세계유산목록에 오른 유산들은 국제적 협력의 대상이 되기 때문에 유산 보호에 대한 사업들에 국제기구 및 단체들의 기술적, 재정적 지원을 받을 수 있고 해당 정부의 추가적인 관심과 지원으로 보존계획 및 관리의 수준이 향상되며 인지도가 높아짐에 따라 방문객이 증가되어 이에 따른 고용기회 및 수입이 늘어날 수 있다.

신문 읽기 제43차 세계유산위원회 폐막, 총 29건 유네스코 유산 새롭게 등재

새로운 세계 유산 등재 및 세계유산 협약 이행과 관리를 위한 다양한 논의와 학술대회 나눠

지난 6월 30일부터 아제르바이잔 바쿠 의회 센터에서 개최된 제43차 세계유산위원회가 현지시간 기준 7월 10일 오전 폐막했다.

이번 위원회에서는 우리나라 〈한국의 서원〉을 포함하여 문화유산 24건, 복합유산 1건, 자연유산 4건 등 총 29건 유산이 새롭게 세계유산에 등재되었고, 1건은 확장 등재되었다. 이로써 유네스코에 등재된 세계유산은 총 1,121건(문화유산 869건, 자연유산 213건, 복합유산 39건)이 되었다.

새롭게 등재된 세계의 다양한 유산들

▲ 〈한국의 서원〉은 7월 6일 오후에 세계유산목록에 등재되었으며, 문화재청은 등재 직후, 앞으로 지방 정부와 적극적으로 협력하여 9개 서원들에 대한 통합 보존 관리를 추진하겠다는 의지를 밝혔다.

이번에 지정된 ▲ 이라크의 〈바빌론 Babylon〉 유적은 이라크 수도 바그다드 남쪽 유프라테스강 연안에 4000년 전 번성했던 고대 바빌로니아 제국의 중심지였다. 공중정원, 바벨탑, 이슈타르 문 등도 세계적으로 유명하다. 하지만 19세기부터 다양한 발굴품이 해외로 반출되고, 이슈타르 문 일부는 현재도 유럽 각지의 박물관에 있다. 1983년 세계유산위원회 '반려' 권고를 받은 이후에도 오랜 기간 등재를 위해 노력해온 바빌론 유적은 드디어 결실을 보게 되었다.

하지만 사담 후세인 정권과 이라크 전쟁 당시 미군에 의해 훼손되면서 큰 피해를 입었고, 유네스코는 바빌론 유적지를 현저히 취약한 상태에 있다고 우려를 표했다. 그러나 이라크 정부의 반대로 바빌론 유적을 '위험에 처한 세계문화유산'으로 지정하는 것은 연기됐다.

▲ 미얀마의 불교유적인 〈바간 Bagan〉 유적은 천 년 전 세워진 3500여 개의 사원과 탑이 자리하고 있으며, 인도네시아 보로부두르, 캄보디아 앙코르와트와 함께 세계 3대 불교유적지로 손꼽힌다. 그동안 이미 우리나라를 비롯한 여러 국가의 전문가들도 복원에 참여하였다.

▲ 중국에서 신청한 〈황해-보하이만 연안의 철새 보호구(1단계) Migratory bird Sanctuaries along the Coast of Yellow Sea-Bohai Gulf of China(Phase I)〉는 자연유산 분야 등재 자문기구인 IUCN(세계자연보전연맹)으로부터 '반려(Defer)'를 권고받았으나, 오스트레일리아 등 17개 위원국이 공동 발의한 수정안이 승인되어 이례적으로 최종 '등재' 결정되었다. 중국은 올해 2건의 세계유산 등재에 성공해 이탈리아와 함께 가장 많은 55건의 세계유산을 보유하게 되었다.

▲ 일본의 〈모즈-후루이치 고분군 : 고대 일본의 무덤 Mozu-Furuichi Kofun Group : Mounded Tombs of Ancient Japan〉도 등재되었다. 모즈-후루이치고분군은 오사카부 사카이(堺)시에 있는 고대 무덤 군이다. 길이가 500m에 달하는 닌토쿠(仁德) 왕릉 등 4세기 후반~5세기에 걸쳐 조성된 49개의 고분으로 구성됐다. 이번 등재로 일본은 모두 23건의 세계유산을 보유하게 됐다.

▲ 개최국인 아제르바이잔은 2016년 제41차 세계유산위원회에서 '보류'되었던 〈칸의 궁전 및 셰키의 역사지구 Historic Centre of Sheki with Khan's Palace〉를 재신청하여 등재에 성공하였다. ▲ 오스트리아, 독일, 헝가리의 〈로마 제국의 국경 - 다뉴브 라임스 Frontiers of the Roman Empire - The Danube Limes〉는 헝가리 정부에서 계획 중인 부다페스트 인근 개발계획에 따라 유산의 범위를 조정할 필요성이 인정되면서 자문기구의 '등재' 권고에도 불구하고 '보류'로 하향 결정하였다. ▲ 알바니아의 '오흐리드 지역의 자연 및 문화유산'은 북마케도니아 지역까지 범위가 인정되면서 확장 등재되었다.

세계유산 협약의 이행과 관리를 위한 논의

이번 위원회에서는 '위험에 처한 세계유산' 등재를 통해, 유산의 보존 방안을 마련하고 지원을 확대해야 함을 강조했다. ▲ 멕시코의 〈캘리포니아 만의 섬과 보호지역 Island and Protected Areas of the Gulf of California〉은 고유한 돌고래종, 바키타의 멸종 위기와 해양 어종의 보존 상태에 대한 심각한 우려 등 유산의 탁월한 보편적 가치(OUV)와 완전성에 위험이 있다는 사유로 '위험에 처한 세계유산' 목록에 등재되었다.

기존 목록에 올라있던 ▲ 칠레의 〈움베르스톤과 산타 라우라 초석 작업장 Humberstone and Sante Laura Saltpeter Works〉과 ▲ 팔레스타인의 〈예수 탄생지 : 예수 탄생 교회와 순례길, 베들레헴 Birthplace of Jesus: Church of the Nativity and the Pilgrimage Route〉은 세

계유산센터와 자문기구의 적극적인 의견 교환을 통해 보호 관리 체계를 강화한 점 등이 인정되면서 이번에 '위험에 처한 세계유산' 목록에서 제외되었다. 이로써 현재 '위험에 처한 세계유산'은 53건이 되었다.

그리고, 세계유산 협약의 이행과 관련된 정책 논의에서는 자문 기구와 위원회 간 최종 결정의 격차를 해소하기 위해 노력해야 한다는 결정문이 채택되었고, 촉박한 현재의 심사 일정 연장, 사전심사 절차 도입 등의 대안이 제안되기도 하였다. 또한 이 밖에도 다양한 국가와 전문가, 일반인이 참여하는 역량 강화 사업과 학술행사 및 부대행사가 성대하게 열렸다.

앞으로 중국의 푸저우에서 개최하기로 결정된 내년 제44차 세계유산위원회에서는 세계유산 등재와 보존 관리 방안에 대한 결정뿐 아니라 등재 절차 개선 등이 논의될 예정이다.

자료 : 핸드메이커(http://www.handmk.com), 2019. 07.11

제6장

사회관광자원

Introduction to
Tourism Resources
관광자원론

제6장

6

사회관광자원

제1절 사회관광자원의 개념

1. 사회관광자원의 의의

사회관광자원은 한 나라의 역사와 전통, 과거의 생활상과 현재를 이해하는데 도움이 되는 사회규범적인 자원으로서 여기에는 도시의 문화환경, 생활문화, 지역의 역사와 민속 및 풍습, 국민성과 이에 따른 생활자료, 그리고 각종 제도와 사회공공시설 등이 포함된다.

2. 사회관광자원의 범위

사회관광자원은 크게 두 가지 형태로 나눌 수 있다. 하나는 사회형태로서 취락형태, 도시구조, 여러 제도, 사회시설, 국민성, 민족성 등으로 나누고, 또 하나는 생활형태로 인정, 풍속, 생활양식, 음식, 의복, 주거형태, 전통적 스포츠 등으로 나눈다. 사회관광자원은 외국인이나 이방인이 보고 느끼는 감정을 통하여 타국의 취락형태 및 도시구조, 여러 제도, 사회시설, 국민성, 민족성 등에 접함으로서 매우 색다른 흥미를 주고 매력을 줌으로써 상품가치를 나타내게 한다. 유럽의 도시에서 볼 수 있는 방사선형의 도로망과 도시형태, 고층빌딩 숲을 이루고 있는 뉴욕의 번화가, 물의 도시인 베니스 등은 많은 관광객들에게 커다란 느낌과 충분한 매력을 주고 있다. 생활형태도 사회형태 못지않게 외국인에 있어서는 커다란 관광매력이 되고 있다. 결론적으로 보면 사회관광자원은 한 나라의 역사와 전통, 과거의 생활상과 현재를 이해하는데 도움이 되는 사회규범적인 자원으로서 여기에는 도시의 문화환경, 생활문화, 지역의 역사와 민속 및 풍습, 사람들의 소박한 인정, 국민성과 이에 따른 생활자료 그리고 각종 자료와 사회공공시설 등이 포함된다.

제2절 사회관광자원의 유형 및 현황

1. 도시관광

1) 도시관광의 의의

일반적으로 도시관광(urban tourism)이란 “도시환경 속에서 도시자체를 관광목적지로 대상으로 행해지는 사회적 활동의 전체를 의미하며 도시민 혹은 외래객에 의해서 해당 도시의 형태와 기능현상 및 기존 도시 이미지를 관광대상으로 하여 발생하게 되는 도시내의 각종 관광여가활동”을 의미한다. 또한 도시관광은 “도시 내부 혹은 도시 외부에 의해서 도시의 각종 매력물과 편의시설 및 도시의 이미지를 관광대상으로 하여 도시지역에서 발생하는 관광현상”으로 볼 수 있다.

이상의 도시의 정의를 보면, 도시관광은 “관광객이 방문한 도시에서 문화유산이나 시설물을 관람하거나 음식을 먹고 쇼핑을 하는 등의 활동 즉 도시의 매력을 체험하기 위해 행하는 다양한 활동”을 의미한다.

도시에 외부 방문객 유입은 지역에 활력을 가져다주게 되며 이들의 소비활동은 도시경제에 많은 기여를 하고, 제반 관광시설의 개발은 지역주민의 생활시설 개발에도 변화를 가져오게 된다. 도시는 실제적으로 관광활동이 이루어지는 중요 단위라고 할 수 있다.

도시 자체의 복합적인 기능과 현대 및 과거의 역사가 어우러진 독특한 자원성을 바탕으로 도시를 하나의 관광대상으로 종합적으로 바라보고 도시관광을 활성화시키기 위한 진흥정책을 추진할 필요가 크다고 하겠다(김향자, 유지윤 , 2000).

도시관광이 관광현상이며 활동의 하나로서 이해될 수 있으며, 이러한 도시관광의 활동을 담아내고 도시관광의 현상이 일어나는 장소적 개념으로 이해되는 것이 관광도시이다.

관광도시란 도시자체가 지역 외부로부터의 관광객의 방문동기를 유발시킬 수 있는 충분한 매력과 그들을 수용할 수 있는 관광시설(숙박, 방문교통, 위락, 문화, 정보, 음식, 이벤트 관련시설)과 관련 프로그램을 갖추고 있어 일반도시에 비해 외래방문객이 많은 도시를 지칭하되 도시적 환경 속에서 발생하는 관광으로 최근 정부에서도 올해의 관광도시를 지정하여 다양한 지원을 해주고 있다. 즉 관광도시는 도시에 있어서 핵심적인 현상이 외래관광객을 유인하여 관광경험을 제공하는 도시라 할 수 있는데, 문화도시, 역사도시, 리조트도시, 위락도시 등과 같은 도시유형들은 관광도시의 개념 안에서 설명될 수 있다.

2) 도시의 관광적 기능 및 특성

도시는 한 국가를 방문하는 교두보, 거점(starting point)으로서 중요한 역할을 담당하며 도시 자체로서 훌륭한 관광대상이 되고 있다.

도시에서 핵심이 되는 요소는 바로 도시다움을 나타내는 매력물이라고 할 수 있다. 도시의 요소는 주로 공급적 측면과 수요적 측면 두 가지로 분류할 수 있는데 공급적 측면은 도시가 공급하고 있는 시설과 서비스, 관광자원에 초점을 맞춘 것이고 수요적 측면은 관광객의 활동을 기준으로 도시관광의 요소를 분류한 것이다.

도시내 박물관, 공원, 극장, 유적지, 현대적 건물, 쇼핑, 음식, 위락 및 도시환경과 경관 등은 도시관광의 주요 매력물이 되고 있다.

세계적인 관광도시의 경우 특별한 자연자원이나 인문자원 없이도 인위적인 시설을 개발하여 관광객을 유치하고 있는 사례들이 많이 있다.

도시의 관광적 기능은 ① 관광객들의 관광목적지로 가는 경유지로서의 교통 및 관광정보 제공지이며, ② 관광목적지의 배후지로서의 숙박지이며, ③ 도시 내 여러 관광대상물에 의한 위락지이며, ④ 도시민의 생활풍습을 보여주는 곳이며, ⑤ 각종 이벤트의 개최지이다. 이러한 도시관광 진흥을 위한 기대효과는 경제적 소득과 고용확대, 문화유산의 보전 및 재창출, 기반시설의 확충 및 정비, 도시재개발 및 활력부여, 전통적 산업구조에서 서비스산업 중심의 경제구조로 이행하는데 중요한 역할을 수행한다.

신문 읽기

인천시 관광 예산, 전체 1%도 안 돼...전문가들 "예산 확충 필요"

인천시, 관광 콘텐츠 개발에 시민 의견 적극 수렴

인천시 관광 분야 예산이 턱 없이 부족하다는 지적이 이어지고 있는 가운데 전문가들은 관련 예산을 늘려 도시 브랜드 자체를 상품으로 구축하는 전략이 필요하다고 조언한다.

28일 인천시 재정 현황 자료에 따르면 올해 관광 분야 관련 예산은 234억 원이다. 이는 인천시 올해 총 예산 7조 1774억 원 중 약 0.3%에 해당하는 수치다. 문화체육관광 분야로 범위를 넓혀도 관광 예산은 6.4%에 불과하다.

특히 인천의 관광 분야는 국제 마이스 복합지구 지정과 대통령 주재 국가관광전략회의 개최 등으로 그 위상이 지속적으로 높아지고 있지만 이를 뒷받침할 예산 지원은 여전히 미미한 상황이다.

이에 전문가들은 관광 분야가 투자를 하면 반드시 경제 효과가 발생하는 산업적 측면이 강한 만큼 관련 예산 확대가 필요하다고 주장한다.

김재호 인하공업전문대학교 교수는 "인천이 세계적인 관광도시를 지향하기 위해선 중장기적인 관광도시로서의 아젠다와 특화된 콘텐츠 육성이 필요하다"면서 "하드웨어보다는 도시 브랜드 구축에 더 많은 관광 예산을 투입해야 한다"고 강조했다.

이를 위해 스마트 관광과 통합형 플랫폼 등 관광트렌드에 부합하는 신규 사업을 발굴하고, 인천 시민의 여행여건을 개선하는 시민 체감형 관광사업을 확대할 필요가 있다는 것이 김 교수의 생각이다.

구체적인 재정 개선 방향으로는 ▲문화관광체육국 내 7개 과의 부서 연계형 관광정책 추진 ▲국가 지원형 광역권 사업 발굴 ▲R&D 및 관광인력 양성 예산 확대 등을 제안했다.

김 교수는 "인천의 관광 예산은 사업단위별 분산 투자되는 경향을 보이므로 부서별 연계 정책을 추진하고, 서해평화권 관광벨트 사업 등 장기적으로 정부 예산을 활용한 광역형 또는 벨트형 관광사업을 발굴해야 한다"고 밝혔다.

이에 인천시는 시민과 함께하는 관광 콘텐츠 개발에 적극 나서는 등 관련 예산에 시민 의견을 적극 수렴하기 위한 움직임에 나선 모양새다.

우선 내년부터 군 · 구 테마여행상품을 개발해 운영하는 한편, 미래 인천 관광을 선도할 관광 벤처 육성 사업도 확대할 계획이다. 이와 함께 역사 · 문화 자원을 활용한 관광 스토리텔링 콘텐츠 발굴에도 매진한다.

다시 찾고 싶은 인천을 만들기 위해 관광 안내소와 테마가 있는 시티 투어도 운영한다. 더불어 시민이 함께 하는 관광 서비스 개선을 위해 '인천 관광 모니터'를 운영하며 문화관광 해설사 운영도 활성화 할 예정이다.

국내외 관광객 유치를 위해 전략적 마케팅도 추진된다. 이를 위해 해외관광객 유치 인센티브를 운영하는 동시에 글로벌 마케팅 거점 확보와 파트너십을 강화한다. 해외 주요시장에 인천 관광 사무소를 설치하겠다는 것이다.

다양한 국내 관광상품 발굴에도 나선다. 인천시는 인천 주요 유료 관광지를 연계한 관광패스를 개발해 관광객들의 체류 시간을 늘리는 동시에 인천 관광 홍보관을 운영해 홍보 효과를 극대화하겠다는 복안이다.

조인권 문화관광체육국장은 "거점별 특화상품 집중 마케팅으로 지역 부근 관광 인프라 파급 효과가 예상된다"면서 "기존 관광지를 관광 상품으로 그룹화함으로써 브랜드와 인지도 향상에 도움이 될 것으로 본다"고 말했다.

자료 : 뉴스토마토, 2019. 07. 28

2. 문화자원

1) 문화시설

문화시설은 문화예술활동에 지속적으로 이용되는 시설을 말한다. 문화예술작품의 전시와 발표가 이루어지고 시민이 이를 감사하고 수용하며, 유무형의 가치가 후손에게 전승되는 기반시설인 것이다. 또한 시느니 오페라하우스나 발바오 구겐하임미술관처럼 문화시설 그 자체가 도시의 브랜드가 되기도 한다. 이는 시설의 건축적 아름다움에 기인하기도 하지만, 그 문화시설에서 수행하는 문화활동에 대한 자부심이 투영된 결과이기도 하다.

표 6-1 • 서울시 문화시설 증감현황

	공연시설		전시시설			생활문화시설			전수시설
	공연장	영화스크린	박물관	미술관	화랑	공공도서관	지역문화시설	마을사업	
2002년	114	270	64	22	223	39	79	-	27
2007년	286	430	111	47	442	66	129	-	28
2015년	504	500	144	67	419	135	114	45	31
증감률 02~07	150.9%	59.3%	71.9%	90.9%	93.3%	66.7%	53.2%	-	3.7%
증감률 02~07	76.2%	16.3%	29.7%	42.6%	-5.2%	104.5%	-11.6%	신규	10.7%

자료 ; 서울연구원(2015), 서울시 문화자원 실태와 분포특성

2) 문화축제와 행사

축제는 개인이나 공동체에게 의미가 있는 어떤 것을 기념하고 즐기기 위해 특정한 날(기간) 특정한 장소에 모여 벌이는 비일상적인 행위를 말한다. 축제 자체가 화려하고 볼거리가 많기 때문에 관광수익 창출과 직결되기도 하고, 사회 구성원들에게는 일탈의 즐거움을 느끼게도 하며, 사회의 문화적 다양성과 수준을 보여주는 수단이 되기도 하기 때문에 현대 사회에서는 축제에 대한 관심이 높다. 또한 높은 비용이 요구되는 문화시설 건립이 아니더라도, 현장성에 기반한 문화체험을 제공할 수 있다는 측면에서 축제는 중요한 문화자원의 요소가 된다.

(1) 역사문화축제

역사문화유산이 밀집한 도심지를 중심으로 다양한 역사문화축제가 개최고 있어 보다 많은 시민들과 외국인들이 한국의 역사와 전통을 체험할 수 있어 문화시설 건립이 아니더라도, 현장성에 기반한 문화체험을 시민에게 제공할 수 있다는 측면에서 축제는 중요한 문화자원의 요소가 된다.

표 6-2 • 주요 역사문화축제 개최현황

지역		역사문화축제	행사시기
용산구	국립중앙박물관	국립중앙박물관 설 명절맞이 행사	2015.2.19~2.20
	노들텃밭	노들텃밭 정월대보름 행사	2015.3.5
종로구	운현궁	전통주와 전통음식의 만남	2015.5.14~5.15
		고종 · 명성황후 가례 재현행사	4월, 9월
	사직단	사직대제	9월 셋째주 일요일
	경복궁~종묘	종묘제례 및 어가행렬 재현행사	5월 첫째 일요일
	국립민속박물관	국립민속박물관 설 한마당	2015.2.18~2.22
		국립민속박물관 정월대보름 한마당	2015.2.28~3.1
		국립민속박물관 단오축제	2014.5.29~6.1
	인사동 일대	인사전총문화축제	2014.9.17~9.24
	4대궁 및 종묘, 한양도성	궁중문화축전	2015.5.2~5.10
	광화문광장, 한양도성 일원, 성곽마을	한성도성문화제	2014.9.26~9.28
	보신각	제야의 종 타종행사	2014.12.31~2015.1.1
	청계천 일대	제9회 육의전 체험축제	2014.9.20~9.21
	인왕산 쌈지공원, 정운효자동 자치회관	인왕산 산신제 및 정월대보름 민속놀이	2015.2.28
	북촌문화센터	북촌 정월대보름 맞이 행사	2015.2.28
	서울역사박물관 로비	한가위 한마당	2014.9.18

지역		역사문화축제	행사시기
중구	남산골 한옥마을	남산골 얼음꽃 축제	2013.12.23~2014.1.8
		남산골 한옥마을 세시맞이 〈오(五)대강 설 잔치〉	2015.2.19~2.21
		남산골 한옥마을 세시맞이 〈오(五)대강 한가위 잔치〉	2014.9.8~9.9
		남산골 한옥마을 세시맞이 〈달빛불놀이, 정월대보름〉	2015.3.5
		남산골 한옥마을 세시맞이 〈반가운 시작, 입춘〉	2015.2.4
		국립중앙박물관 설 명절맞이 행사	2015.2.19~2.20
	서울광장	국립중앙박물관 설 명절맞이 행사	2015.2.19~2.20
강북구	꿈의 숲 아트센터	한가위맞이 세시풍속전	2014.6.19~21
		북서울 꿈의 숲 전통놀이 한마당	2014.9.9~9.10
	꿈의 숲 문화광장	꿈의 숲 단오축제 단오난전	2014.1.30~2.2
도봉구	창동보듬이 나눔이 영유아플라자 앞 공원	한가위 한마당	2014.8.30
성북구	성북동 일원	성북진경 페스티벌	2014.9.13~10.18
	장수마을~최순우 옛집	한양도성 풍류순성	2014.6.13, 6.20
동작구	보라매공원	보라매공원 정월대보름 한마당	2015.3.1
강동구	암사동 선사유적지 경내	추석 전통놀이 한마당	2014.9.8~9.9
송파구	한성백제박물관	한가위 박물관 큰잔치	2014.9.8~9.10
		정월대보름 박물관 나들이	2015.3.5~3.8

자료 : 서울연구원(2015), 서울시 문화자원 실태와 분포 특성

(2) 시민문화축제

시민문화축제는 특정한 예술장르나 소재에 기초하기보다는 다수의 시민참여 자체를 목적으로 하는 축제이다.

표 6-3 • 주요 시민문화축제 개최현황

대상	축제명	비고
시민	지구촌 나눔 한마당	서울광장, 청계천광장
	한강 행복몽땅 프로젝트	11개 한강공원
	서울세계불꽃축제	여의도 한강공원
	국제평화마라톤 대회	한국전력 앞 영동대로
	대한민국 나눔 대축제	서울여의도공원
	하이서울 자전거대행진	광화문광장~월드컵공원
청소년	청소년 여름 음악제	강동아트센터 대극장
	청소년 진로축제	양천공원
장애인	장애인의 날 기념축제	서서울 호수공원
	장애인 문화예술축제	마로니에공원 일대
통일	통일문화주간	광화문 북측 광장
동성애자	퀴어문화축제	서울시청 광장
여성	여성주간 기념축제	도봉구민회관 대강당

자료 : 서울연구원(2015), 서울시 문화자원 실태와 분포 특성

(3) 관광축제

관광축제는 특정자원(생태자원과 역사자원)을 활용하여 관광객을 유치하는 유형의 축제를 말한다.

표 6-4 • 주요 관광축제 개최현황

장르	행사명	대상지	비고
생태문화 관련	산림문화축제 수플러스 페스티벌	수락산 노원골 연못마당	안산지락길 숲속무대(숲의 소리, 바람의 노래, 대지미술 전시, SNS 콘테스트, 수프리마켓), 바이오블리츠 대회(산림퀴즈 골든벨, 풀피리 체험, 대지미술 전시, 수프리마켓)
	한강 서래섬 유채꽃 축제	반포한강공원 서래섬 일대	문화공연, 어린이 대상 체험 프로그램, 포토존
	영등포 여의도 봄꽃축제	여의서로 국회의사당 뒤	노래자랑, 거리예술공연 비아 페스티벌(VIAF), 캐릭터 퍼레이드, 백일장, 전시, 체험행사
	올림픽공원 장미전시회	올림픽공원 장미광장	국산장미정원 등 특화된 장미감상, 대상별 장미해설 프로그램
	서울장미축제	중랑구 장미터널	장미마켓, 장미와 클래식, 장미프레이드, 장미가요제, 중랑아티스트, 로즈&뮤직파티, 아내의 날, 셀카봉 콘테스트
	서울억새축제	월드컵공원	억새밭 야경관람, 조명쇼, 음악공연
	한강 서래섬 메밀꽃 축제	한강 반포공원 서래섬 일대	메밀꽃밭 즐기기, 체험 프로그램
역사문화 관련	왕궁수문장 교대식	덕수궁, 경복궁	서울시, 문화체육관광부
	남산봉수대 거화의식 및 전통문화공연	남산봉수대	서울시
	전통무예 시범공연 및 체험행사	남산골 한옥마을	서울시
	고궁에서 우리 음악 듣기	경복궁, 창덕궁, 덕수궁, 종묘, 창경궁	문화체육관광부

자료 : 서울연구원(2015), 서울시 문화자원 실태와 분포 특성

(4) 예술장르별 예술축제

❶ 공연예술축제

공연예술축제는 연극, 무용, 음악 등 공연예술장르별로 개최되는 축제이다.

표 6-5 • 주요 공연예술축제 개최현황

<table>
<tr><th>권역</th><th colspan="2">장소</th><th>주요행사</th></tr>
<tr><td colspan="3">서울시 전역</td><td>하이서울페스티벌</td></tr>
<tr><td rowspan="10">도심권</td><td>용산구</td><td>숙명여자대학교 중강당</td><td>대한민국 선교무용축제</td></tr>
<tr><td rowspan="4">종로구</td><td>대학로 극장</td><td>서울연극제, 아시테지 국제여름축제, 서울아시테지 겨울축제, 젊은 연극제, 대학로 거리공연 축제</td></tr>
<tr><td>아르코극장</td><td>국제공연예술제, 국제현대무용 모다페</td></tr>
<tr><td>세종문화회관</td><td>생활예술오케스트라 축제</td></tr>
<tr><td>세종문화회관, 예술의 전당</td><td>서울스프링 실내악축제</td></tr>
<tr><td rowspan="4">중구</td><td>국립극장</td><td>여우樂(락) 페스티벌</td></tr>
<tr><td>충무아트홀</td><td>세익스피어 문화축제</td></tr>
<tr><td>서울광장</td><td>서울드럼페스티벌</td></tr>
<tr><td>서울광장, 청계광장</td><td>서울 문화의 밤</td></tr>
<tr><td rowspan="3">동남권</td><td>강동구</td><td>강동아트센터</td><td>생생춤페스티벌,
한국합창심포지엄 및 합창축제</td></tr>
<tr><td>서초구</td><td>예술의 전당</td><td>대학 오케스트라 축제, ARKO 한국창작음악제</td></tr>
<tr><td>송파구</td><td>서울올림픽공원</td><td>그랜드 민트 페스티벌, 뷰티풀 민트라이프, 조이올픽페스티벌</td></tr>
<tr><td>동북권</td><td>광진구</td><td>서울어린이대공원</td><td>열린 음악의 날</td></tr>
<tr><td>서남권</td><td>영등포구</td><td>문래예술공장</td><td>idk_AIAE2014 아시아즉흥예술교류,
국제다원예술축제, 마로니에 여름축제</td></tr>
<tr><td rowspan="2">서북권</td><td rowspan="2">마포구</td><td>서울월드컵경기장</td><td>서울프린지 페스티벌</td></tr>
<tr><td>난지한강공원</td><td>그린플러그드 서울</td></tr>
</table>

자료 : 서울연구원(2015), 서울시 문화자원 실태와 분포 특성

❷ 시각예술축제

시각예술축제는 아트페스티벌, 도서전, 미술전 등 시각예술과 관련한 축제이다.

표 6-6 • 주요 시각예술축제 개최현황

권역	장소		주요행사
도심권	중구	서울광장	서울북페스티벌, 서울아트페스티벌
		청계천	서울빛초롱축제
		서울시립미술관	서울사진축제
		국세청 별관터	서울건축문화제
	종로구	세종문화회관, 광화문광장, 서울시청	광화문 국제아트페스티벌, 코리아매거진 페스티벌
		세종문화회관, 예술의 전당	세계열린미술대축제
		종로/인사동, 봉은사	연등축제
동남권	강남구	코엑스(COEX)	서울 국제도서전, 도어즈 아트페어, 화랑미술제, 서울캐릭터 라이선싱페어, 한국국제아트페어
동북권	강북구	꿈의숲아트센터	꿈의숲아트센터 기획공모전' 꿈의숲 아트페스티벌' 선정작 전시
	동대문구	DDP	Seoul Fashion Week
서남권	영등포구	문래창작존	아트페스타 헬로우 문래, 무래창작존 헬로우 문래축제
	금천구	금천예술공장	다빈치 크리에이티브
서북권	마포구	홍대, 마포구청	홍대앞 거리미술전, 국제뉴미디어페스티벌

자료 : 서울연구원(2015), 서울시 문화자원 실태와 분포 특성

❸ **영상예술축제**

독립극장을 중심으로 중소규모의 다양한 영화제와 관련한 축제이다.

표 6-7 • 주요 영상예술축제 개최현황

권역	장소		주요행사
도심권	종로구	대학로극장, 서강대 메리홀 소극장	피지컬 씨어터 페스티벌
		서울극장, 서울영상미디어센터, 탑골미술관	서울노인영화제
		롯데시네마, 피카디리	인디포럼
		씨네큐브광화문, 인디스페이스	아시아나국제단편영화제
		마로니에공원	서울인권영화제
		서울아트시네마, 인디스페이스	서울LGBT필름페스티벌
		세종문화회관 대강당	청룡영화상
		씨네코드 선재	여성영화인축제
		광화문 KT올레스퀘어	청소년영상페스티벌
		인디스페이스	재외동포영화제, 서울국제노동영화제
	종로구	서울시청	서울장애인인권영화제, 서울환경영화제
		대한극장	대한민국청소년미디어대전, 장애인영화제
		CGV명동역, 서울애니메이션센터 (서울애니시네마)	서울국제만화애니메이션페스티벌, 인디애니페스트
	중구	스폰지 하우스 중앙	서울국제영화제
		서울시립미술관	오프앤프리영화제
		시네마루, 아리랑시네센터	창작과 나눔영화제

자료 : 서울연구원(2015), 서울시 문화자원 실태와 분포 특성

(5) 자치구 축제

지역주민의 화합을 위해 자치구 차원에서 다양한 축제들을 개최하는 것을 말한다.

신문 읽기

CJ ENM, 세계최대한류문화 축제 '케이콘' 5만5천명 집결

CJ ENM은 미국 뉴욕 맨해튼에서 개최한 세계 최대 규모 한류 문화 축제 '케이콘'에 관객 5만 5000명이 몰렸다고 8일 밝혔다.

케이콘은 지난 6일부터 7일까지 이틀간 뉴욕 맨해튼 '매디슨 스퀘어 가든'과 '제이콥 K. 재비츠 컨벤션 센터'에서 열렸다. 케이콘은 국내 아이돌 공연, 한류 음식(K푸드) 행사, 한류 상품 체험 행사 등으로 구성됐다.

'메디슨 스퀘어 가든'에서 열린 K팝 공연에서는 뉴이스트 · 더보이즈 · 세븐틴 · 아이즈원 · 에이티즈 등 케이팝 아티스트 총 11팀이 화려한 무대를 선보였다.

'재비츠 컨벤션 센터'에서는 국내외 기업 총 72개사가 참여해 한류 관련 신제품 전시 · 시식 · 체험 코너를 운영했다.

하루 유동인구가 약 150만 명에 달하는 뉴욕 타임스퀘어 지역의 전광판, 나스닥 빌딩 스크린 등을 통해서도 케이콘 영상이 상영돼 화제를 모았다.

특히 엔비시(NBC)와 에이비시(ABC), 시비에스(CBS), 폭스(FOX 5) 등 미국 주요 방송도 케이콘 관련 특집 보도를 연속으로 방영하는 등 뜨거운 관심을 보였다.

빌보드 칼럼니스트 제프 벤자민은 "K팝 앨범 판매량과 해외 공연 수치 등을 확인할 수 있는 지표가 바로 케이콘"이라며 "케이콘은 지난 7년간 다양한 컨벤션 프로그램과 아티스트 공연으로 한류 문화 확산에 기여했다"고 평했다.

케이콘을 총괄하는 신형관 CJ ENM 신형관 음악콘텐츠본부장은 “케이콘이 세계 여러 지역에서 한류 대표 행사로 자리잡을 수 있었던 비결은 미국을 포함한 해외 주요 시장 문을 두드리며 도전했고, 변화하는 한류 소비자 특성에 맞춤한 행사를 기획하고 발전시켰기 때문”이라며 “계속해서 한류 확산을 위해 투자하고, 글로벌 시장 진출이 쉽지 않은 유능한 국내 아티스트 · 기업들과 새로운 K컬쳐 트렌드를 제시해나갈 것”이라고 말했다.

한편, CJ ENM은 다음 달 15일부터 18일까지 미국 로스앤젤레스에 위치한 스테이플스센터와 LA 컨벤션센터에서 ‘케이콘 2019 LA’를 개최할 예정이다.

자료 : 데크홀릭(http://www.techholic.co.kr), 2019. 07. 08

3. 세시풍속

1) 세시풍속의 의의

풍속은 옛날부터 그 사회에 전해오는 생활전반에 걸친 습관 따위를 이르는 말로 세시풍속(歲時風俗)의 의미는 세(歲)는 한 해, 시(時)는 네 계절을 뜻하는 1년 4계절을 행사로서, 매년 동일한 역순에 따라 동일 양식의 관습적 의례가 되풀이되는 전승행사를 말한다.

따라서 세시풍속은 “한해를 단위로 일정한 시기에 관습적, 주기적, 전승적, 반복적, 의례적으로 거행되는 행동양식 또는 생활행위”라고 할 수 있다. 세시풍속을 다른 말로 연중행사라고 하듯이 일년 동안 행해지는 자연신앙, 조상숭배 등의 종교주술적인 행위와 각종 놀이, 관습 등이 내포된다.

세시풍속은 어떤 정치적, 시대적 변화에서 인위적으로 만들어진 것이 아니라 오랜 세월을 통해 사람들이 모여서 하나의 사회를 이루고 오랫동안 생활하면 하나의 관습이 생기게 되고, 이것이 지역적인 특성과 사회적 변천, 계절의 특성에 의하여 민중이 공통적으로 지켜 내려오면서 집약된 행사이며, 자연의 순리이다. 현대적 의미의 세시풍속은 시대나 사회, 관념 등의 변화로 복합적인 면모를 지니는데 자연의 운행법칙에 따른 자연력, 생산주기의 생업력, 전통적인 의례력뿐만 아니라 경축일, 기념일, 공휴일 등으로 그 개념이 확대 변화되고 있다.

풍속 자체는 관광자원의 측면에서 좋은 사회관광자원이 된다고 할 수 있다. 사계절이 뚜렷한 한국에는 옛날부터 전해 내려오는 계절마다의 독특한 풍습이 있다. 특히 계절마다 있는 한국의 명절들에는 명절마다 독특한 절식을 만들어 먹고 민속놀이를 즐기는데, 그 절식과 민속놀이는 곧 한국인의 지혜를 반영한 것들이라고 할 수 있다. 여기서는 우리나라 풍속의 대표적인 것으로 4대 명절을 살펴보고자 한다.

2) 우리나라 4대 명절

(1) 설

한 해의 첫날. 1월 1일을 지칭하는 것으로, 원단(元旦) · 원일(元日) · 정초라고도 한다. 설의 뜻은 보통으로는 '슬프다' 는 뜻이지만 한편으로는 '삼가다' (근신) 또는 '조심하여 가만히 있다' 는 뜻의 옛말 '섧다' 에서 온 것이다. 설날은 일 년 내내 아무 탈 없이 잘 지낼 수 있도록 행동을 조심하고 그 해 농사와 관련된 여러가지 축원을 하는 날이었으며 원시시대 금제(터부)의 유제일 것으로 풀이하기도 한다. 이날엔 새옷(설빔)을 입기도 한다.

설은 봄, 신춘을 맞기 위해 인간이 얼마나 조심하고 근신해야 하는가를 일깨워주는 말이다. 우리나라의 옛 세시기들이 설날을 신일(愼日)이라고 표현한 것도 다가올 한해의 낯섦에 대한 경계의 의미를 담고 있다. 설이라는 말이 언제부터 사용되었는지에 대해서는 확실하게 알 수 없으나 이미 신라 때 민간에서 널리 사용되던 말이라고 짐작된다. 삼국유사에는 원효(元曉)의 이름에 대한 유래, 즉 <元曉亦是方言也 當時人皆以鄕 言稱之始旦也>라고 되어 있는데, 원효라는 말의 의미는 시단(始旦)이며 그것은 원단(元旦)을 뜻하는 것이므로 신라인들은 그것을 원단을 뜻하는 <설>로 발음했을 것으로 보인다. 이것은 정월 초하루를 지칭하는 설이라는 말이 이미 고대로부터 널리 쓰여 왔고, 그것은 새롭게 출발한다는 의미로 전해져 왔음을 의미한다.

전통적으로 설날 아침에 조상에 대해 한해의 시작을 알리는 차례나 성묘 그리고 세배가 종적인 인간관계의 확인이라면 뒤이어 벌어지는 각종 민속놀이는 횡적인 연대감을 강화하는 의식이다. 또 설날의 풍속 중에는 한해의 다복을 기원하는 축원의례와 미래를 예단하는 점복이 있다. 이와 함께 섣달 그믐날 자정이 지나면 일찍 살수록 좋으며 집안에 복을 많이 안겨준다는 복조리를 사서 실제 조리로도 이용하고 두세 개씩 묶어 방 귀퉁이나 부엌에 매어서 그 속에 돈과 엿을 넣어두기도 했다.

이는 다산을 기원하는 농경사회의 염원과 한해의 부지런해야 함을 일깨우는 풍속이다. 또 설날 이른 아침에 짐승의 소리를 듣고 새해의 운수를 점치기도 했는데 이때 까치소리를 들으면 길하고 까마귀소리는 대흉으로 여겼다. 그러나 구한말인 1895년 양력이 채택되면서 신정과 구별되는 구정으로 빛이 바래기 시작했고, 일제시대에 들어서면서부터는 설을 쇠는 사람들이 핍박당하는 사태에까지 이르렀다. 설날이면 학생들의 도시락을 조사해 제사음식을 싸온 학생에게 벌을 주는 일도 있었다. 그 후 1985년엔 설날을 '민속의 날'로 지정 1999년에는 '설'의 명칭을 되찾고 사흘간 연휴키로 결정돼 지금에 이르고 있다.

신문 읽기

축제와 세시풍속

매년 대구, 경북지역에는 다양한 축제들이 열린다. 문화를 소비하면서 그 의미를 찾는 오늘날, 축제가 지역민들에게 중요한 기능을 하고 있음은 부인할 수 없다. 하지만 축제가 갖는 지역 문화사적 의미를 살펴보면 다시 생각해보아야 할 점들이 많은 것도 사실이다.

전통적으로 축제라는 말을 우리 문화 속에서 찾아보면 계절마다 신의 뜻을 따라 사람이 행해야 하는 세시(歲時)풍속이 이에 해당된다고 할 수 있다. 세시풍속이란 민(民)들이 계절의 주기에 따라 농경신과 조상신에 대해 풍요와 복을 빌기 위해 제의를 행한 다음 모두가 함께 음식을 나누어 먹거나 민속놀이를 행하던 풍속이다. 이것은 신과 인간이 교융하는 신인합일(神人合一)정신과 노인과 젊은이가 함께 즐거워하는 노소동락(老少同樂)의 공동체 정신이 깃든 의례라 할 수 있다. 이러한 전통적 세시의례는 제의적 성격과 오락적 성격을 아우르는 것이 그 특징이다. 반면에 현대사회의 축제는 그 제의적 성격은 사라지고 오락적 성격이 강조된다는 것이 다른 점이라 할 수 있다.

오늘날 대구, 경북에 있어서 세시풍속은 거의 사라져가거나 표준화되어 지역별 다양성을 찾아보기 힘든 상태이다. 우리 조상들이 한 해를 시작하는 의례로서 설을 비롯하여 정월보름, 삼월삼진, 초파일, 단오, 유두, 칠석, 추석 중구일(9월 9일), 상달, 동지, 작은 설 등이 있었다. 이 가운데 추석과 설만이 지켜질 뿐 그밖의 세시풍속은 거의 행해지지 않거나 지켜지는 경우는 드물다. 대부분의 전통 세시풍속은 급격하게 변화하는 현대사회 속에서 새로운 전통을 표현하는 축제로 전환되고 있다. 밸런타인데이, 화이트데이, 호미곶 해맞이, 안동국제페스티발, 경주 신라문화제, 크리스마스 등과 같은 현대적 세시를 그 예로 들 수 있다.

전통적 세시가 현대적 세시로 점차 변화한 배경에는 몇 가지 큰 요인이 영향을 주었다. 첫째, 농업을 근간으로 한 순환적 시간관념이 후기산업사회에서 경제적 효율성을 중시하는 직선적 시간관념으로 대체되면서 새로운 축제가 휴일의 관념과 맞물려서 생기게 된 것이다. 둘째, 지역민들이 축제를 문화상품화하면서 전통세시풍속이 현대적 세시로 거듭나게 되었기 때문이다. 셋째, 자본과 사람의 이동으로 탈 경계화된 문화현상이 증대하면서 축제의 형태도 서구의 문화요소가 복합돼 혼종화된 양상을 띠게 되었다. 이와 같은 성격을 가진 축제가 이루어지는 과정을 자세히 보면 몇 가지 짚고 넘어가야 할 점들이 있다.

시 · 도별로 경쟁적으로 행해지는 정월 보름의 대형화된 달집태우기, 줄다리기 등에는 한 사회의 지역성과 사회 문화적 맥락이 무시되고 있다. 더군다나 지역사회 주민들이 참여하던 공동체 놀이가 개인이나 연행자 집단의 예술적 취향, 생계활동 등에 국한되어 이루어짐으로써 지역민의 자발적 참여는 매우 낮다. 지역축제는 지역사회의 문화적 맥락을 근간으로 한 문화적 실천이 요구되고 있다. 관주도의 행사가 곧 축제인양 여겨짐에 따라 전국 축제가 표준화되는 양상은 지양해야 할 일이다. 앞으로 지역민이 중심이 된 축제로 승화할 필요가 있다.

문화는 시대에 따라 변화되고 새롭게 생성되기 때문에 축제의 기원을 찾기는 매우 어렵다. 그러나 축제를 창출하는 과정에서 지역문화 속에 내재하고 있는 전통지식을 왜곡해서 생산해서는 안 된다. 전통 세시풍속에 내재한 지역민의 의미체계와 정감, 분류방식에 대한 체계적 이해와 이를 바탕으로 한 축제가 생산되면 이러한 문제는 극복될 수 있을 것이다. 축제는 사람과 자연 사이에 공생적 관계를 유지하면서 생활문화를 활성화하는 역할을 한다. 산업체, 학계, 지방정부 모두가 지속가능한 환경을 보전하는 차원에서 우리의 축제와 문화적, 생물학적 다양성을 재현할 수 있는 중장기적 방안을 마련해야 할 것이다.

자료 : 경북일보, 2010. 3. 24. 박성용(영남대 문화인류학과)

(2) 정월대보름

정월대보름 또는 대보름은 음력 1월 15일로, 오기일(烏忌日)이라고도 하며, 한자어로는 '상원(上元)' 이라고 한다. '상원' 은 도교적인 명칭으로, 삼원(상원, 중원, 하원) 중 첫 번째이다. 대보름 전날인 음력 14일과 당일에는 각지에서 새해의 운수와 관련된 여러 가지 풍습들이 행하여진다. 정월은 한해를 처음 시작하는 달로서 그 해를 설계하는 달이다. 1월 15일인 대보름날에는 점을 친다. 또 율력서에 "정월은 천지인 삼자가 합일하고 사람을 받들어 일을 이루며, 모든 부족이 하늘의 뜻에 따라 화합하는 달"이라고 설명된다.

신문 읽기

단오, 더위 · 질병 쫓고 소원 비는 세시풍속

◀ 강릉단오제(중요무형문화재 제13호) 시작을 알리는 신주(神酒)빚기 행사가 지난달 18일 옛 관아인 칠사당에서 열렸다.
(사진제공 : (사)강릉단오제위원회)

강릉단오제, 신주빚기부터 굿 12거리까지 볼거리 다양

음력 5월 5일은 세시풍속 중 하나인 '단오(端午)'다. 수릿날이라고도 하는 이날은 예부터 일 년 가운데 양기가 가장 왕성한 날이어서 큰 명절로 여겨졌으며, 다양한 행사가 전국적으로 열렸다. 조선시대 중종 때는 단오가 설날, 추석과 함께 나라의 3대 명절로 정해지기도 했다.

우리 조상은 우기(雨期)로 접어드는 시기인 음력 5월에 나쁜 병이나 액(厄)을 예방하기 위해 미신적 풍습을 즐겼다. 이러한 이유로 향기와 약성분이 강한 약초 · 청포 · 쑥을 먹거나 물에 넣어 목욕을 한다. 아울러 더위를 이겨내기 위해 가족 또는 이웃에게 부채를 선물하고 활쏘기 · 그네뛰기 · 씨름을 했다.

국내에서 유명한 단오제는 강릉단오제가 있다. 강릉단오제는 1967년 국가중요무형문화재 13호로 지정된 이후 지역주민의 지속적인 관심으로 2005년 유네스코 세계문화유산에 등재되기도 했다. 수릿날이면 강릉 남대천변에서는 1000여 년 전 동예국 때의 무천제(舞天祭)가 재현된다. 이는 고대 부족국가 동예국의 제천의식과 농경의례에서 비롯된 향촌제로 역사적 의의가 있다. 단오제는 온 백성이 한뜻이 돼 풍요와 안전을 기원하는 동시에 우의와 협동을 다질 수 있는 축제의 장이었다.

강릉단오제는 대관령국사서낭신의 성황굿부터 나라와 백성의 복을 기원하는 굿 등 12거리로 진행된다. 이때 모시는 신은 신라의 명장 김유신으로 알려진 '대관령 산신', 신라 말 굴산문을 창건한 범일국사인 '대관령국사서낭신'과 함께 '대관령구사여서낭신' 등 3신이다. 강릉단오제는 음력 4월 5일 '신주(神酒)빚기'를 시작으로 5월 7일까지 한 달간 진행된다.

최종설 (사)강릉단오제위원회 위원장은 "단오는 우리 할아버지를 거슬러 올라 조상들이 즐기던 문화다. 이를 보존하기 위한 방법으로 올해부터 수릿날에 강릉시 내 초등학교를 휴교, 학생들에게 행사를 즐기도록 권장하고 있다"며 "중장기 계획은 강원도뿐만 아니라 전국적으로 찾아가는 단오 행사를 기획하는 것"이라고 말했다.

자료 : 천지일보, 2010. 6. 16

(3) 단오

단오(端午)는 우리나라 4대 명절(설, 정월대보름, 단오, 추석)의 하나로 수릿날, 천중절, 중오절, 단양, 수리, 단오 등의 여러가지 이름으로 불린다. 중국 초나라 회왕(懷王) 때부터이다. 굴원(屈原)이라는 신하가 간신들의 모함에 자신의 지조를 보이기 위하여 멱라수에 투신자살하였는데 그날이 음력 5월 5일이었다. 그 뒤 해마다 굴원의 영혼을 위로하기 위하여 제사를 지내게 되었는데 이것이 우리나라에 전해져서 단오가 되었다고 전한다. 〈열양세시기 ; 洌陽歲時記〉에는 이날 밥을 수뢰(水瀨 ; 물의 여울)에 던져 굴원을 제사지내는 풍속이 있어 '수릿날' 이라고 부르게 되었다고 기록하고 있다.

옛부터 우리나라에서는 3월 3일, 5월 5일, 7월 7일 등 월일이 홀수이면서 같은 숫자가 겹치는 날을 대개 명절로 정해 즐겨 왔지만, 그 중에서도 5월 5일은 일년 중 가장 양기(陽氣)가 왕성한 날이라 해서 큰 명절로 여겨져 왔으며, 모내기를 끝내고 풍년을 기원하는 기풍제(祈豊際)를 지냈으나 지금은 농촌의 명절로 되어 이날이면 각 가정에서는 수리치떡 등 맛있는 음식을 마련하여 단오 차례를 지내기도 하고, 여자는 창포에 머리를 감고 그네를 뛰며, 남자는 씨름 등의 놀이로 하루를 즐긴다.

단옷날에는 남녀노소 할 것 없이 모두 새 옷으로 갈아입고 즐겁게 노는 날로 되어 왔다. 이날을 수리 또는 수릿날이라고 부르게 된 유래에 대해선 몇 가지 설이 있다.

문헌에 의하면, 이날 쑥떡을 해 먹는데 쑥떡의 모양이 수레바퀴처럼 만들어졌기 때문에 수리란 이름이 붙게 된 것이라고도 하고, 수리치로 떡을 해먹었기 때문에 수리란 이름이 붙었다고 하며, 수리란 고, 상, 신 등을 의미하는 우리의 고어인데, 5월 5일이 '신의 날', '최고의 날' 이란 뜻에서 그런 이름이 붙게 되었다고도 한다. 또한, 단오의 '단' 자는 처음이라는 뜻이며, '오' 자는 다섯 오자와 발음이 같으므로, 단오라고 하면 초닷새라는 뜻이 되기 때문에 5월 5일의 이 명절을 단오라고 부르게 된 것 같다는 설도 있다.

(4) 추석

추석(秋夕)은 설과 단오와 함께 우리나라의 3대 명절의 하나로 쳤다. 음력 8월 15일로 한가위 · 가위 · 중추절(仲秋節)이라고도 한다. 중국에서도 중추절이나 월석 · 추중(秋中)이라 하여 명절로 삼는다. 추석이 되면 한더위도 물러가고 서늘한 가을철로 접어든 때이다. 추석

무렵에는 넓은 들판에 오곡이 무르익어 황금 빛으로 물들며 온갖 과일이 풍성하다. 그래서 이날에는 새 옷으로 갈아 입고 집집마다 햅곡으로 만든 술과 햅쌀떡(송편)에 햅쌀밥을 지어 조상에 제사 지내며 선조의 산소에 성묘한다.

제사를 지내고 성묘를 끝낸 뒤 신곡주, 햅쌀밥, 송편 등을 먹으며 즐겁게 하루를 지내는데 이날 저녁 어린이들은 만세재끼를 하고 젊은이들이 칭칭이놀이, 강강수월래 등을 부르며 추석 달빛 아래 즐겁게 노는 풍습이 전해져오고 있다. 특히, 전라도 여수, 기타 호남 지방과 경상도 부녀자들이 강강수월래를 부르며 노는 것은 매우 색다르고 흥겨웁다.

추석에는 고향을 방문하는 전통이 있다. 이 때문에 전 국민의 75%가 고향을 방문하여 추석이 되면 전국의 고속도로가 정체되고 열차표가 매진되는데, 이러한 현상을 '민족대이동'이라 부르기도 한다. 정확한 유래는 전하지 않으나 삼국사기(三國史記)에 신라 유리왕(儒理王) 9년 나라 안 6부(六部)의 부녀자들을 두 편으로 가르고 두 왕녀(王女)를 각각 우두머리로 삼아 음력 7월 기망(旣望 ; 16일)부터 한 달 동안 베를 짜게 하고, 마지막 8월 15일에 승부의 판정이 나면, 진 편에서 이긴 편에 음식을 대접하고 회소곡(會蘇曲)을 부르며 밤새도록 노래와 춤을 즐겼는데 이를 가배(嘉俳)라고 하였다는 기록이 전한다. 이 <가배>가 오늘날 <한가위>의 <가위>에 해당하는 것으로 그 뜻은 가운데(中) 또는 반(半)의 어근인 <갑>에 명사형 접미사 <-이>가 붙어서 가을의 반 즉 중추(仲秋)의 한국식 표기가 된 것으로 짐작된다. 추석에는 햅쌀로 밥을 짓고 송편을 빚으며 새 옷이나 깨끗이 손질된 옷을 입는데 이것을 추석빔이라고 한다.

추석날 아침에는 차례를 지낸다. 제수는 햅쌀로 만든 메 · 떡 · 술 등과 오색 햇과일로 마련하는데 이것을 천신(薦新)이라 한다. 차례를 지내고 모인 사람들이 음복(飮福)한 뒤 조상의 묘를 찾아 성묘(省墓)한다. 성묘에 앞서 벌초(伐草)는 미리 끝내 두거나 성묘 때 함께 한다.

추석에는 세시풍속으로 전승된 여러 가지 행사와 놀이가 행해진다. 사람들은 농악과 춤으로 흥겹게 지내는데, 한 마을에서 편을 가르거나 마을끼리 편을 짜서 하는 줄다리기는 널리 행해지는 놀이이다. 승부를 통하여 농사의 풍흉을 점치기도 하는데, 서쪽을 나타내는 암줄이 이기면 풍년이 든다고 하며, 정월대보름이나 단오에도 행한다. 잔디밭이나 모래밭에서는 씨름판이 벌어지는데 이기는 사람을 장사(壯士)라 하고 광목 · 쌀 · 송아지 등을 준다.

추석은 수확기를 맞아 풍년을 축하하고 조상의 덕을 추모하여 제사를 지내고 자기의 태어난 근본을 잊지 않고 은혜를 갚으며 이웃끼리 인심을 나누고 놀이를 즐기는 명절로서, 옛날부터 민간에서는 1년 중 가장 중요한 명절로 여겼다(파란 백과사전).

4. 향토축제

1) 향토축제의 의의

(1) 향토축제의 정의

각 지방자치단체들은 지역의 정체성을 확립하고 지역 문화를 특성화하여 관광객을 유치하고 지역경제를 활성화시키고자 축제의 관광 상품화 노력을 활발하게 전개하고 있다. 향토축제는 이제 연중행사로서 전국적으로 치러지고 있다. 향토와 축제라는 두 단어의 복합어인 향토축제는 전통에 바탕을 둔 일정한 지역의 특색 있는 축제라고 할 수 있다. 대체로 해당 지역의 역사적 인물이나 사건을 기리는 기념제를 비롯하여 사당이나 사찰에서 행해지는 추모제 · 산신제 · 동제 같은 제의들이 축제화한 것과 그 지역에서 전승되어 오던 민속놀이가 중심이 되어 축제의 성격으로 확대된 것을 가리킨다.

향토축제의 정의는 두 가지로 생각해 볼 수 있다. 하나는 전통적인 의미에서의 정의로서 지역과의 역사적인 상관성 속에서 생성, 전승된 향토의 고유하고 전통적인 문화유산을 축제화한 것이고 반면 이러한 전통축제뿐 아니라 문화제, 예술제, 민속축제 등의 문화행사 전반을 포괄하는 넓은 의미의 정의로 나눌 수 있다. 따라서 향토축제란 "해당 지역 사회를 구성하는 지역 주민들의 일상적인 생활 문화가 중심이 되어 이어져 오는 전통적이고 개성 있는 제의, 놀이마당의 성격을 띤 문화 행위, 또는 일정한 지역에 사는 주민들이 공동체의식을 가지고 그 지역문화를 총체적으로 표현하고 드러내는 계절 축제이며, 세시축제의 성격을 띤 축제"라고 볼 수 있다.

향토축제들은 농경사회의 전래풍습을 많이 포함하고 있어 문화보존과 계승 차원에서 중요한 위치를 차지한다고 할 수 있다. 해당지역 주민들에게는 동질성 확인을 통한 일체감과 문화적 자긍심을 심어주고 방문객에게는 다양한 문화 체험을 통해 삶의 질을 높여주는 채널이 된다. 여기서 중요한 것은 향토축제라는 말 그대로 향토와의 직접적인 관련성 속에 공감대가 설정되어 향토민과 호흡이 통할 때 그 축제가 의의가 있는 것이다. 그러나 실제로 현실사회에서는 인위적이고 보여주기 위한 작위적인 축제가 지자체별로 열리기도 한다.

향토축제는 많은 기능을 하는데 ① 제의성의 보존, ② 향토의 일체감, ③ 전통문화의 보존, ④ 경제적 의의, ⑤ 관광적 의의를 들 수 있다.

오늘날에 있어서 향토축제는 잃어버린 공동체 의식을 회복하고 우리 것, 우리의식, 우리문화를 표현함으로써 문화공감대를 형성하여, 우리는 하나라는 강한 연대의식을 가짐으로써 협동과 이해를 가능하게 한다. 향토축제는 지역성, 전통성을 기반으로 하기 때문에 여타 지역과의 차별성을 기함으로써 자긍심과 애향심을 고취하게 된다. 또한 그 지역을 찾는 관광객에게는 신명나는 축제의 장소가 되도록 하고, 축제를 개최하는 현지주민은 이것을 관광자원화하여 지역경제를 활성화시킴은 물론 지역문화를 발전시켜 나가야 한다.

한편 많은 향토축제의 이름에는 제(祭)라는 말이 많이 붙는데 이것은 고대로부터의 종교적 의례라는 말로 많이 쓰여 왔지만 이것이 세월이 지남에 따라 축제나 전야제란 뜻으로 그 뜻이 널리 확장되어 온 것이라 볼 수 있다. 축제의 명칭은 ○○문화제, ○○민속축제, ○○군민축제, ○○제, ○○축제, ○○축전, ○○큰잔치 등으로 표현되고 있다.

(2) 향토축제의 분류

축제의 분류는 주민화합축제, 관광축제, 산업축제, 특수목적축제, 문화축제, 예술축제, 종합축제, 체육행사를 비롯한 오락 프로그램축제, 지역특산물을 소개하는 축제, 학술 행사로 구성된 축제 등 관점에 따라 다양하게 구분이 가능하다. 또한 향토축제는 그것이 갖는 성격상 민속향토축제와 종합향토축제의 두 가지로 간략하게 분류될 수 있다. 민속향토축제는 대체로 해당 지역의 역사적 인물이나 사건, 또는 전승되어 온 민속놀이 등을 기리기 위하여 단일한 집약적 주제로 구성되어 있으며 오랫동안 면면히 유지되어 왔다. 이런 점에서 민속향토축제는 축제가 벌어지는 유서 깊은 시간성이 준수되어야 한다. 종합향토축제는 민속향토축제가 열리는 공간보다 좀 더 포괄적인 지역과 더 많은 주민을 대상으로 하여 종합적 성격을 띠는 문화 전반의 축제행사와 체육행사를 겸하는 축제를 일컫는다. 종합향토축제는 전국 대부분의 시·군 지역에서 한 개 이상씩 시행되고 있는 중요한 지역축제의 하나이다. 일정한 지역의 주민을 대상으로 벌어지는 문화제 · 예술제 · 체육제 · 군민의 날 등의 이름으로 행해지는 '지역문화제' 의 형태를 띠고 있다.

유영대는 다음의 축제들을 대표적인 한국의 축제로 선정을 하였는데, 여기서 그는 민속향토축제는 전통적인 축제라 하였고, 종합향토축제는 문화 전반의 축제행사와 체육행사를 겸하는 축제라 하였다(유영대, 1999).

- 민속향토축제 : 청소년 축제, 은산 별신제, 여주 얼 답교놀이, 당진 기지시 줄다리기, 고싸움 축제, 진도 영등제, 지리산 약수제, 서해안 풍어제, 안동 민속축제, 밀양 아랑제, 강릉 단오제, 삼척 죽서 문화제, 남원 삼동굿 놀이, 우륵 문화제, 강서 농자놀이, 모양성제, 제주 영등굿, 강강술래 향토축제, 남이장군 대제 등 18개.
- 종합향토축제 : 3.1 민속 문화제, 행주대첩 대전, 양양 현산 문화제, 영월 단종제, 이충무공 탄신기념 문화제, 매헌 문화제, 벽골 문화제, 진남제, 갑오동학 문화제, 춘향제, 속리 축전, 천령 문화제, 풍남제, 소가야 문화제, 상록 문화제, 중봉 충렬제, 정선 아리랑제, 의암 주논개 탄신 제전, 백제 문화제, 대현 이율곡 선생제, 난계 예술제, 개천 예술제 등 22개.

신문 읽기

송소희와 함께하는 국악 재즈 樂락 공연

국악신동 송소희, 순창서 오는 27일 공연 순창 향토회관에서

국악신동에서 어느 덧 성인이 된 국악인 송소희가 오는 27일 순창 향토회관을 찾아 군민들에게 신명나는 공연을 선보인다.

이번 공연은 지난 2월 한국문화예술위원회와 문화관광체육부가 후원하고 한국문화예술회관연합회 주최로 진행한 방방곡곡 문화공감사업에 순창군이 선정되어 성사됐다.

국악인 송소희 외에 앙상블 라 스트라다와 월드 퓨전시나위, 모해밴드, 광개토 사물놀이 등도 함께하는 이번 공연에는 국악부터 재즈, 팝송 등에 이르기까지 다양한 공연을 펼치며 관객들의 눈과 귀를 즐겁게 할 예정이다.

공연 구성도 신 뱃놀이, 매화타령, 뱃노래 등 대표 경기민요를 비롯해, 나탈리 콜(Natalie

Cole)의 LOVE, 대중적인 팝송인 Fly to the Sky 등 남녀노소 모두가 즐길 수 있는 곡들로 준비했다.

특히 이번 공연에는 이별의 아픔 대신 또 다시 봄꽃과 함께 찾아 올 님을 기다리며 아픈 마음을 담아낸 사랑계절 이라는 송소희의 두 번째 앨범 타이틀 곡도 만나볼 수 있다.

또 송소희가 직접 작사에 참여한 비밀 이야기 곡도 선보이며, 삶의 방향을 잃고 공허한 마음속에 하루하루를 마지 못해 살아가는 현대인들에게 심심한 위로도 전한다.

공연 시작시간은 저녁 7시 30분이며, 군민들을 위해 입장료는 무료로 진행한다.

군 관계자는 "갑자기 찾아온 이른 더위로 고생하시는 군민들을 위해 흥겨운 한마당이 될 수 있도록 이번 공연을 준비했다"면서 군민들의 많은 관심을 당부했다.

또 군 측은 공연의 원활한 진행을 위해 공연시작 30분전까지는 입장이 완료될 수 있도록 협조를 당부했다.

자료 : 축제뉴스, 2019. 06. 26

2) 문화관광축제

(1) 문화관광축제 육성

문화체육관광부가 추진하는 문화관광축제 지원사업은 “외국인 관광객 유치확대를 통한 세계적인 축제 육성 및 지역관광활성화를 기존방향으로 두고, 전국의 전통문화와 독특한 주제를 배경으로 한 지역축제 중 관광상품성이 큰 축제를 대상으로 1995년부터 해마다 지속적으로 확대 지원 · 육성하고 있는 사업의 축제”를 말한다. 문화관광축제 선정 목적은 지역축제를 문화관광 자원화 및 관광상품으로 특화하고, 지역경제 활성화와 지역문화 발전을 위한 생산성 있는 축제로 육성하고자 매년 문화제 등 개최실적과 성장가능성을 평가하기 위함이다.

선정방법은 각 특별시 · 광역시 및 특별자치도에서 2개 이내, 각 시 · 도에서 3개 이내, 특별자치시에서 1개 이내의 축제를 추천하면 관광 · 축제 분야의 전문가들로 구성된 선정위원회에서 국내외 관광객 유치실적, 축제 프로그램 등 콘텐츠, 축제의 부가가치 창출 효과 등의 기준으로 선정하게 된다.

1997년 10개, 1998년 18개, 1999년 21개, 2000년 25개, 2001년 30개, 2002년 29개, 2003년 30개, 2004년 37개, 2005년 45개, 2006년 52개, 2007년 52개, 2008년 56개, 2009년 57개, 2010년 44개, 2011년 44개, 2012년 45개, 2013년 42개, 2014년 40개, 2015년 44개, 2016년 43개, 2017년 41개의 축제를 선정하였다. 1999년까지 한국관광공사에서 예산을 지원하던 것을 2000년부터는 전액 국고(관광진흥개발기금) 지원체제로 전환하여 예산지원을 대폭 강화하였다(2000년 국고 예산 16억 5천만 원, 2001년 16억 5천만 원, 2002년 16억 5천만 원, 2003년 18억 4천만 원, 2004년 21억 6천만 원, 2005년 25억 3천만 원, 2006년 35억 원, 2007년 35억 원, 2008년 56억 원, 2009년 70억 원, 2010년 65억 원, 2011년 67억 원, 2012년 67억 원, 2013년 67억 원, 2014년 60억 원, 2015년 68억 원, 2016년 60억 원, 2017년 56억 원).

최근의 문화관광축제 평가보고서를 보면 관광객들이 단순히 보는 관광에서 직접 체험하는 관광을 선호하는 것으로 나타나고 있다. 이에 따른 전략으로 문화체육관광부, 광역자치단체, 기초자치단체 그리고 지역별 축제추진위원회는 공동으로 축제를 기획하여 축제의 본질과 지역전통문화의 주체성 유지에 바탕을 두고 관광객 참여형 축제로의 전환을 추구하고 있다.

이에 문화체육관광부는 문화관광축제 육성 및 지원을 위한 문화관광축제 현장평가단을 구성 · 운영하고, 한국관광공사는 페이스북 등 SNS 채널을 활용한 정보제공 및 온라인 홍보뿐만 아니라, 전 세계 다양한 관광박람회, 전시회 참여를 통한 오프라인 홍보 활동을 실시하고 있다. 또한 해외여행업자, 언론인을 대상으로 축제 개최지 팸투어 실시, 트래블마트에 참가 등 적극적인 외래관광객 유치 및 해외 언론홍보도 전개하고 있다.

각 지방자치단체에서는 축제 홍보를 위하여 축제 리플렛, 포스터 등의 각종 홍보물을 제작하여 언론매체, 관광관련업계 등에 배포하고 국내외 언론사, 여행사를 대상으로 설명회를 개최하고 있다. 또한 관광수용태세의 점검 · 정비를 위하여 축제 행사장 안내지도를 제작 · 배포하고 외국인관광안내소를 운영하는 한편, 철저한 안전유지로 외국인의 안전상 불안감을 해소하고 혼잡, 교통체증 등을 방지하기 위하여 충분한 주차공간을 확보하며 숙박시설 · 식당 등의 서비스 개선을 계속해서 추진하도록 하고 있다.

한편 문화체육관광부에서는 지역축제의 지역관광발전과 경쟁력 및 자립성 제고를 위해 문화관광축제의 평가 및 자원체계를 개선해 나감으로써 세계인을 매혹시킬 수 있는 경쟁력 있는 축제로 성장할 수 있도록 지원하고 있다(2017년 기준 관광동향연차보고서).

2019년도 문화관광축제 선정 현황은 [표 6-8]과 같다.

표 6-8 • 문화관광축제 선정 현황(2019년)

2019년도 문화관광축제

- (글로벌 육성 축제*) 화천산천어축제(↑), 김제지평선축제, 보령머드축제, 진주남강유등축제, 안동탈춤축제

  * 대표등급을 5회 연속 유지하여 문화관광축제를 졸업한 명예축제
- (대표축제 3개) 무주반딧불축제, 문경찻사발축제(↑), 산청한방약초축제(↑)
- (최우수축제 7개) 담양대나무축제, 이천쌀문화축제, 진도신비의바닷길축제, 광주추억의충장축제(↑), 보성다향대축제(↑), 안성맞춤남사당바우덕이축제(↑), 제주들불축제(↑)
- (우수축제 10개) 정남진장흥물축제, 통영한산대첩축제, 봉화은어축제, 평창효석문화제, 강진청자축제. 원주다이내믹댄싱카니발(↑), 수원화성문화제(↑), 춘천마임축제(↑), 임실N치즈축제(↑), 시흥갯골축제(↑)

• (유망축제 21개) 순창장류축제, 음성품바축제, 영암왕인문화축제, 고창모양성제, 서산해미읍성축제, 대구약령시한방문화축제, 괴산고추축제, 완주와일드푸드축제, 여주오곡나루축제, 한산모시문화제, 인천펜타포트음악축제, 밀양아리랑대축제, 논산강경젓갈축제, 부여서동연꽃축제, 고령대가야체험축제, 대구치맥페스티벌(신규), 영덕대게축제(신규), 횡성한우축제(신규), 강릉커피축제(신규), 평창송어축제(신규), 포항국제불빛축제(신규)

※ (↑) 등급이 한 단계 상승한 축제, (신규) 문화관광축제로 신규 진입한 축제

자료 : 문화체육관광부, 2019년도 문화관광축제

신문 읽기 울산옹기축제 방문객 15만4천명…경제효과 34억 원

올해 울산옹기축제 방문객이 15만 4천352명, 직접 경제효과는 34억 원으로 집계됐다.

지난해 대비 재방문객은 52.5%로 2017년 39.3%, 2018년 49.7%에 이어 3년 연속 증가세를 보였다. 또 문화관광축제 평가 지침에 따른 축제 만족도(7점 기준)는 축제장 안전 5.59점, 재방문 유도 5.51점, 재미와 지역 문화 인식 5.47점, 관련 프로그램 5.38점 등으로 나타났다.

개선사항으로 축제장 먹거리, 안내, 살거리 등이 지적됐다.

울산시 울주군은 26일 올해 울산옹기축제 평가보고회를 개최했다.

평가 용역을 맡은 용인대 오순환 교수는 "옹기 판매를 확대하기 위한 입체적 노력이 필요하다"며 "축제 목적이 외고산 옹기 우수성 홍보와 옹기산업 발전이기 때문에 방문객 쇼핑비를 높이기 위한 전략적 방안이 필요하다"고 지적했다.

울주군은 지난 5월 3~6일 전국 최대 전통옹기 생산지 온양읍 외고산 옹기마을 일대에서 문화체육관광부 육성 축제 '2019 울산옹기축제'를 개최했다.

자료 : 연합뉴스, 2019. 06. 26

(2) 상설 문화관광 프로그램

상설 문화관광 프로그램은 "전국 각 지역의 관광과 연계한 공연 예술을 상설 프로그램으로 개발하여 국내외 관광객에게 다양한 볼거리 및 즐길거리를 제공하고, 이를 관광상품화하여 외국인 관광객 유치확대 및 관광목적지 다변화에 목적을 두고 추진하고 있는 프로그램"을 말한다. 상설 문화관광 프로그램은 지방의 주요 관광거점지에서 개최되며, 그 지역의 독특한 문화와 관광이 연계된 참여형 관광프로그램을 육성하기 위해 2007년부터 정부가 지원하고 있는 사업이다.

문화체육관광부에서 매년 상설 문화관광 프로그램을 선정하여 지원하고 있으며, 지역의 우수한 축제를 세계적인 관광자원으로 집중 육성하기 위해 선정하고 있다. 문화관광축제가 일주일 내외의 단기간 동안 관광객을 집중적으로 유치하기 위한 것이라면 상설 문화관광 프로그램은 언제든지 관광객이 그 장소에 가면 동일한 공연을 볼 수 있도록 한다는 점에서 문화관광축제와 상호보완적인 관광상품이라 할 수 있다.

2018년에는 안성 '남사당놀이', 부여 '국악 가, 무, 악, 극' 토요상설공원, 진도 '토요민속여행', 정선 '아리랑극', 남원 '신관사또 부임행사', 화개장터 · 최참판댁' 주말문화공연 등 15개가 선정되었으며, 프로그램당 국비 44백만 원을 지원하였다.

문화체육관광부에서는 한국관광공사와 협조하여 상설 문화관광 프로그램의 지원 · 육성을 위한 부족재원 지원, 국내 · 외 홍보강화, 국내 · 외 여행사 연계 마케팅 실시 및 체험 프로그램 개발, 외국어 안내문 제작지원 등 어려가지 방법을 통해 해당 지방자치단체, 관계단체와 유기적인 협력체계를 구축하고 있다.

표 6-9 • 상설 문화관광 프로그램

구분	프로그램	일시 및 장소
부산	토요상설 전통민속놀이마당	• 4월~11월(7, 8월 혹서기 제외)/매주 토 14~16시 • (중구) 용두산공원 야외공연장 및 광장
대구	옛 골목은 살아있다	• 5월~10월(7, 8월 혹서기 제외)/매주 토 11~12시 • 이상화 · 서상돈 고택(대구 근대골목)
울산	태화루 누각 상설공연	• 4~5월, 9~10월/토 14~15시 • 울산 태화루 누각

구분		프로그램	일시 및 장소
경기	수원	화성행궁 상설한마당	• 4~6월, 9~10월 매주 토 · 일요일 14:00~15:30 • 화성행궁 신풍루 앞(토요상설공연/일요일–장용영 수위의식)
	안성	안성 남사당놀이	• 3.25~11월 매주 토 16~18시, 일 14~16시(명절휴무) • 안성남사당 전용공연장
강원	정선	정선아리랑 극	• 4월~11월 14~15시 정선 5일장 (장날 : 2, 7, 12, 17, 22, 27일) • 정선 아리랑센터 등
충북	영동	난계국악단 상설공연	• 1.6~12월 매주 토요일 15:00~16:00(명절 휴무) • 영동 국악체험촌 우리소리관 공연장 등
충남	공주	웅진성 수문병 근무교대식	• 4월~10월(6~8월 제외) / 매주 토 · 일요일 11시~17시 • 공산성 내 금서루 일원(1시간 간격, 20분 공연)
	부여	국악 가, 무, 악, 극	• 3월~10월 매주 토요일 14:00~15:00 • 부여 국악의 전당
전북	남원	신관사또 부임행차	• 4월~10월 매주 토, 일 14:00~17:00 • 남원관광지 ↔ 광한루원
	임실	필봉 GOOD 보러가세!	• 4월~8월 (4~6월 목, 금 13~14시, 7~8월 매주 목 20~21시 • 필봉농악 전수 교육관
전남	진도	진도 토요민속여행	• 3~12월/매주 토요일 14:00~15:00/향토문화회관 대공연장 * 국립남도국악원 금요상설공연(4~12월) 별도
경북	안동	하회별신굿 탈놀이	• 1.6~2월/ 토, 일요일 14~15:00(하회마을 전수교육관/명절휴무) • 3월~12월/ 수, 금, 토, 일요일 14~15:00(하회마을 전수교육관) * 7월~9월 : 매주 토, 일 19~20:00(안동댐 개목나루/야외공원)
경남	진주	무형문화재 토요상설공연	• 4월~10월/ 매주 토요일 14:00~15:30 • 진주성 야외공연장(촉석루)
	하동	화개장터, 최참판댁 주말문화공연	• 3월~11월/ 매주 토, 일요일 11시, 14시(1시간) • 화개장터, 최참판댁 야외공연장
계		15개	

자료 : 문화체육관광부, 2018년도 상설문화관광프로그램(2017년 12월 31일 기준)

신문 읽기

수원문화재단, 화성행궁 상설 야간개장 다음달 2일부터 9월 28일까지

수원문화재단은 다음달 2일부터 9월 28일까지 3개월간(기간 중 일요일, 월요일 제외) 화성행궁을 상설 야간개장하고, 궁궐 야경을 즐길 수 있는 다채로운 상설 프로그램을 선보인다.

도심 속 궁궐 야경이 아름다운 화성행궁을 만나 볼 수 있는 이번 야간개장은 화성행궁 입장료만으로 누구나 관람 가능하며, 수원시에서 제공하는 각종 할인 혜택도 받을 수 있다.

7월 16일부터는 궁궐의 밤을 즐길 수 있는 다채로운 프로그램이 더해진다.

먼저 화성행궁 곳곳에 궁궐 인생 샷을 남길 수 있는 '빛의 포토존'이 설치되어 볼거리를 더한다. 또한 관람에 깊이를 더해 줄 문화관광해설사의 해설이 제공되며, 행궁 곳곳에서 재현 배우들이 들려주는 조선시대 이야기도 만날 수 있다. 해설사와 함께 2인용 자전거를 타고 수원 화성의 성곽 야경을 돌아볼 수 있는 자전거 택시도 야간 운영되어 화성행궁과 수원 화성의 밤을 잇는 투어 코스를 선보일 예정이다.

또한 화성행궁 공간 개방뿐만 아니라, 궁궐의 건축물 곳곳을 활용한 공연, 전시, 체험 등 다채로운 상설 콘텐츠와 특별 프로그램도 선보인다. 화성행궁 야간 상설 콘텐츠와 특별 프로그램은 공모를 통해 선정하며, 화성행궁 입장객에게 유료로 운영될 예정이다.

이번 공모는 문화 관광 프로그램을 운영하는 기관, 단체, 개인이면 누구나 가능하며, 공모 접수는 오는 24일부터 25일까지 양일간 진행된다. 화성행궁 상설 야간개장 및 공모 등에 대한 자세한 정보는 수원문화재단 홈페이지를 통해 확인 가능하다.

자료 : 중앙신문, 2019. 06. 23

5. 향토음식

1) 향토음식의 개념

최근의 여행형태 추세로 맛기행(음식기행)이 일반화 경향이 뚜렷이 나타나고 있을 정도로 음식문화에 대한 관심이 점차 증대되고 있다. 생활관습이나 예절과 음식 등은 관광객에게 흥미와 관심의 대상이 되며, 관광의욕을 갖게 하는 매력적인 자원이 되고 있다. 기존의 여행은 관광지의 경관위주의 보는 관광이 주를 이루었으나 근래에 들어서는 미각이 여행을 만족시키는 중요한 요소가 되어 풍물과 미각을 함께 즐기게 되었다.

각 지방의 향토음식은 1900년 중반까지는 고유한 특색이 있었으나 점차 산업과 교통이 발달하여 다른 지방과의 왕래와 교역이 많아지고, 물적 교류와 인적 교류가 늘어나서 한 지방의 산물이나 식품이 전국 곳곳으로 퍼지게 되고, 음식 만드는 솜씨도 널리 알려지게 되었다. 향토음식(鄉土飮食)이란 사전적 의미로 "지방 특유의 전통음식"으로 정의할 수 있다. 또한 "어느 한 지역사회에서 서민대중 사이에 대대로 만들어 먹어온 맛과 특성을 지닌 음식으로 그 고장의 풍토적 특성과 역사적 전통이 있으며 그 고장이 아니면 만들어질 수 없는 특미(特味)를 가진 것"을 의미한다.

흔히 토속음식, 고향음식, 지역먹거리 등으로 불리는 향토음식은 "그 지방에서 생산되는 재료를 그 지방의 조리법으로 조리하여 과거로부터 그 지방 사람들이 먹어온 것으로 현재에도 그 지방 사람들이 먹고 있는 것(한국관광공사, 1993)"으로 정의된다. 즉, 향토음식이란 "지역의 특산물을 이용하여 고유하게 전승된 조리방법에 따라 만든 음식"을 말한다.

유사한 개념으로 전통음식과 전통식품이란 용어를 사용하고 있다. 개념정의상 향토음식을 [표 6-10]과 같이 정의하였다.

표 6-10 • 향토음식 관련 용어 개념

구분	개념
향토음식	전통음식보다 협의의 개념으로 그 지역의 특산물을 이용하거나, 그 지역에서 고유하게 계승되어 온 비법으로 조리하거나 또는 그 지역의 문화적 행사를 통해 발달된 음식

구분	개념
전통음식	그 지역에서 생산된 식자재를 위주로 주민들이 오랜 역사를 통해 환경과 사회·경제적, 문화적 요인의 영향을 받아 발전시킨 식습관을 토대로 그 지방 특유의 음식이 형성 전래된 것으로 향토음식을 포괄
전통식품	가정이나 식당 등에서 소비되는 향토음식과 전통음식의 저장성과 유통성을 갖추어 대량으로 상품화 단계에 이른 것

향토음식의 개념을 구성하는 요소를 보면 지역의 자연적 기후나 토양 등 자연조건에 순응한 지역의 원부재료와 조리방법 그리고 그 지역의 역사의 문화를 들 수 있다. 우리나라의 경우 북부는 산이 많아 밭농사를 주로 하기 때문에 잡곡 생산이 많고, 중부와 남부는 벼농사를 많이 하므로 북부지방은 잡곡밥, 남부지방은 쌀밥과 보리밥을 주식으로 해왔다. 반찬은 채소류를 중심으로 김치, 장아찌, 젓갈, 장류가 있는데 북부지방은 여름이 짧고 겨울이 길어서 음식의 간이 세면서 매운맛도 강하고, 조미료와 젓갈을 많이 쓰는 경향이 있다. 지역에서 주로 생산되는 농수산물을 원부재료로 사용하는 데다 기후에 따라 조리법도 달라지기 때문에 지역별로 고유한 향토음식을 생성하게 되는 것이다.

한편 향토음식산업은 원부재료와 조리방법 그리고 역사, 문화란 관점에서 분명한 지역성이 있어야 하고 새로운 음식의 발굴이 아니라 시장에서 거래가 이루어지는 상업화된 음식을 전제로 한다. 향토음식산업은 지역성과 전통성으로 규명되는 향토성이 산업의 자원이나 생산과정, 산출물의 성격을 기초로 상품화 또는 산업화하여 부가가치를 창출하며, 지역 내 동종 업체들이 집단화되어 있다는 특징이 있다. 이상과 같은 특징으로 인해 향토음식산업은 지역의 전통자원, 문화, 기술, 인재를 이용하여 지역의 발전을 도모하는 내생적 발전전략으로 지역경제 활성화에 기여할 수 있는 수단이 될 수 있다.

2) 향토음식의 유형

향토음식은 음식의 형성과정을 기초로 다음과 같이 유형을 구분할 수 있는데 ① 그 지방이나 인근 지역에서 주로 생산되는 재료를 사용하여 발전시킨 음식으로, 남원추어탕, 봉평메밀국수, 속초오징어순대, 흑산도홍어, 영덕대게, 하동재첩국, 옥천올갱이국 등이 여기에 포함될 수 있다. ② 조상들의 생활양식과 기후, 풍토 등 지역적 특성이 반영된 특유의 조리법이나 가공기술을 이용해 발전시킨 음식으로 여기에는 춘천닭갈비, 병천순대, 영광굴비, 금강도리뱅뱅이, 안동간고등어, 포항과메기 등이 포함될 수 있다. ③ 옛날부터 그 지방의 행사나 문화적 경험과 관련하여 생성된 오늘날까지 전해져오는 역사성 있는 음식으로 서울설렁탕, 제주빙떡, 안동헛제삿밥 등이 여기에 해당한다. 한편 향토음식 중에서 특히 지리적 명칭을 포함한 음식은 이제까지 선행연구와 상표 출원건수를 기초로 지역 명칭을 사용한 주요 향토음식을 파악하면 [표 6-11]과 같이 대략 97종에 이른다.

표 6-11 • 지리적 명칭을 포함한 향토음식의 종류

지 역	주요 지리적 명칭 포함 향토음식
서울 경기	**무교동낙지, 신당동떡볶이, 장충동족발, 청진동해장국, 마포갈비, 이동갈비, 수원갈비**, 의정부부대찌개, 의정부떡갈비, 백암순대, **이천쌀밥**, 이천게걸무김치, **이동막걸리**, 천서리막국수, **곤지암소머리국밥**, 용문산더덕구이, 용문산산채비빔밥, 강화순무김치
강원	**춘천닭갈비, 춘천막국수, 초당두부, 강릉방풍죽**, 평창옥수수엿, 강릉산자
충청	괴산꺽정이매운탕, **병천순대**, 백마강장어구이, 백마강조개국, 예산집장, **간월도어리굴젓**, 삽다리한과, 동학사녹두빈대떡, **한산소곡주**, 천안삼거리빈대떡, 연산오골계백숙
전라	**전주비빔밥, 남원추어탕, 지리산산채비빔밥**, 완주화심두부, 익산황등비빔밥, 마이산더덕구이, **순창고추장, 고창복분자술, 나주곰탕**, 무등산닭죽, **영광굴비**, 영암어란, 함평한우비빔밥, 담양떡갈비, 담양추어탕, 창평쌀엿, 순천백반, **보성녹차**, 광양숯불구이, 돌산갓김치, 함평손불엽삭젓, 신안임자도새우젓, **진도홍주**
경상	대구따로국밥, 안동헛제삿밥, **안동찜닭, 영덕대게**, 지례돼지고기구이, **현풍곰탕, 안동간고등어**, 봉화수수풀떼기, **울릉도호박엿**, 경주황남빵, 순흥기주떡, 하회약과, **포항과메기**, 청도추어탕, 문경한과, 새재묵조밥, **안동식혜, 안동소주**, 교동법주, 선산약주, 진양집장, 밀양집장, **진주비빔밥, 충무김밥**, 통영도미찜, **언양불고기**, 기장어묵, **동래파전**, 합천한과, 화개녹차, 하동재첩국, 영산탁주, 지리산국화주

자료 : 한국농촌경제연구원, 향토음식산업의 육성방안, p. 65, 2007.

* 굵은 글씨는 상표출원 건수를 기준으로 대표적인 지리적 명칭이 포함된 향토음식을 나타내고, 밑줄 친 것은 가공품 형태의 향토음식을 나타냄.

신문 읽기

영주, 향토음식 취급 전문음식점 육성

24일까지 향토음식점 신청 접수…경영 컨설팅 등 인센티브

경북 영주시는 오는 24일까지 영주 향토음식 취급 전문음식점을 모집한다고 11일 밝혔다.

시는 향토음식을 취급하는 전문점을 발굴해 향토음식점으로 지정 육성해 관광 먹거리 기반 산업 구축을 위해 매년 대상자를 모집하고 있다.

향토음식점 신청 자격은 향토음식을 전문으로 판매음식으로 세부 지정기준에 충족하고 특산물을 이용해 특유의 조리법으로 영주 향토음식을 전문으로 조리 판매하는 음식점이면 신청 가능하며, 향토음식위원회 음식 전문가의 현장심사와 음식 맛 평가 후 향토음식위원회회의 의결을 통해 지정한다.

향토음식점으로 지정된 업소에 대해서는 지정증 및 표지판 부착, 경영 컨설팅, 홍보용 물품 지원의 인센티브를 부여하고 축제 등 행사 시 향토음식점 이용 권장과 지원시책을 발굴해 지원한다.

향토음식점 모집 대상은 지정 기준에 부합하고 선비정식, 삼계탕, 청국장, 한우갈비찜, 골동반 등의 향토음식과 고유 전통음식 묵밥, 태평초 외에 지역 특산물 한우, 인삼, 사과, 콩, 하수오, 돼지고기, 임산물을 이용해 특유의 조리법으로 향토음식을 판매하는 일반음식점은 누구든 신청 접수 가능하다.

한편, 시는 지난 2009년부터 향토음식 발굴 · 육성 및 관리 조례를 제정, 향토음식점을 지정해 육성하고 향토음식 경연 및 연구개발 등 다양한 사업을 추진하고 있다.

출처 : 신아일보, 2019. 07. 11

제7장

산업관광자원

Introduction to
Tourism Resources
관광자원론

제7장 7

산업관광자원

제1절 산업관광자원의 개념

산업관광(Industrial Tourism)의 시초는 1851년 영국 런던의 만국박람회로 볼 수 있으며, 1950년대에 프랑스가 자국의 산업 홍보 및 수출 진흥을 위해 외국인을 유치하면서 확산되기 시작하였다.

일본은 2000년대 초기부터 진해한 관광입국 활성화 정책의 일환으로 산업관광을 중시했으며, 일반 관광을 대신할 신관광의 개념으로 접근하였고 우리나라의 경우는 1970년대 후반부터 현대중공업 등 특정 기업을 중심으로 생산 현장 방문형태의 산업관광이 이루어져 왔다.

산업관광은 대상 및 범위가 광범위하여 그 개념에 대한 정의가 연구자별로 상이한데 산업관광의 관광자원으로서의 의미는 “재래적 농업자원과 상업자원이나 현대적인 각종 산업경제와 관련한 첨단시설들을 관광대상으로 하여 국내외 관광객들에게 견학, 시찰, 체험하게 하는 일종의 관광형태로서 이용하게 하는 제반 산업시설”로 정의할 수 있다(채예병, 2008).

문화체육관광부는 산업관광을 "1, 2, 3차 산업현장을 대상으로 관광을 하는 행위로써 참여기업과 당해 지역에 부가적인 경제효과를 창출하는 관광현상"으로 정의(문화체육관광부, 2012)하고 있다. 결론적으로 산업관광의 정의로 "관광객이 각종 산업현장에 방문하여 직접 견학, 체험, 학습하는 능동적 형태의 관광유형이며, 이를 통해 기업과 해당 지역에 부가가치를 창출하는 관광형태"로 정의가 가능하며 새로운 관광형태인 산업관광에 대한 연구자별 개념정의는 [표 7-1]과 같다.

표 7-1 • 산업관광의 개념

분 류		내 용
Carter(1991)		안전(Everything's under control), 볼거리(Wonders of the world), 쇼핑(Shops with stories attached), 작업현장(Resal work, -work watching)-산업관광은 다음 4가지 차원의 특징이 있음.
Yale(1991)		현재의 생산과정을 보여주는 것
Dodd & Bigotte(1997)		소비자들이 생산설비를 방문하는 것으로서 설비를 돌아보고 시험도 해보는 교육여행도 포함하는 여행
김효경(2008)		기업이나 지역에서 그들의 산업활성화 및 지역 활성화를 목적으로 다양한 관광활동(전시시설의 관람, 현장 견학 및 체험, 축제 등)을 통해 과거와 현재, 미래의 산업현장을 경험하는 것
Frew(2000)		Industrial tourism involves wisits by tourists to operational industrial sites where the core activity of the site is non-tourism oriented
김종은(2009)		현대적인 각종의 산업시설을 관광대상으로 삼아 자국의 산업 · 기술 수준을 외국인 관광객에게 인식시켜 여러 나라와 경제 · 무역 및 기술교류에 직접 · 간접적으로 기여하려는 목적에서 비롯된 관광의 새로운 형태
일본	관광학 대사전	기존의 관광유람과 같은 수동적인 관광자원이 아니라 제조공정의 견학 · 체험 · 하급이라는 지적호기심을 채우는 측면을 강조한 활동
	전국산업 관광써밋 아이치 · 나고야	역사적 · 문화적 가치가 있는 산업문화재(오래된 기계기구, 공장유구 등의 모든 산업 유산), 생산공장(공장, 공방 등) 및 산업제품을 관광자원으로 하고 그들을 통해 만들기 정신에 접하고 동시에 인적교류를 촉진하는 관광활동
	중경권 지역	산업활동과 그 역사를 관광이라는 관점에서 접근하는 것으로, 일상에서 이용하고 있는 상품과 제품을 제작하는 시설, 그 생산 공정의 견학 및 체험과 그 역사를 학습하는 것, 만들기를 통해 인간이 구축해 온 산업문화에 대한 감동과 공감을 음미하는 것

분류		내용
일본	스다	산업관광은 역사적이고 문화적인 가치가 있는 산업문화재(기계, 기구, 공장유적 등), 생산현장(공장과 공방 등), 산업제품 등을 관광자원으로 해서 인적교류를 도모하는 산업활동
	우에다	전통적이고 근대적인 제조업에 해당하는 생산시설, 설비, 기술, 제품 등을 대상으로 하는 관광. 산업의 고도화 및 기술혁신에 의해 노후화되고 진부화된 광공업 생산시설, 설비, 기술 즉, 산업유산 등을 포함하는 관광
	산업관광추진협의회	산업관광은 역사적이고 문화적인 가치가 있는 산업문화재, 생산공장 및 산업제품, 콘텐츠 등의 소프트자원 등을 관광자원으로 하는 새로운 관광형태로서 이들의 가치, 의미 및 재미를 알게됨으로써 인적교류를 촉진하는 관광
일본	王宇(2007)	공장, 기업, 회사 및 건축공사 현장 등을 관광객체로 하는 관광
	王宋恒(2003)	도시산업과 관광사업의 공동발전을 촉진하는 활동

자료 : 김효경(2008) 연구내용 재인용 및 추가 자료 연구자 정리

산업관광자원은 관광객체가 되는 산업체의 입장에서는 내 · 외국 관광객에게 선전효과를 쉽게 얻을 수 있는 효과가 있으며, 국가적인 차원에서는 한 나라의 산업수준을 외국관광객에게 알림으로써 산업발달의 정도를 평가할 수 있는 척도가 되어 제외국과의 경제, 무역 및 기술교류에 직접 · 간접의 효과를 거둘 수 있다.

관광 측면에서 보면, 산업내용에 따라 한국적 특성이 뚜렷이 부각될 수 있는 한국고유의 전통적 산업시설을 개발하여 내국인은 물론, 외국관광객에게 관광효과를 올릴 수도 있다.

제2절 산업관광자원의 유형 및 현황

1. 산업관광자원의 유형

1) 관광형태에 따른 분류

관광형태에 따른 분류로 1차 산업분야(농 · 임 · 수산업 관광자원), 2차 산업분야(공업시설 및 제조공정)와 3차 산업분야(재래식 시장, 쇼핑 등)로 나눌 수 있다.

산업은 무엇을 어떻게 만들어내느냐에 따라 1차 산업과 2차 산업, 3차 산업으로 나뉘는데 1차 산업은 자연을 이용해 생산물을 얻는 활동이고 2차 산업은 재화를 생산하기는 하지만 1차 산업과는 다르게 자연을 이용하지 않는다. 3차 산업은 사람들의 편리한 생활을 도와주는 서비스 활동을 의미한다.

표 7-2 • 관광행태(산업분야)별 산업관광의 유형

자원유형	내 용
농업관광자원 (1차 산업분야)	① 농업관광자원 - 농장, 목장, 농원, 과수원, 주말농장 ② 임업관광자원 - 자원휴양림, 수목원 등 ③ 수산업관광자원 - 관광어촌, 갯벌체험관광 등
공업관광자원 (2차 산업분야)	제조업의 기계설비, 제조공정, 공장부설연구소, 후생복지시설 등 -공업단지, 옥포조선소, 포항종합제철, 자동차 공장 등
상업관광자원 (3차 산업분야)	① 재래시장 - 상설시장, 정기시장(장날), 특수시장, 소매상가 등 ② 백화점, 쇼핑몰, 면세점, 보세판매점 ③ 박람회, 전시회
산업기반시설 (사회공공시설)	공항, 항만, 발전용 댐, 운하, 고속도로 등

2) 자원유형에 따른 분류

산업관광의 대상소재를 자원 유형에 따라 유형(tangible) 자원, 무형(intangible) 자원 및 기타 자원으로 분류하고 있다. [표 7-3]을 통해 보면 한국관광공사가 분류하는 산업적 관광자원에 공업단지, 유통단지, 조선, 농장, 목장, 백화점 등 관광과 관련된 많은 장소가 포함되어 있다.

표 7-3 • 자원유형(유형 · 무형)별 산업관광의 유형

분류	구분	내용
유형관광자원	자연관광자원	천연자원, 천문자원, 동식물자원
	문화관광자원	고고학적 유적지, 사적지, 사찰, 공원
	사회관광자원	풍속, 행사, 생활, 예술, 교육, 스포츠
	산업관광자원	공업단지, 유통단지, 조선소, 농장, 목장, 백화점
	관광 · 레크리에이션자원	캠프장, 수영장, 놀이시설, 어린이공원
무형관광자원	인적관광자원	국민성, 풍속, 관습, 예절 등
	비인적관광자원	토속신앙, 사상, 철학, 역사, 음악, 가곡 등

자료 : 한국관광공사

3) 산업관광 참여목적에 따른 분류

일본의 산업관광 추진간담회에서 정리한 분류로 산업관광을 두 가지 관점으로 보고 있다. 기업차원에서는 산업관광을 추진하는 목적인 기업 및 제품홍보, 기술인재 육성, 지역산업의 진흥과 문화계승, 리쿠르팅, 관광사업 등으로 분류될 수 있다. 또 다른 차원인 관광객 참여형태에 따라 연수와 시찰, 비즈니스, 일반관광, 교육 등으로 살펴볼 수 있다. 이러한 기업의 목적과 산업관광객의 참여형태를 조합하여 산업관광의 유형을 구분해 보면 공장견학형, 산지진흥형, 일반관광형, 기술인재 육성형, 리쿠르트형으로 분류를 할 수 있다. 즉 산업관광에서 관광지 역할을 하는 기업과 이를 소비하는 관광객의 목적을 복합적으로 보는 방식이다.

표 7-4 • 관광목적별 산업관광의 유형

관광 유형	내용
공장견학형	비즈니스와 직결된 거래처 확보와 신규고객 등에게 자사제품 PR의 장으로 활용
산지진흥형	폭넓은 방문자를 수용 산지로서의 PR과 산지브랜드의 연계판매를 목적으로 함
일반관광형	관광객을 수용하여 상품과 기업이 PR, 판매 · 식음시설로 관광사업을 전개
기술인재 육성형	주로 초 · 중학생의 견학 등을 통해 수용지역과 사회로의 공헌을 지향함
리쿠르트형	취업을 준비하는 학생들의 수용기업에 대한 관심을 높이고 인재를 확보하는 것을 목적으로 함

자료 : 일본산업관광 추진감담회 보고서(2008)

4) 산업관광 방식에 따른 분류

산업관광 방식에 따른 구분을 해보면 산업시찰, 공장견학, 기업자료관과 박물관 견학, 산업유산(Heritage) 관광, 체험형 관광으로 나누어 볼 수 있다. 우선 산업시찰은 주로 상용여행자가 선진기술이나 생산시스템이나 근대적 공업시설 등을 시찰할 목적으로 외국 또는 다른 지역을 방문하는 여행으로 대부분 여행사보다는 특정협회가 주선하며 여행사는 교통, 숙박, 음식점, 통역 등을 수배하고 일정을 관리한다.

두 번째 공장견학의 경우는 업무출장여행이 아닌 관광목적이 가미된 공장견학으로서 Technical Visit가 제외된 여행을 말한다. 공장을 방문하여 시음 또는 시식하고 해당 제품을 구매하는 방식이다. 유리공예, 위스키, 와인 등의 공장이나 농장을 방문하여 시음하고 해당 제품을 쇼핑하는 방식으로서 매스 투어리즘의 형태를 갖고 있다.

또한 산업유산(Heritage) 관광은 예전 산업의 공장과 설비 및 창고 등과 철도와 항만 및 운하 등을 관광하는 것으로서 이를 통해 옛날 산업시설이 보존된다. 이와 관련 20세기 중반 영국에서는 산업 고고학이 탄생하였으며, 일본에서는 1977년 산업고고학회가 설립되었으며, 1996년에는 등록문화재 제도가 도입되었다. 한편 체험형 관광은 무엇을 보았는가에서 무엇을 체험하였는가의 관점을 중시하는 방식으로 산업관광을 체험관광으로 바꾸려는 시도이다. 이에 따라 농어촌체험, 산나물 채취 체험, 도예만들기 여행, slow food 여행 등 소규모 여행의 형태도 나타나게 되었다(한국문화관광연구원, 산업관광활성화 방안 연구).

표 7-5 • 관광방식별 산업관광의 유형

관광 유형	내 용
산업시찰	상용여행자가 선진기술이나 생산시스템이나 근대적 공업시설 등을 시찰할 목적으로 외국 또는 다른 지역을 방문하는 여행(technical visit)
공장견학	업무출장여행이 아닌 관광목적이 가미된 공장견학으로서 Technical Visit가 제외된 여행
기업 자료관과 박물관 견학	기업에서 운영하는 박물관들을 관광의 목적으로 방문하는 것으로 공장견학 및 산업시찰 코스에 포함되기도 함
산업유산(Heritage) 관광	예전의 유력했던 산업의 공장과 설비 및 창고 등과 철도와 항만 및 운하 등을 관광하는 것
체험형 관광	농어촌 체험, 산나물 채취 체험, 도예 만들기 여행, slow food 여행 등 소규모 여행

자료 : 일본산업관광 추진감담회 보고서(2008)

신문 읽기

2019년! 구미 관광도시로 위상 드높인다

관광진흥 마스터플랜…타지역과 차별화
공단 50주년 기념 관광활성화 학술대회
금오산 유교 문화 등 '多 시티투어' 운영

경북 중서부권 8개시군 연계한 상품 개발
대구공항 이전 대비 관광객 유치활동 UP
스타마케팅 · 지자체 최초 카드뉴스 제작

관광진흥 마스터플랜 수립, 관광활성화 방안 학술대회 개최
시티투어 연계 산업관광 프로그램 개발, 광역권 연계사업 발굴 및 추진
대구공항 이전 대비 관광객 유치활동, 지자체 최초 카드뉴스 자체 제작 및 배포

구미시는 2019년을 관광발전 원년의 해로 보고 관광객의 획기적 증대를 위해 다양한 관광정책 개발과 마케팅 활동을 펼치고 구미를 블랜딩해 더욱 구미답게 만들어 한국을 넘어서 전 세계적인 관광도시로 도약하고자 한다.

▶ 구미시 관광진흥 마스터플랜 수립

올해로 구미시는 공단 50주년을 맞이해 산업관광도시로 새로운 도약을 시작한다. 그에 발맞춰 관광진흥과는 앞으로의 시민들의 미래 관광먹거리를 책임지기 위해 구미시 관광진흥 마스터플랜을 수립하고자 한다. 마스터플랜은 1회성으로 그치지 않고 타 지자체와 차별화된 산업관광 육성방안, 머물며 즐기는 체류형 관광상품 개발, 대구와 경북전체를 묶는 광역 관광벨트화 사업, 젊은 도시 구미만의 대표 야간관광명소 개발등을 총체적으로 포괄할 예정이다. 이를 토대로 앞으로 구미시 관광개발 사업을 체계적으로 추진해 더욱 구미답게 만들어 관광객을 끌어 모아 지역경제 활성화에 이바지할 계획이다.

▶ 관광활성화 방안 학술대회 개최

구미 공단 50주년 기념 관광활성화 방안 학술대회를 개최하고 시가 보유한 다양한 관광자원과 연계해 타 지자체와 차별화된 산업관광 코스를 개발하고 구미형 관광산업을 개발하고 활성화를 도모할 예정이다.

상반기 중 대한관광경영학회와 연계해 '구미시 관광활성화방안' 이라는 주제로 구미 관광산업 발전을 위한 국내 우수한 학자의 관련분야 논문발표 및 토론세션을 통해 대내외적 홍보방안 및 발전전략 마련한다.

국내 참가 객들에게 구미에 대한 적극적인 홍보로 '글로벌 스마트 관광도시 구미' 의 브랜드 정립과 대한민국 대표 지식기반산업과 관광지로서의 도시 위상을 제고하고 국내 관광분야 전문가와 담당자의 지속적인 관계형성을 통해 정보 공유의 장을 마련한다.

전국의 대학생을 대상으로 구미관광발전 아이디어 공모전을 통해 구미관광에 대한 전국적 관심을 유도하여 홍보효과도 극대화한다.

▶ 시티투어 컨텐츠 강화

구미를 찾는 관광객에게 구미의 다양한 문화관광자원을 보다 손쉽게 접하게 해주는 구미시 시티투어는 현재 다양한 테마를 정해 다채롭게 운영 중이다. 금오산 유교 문화투어, 초전지 불교 문화투어, 전통시장 투어, 농산물 수확체험 투어 등을 통해 구미의 매력을 전하고 있다.

이에 더해 올해 공단50주년을 맞아 근대 산업 유산으로 지정된 오운여상, 수출탑과 구미를 대표하는 삼성전자의 스마트시티 홍보관, 5공단 전경이 한눈에 보이는 구미 에코랜드 전망대를 포함해 구미의 미래를 책임질 국가산업단지와 근대산업유산을 두루두루 둘러보는 코스로 구미만의 특화된 산업관광 투어를 개발하여 운영할 예정이다.

내륙 최대의 국가산업단지를 보유하고 있는 구미시만의 이점을 살려 산업현장을 대상으로 견학과 체험을 통해 구미만의 특색 있는 관광자원으로 활용해 새로운 관광시장 개발 및 관광수요를 창출하고 지역경제 활성화를 도모할 계획이다.

▶ 산업관광 인지도 제고 교육

구미시는 관광서비스업 종사자뿐 아니라 전 공무원의 관광서비스 및 전문화 도모를 위해 상반기 정례석회 때 관광전문가 초청 강연을 실시할 예정이다. 서비스 교육 등 역량강화, 구미시 대표 산업관광 코스 홍보가 주요 강의 내용이다. 읍면동 관광담당자 워크숍을 실시하고 지역의 숨은 명소(지역민이 추천하는 맛집, 명소)를 발굴, 홍보해 움직이는 관광안내도우미로 활용한다. 그리고 문화관광해설사의 보수 교육 시에도 산업분야를 강화하고 시티투어 연계 산업관광 코스 운영 시에 해설사를 우선 배치해 이용객들의 만족도를 향상시킨다는 목표다.

▶ 광역권 연계사업 추진

경북만의 차별화된 관광자원개발을 위한 시군별 연계사업을 추진해 경쟁력을 강화한다. 금오산을 중심으로 한 경북 중서부권 8개 시군(김천, 구미, 경산, 군위, 칠곡, 성주, 청도, 고령)을 연계한 광역관광상품을 개발하고 서울지역 경북여행상품 전문 판매여행사를 통해 수도권 관광객을 대상으로 판매지원으로 관광인지도를 향상한다. 대구 및 경북 주요관광지, 숙박, 식당, 쇼핑 등 연계할인을 운영하여 관광편의를 제공한다.

▶ 대구공항 이전 대비 관광객 유치활동 강화

대구 · 경북 통합 신공항의 군위 이전에 대비해 해외 관광객 유치 전략도 적극 도 및 대구와 연계하고 공동 홍보활동을 강화함으로써 관광객 유치활동을 적극 추진한다. 공동 홍보영상을 제작해 TV 등 각종 매체광고를 진행하고 대구 · 경북 통합 관광패스를 개발해 운영 시스템을 구축한다. 또한, 경북관광콘텐츠(명소탐방, 전통체험, 맛집 등) 소재 프로그램을 공동 제작 배포하고 경상북도 홍보대사로 임명된 구미 출신 한류스타 '황치열'을 활용한 스타마케팅도 추진해 중화권 한류팬들을 적극 유치한다는 전략이다.

자료 : 경상매일신문, 2019. 02. 21

2. 산업관광자원의 현황

1) 농촌, 농업관광자원의 개념 및 유형

(1) 농촌, 농업관광의 개념

농촌자원이란 농촌 주민의 삶의 질과 쾌적성 및 경제성을 추구할 수 있는 유 · 무형의 자원을 의미한다. 이때 자원이라 함은 농촌지역의 자연 및 사회 · 문화 전반에 바탕을 두고 도시지역과 차별성을 가질 수 있어야 하며 약화된 도시공간에 대한 반작용으로서 도시민의 정서를 적극 유인할 수 있는 자원이어야 한다. 농촌 자원은 자원의 종류에 따라 자연생태자원과 경관자원, 역사문화자원으로 분류할 수 있다(전영옥, 2003). 농촌관광의 의미는 지역을 농촌으로 한정하며 농촌에서의 생산물을 재배 수확하는 과정을 관찰, 체험하는 등 농촌에서 할 수 있는 모든 관광활동을 농촌관광이라고 정의할 수 있으며 농촌관광의 목적은 도시민들에게 농촌을 보여줌으로써 환경친화적 농촌문화를 이해하고 그 지역에서 소비활동을 하도록 하여 농촌의 수익을 증대시키는 것이라 할 수 있다. 농업관광(혹은 관광농업)의 의미는 도시사람들이 농원, 목장 등의 농림 수산의 장소를 방문하여 자연을 즐기면서 직접 농업에 대한 체험을 하는 것을 말한다.

위의 내용을 바탕으로 하여 농촌, 농업관광의 개념을 정의하면 농촌, 농업관광이란 농촌과 농업을 자원으로 하여 즐기는 관광여행을 말하며 농촌의 경치와 농촌의 풍습과 문화를 즐기고 체험하며 농산물과 농업자원을 보고, 농작물의 재배, 수확 등의 농사를 체험하면서 즐기는 여러 가지의 관광을 말한다. 또한 농촌에 머물면서 자연경관이나 생태환경, 전통문화, 농촌생활, 농산물생산 활동 등을 구경, 관찰, 체험해보거나 지역생산물의 매매 등을 통하여 심신의 휴양과 즐거움을 느끼는 여가활동을 의미한다. 예를 들면 농산물 축제, 관광농원, 주말농장 체험, 민박 체험, 휴양림, 꽃 축제, 단풍제 등의 관광여행을 말한다.

표 7-6 • 농촌자원의 유형

유형	주요 자원
자연생태자원	대기질, 수질, 소음이 없는 환경, 토양, 동식물 등
경관자원	산림경관, 하천경관, 농업경관, 주거지경관
역사문화자원	전통건조물, 전통마을구조, 풍수지리나 전설, 생활공동체 활동, 농업공동체 활동, 마을놀이 등

(2) 농촌, 농업관광의 유형

❶ 영농체험 관광

영농체험 관광은 주말농장이나 임대농장, 단체체험 관광, 학생들의 체험학습 등의 형태를 통하여 농작물의 재배와 수확에 관련된 농산물 생산활동에 직접 참여해 봄으로써 농촌과 농업을 체험하는 관광유형을 말한다. 이 유형은 농촌을 떠나 도시생활을 해온 사람들에게 과거의 향수를 불러일으키게 하며, 농업을 모르는 젊은 학생들에게 학습효과를 얻을 수 있는 관광유형이다.

❷ 농산물구매 관광

농산물구매 관광은 농촌에서 생산된 농산품을 소비자가 생산현장을 직접 방문하여 구매토록 하는 관광유형을 말한다. 안전한 농산품에 대한 욕구가 증가하는 상황에서 소비자는 값싸고 농산품에 대한 신뢰를 가짐과 동시에 농업에 대한 간접경험을 할 수 있고, 생산자는 농산품의 안정적인 시장을 확보할 수 있다.

❸ 문화체험 관광

문화체험 관광은 농촌과 전통적인 것에 대한 향수를 가지고 있는 도시민에게 소멸되기 쉬운 우리 문화와 전통유산, 전통적 민예품, 유 · 무형 문화재를 접할 기회를 부여하는 관광유형을 말한다. 이를 통하여 전통문화 외에 농촌에 남아 있는 소박한 인정, 축제 등도 문화체험에 포함될 수 있고 도시민들의 까다로운 여가욕구와 전원생활에 향수를 만족시켜 줄 수 있다.

❹ 레크리에이션 관광

레크리에이션 관광은 등산, 스키, 낚시, 수렵, 어로처럼 농촌이 가지고 있는 자연 및 경관자원을 활용하여 관광객들에게 육체적인 스포츠 활동을 중심으로 휴식과 즐거움을 제공하는 관광유형이다.

❺ 자연체험 관광

자연체험 관광은 인공적으로 가공된 도시의 생활환경에서 벗어나 자연경관과 자연생태 등 있는 그대로의 자연환경을 체험하는 관광유형을 말한다. 이러한 관광유형은 자연경관의 장엄함과 오묘함을 보고 느끼며, 자연생태계의 질서를 보고 체험해 봄으로써 자연에 대한 관심과 이해를 높이는 학습효과가 큰 관광유형이라고 할 수 있다.

❻ 건강휴양 관광

건강휴양 관광은 도시의 오염된 환경을 벗어나 각박한 도시생활로부터의 스트레스를 해소하기 위하여 심신을 쉬고 건강을 위한 활동을 중심으로 이루어지는 관광유형을 말한다. 이러한 관광유형은 건강, 보양을 위하여 식품이나 음료수 등을 먹고 즐기며 체험하는 관광이나 삼림욕이나 온천욕 관광 등이 여기에 해당된다(농촌진흥청, 농업과학기술원 농촌생활연구소 : 2002).

신문 읽기 외국인에게 소개하고 싶은 이색적인 경북 농촌체험관광

농업 6차산업 및 수출 활성화 위해 외국인 농촌체험관광 팸투어 개최

경상북도는 세계적인 K-pop 열풍으로 한국의 전통과 문화에 대한 관심이 높아지고 동남아 외국인 관광객들이 최근 증가하는 가운데 6차산업 및 농식품 수출 활성화를 위해 3일부터 1박 2일간 도내 6차산업 인증사업장을 대상으로 일본, 싱가포르 등 13개 국가 외국인 관광객 전문 인바운드 여행사 관계자들을 초청 '농촌체험관광' 팸투어를 갖는다고 밝혔다.

참가자들은 첫날 안동 보화다원에서 경상북도 외국인 농촌체험관광 활성화를 위한 간담회를 갖고 아름다운 자연을 느끼면서 수제 국화차를 즐기는 다도체험과 안동찜닭 만들기 체험을 했다. 이어 한방차와 족욕을 즐기며 몸과 마음, 피부까지 함께 쉬어갈 수 있는 코스메틱 힐링카페 경산 하늘호수에서 한방화장품 만들기 체험을 하면서 피로를 풀고 휴식을 가졌다.

이어 둘째 날에는 2대에 걸쳐 41년째 참나무 원목을 이용해 친환경 표고버섯 재배를 하는 구미 곰실농원에서 표고버섯을 수확하고 요리체험을 한다. 또한 서민음식인 된장, 고추장, 장아찌 등 발효음식을 체험하고 맛 볼 수 있는 경북 전통음식 체험관인 문경 모심정에서 대표 특산물인 오미자를 첨가한 고추장 만들기 체험을 하고 세계 최초로 오미자를 재료로 정통와인 발효기법을 통

해 세계 최고 명주를 탄생시킨 문경 오미나라에서 세상에 단 하나 뿐인 나만의 기념주 만들기 체험으로 추억을 선물하며 팸투어 일정을 마무리한다.

팸투어에 참가한 인바운드 여행사 관계자들은 다채롭고 특색 있는 경북 농촌체험 프로그램에 큰 호응을 보이며 "직접 맛보고 체험한 경북 농식품의 우수성을 홍보해 지속적으로 증가하는 모객국가 관광객들을 경북으로 유치하는데 최선을 다하겠다"고 말했다.

경북도는 하반기에도 과일수확 시기에 맞춰 팸투어를 실시하고 경북농촌체험관광 SNS기자단을 활용해 농어촌체험휴양마을과 6차산업 인증업체를 대상으로 농촌관광 홍보 콘텐츠를 제작하는 한편 바이럴 마케팅으로 홍보효과를 극대화할 계획이다.

김종수 경북도 농축산유통국장은 "경북 농촌을 즐길 수 있는 다양한 6차 사업장에 대한 외국인 농촌체험관광 팸투어는 색다른 맛과 멋을 제공하고, 나아가 농식품 수출확대로 이어져 지역경제 활성화와 일자리창출에도 기여 할 것으로 기대된다"면서 "경북도는 앞으로도 농촌체험관광이 활성화될 수 있도록 적극 지원할 계획"이라고 밝혔다.

자료 : 중부뉴스통신, 2019. 07. 03

2) 공업관광자원의 개념 및 유형

(1) 공업관광의 개념

우리나라 산업관광자원의 주축을 이루고 있는 것이 공장시설과 공업단지이다. 농업 · 임업 · 수산업 등 제1차 산업에서 얻어진 생산물을 원료로 인간생활에 필요한 여러 생산물을 가공 · 생산하는 산업부문을 공업이라 하며 공업을 제2차 산업이라고 한다.

공업관광은 시설과 경영이 모범적으로 되어 있는 공장을 선정, 관광코스에 포함시켜 공장의 기계설비, 제조공정, 공장부설기술연구소, 종업원 교육, 후생시설 등을 관광케 하는데 이러한 관광객의 욕구를 충족시킬 수 있는 제 대상을 공업관광자원이라고 한다. 공업관광자원은 비교적 공업수준이 발달된 선진국에서 많이 활용하고 있는 관광자원이며, 최근에는 대규모의 사회간접자본인 공항, 항만, 댐 등의 시설을 견학하게 하는 상품이 출현하기도 하고 있다. 우리나라 산업관광자원의 주축을 이루고 있는 것이 공장시설과 공업단지이다.

(2) 공업관광의 유형

❶ 수출자유지역

단지조성에서 생산활동에 이르기까지 정부기관이 담당하며, 외국투자기업들이 대부분인 단일 보세구역이다.

❷ 수출산업공업단지

정부기관과 산업공단이 관리하고, 보세구역의 혜택이 있으며 화학, 금속, 전자, 섬유, 광학기계 제품의 업종들이다.

❸ 지방공업단지

지방중소기업의 육성과 공업의 지방분산화를 위해 중소도시에 입지한다.

❹ 민간공업단지

민간기관이 주체가 되어 업종별 집단화를 이룬다.

❺ 중화학공업 및 기타

중화학공업 제품의 집중개발과 수출을 목표로 임해지역에 입지한다.

(3) 공업지역

❶ 수도권 공업지역

풍부한 자본과 기술 및 노동력, 발달된 교통 등 입지 조건이 유리하여 우리나라 최대의 공업 지역으로 성장한 곳이다. 서울 · 인천과 그 주변의 안양 · 의왕 · 수원 · 성남 · 광명 · 군포 · 시흥 · 안산 등을 포함하는 경기도 일원 지역에 형성되어 있으며, 그 범위가 충남과 충북 일부 지역에까지 확대되고 있다. 1970년대까지도 서울~인천 간의 축을 중심으로 한 경인지역은 많은 공장이 집중되어 있어서 이를 경인공업지대라고 불렀다. 그러나 지금은 공장이 정도의 차이가 있을 뿐 수도권의 거의 전역으로 확산되었다. 수도권이란 국토개발에서 서울 · 인천과 경기도를 합해서 가리키는 용어로 쓰인다.

공업 발달의 요인으로는 인구의 집중으로 인한 풍부한 노동력과 편리한 교통 이외에 서울이 우리나라의 정치 · 경제 · 교육 · 문화의 중심지라는 점과 인천이 일찍 서울의 관문으로 성장했다는 점이 중요하다. 서울은 인구가 많아 거대한 소비지의 역할을 하고 있는 점도 중요하다.

수도권 지역은 다양한 공업이 발달하여 종합 공업 지역의 성격을 지니고 있다. 그러나 지역적으로 보면 대체로 소비 시장이 넓은 서울은 의류 · 식품 · 인쇄 등 소비재 경공업이 발달하였고, 항만에 입지한 인천은 유리 · 금속 · 기계 등의 생산재 중화학 공업의 비중이 높다. 또 수도권 지역은 각종 연구 기관이 집중되어 있어 정보 획득과 고급 전문 기술 인력의 확보가 용이하여 첨단 산업의 집적이 가속화되고 있다. 안양 · 기흥 · 수원 · 이천 등지에 건설된 전기 · 전자 공업 단지는 그 한 예이다.

그러나 최근 서울과 수도권으로의 지나친 집적으로 공장 부지와 용수 부족, 지가 상승, 환경오염 등의 집적 불이익이 발생함에 따라, 1980년대 이후 공업 분산이 추진되고 있다.

❷ 남동 해안 공업지역

남동 해안 공업지역은 우리나라 제2의 공업지역으로, 경북 영일만의 포항에서부터 울산 · 부산 · 김해 · 창원 · 마산 · 진주 · 사천을 지나 전남 광양만의 광양 및 여천에 이르는 우리나라 최대의 임해 중화학 공업지역이다. 항만이 많아서 원료의 수입과 제품 수출에 유리한 교통 조건과 1970년 이후 추진된 수출 주도의 공업화 정책에 힘입어서 급속한 발전을 이룩하였다. 이 지역은 중화학 공업의 항만 입지와 집적 입지 경향이 뚜렷한 곳이며, 수도권 공업지역처럼 지나친 집적에 따른 지가 상승과 환경오염 등의 문제가 발생하여 주변 지역에로의 분산이 추진되고 있다.

1980년대 이후 우리나라의 중화학 공업 비중이 계속 증가해 온 것은 남동 임해 공업지역의 산업 발달의 영향이 크다. 이 지역은 관련 공업이 집적 · 계열화되어 공업 도시마다 성격이 뚜렷하다. 포항의 종합 제철, 울산의 정유 · 석유 화학 · 자동차 · 조선, 온산의 비철금속 제련, 창원의 기계, 마산의 섬유와 수출 자유 지역, 거제의 조선, 사천은 항공기, 여수와 여천의 정유와 비료, 광양의 제철 등과 부산에 식료품 · 화학, 진해의 비료와 화학 등 각종 공업이 발달하였다.

❸ 중부 내륙 공업지역

중부 내륙 공업지역은 대전 · 청주 · 천안 등을 중심으로 형성된 공업지역이다. 이 지역은 교통이 편리하고 수도권에 인접하여 수도권에서 분산되는 공업이 입지하고 있다. 대전의 대덕 연구 단지는 우리나라 최대의 과학 기술 연구 단지로서, 지역 산업 발전에 견인차 역할을 하고 있으며, 아산만 지역은 최근 석유 화학, 자동차, 철강 등의 중화학 공업이 발달하여 앞으로 발달이 크게 기대되는 곳이다.

❹ 영남 내륙 공업지역

이 지역은 낙동강의 용수와 풍부한 노동력, 편리한 교통을 바탕으로 섬유 공업과 전자 공업 등 노동 집약적 공업이 발달한 곳이다. 일찍이 1960년대의 수출 주도형의 경제 성장을 주도한 곳으로 대구와 구미가 공업의 중심지이다. 최근 섬유 산업의 전반적인 불황과 환경 오염에 대한 규제가 강화되면서 이 지역은 많은 어려움을 겪고 있다.

❺ 호남 공업지역

호남 공업지역은 다른 지역에 비해 공업의 비중이 낮고 발전이 늦었으나 중국과의 인접성, 황해안 개발 및 국토의 균형 발전 정책에 힘입어 황해안 개발이 본격적으로 진행되어 군산 · 장항지구~대불지구~광양 · 여천지구를 잇는 지역은 제2의 임해 공업 지대로의 발전이 기대되는 곳이다. 특히, 현재 진행되고 있는 군산 · 장항 국가 공업 단지가 완공되는 2000년대에는 이 지역이 우리나라의 주요 공업 지역으로 부상할 전망이다.

❻ 태백산 공업지역

석탄, 석회석이 풍부하여 시멘트, 화학 등 원료 지향성 공업이 발달하였다. 교통이 불편하고 소비 시장과 멀어서 공업 발달이 불리했으나 영동 고속 국도와 중앙 고속 국도의 개통과 더불어 공업 발전이 기대되는 곳이다. 최근에는 에너지 소비 구조의 변화로 석탄 수요가 감소하면서 지역 경제가 침체를 벗어나지 못하고 있는데, 관광 산업 유치 등으로 새로운 활로를 모색하고 있다.

신문 읽기

쇠락한 익산산업단지, 청년일터로 바꾼다

산단공 · 익산시, 4455억 투입 2024년까지 귀금속 메카로
카페 · 공원등 복합문화시설에 주거 해결한 청년친화형으로

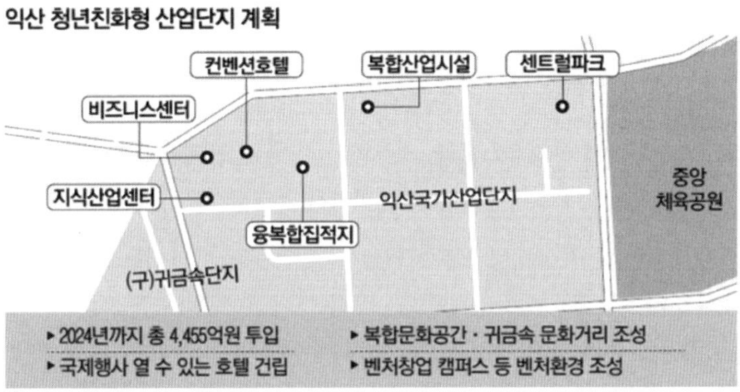

소규모 귀금속 공예방, 전통찻집, 카페 등 귀금속 문화예술거리에 청년들이 찾아와 즐긴다. 이들은 문화예술거리가 위치한 국가산업단지에서 일을 하거나 지식산업센터에서 창업을 준비하는 한편 오피스텔, 기숙사 등에서 주거도 동시에 해결한다. 산업단지가 도심과 가까운 덕에 지역 시민들은 물론 산업단지의 유휴공간을 활용한 관광자원으로 관광객들도 찾는다.

한때 귀금속 보석류 수출산업단지로 이름을 떨쳤지만 지금은 기반시설 노후화로 쇠락한 익산국가산업단지가 앞으로 이런 모습으로 바뀐다.

한국산업단지공단과 익산시는 2024년까지 총 4455억 원을 투입해 노후화된 익산국가산업단지에 복합문화공간과 귀금속 문화거리를 조성하기로 했기 때문이다. 노후화된 산업단지 기반시설 개선은 물론 문화 · 편의시설을 확충해 청년이 찾는 산업단지로 탈바꿈시키겠다는 복안이다. 산업단지공단 관계자는 "익산국가산업단지는 시내 중심지에 위치해 있어 주거 및 출퇴근 등 접근성이 우수하고 인근에 원광대, 전북대 익산캠퍼스 등 4개 대학이 소재하고 있어 청년 고용창출 잠재력이 높은 편"이라면서도 "단지 내 건축물과 기반시설이 노후화됐고 청년들이 선호하는 공원, 카페 등 편의시설이 전무한 상황"이라고 말했다.

익산국가산업단지는 1974년 익산보석수출단지로 출발했다. 전주, 군산산업단지와 함께 T자형 공업벨트의 중심에 위치해 특히 귀금속 보석류 수출업체의 집적지로 각광을 받았던 곳이다. 지금도 귀금속 관련 업체가 109개로 익산국가산단 내 업체의 절반이 넘는 52%를 차지하고 있다. 그러나 조성된 지 40년을 훌쩍 넘기면서 기반시설이 노후화됐고 귀금속 보석류 업체들이 점차 영세해지면서 2017년 귀금속 보석류 생산액은 293억 원에 그쳤다. 산업단지공단과 익산시는

청년들이 찾아오는 산업단지를 조성하기 위해 먼저 노후 귀금속단지를 현대화하는 사업을 진행한다. 약 100억 원을 투입해 노후 건축물을 리모델링하고 귀금속 제조 · 전통찻집 · 공예체험장 등 복합문화센터를 건립한다. 아울러 노후도로 포장, 공원 · 주차장 신설 등으로 쾌적하고 편리한 귀금속 공방거리로 탈바꿈시킨다. 또한 현재 산업단지 지원시설 구역 내 입주 가능한 업종과 시설을 열거하는 포지티브(positive) 방식이 아닌 네거티브(negative) 방식을 도입해 카페, 음식점 등을 입주할 수 있게 할 계획이다. 오피스텔, 도시형생활주택, 공동 어린이집, 도시숲 등을 지어 산업단지의 근로자 정주환경도 대폭 개선한다.

이미 변화의 조짐도 조금씩 나타나고 있다. 정부와 익산시, 산업단지공단은 2015년부터 총 1444억 원을 들여 산업단지 비즈니스 환경 개선과 산업혁신 인프라스트럭처 구축을 진행해왔다.

전북 익산시내에서 유일하게 국제행사를 치러낼 수 있는 웨스턴라이프 호텔이 대표적이다. 산업단지 환경개선펀드를 통해 건립된 이 호텔은 약 7000평의 대지에 총 155개의 호텔 객실과 연회장, 300석과 400석 규모 두 개의 대형 컨벤션홀을 갖췄으며 지난해 12월 개장했다. 산업단지 환경개선펀드는 정부 펀드출자금을 기반으로 민간 투자자금을 유치하여 노후산업단지의 환경 개선, 업종 고도화 등에 필요한 시설을 건립하는 사업이다. 익산시에는 국가산단 2개, 일반산단 3개, 외국인전용단지 1개, 농공단지 4개가 있었지만 그동안 국내외 바이어투자 상담, 기업행사 등 비즈니스 공간이 없어 기업들의 애로가 있었다. 준공 전인 지난해 10월에는 전국체전 및 장애인체전에 출전한 선수 및 임원단에 숙소를 제공하기도 했다.

산업단지공단 관계자는 "익산시의 오랜 숙원인 지역 내 업체의 제품 홍보 및 바이어 미팅 등이 원활해져 기업체 매출과 수출 증대에 기여할 것으로 기대된다"고 말했다.

2017년 건립된 익산 종합비즈니스센터는 3D프린팅제조혁신센터, 한국조명연구원, 창업보육센터를 유치해 지역 내 기업체의 혁신을 지원하고 있다. 특히 3D프린팅은 익산의 대표산업인 패션 · 주얼리산업과의 시너지 효과가 매우 큰 것으로 나타난다. 또 도심 인접지역에 청년 친화형 사업환경 및 창업환경을 마련하기 위해 복합지식산업센터, 벤처창업 캠퍼스, 기숙사 건립도 추진한다.

자료 : 매일경제, 2019. 03. 11

3) 상업관광자원의 개념 및 유형

(1) 상업관광의 개념

상업이란 상품을 매매하여 생산자와 소비자 간 재화전환의 매개를 하고 이익을 취하는 영업을 말한다. 또한 재화 및 서비스의 교환 또는 매개에 의해 생산자와 소비자 간에 존재하는 인적 · 장소적 · 시간적 격리의 연결을 목적으로 하는 영업이라고 할 수 있다. 상업관광은 상업을 관광 대상화시킨 것으로 상업을 관광의 객체로서 활용한 것을 말한다. 백화점이나 쇼핑센터, 상설시장과 시골의 시장 등이 이에 속한다.

(2) 재래시장

재래시장이란 정기시장이든 상설시장이든 옛것이 남아 있는 전통적인 시설과 운영방법으로 구매와 판매가 이루어지는 시장을 뜻한다. 관광객이 쇼핑을 하기 위해서는 현대식 대형 쇼핑몰, 면세점 등을 주로 이용하지만 그 지역, 그 나라의 문화도 함께 체험하기 위해서는 재래시장의 방문이 필수적이다. 관광객의 유형과 방문 목적에 따라 차이가 있지만 최근에 들어서는 재래시장을 방문하는 관광객들의 증가 추세가 늘고 있다.

재래시장은 단순히 물건을 사고파는 장터의 중요한 역할과 기능뿐만 아니라 이웃과의 교류의 장이자 우리 민중의 삶의 숨결이 넘치는 장소이다. 또한 민족의 얼과 전통, 민중의 희로애락이 깃든 곳이며, 인간적 체취가 물씬 풍기는 곳이다. 이처럼 우리의 재래시장은 오랜 옛날부터 우리 국토 전국 곳곳에 자리 잡고 민중과 더불어 존속해 오며 많은 역할과 기능을 해왔다. 관광객들은 그들의 거주지 이외의 다른 지역을 관광할 경우 호텔, 백화점 등의 고급시설 및 편리함을 원하지만 때로는 불편하더라도 그 지역만의 특색 및 그 지역민들의 실제 생생한 삶의 모습을 보고 싶어한다. 그런 면에서 재래시장은 적당한 장소이다.

재래시장에는 관광적 요소인 볼거리, 먹을거리, 살거리가 골고루 잘 갖추어져 있으며 그 지역 주민들의 생활 실태 및 특색을 알 수 있고, 역사, 전통 그리고 과거의 생활상을 추적할 수 있을 뿐만 아니라 직접 체험도 할 수 있는 문화체험의 현장이다.

❶ 정기시장

전통적인 농업국이었던 우리나라는 자급적 경제 체제가 유지되었기 때문에 상업이 활발하지 못하였다. 조선시대에 이르러 한양에 상설시장으로 육의전이 있었으나 이는 주로 관용물을 조달하는 곳이었고, 일반적인 상업은 객주와 보부상 그리고 정기시장을 중심으로 이루어졌다. 5일마다 열리는 정기시장은 농촌 사회의 경제적 기능과 정보 교환 등 중요한 역할을 하여 한때 약 1,500개가 있었다.

우리나라의 정기시장은 주로 매월 1일 6일, 2일 7일 등 닷새마다 열리는 5일장으로 한 달에 6번 개장되며 주로 읍면 소재지를 중심으로 이루어졌다. 부정기시장은 일정한 규칙 없이 필요할 때마다 일시적으로 열리는 시장이다.

조선시대의 특수 시장으로는 한약재를 전문으로 다루던 약령시가 유명했다.

약령시 중에서는 대구 · 전주 · 원주의 3대 시장이 중요했으며, 약재의 채취와 출하시기에 맞추어 봄과 가을에 2회 열렸다. 그러나 교통의 발달과 도시화로 인구가 한곳에 밀집하고 경제 성장이 이루어지면서 주민들의 수요가 늘어나 도보 시대 또는 전통적 농업 사회의 유물인 정기시장은 대부분 쇠퇴하였다. 또한 정기시장 중에서 수요량이 많은 도시나 교통이 편리한 농촌 중심 도시의 시장은 상설시장으로 발달하기도 하였다.

시장이 성립하기 위해서는 최소 요구치보다 재화의 도달범위가 커야 한다. 그러나 인구가 희박하고 교통이 발달하지 못하였던 과거에는 최소 요구치보다 상품의 도달 거리가 작았기 때문에 상설시장이 성립하지 못하였다. 따라서 몇 개의 넓은 지역을 정기적으로 순회함으로써 시장 유지에 필요한 최소한의 수요를 확보하는 정기시장이 발달하였다. 그러나 인구의 증가, 교통의 발달, 생활수준의 향상 등으로 구매력이 증대되면서 정기시장이 상설시장으로 변화하였다.

❷ 상설시장과 상가

상설시장은 1년 내내 항상 개방되어 있는 시장을 뜻한다. 이러한 시장은 시장을 구성하는 시설과 운영방법의 현대성 여부에 따라서 재래시장과 현대시장으로 구분할 수 있다.

상가는 도시화의 산물로서 조선 초에 시작되었는데, 상설 점포로 이루어졌던 한양의 시전은 왕실과 관부의 물자 조달 기관으로서 오늘날 상가에 해당하는 것이었다. 대체로 종로

네거리의 종루를 중심으로 한 지역과 이곳에서 남대문과 동대문에 이르는 도로 양쪽에 상설 점포를 건설하고 일반 상인에게 빌려주었다. 종로와 남대문로는 지금까지 전국에서 가장 번화한 상가로 내려오고 있다.

근대적 도시의 성장과 도시 내부의 지역 분화가 이루어지면서 상설시장이 본격적으로 발달하기 시작하여 상업 지역과 상가를 형성하고 있다. 오늘날 서울 · 부산 · 대구 등 대도시의 내부에는 규모가 큰 상설시장이 형성되어 있으며, 이러한 시장 중 서울의 남대문시장 동대문시장, 부산의 국제시장, 대구의 서문시장 등은 역사가 오랜 상설시장으로 도매시장과 소매시장을 겸하고 있다.

최근에는 특수 상품의 상설시장이 등장하고 있는데 서울의 가락동 농수산물시장, 노량진 수산물시장, 경동 약령시장, 부산의 자갈치시장 등이 그 예이다. 이러한 상설시장은 중소도시의 경우에는 중심가에 자리하나 대도시의 경우에는 주변의 거주지에도 조성되어 있으며 대도시의 상설시장 중에는 전국적 규모의 것도 있다.

그리고 도시 발달과 더불어 상가가 형성되는데, 대도시에서는 지역 분화에 의해 도심지에 전문상가 및 대형 백화점이 입지하고 있다. 서울의 남대문로, 종로, 을지로, 부산의 광복동, 대구의 동성로, 광주의 충장로 등지에 발달한 도심 상가는 소매를 위주로 하는 각종 전문 상점들로 구성되어 있으며, 백화점을 비롯한 고급 상가의 경우 과거에는 도심에만 분포하였으나 오늘날은 거주 지역의 확대와 더불어 주변 지역으로 확산되고 있다.

(3) 쇼핑 관광

❶ 쇼핑관광의 개념

쇼핑관광에 대하여 정형화된 개념은 아직 부족하다고 할 수 있으나 여행자가 그들의 욕구에 따라 관광지에서 물건을 구매하는 행위를 포함하여 먹기, 구경하기 등 그 과정에서 부수적으로 일어나는 모든 행위를 쇼핑관광이라고 본다면 쇼핑관광이란 재래시장뿐만 아니라, 쇼핑을 할 수 있는 모든 공간에서 물건을 사고, 구경하고, 먹고, 즐기는 것 등 모든 관광활동을 쇼핑관광이라고 정의할 수 있을 것이다.

❷ 관광자원으로서의 쇼핑관광

경관 감상, 휴양 등의 정적인 관광에서 역사체험, 농장체험 등 동적인 관광으로 관광의 동기가 다양하게 변하고 있다. 단체여행의 초창기에는 관광지에서 물건을 사는 정도의 쇼핑이 이제는 쇼핑을 위하여(관광지 구경보다는 쇼핑이 주목적임) 관광을 하는 등 관광에 있어서 쇼핑관광의 점유율이 올라가고 있다.

외국인의 국내여행의 경우 쇼핑관광의 자원으로는 관광기념품, 토산품, 지역 특산물(각 지방에서 생산하는 향토 특산물), 도자기 등의 공예품, 김치 등의 음식, 식료품, 인삼, 주류, 신발류, 의류, 보석류 등 우리나라에서 생산 및 가공 또는 판매되는 모든 제품이라고 할 수 있다. 쇼핑관광의 대국인 홍콩이나 싱가포르의 경우 관광수입 중 50~60%가 쇼핑을 통해 이루어지고 있을 정도로 전체 관광수입 중 쇼핑관광의 위력은 대단하다.

쇼핑관광의 경제적 효과는 산업을 발전시키고, 그로 인하여 산업의 인력고용이 늘어나 취업난을 해소할 수도 있으며, 외화가득률을 높여주는 효과도 있다. 이러한 경제적 효과뿐만 아니라, 쇠퇴하는 전통 수공예품 등의 문화보급, 교류 및 발전을 기할 수 있으며, 국가 이미지를 높이는 역할도 할 수 있다.

이러한 쇼핑관광의 중요성을 인식하고 각 지자체와 정부 및 민간은 쇼핑관광활성화를 위한 방안 및 대책을 모색하고 있다. 쇼핑의 대명사로 불리는 상가들이 밀집한 거리로서 주로 현대식 건물의 이미지를 가지고 있는 백화점과 호텔, 다양한 종류의 레스토랑, 휴식 및 오락 시설 등이 위치해 있다.

신문 읽기

문화 · 상업 거점으로… 자족 경제도시 꿈꾸는 노량진

"서울 동작구 관문인 노량진은 수산시장, 용양봉저정, 사육신공원 등 숱한 역사 · 문화 자원을 뽐내 관광도시로서 잠재력이 큽니다. 특히 서울시에서 추진하는 한강대교 보행교 '백년다리' 가 들어서면 많은 시민이 찾게 될 겁니다. 노량진을 문화 · 상업의 거점으로 탈바꿈시켜 동작구를 자족가능한 경제도시로 한 단계 더 진화시키겠습니다." (이창우 동작구청장)

노량진 일대가 한강의 새로운 문화 · 관광 허브로 거듭난다. 청년들이 분투하는 '고시촌' 이미지로만 부각됐지만 살뜰히 살펴보면 역사적 명소뿐 아니라 행정타운 조성에 따른 현재 구청사 부지 등 풍부한 자원과 개발 입지를 품고 있다. 그러나 올림픽대로, 철도 시설 등으로 여의도, 한강 등 주변의 주요 중심지와 단절되면서 발전에 한계를 맞았다. 이에 동작구는 노량진과 여의도를 한 생활권으로 잇는 도로, 보행교 신설을 꾀한다. 주변과 새 길을 터 유동인구를 노량진으로 끌어들이겠다는 계획이다. 서울시가 진행하는 '백년다리' 도 2021년 개통될 예정이라 노들섬, 노량진 일대가 큰 전환점을 맞을 전망이다.

구는 노량진와 여의도를 잇기 위해 먼저 노량진로~노들길~여의도로 직접 이어지는 도로를 조성한다. 노량진에서 여의도로 이어지는 보행교도 새로 놓는다. 구가 추진하는 '노량진역사 현대화사업' 도 여의도와 생활권을 연결하려는 노력 가운데 하나다. 이용객에 비해 협소하고 지어진 지 48년이나 돼 낡은 역사인 노량진역은 올 하반기 사업 기본구상과 타당성 검토 용역연구를 마무리하면서 이용객 편의를 대폭 늘린다.

전망대, 광장, 잔디밭 등 다채로운 여가공간으로 만들 한강대교 '백년다리' 개통과 맞물려 구는 용양봉저정과 인근 근린공원 일대(60여 만㎡)를 노들섬과 연계한 문화 · 관광벨트로 재탄생시킨다. 올해엔 주변 유물 발굴 조사와 토지 매입 · 정비에 속도를 내 2022년 역사공원으로 만들겠다는 청사진이다. 정조가 잠시 쉬어가는 행궁으로 쓰던 용양봉저정 인근엔 서울에서 유일하게 한강 이남에서 강북 방향으로 한강과 남산을 한눈에 조망할 수 있는 근린공원도 자리해 있다. 이 구청장은 "근린공원 산책로 정상엔 2022년까지 한국의 '미세스 맥쿼리 포인트' (호주 시드니 야경 명소)가 될 전망대를 설치해 누구나 꼭 한 번 방문할 만한 서울의 대표적 조망 명소로 꾸미겠다"며 "앞으로 시민, 관광객들은 노들섬에서 공연을 감상한 뒤 노량진 수산시장에서 제철 수산물을 맛보고 용양봉저정 전망대에서 한강의 야경을 즐길 수 있게 될 것"이라고 기대했다.

출처: 서울신문, 2019. 05.15

제8장

위락관광자원

제1절 위락관광자원의 개념

제2절 위락관광자원의 유형

Introduction to Tourism Resources

관광자원론

제8장

8

위락관광자원

제1절 위락관광자원의 개념

1. 위락관광자원의 개념

위락(recreation)은 인간이 일을 떠나서 놀이나 즐거운 행위 또는 휴식을 함으로써 몸과 마음, 정신을 총체적으로 회복시킨다는 의미이다. 다시 말해 위락은 일로부터 쉬게 하고, 일을 위해 다시 회복될 수 있는 활동을 뜻한다. 자연관광과 문화관광자원을 중심으로 한 관광의 형태에서 자아실현과 삶의 질의 향상이라는 점에서 관광객이 적극적이고 능동적인 참여형태로 바뀌고 있다. 소극적인 감상만으로 만족하지 않고 동적인 자아실현적인 방법을 모색하는 것이다(채예병. 2008). 따라서 위락적 관광자원이란 "관광객이 직접적이고 능동적인 관광욕구를 충족시킬 수 있는 동태적인 관광대상"이라고 볼 수 있다. 최근 관광 · 여가 부문에 대한 수요는 보다 높은 삶의 질을 추구하는 방향으로 다양화, 고급화되고 있고 급속한 도시화와 산업화는 여러 형태의 위락적 관광상품이 개발되고 있다.

2. 위락활동의 종류

최근에는 적극적인 관광 형태로 일정지역에 관광객의 편의와 이용을 쉽게 하기 위하여 적합한 시설을 갖추고 자연자원과 인위적으로 조정한 인공자원을 복합한 위락 중심의 관광지가 많이 개발되고 있다.

위락의 종류에는 활동장소에 따라 실내 위락과 야외 위락으로 구분할 수 있다. 위락활동은 옥내에서는 각종 위락시설이 필요할 뿐만 아니라 옥외의 활동공간과 관광자원 및 시설을 필요로 하는 여가활동이다.

위락자원들을 종류별로 그 사례를 들면 다음과 같은 것들이 있다. ① 행하며 즐기는 활동적 대상자원, ② 앉아서 쉬면서 즐기는 휴식 대상자원, ③ 보고 음미하는 등의 감상적 대상자원들이 있다. 이들 자원들을 보다 구체적으로 예를 들면 다음과 같다.

위락활동의 종류

산, 계곡, 폭포 등에서의 피크닉, 명승지 · 사찰탐방 또는 자연경관 감상, 등산, 산 또는 계곡 등산에서의 야영, 동굴구경, 스키, 수렵, 문화유적지 방문, 민속촌, 박물관, 기념관, 보트 또는 배타기, 유원지 · 관광단지, 각종 놀이시설지, 온천지 방문, 동물원 · 식물원 가기, 드라이브 즐기기, 자전거 하이킹, 골프, 호수 · 댐 · 강변 등에서의 피크닉 또는 야유회, 강변. 호수 등 수변에서의 야영, 낚시, 해수욕, 요트타기, 윈드써핑, 스쿠버다이빙, 테니스, 사격, 야구, 배구 등 각종 운동하기, 각종 운동경기 운동장에서의 관람

제2절 위락관광자원의 유형

1. 내륙형 관광자원

1) 주제공원

(1) 주제공원의 개념

주제공원(theme park)이란 "특정한 주제(theme)를 정해놓은 놀이 공원"이라고 정의할 수 있다. 테마파크는 ① 넓은 지역에 특정한 주제를 정해놓고 그에 맞는 오락시설을 배치하는

위락단지, ② 가상현실기술과 오락용 소프트웨어, 비디오게임, 영화 등이 접목되어 만들어진 "진짜보다 더 진짜 같은" 느낌을 주는 체험산업을 가리키기도 한다(네이버 경제용어).

일반적으로 주제공원이라 함은 "공통된 주제 아래 각종 형태의 라이드 시설, 볼거리 및 흥미거리를 모두 구비한 위락 · 놀이공원"을 말하며, 또한 "어느 특정한 주제를 설정하고 그 주제에 따른 환경과 위락시설 및 이벤트를 설정하고 분위기를 연출하여, 전체를 일관성 있게 구성해 운영하는 레저파크의 한 형식으로 시간을 초월한 거대한 폐쇄된 공간 또는 공원"이라 할 수 있다. 또다른 주제공원 정의로 "단순한 놀이시설을 제공, 판매하는 사업이 아니라 역사, 문화, 사회, 경제, 과학 등 광범위한 소재를 중심으로 방문객들에게 일상의 생활을 떠나 문화적 혹은 오락적 체험을 가능하게 하여 여가선용의 기회를 제공하는 주제의 복합체"로 설명할 수 있다.

주제공원은 본질적으로 자연적 요소보다는 인공적 요소를 더 강조하여 일정한 주제를 부여하게 됨에 따라 놀이위주의 공원이라는 의미에서 AMUSEMENT PARK라고도 하며, 기존의 공원(PARK), 정원(GARDEN) 등의 명칭을 그대로 사용하기도 한다. 특정한 주제와 관련하여 WATER PARK, MARINE PARK 등의 이름이 있고, 그들만의 세계라는 의미에서 WORLD란 명칭도 사용되고 있기도 하다.

최초의 테마파크인 LA의 디즈니랜드는 1955년 7월 월트 디즈니에 의해 만들어졌다. 우리나라는 1977년 용인자연농원(현재 에버랜드)이 사파리, 놀이기구, 식물원 등을 도입하여 테마파크의 모습을 갖추기 시작했다(네이버 용어사전).

이러한 주제공원은 그것만이 지닌 특징이 있다.

첫째, 전체를 통합하는 주제가 있다.

둘째, 주제를 기초로 하는 문화와 모티브가 있다.

셋째, 고유의 아이덴티티(Identity)가 있다.

넷째, 각종 즐거움과 이벤트가 있다.

다섯째, 일상성을 탈피한 환경이 전개된다.

여섯째, 인공적으로 연출한 환경 · 장치산업이다.

마지막으로 각종 유희 장치나 이벤트와 더불어 상품도매업과 음식업 등을 포함한 형태로 복합적인 성격이 있다(한국관광공사, 관광정보 1995).

(2) 주제공원의 분류

주제공원은 공간별 · 주제별로 분류할 수 있다. 주제공원은 테마를 위한 소재의 주제별 특성과 소재가 위치하는 공간적 특성에 따라 다양한 유형으로 분류된다.

가. 공간적 분류

분류방식	비 고
자연공간 + 주제형	동식물파크, 수족관, 바이오파크 등
자연공간 + 활동형	자연리조트형 파크, 바다, 온천형 파크 등
도시공간 + 주제형	외국촌, 역사촌, 사이언스파크 등
도시공간 + 활동형	도시리조트형 파크, 어뮤즈먼트파크, 워터파크 등

자료 : 국제산업정보연구소, 주제공원개발방향과 수법, 1992.
한국관광공사, 우리나라 주제공원의 개황 및 발전방향, 관광정보에서 재인용 1995.

나. 주제별 분류

인간사회의 민속 및 역사, 지구상의 생물, 산업, 예술, 놀이, 과학 및 하이테크, 자연자원, 주제를 복합화하는 방법에 의한 분류방식으로 보통은 단일주제가 아닌 둘 이상의 주제를 복합화한 주제공원이 대부분이다. 우리나라의 주제공원의 대부분은 대도시 내 또는 근교에 위치하고 있으며, 주제별 분류로는 민속, 놀이중심의 주제공원이 주를 이루고 있으나, 단일형태의 주제공원보다는 복합형태의 주제공원을 이루고 있다.

분류방식	개발콘셉트	개발방법	비고
사회, 민속, 역사	민가, 건축, 민속, 공예, 예는 외국의 건축풍속 등	어느 시대, 어느 지역을 특정하는 민가나 건축물 또는 분위기를 조성 또는 역사내용과 인물에 중점을 두고 환경과 상황을 재현하여 민속, 문화, 시대상을 표현	민속촌, 롯데월드
생물	동물, 새, 고기, 식물 등	생물의 생식환경을 재현하여 정보, 수집, 실연쇼 등을 구성	
산업	광산유적, 지역산업, 전통공예, 산업시설 등	지역산업시설이나 목장 등을 개방 · 전시하고, 체험시키는 형태를 취한 것으로 체재 및 리피트가 가능	
예술	음악, 미술, 조각, 영화, 문학	영화세트, 미술작품의 야외갤러리, 정원 및 음악이벤트 등의 환경을 이용	

분류방식	개발콘셉트	개발방법	비고
놀이	스포츠, 게임, 어뮤즈먼트기계	스포츠활동, 건강 등의 아이템을 도입하여 시설 구성	드림랜드, 서울랜드, 에버랜드 등
환상적 창조물	캐릭터, 동화, 만화, 서커스,사이언스 픽션 등	동화와 에니메이션의 캐릭터를 중심으로 이야기의 일부를 재생하거나 SF세계 등을 주제로 비일상성을 중심으로 구성	
과학 하이테크	우주, 로봇, 바이오, 통신, 교통, 컴퓨터	우주, 통신, 교통, 에너지, 바이오테크놀러지 등 현대과학기술의 정보와 모습을 전시하거나 우주체험의 시뮬레이션을 도입해 우주 및 과학체험의 장을 구성	대전엑스포 과학공원
자연자원	자연경관, 온천, 고원, 폭포, 하천	관광단지, 위락단지 내 온천, 스포츠시설 등을 복합시켜 체재형 파크로 구성	경주 도투락 월드

자료 : 국제산업정보연구소, 주제공원개발방향과 수법, 1992.
한국관광공사, 우리나라 주제공원의 개황 및 발전방향, 관광정보에서 재인용 1995.

(3) 주제공원의 발전방안 및 순위

❶ 주제공원 발전방안

테마파크는 일정한 주제로 재미와 감동을 느낄 수 있고 공연 전시 이벤트가 이루어지는 복합적인 공간이다. 지방자치단체에서는 경쟁적으로 지역경제 활성화를 목적으로 테마파크를 많이 계획하고 있으나 성공한 사례는 극히 드물다. 한국 테마파크가 관광객들이 많이 찾는 국내 명소가 되기 위해서는 차별화된 전략이 필요하다(영주시민신문, 2018. 11.26)

첫째, 킬러 컨텐츠를 갖춰야 한다. 일정한 주제로 전체 환경을 만들면서 독특한 분위기를 창출해 고객들에게 비일상적인 경험을 체험케 하는 여가공간이 우리가 흔히 말하는 테마파크의 정의라면 테마파크 내 탑승물(ride), 관람물(attraction), 건축물, 테마음악, 테마영상물 등 테마의 여러 표현수단을 복합적으로 활용해 방문객의 향수와 상상력, 그리고 꿈을 자극하는 킬러 컨텐츠가 반드시 있어야 한다.

둘째, 어린이가 좋아 하는 공간이어야 한다. 최근 관광트렌드가 단체보다는 가족단위 관광이 크게 늘고 있으며 특히 어린이를 동반한 가족관광이 대세를 이룬다. 이같은 추세에 비춰 본다면 테마파크도 어린이가 좋아하는 컨텐츠가 반드시 있어야 한다.

셋째, 재방문율을 높여야 한다. 한번 다녀간 사람이 또다시 찾지 않는 테마파크라면 실패할 확률이 100%이다. 테마파크를 구성하는 요소에는 관람물 · 건축물 · 음악 · 이벤트 · 쇼 등 여러 가지 요소가 있지만, 가족들이 함께 즐길 만한 편안하고 안전한 시설과 매력적이고 독특한 테마가 기본요소이다. 즉 지속적인 재투자를 통해 탑승물 · 관람물을 지속적으로 갱신 · 신설하고, 핵심 테마의 지속적 개발로 방문객들이 갈 때마다 새로운 체험을 할 수 있도록 해야 한다.

넷째, 복합단지로 조성하여야 한다. 최근의 테마파크는 복합리조트화되고 있는 추세로 과거에는 테마파크의 시설이나 규모를 확대했으나 최근에는 리조트 · 워터파크 · 카지노.쇼핑시설 등 새로운 레저시설이 가까운 곳에 위치해 있다면 다양한 연령층의 방문객을 끌어들이는 유인효과를 볼 수 있을 것이다.

다섯째, 꿈과 환상을 심어줘야 한다. 테마파크는 방문객들에게 꿈과 환상을 심어주는 장소이다. 아무리 훌륭한 아이디어와 콘텐츠를 보유하고 있다 하더라도 이를 체험할 수 있는 시설물로 현실화하지 못한다면 아무 소용이 없다. 방문객이 정해진 동선에 따라 소극적인 관람을 하게 되거나 딱딱한 방식으로 단순히 테마에 대한 정보를 습득하고 되돌아 가는 곳이라면 전망이 없는 곳이다. 모든 첨단기술을 동원해 방문객들에게 오락성과 몰입성, 그리고 즐거움을 주는 방식의 공간 구조화가 반드시 필요하다.

여섯째, 차별화된 마케팅이 필요하다. 테마파크를 방문한 관람객들이 마음속에 테마파크에 대한 향수가 깊게 자리 잡게 되었을 때 재방문이 이루어지고 입소문으로 전해져 많은 방문객이 찾아오게 된다. 다양한 매체를 통한 홍보도 중요하지만 찾아오는 관람객에게 얼마나 많은 만족을 줄 수 있는지에 대한 체계적이고 차별화된 마케팅 전략이 먼저 수립돼야 한다.

❷ 주제공원 순위

세계테마파크엔터테인먼트협회(TEA)와 글로벌 컨설팅 업체 아에콤(Aecom)이 공동으로 발표한 '2018 세계 테마파크 입장객 순위' 현황을 살펴보면 다음과 같다.

가. 세계 10대 테마파크 그룹 순위(TOP 10 THEME PARK GROUPS WORLDWIDE)

순위	GROUP NAME	% CHANGE	'18 ATTENDANCE (입장객)	'17 ATTENDANCE (입장객)
1	WALT DISNEY ATTRACTIONS (Walt Disney Parks, Experiences and Consumer Products)	4.9%	157,311,000	150,014,000
2	MERLIN ENTERTAINMENTS GROUP	1.5%	67,000,000	66,000,000
3	UNIVERSAL PARKS AND RESORTS	1.2%	50,068,000	49,458,000
4	OCT PARKS CHINA	15.1%	49,350,000	42,880,000
5	FANTAWILD	9.3%	42,074,000	38,495,000
6	CHIMELONG GROUP	9.6%	34,007,000	31,031,000
7	SIX FLAGS INC.	5.3%	32,024,000	30,421,000*
8	CEDAR FAIR ENTERTAINMENT COMPANY	0.7%	25,912,000	25,723,000*
9	SEAWORLD PARKS & ENTERTAINMENT	8.6%	22,582,000	20,798,000*
10	PARQUES REUNIDOS	1.5%	20,900,000	20,600,000
TOP 10 ATTENDANCE GROWTH 2017~18		5.4%	501,228,000	475,767,000*

자료 : https://www.aecom.com, 2018 AECOM and TEA Theme Index and Museum Index Report

나. 놀이공원&테마파크 전 세계 순위

(TOP 25 AMUSEMENT/THEME PARKS WORLDWIDE)

순위	PARK AND LOCATION	% CHANGE (2017년 대비 입장객증감률)	'18 ATTENDANCE (입장객)	'17 ATTENDANCE (입장객)
1	MAGIC KINGDOM THEME PARK AT WALT DISNEY WORLD RESORT, LAKE BUENA VISTA, FL, U.S	2.0%	20,859,000	20,450,000
2	DISNEYLAND PARK AT DISNEYLAND RESORT, ANAHEIM, CA, U.S.	2.0%	18,666,000	18,300,000
3	TOKYO DISNEYLAND AT TOKYO DISNEY RESORT, TOKYO, JAPAN	7.9%	17,907,000	16,600,000
4	TOKYO DISNEYSEA AT TOKYO DISNEY RESORT, TOKYO, JAPAN	8.5%	14,651,000	13,500,000
5	UNIVERSAL STUDIOS JAPAN, OSAKA, JAPAN	-4.3%	14,300,000	14,935,000
6	DISNEY'S ANIMAL KINGDOM THEME PARK AT WALT DISNEY WORLD RESORT, LAKE BUENA VISTA, FL, U.S.	10.0%	13,750,000	12,500,000
7	EPCOT THEME PARK AT WALT DISNEY WORLD RESORT, LAKE BUENA VISTA, FL, U.S.	2.0%	12,444,000	12,200,000
8	SHANGHAI DISNEYLAND, SHANGHAI, CHINA	7.3%	11,800,000	11,000,000
9	DISNEY'S HOLLYWOOD STUDIOS AT WALT DISNEY WORLD RESORT, LAKE BUENA VISTA, FL, U.S.	5.0%	11,258,000	10,722,000
10	CHIMELONG OCEAN KINGDOM, HENGQIN, CHINA	10.6%	10,830,000	9,788,000

순위	PARK AND LOCATION	% CHANGE (2017년 대비 입장객증감률)	'18 ATTENDANCE (입장객)	'17 ATTENDANCE (입장객)
11	UNIVERSAL STUDIOS FLORIDA THEME PARK AT UNIVERSAL ORLANDO RESORT, FL, U.S.	5.0%	10,708,000	10,198,000
12	DISNEY CALIFORNIA ADVENTURE PARK AT DISNEYLAND RESORT, ANAHEIM, CA, U.S.	3.0%	9,861,000	9,574,000
13	DISNEYLAND PARK AT DISNEYLAND PARIS, MARNE-LA-VALLEE, FRANCE	1.9%	9,843,000	9,660,000
14	UNIVERSAL'S ISLANDS OF ADVENTURE THEME PARK AT UNIVERSAL ORLANDO RESORT, FL, U.S.	2.5%	9,788,000	9,549,000
15	UNIVERSAL STUDIOS HOLLYWOOD, UNIVERSAL CITY, CA, U.S.	1.0%	9,147,000	9,056,000
16	HONG KONG DISNEYLAND, HONG KONG SAR	8.1%	6,700,000	6,200,000
17	LOTTE WORLD, SEOUL, SOUTH KOREA	-11.2%	5,960,000	6,714,000
18	NAGASHIMA SPA LAND, KUWANA, JAPAN	-0.2%	5,920,000	5,930,000
19	EVERLAND, GYEONGGI-DO, SOUTH KOREA	-7.3%	5,850,000	6,310,000
20	OCEAN PARK, HONG KONG SAR	0.0%	5,800,000	5,800,000
21	EUROPA PARK, RUST, GERMANY	0.4%	5,720,000	5,700,000
22	DE EFTELING, KAATSHEUVEL, NETHERLANDS	4.2%	5,400,000	5,180,000
23	WALT DISNEY STUDIOS PARK AT DISNEYLAND PARIS, MARNE-LA-VALLEE, FRANCE	1.9%	5,298,000	5,200,000

순위	PARK AND LOCATION	% CHANGE (2017년 대비 입장객증감률)	'18 ATTENDANCE (입장객)	'17 ATTENDANCE (입장객)
24	TIVOLI GARDENS, COPENHAGEN, DENMARK	4.5%	4,850,000	4,640,000
25	CHIMELONG PARADISE, GUANGZHOU, CHINA	11.9%	4,680,000	4,181,000
TOP 25 TOTAL ATTENDANCE 2018			251,490,000	243,887,000
TOP 25 ATTENDANCE GROWTH 2017~18		3.3%	251,990,000	243,926,000

자료 : https://www.aecom.com, 2018 AECOM and TEA Theme Index and Museum Index Report

신문 읽기 **[센토사섬 · 나이트 사파리] 찍으면 '인생샷'**

싱가포르는 지금이 겨울이고 우기다. 매일 한 차례씩 비가 내린다. 그런데 싱가포르에서는 우산이 없어도 길을 걸을 때 비를 맞을 걱정이 없다. 모든 도로의 빌딩에 회랑이 만들어져 있었기 때문이었다. 또 어지간한 넓은 공지에는 비를 피할 수 있게 우산 같은 역할을 하는 시설물들이 세워져 있었다. 만약 이런저런 시설물이 없다면 근처 커피숍에 앉아 잠시 느긋하게 기다리면 된다. 비는 짧게는 10분, 길게는 1시간가량 내리다 그치기 때문이다. 비는 외국에 여행을 와서 왜 그렇게 급히 다니느냐, 라는 자연의 훈계인 듯하다.

유니버설 스튜디오, 평일에도 인파 '북적'
아쿠아리움 난파선 수족관에서 '인증샷'
집 라인 '메가집' 앞으로 숲 · 바다 펼쳐져
조정 쉽고 안전한 루지는 남녀노소 즐겨

세계 유일 야간개장 동물원 '나이트 사파리'
8개 국어 지원 트램 타고 달리며 동물들 구경

센토사 섬

센토사는 북미정상회담이 열린 장소로 올해 우리나라는 물론 전 세계에 깊은 각인을 남긴 곳이다. 센토사는 위락시설로만 이뤄진 섬이다. 각종 호텔, 카지노, 유니버설 스튜디오, 아쿠아리움, 워터파크 등을 갖춘 '리조트 월드 센토사 싱가포르' 가 섬을 이루고 있다.

센토사의 옛 이름은 '풀라우 블라캉 마티(Pulau Blakang Mati)' 다. 풀라우는 '섬' 이다. 블라캉 마티는 '죽은 사람의 뒤' 라는 뜻이다. 무시무시한 이름이다. 왜 이런 이름이 붙었는지 정확한 유래는 알려져 있지 않다. 다만 여러 전설이 전한다. 그 중 하나는 이곳에 해적단이 머물고 있었기 때문이라는 내용이다. 해적에게 목숨을 잃은 희생자들의 유령이 이곳을 떠돈다는 이야기다. 1972년에 붙여진 센토사라는 이름은 '고요의 섬' 이라는 뜻이다.

도로로도 갈 수 있지만 센토사로 가는 가장 인기 있는 코스는 케이블카다. 페이버 산과 센토사를 연결한다. 페이버 산의 푸른 숲과 센토사, 그리고 둘 사이를 가르고 있는 바다 위로 케이블카가 난다. 케이블카는 페이버 산에서 출발해 중간 기착지인 하버프론트를 거쳐 센토사로 들어간다. 하버프론트는 고층 건물의 옥상을 케이블카 기착지로 활용하고 있다.

평일인데도 센토사에는 인파가 넘쳐났다. 특히 인기 있는 유니버설 스튜디오에는 그야말로 사람들이 바글바글했다. 유니버설 스튜디오 근처에 있는 S.E.A 아쿠아리움으로 갔다. 800여 종에 이르는 10만여 마리의 해양 생물을 만날 수 있는 곳이다. 아쿠아리움에 들어가면 수족관 시설에 앞서 해양체험관이 나타난다. 중국을 포함한 동남아시아 해양 개척 역사를 간단하게나마 소개하는 곳이다.

아쿠아리움에서 가장 먼저 관람객을 반기는 것은 난파선 수족관이다. 바다에 가라앉아 부서진 배 한 척이 있고, 그 주변으로 물고기들이 평화롭게 떠다닌다. 다른 아쿠아리움에서는 볼 수 없는 아주 이색적인 장면이다. 사진을 찍는 사람들이 넘쳐난다. 그 뒤에서 사진을 찍으니 그야말로 '인생샷' 이라고 할 만한 멋진 그림이 된다.

이어서 나오는 해저터널을 지나면 각종 해양 생물들을 볼 수 있는 크고 작은 수족관들이 나타난다. 마침 청소시간이어서 잠수복을 입은 직원들이 수족관 안에서 해수와 모래를 깔끔하게 정리하는 모습이 보인다. 초대형 수족관이 나타난다. 건너편에도 유리창이 보인다. 그곳은 호텔 객실이라고 한다. 호텔 숙박객이 방에서 수족관 풍경을 즐길 수 있는 것이다.

단체 관람을 하러 온 어린이들이 보인다. 유치원생부터 초등학생, 중학생까지 다양하다. 히잡을 착용한 여자 어린이 모습은 솔직히 매우 신기해 보인다. 그들의 문화를 오해하려는 뜻은 아니다. 아직 이런 풍경에 익숙하지 않은 탓이다. 인솔 교사는 모든 내용을 영어로 설명한다. 싱가포르에서는 영어가 공식 공용어다.

하늘에 알록달록한 케이블카가 떠다닌다. 아까 타고온 검은색 케이블카와 색이 다르다. 센토사에는 두 가지 노선의 케이블카가 있다. 페이버 산에서 센토사로 들어오는 케이블카 외에 센토사 섬 안에서만 다니는 '센토사 라인'이 있다. 점심을 먹은 뒤 센토사 라인을 타고 임블라 전망대 역으로 간다. 이곳에 '메가집 어드벤처 파크'가 있다. 열대우림 속 72m 상공에서 로프에 매달려 450m 길이의 집 라인에 매달려 미끄러지듯 바닷가에 있는 인공섬으로 내려가는 메가집의 스릴이 기다리는 곳이다. 또 로프를 매단 채 장애물을 건너는 클라임맥스, 인공 암벽 등반인 노스페이스, 파라점프와 메가바운스까지 다양한 활동을 즐길 수 있다. 이날 체험하기로 예약한 것은 메가집이었다. 솔직히 약간의 고소공포 증세가 있어 놀이시설을 별로 좋아하지 않는다. 여행을 떠나기 전 메가집을 탈 거냐는 질문을 받았을 때 잠시 머뭇거렸다. 정말 실수로 "그렇게 하죠"라고 대답한 뒤 얼마나 후회했는지 모른다.

메가집 출발대인 나무탑 4층에 섰을 때 사실 다리가 조금 후들거렸다. 까마득한 아래 섬까지 연결된 줄이 무서워보였다. 바로 앞에는 70대로 보이는 외국인 할머니가 줄을 매달고 있었다. 할머니도 기대 반, 두려움 반의 표정을 짓고 있었다. 두 눈을 꼭 감고 할머니와 동시에 출발했다. 그런데, 엥? 탑에서 뛰어내리고 1초만에 상황은 반전됐다. 이런 시설에서 두려움을 느끼려면 로프가 출렁이거나, 몸이 허공에 떠있다는 착각을 심하게 느껴야 하는데, 전혀 그렇지 않았다. 줄이 집라인에 얼마나 단단히 묶여 있는지 전혀 무섭지 않았다. 모든 두려움을 떨쳐 버린 뒤 주변 풍경이 눈에 들어왔다. 푸른 숲과 푸른 바다, 그리고 하얀 모래사장이 제법 그럴싸하게 조화를 이루고 있었다. 이럴려고 겁을 먹었나, 하는 생각이 머리를 스치며 실소가 터져 나왔다. 이용권을 사면 다섯 차례 이용할 수 있다고 하지만, 경험은 한 번만으로 충분했다.

사막용 차량인 버기를 타고 다시 출발지로 올라온 뒤 짐을 챙겨 다시 센토사로 돌아갔다. 최고 인기 시설인 스카이라인 루지가 기다리고 있다. 1985년 뉴질랜드에서 처음 개발한 루지 카트를 즐길 수 있는 곳이다. 루지는 남녀노소 가릴 것 없이 매우 인기를 끌고 있다. 안전한데다 제법 속도감도 즐길 수 있기 때문이다. 핸들을 밀고 당겨 속도를 내거나 늦출 수 있어 조작법도 간단하다. 루지 카트는 무섭지도, 어렵지도 않았다. 운전을 할 줄 아는 사람이라면 더 재미있게 즐길 수 있다. 남들보다 조금 더 속도를 붙이고, 운전해 내려오는 각도도 조절할 수 있기 때문이다. 루지 카트보다 큰 문제는 도착지에서 출발지로 올라오는 리프트였다. 올라오면서 흔들거리기도 하고 가끔 멈추기도 하기 때문에 담력이 약한 사람들에게는 이게 제법 무섭다. 이것 때문에 루지 카트를 못 타는 사람도 있다고 한다.

나이트 사파리

센토사를 떠나 싱가포르 북부 어퍼 셀레타 저수지 인근에 있는 '나이트 사파리'로 달려갔다. 이름 그대로 야간 개장 동물원이다. 세계에서 유일하다고 한다. 오후 7시가 넘어야 문을 여는 독특한 야간 동물원이다. 대부분 야생동물이 야행성이라는 사실에 착안해 만들었다. 조도를 달빛 정도로 맞추고, 소음을 줄여 동물의 본능을 깨우는 환경을 조성했다. 이곳에서 '사파리 어드벤처 투어'가 진행된다. 트램을 타고 어두운 숲길을 천천히 달리며 동물들의 밤 생활을 지켜보는 것이다.

투어에 앞서 입구에서는 '불 쇼'가 펼쳐진다. 글자 그대로 불을 이용한 쇼다. 입에서 불을 뿜어내기도 하고, 불을 온몸에 돌리기도 한다. 사람에 따라 재미 여부는 달라진다.

나이트 사파리는 특히 인도 사람들에게 인기가 높다. 관람객 대부분이 인도 관광객들이다. 트램에 올라타면 이어폰을 하나씩 준다. 트램의 오디오 시스템에 꽂으면 한국어, 중국어, 일본어, 인도어 등 8개국 언어로 투어 내용을 설명해준다. 트램이 출발한다. 주변은 칠흑같이 어둡다. 동물들의 야간 생활을 위해 최소한의 조명만 남긴 채 나머지는 꺼버린 탓이다. 심지어 트램 전조등도 켜지 않는다. 사진을 찍을 수는 있지만, 플래시를 사용해서는 안 된다. 당연히 사진이 제대로 나올 리 없다. 출발하고 1분 만에 카메라를 아예 가방에 집어넣어 버렸다. 그리고는 조용히 숲에서 들리는 새소리, 물소리, 바람 소리와 가끔 이어지는 동물 소리에 귀를 기울였다. 사자, 코끼리, 사슴, 물소, 늑대, 여우 등등 여러 동물이 숲속에서 편안히 쉬거나 잠을 자고 있었다. 자세히 보니 안전시설이 잘 갖춰져 있어 사람과 접촉할 수 없게 돼 있다. 이래서 인도 사람들이 사파리 어드벤처 투어를 좋아하는가, 싶었다.

한편 싱가포르관광청은 30일~12월 2일 벡스코에서 열리는 '하나투어 여행박람회'에 싱가포르의 호텔, 관광지와 함께 싱가포르 파빌리온으로 참가한다. 배틀 트립 형식으로 진행되는 싱가포르 여행 토크 콘서트도 진행할 예정이다.

자료 : 부산일보, 2018. 11. 29

2) 카지노

(1) 카지노산업의 개념

오늘날 세계 대부분의 주요 국가에서는 카지노산업을 합법화하여 첨단 관광산업으로 장려함으로써 외화 유출방지와 세수 확보, 경제 활성화를 주목적으로 하고 있다. 카지노가 차지하는 비중이 커짐에 따라 옛날의 도박이라는 인식은 점점 희소되고 카지노업을 관광산업의 하나로 인식되는 추세이다.

카지노의 어원은 도박, 음악, 쇼, 댄스 등 여러 가지의 오락시설을 갖춘 연회장이라는 의미의 라틴어 casa가 어원이며 카사는 르네상스 시대의 귀족이 소유했던 사교, 오락용의 별관을 뜻했으나, 지금은 해변, 온천, 휴양지 등에 있는 게임장의 의미로 쓰이며, 주로 도박이 이루어지는 장소를 말한다. 카지노는 중세 유럽에서 시작되어 오직 귀족 등 소수 권력층의 회원제 형태로 누리던 사교와 놀이를 위한 향유 문화였다.

사전적 정의는 "음악, 댄스, 쇼 등 여러 가지 오락시설을 갖춘 실내 도박장"으로 정의하고 있으며, 웹스터 사전에는 카지노란 "모임, 춤 그리고 특히 전문갬블링을 위해 사용되는 건물이나 넓은 장소"라고 정의되어 있다.

국내에서 카지노산업은 법률적으로 ' 사행행위 등 규제 및 처벌특례법' 에서 사행행위 영업으로 규정되어 오다가 1994년 8월 3일 관광진흥법의 개정으로 관광사업으로 규정되어 발전의 토대를 마련하게 되었다. 카지노업은 관광진흥법에서 관광사업을 규정한 제3조1항에 따라 "전용 영업장을 갖추고 주사위, 트럼프 및 슬롯머신 등 특정한 기구 등을 이용하여 우연의 결과에 따라 특정인에게 재산상의 이익을 주고 다른 참가자에게 손실을 주는 행위 등을 하는 업"으로 정의하고 있다.

산업적 정의로 카지노는 관광업의 발전과 크게 연관되어 있으며 특히 관광호텔 내에 위치하여 관광객에게 게임, 오락, 유흥을 제공하여 체류기간을 연장하고 관광객의 지출을 증대시키는 관광산업의 주요한 부문 중 하나로 정의된다. 또한 카지노는 외국인 관광객을 대상으로 외화획득을 실현하여 국제수지개선, 국가재정수입확대, 지역경제발전, 투자자극, 고용창출 등의 효과를 가져오는 관광산업 중 주요수출부문으로 인식되고 있다. 한편, 한국표준산업분류(KSIC)에 따른 정의를 살펴보면 카지노산업은 도박장운영업에 속하고 여기에서는 카지노, 슬롯머신, 카드게임, 빙고, 룰렛, 주사위게임 등 각종 도박시설을 운영하는 산업활동으로 보고 있다.

(2) 카지노산업의 현황

과거 카지노는 사행산업으로 여겨져 관광자원으로서 그다지 주목받지 못했다. 그러나 최근 지역경제 활성화, 새로운 여가활동 제공, 관광상품의 다양화, 외화 수입 확대 등에 기여하는 것으로 인식되면서 세계 각국이 주요 산업으로 활성화하는 추세다. 관광수입이 세계 10위권에 드는 미국 · 프랑스 · 스페인 · 영국 · 독일 · 캐나다 등은 카지노산업에 있어서도 10위권에 속한다. 이처럼 관광대국에서 카지노산업을 육성하는 것은 카지노가 엄연한 관광상품의 일부이고 그 중요성이 매우 크다는 사실을 보여준다. 이제 카지노는 단순히 도박이란 개념에서 벗어나 관광객의 욕구를 충족시켜 줄 수 있는 합법화된 여가 · 관광 활동의 하나라고 할 수 있다.

그림 8-1 • 마카오 제외 아시아 카지노 산업 현황

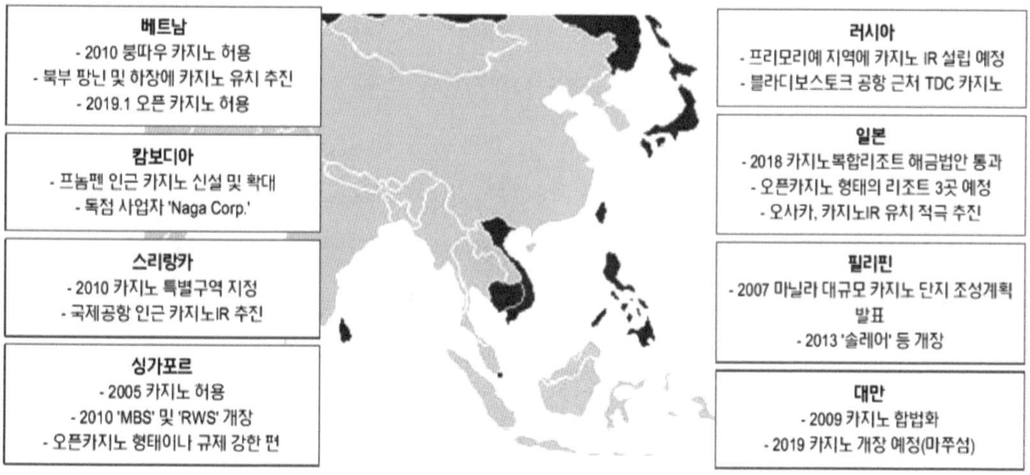

자료 : NH투자증권 Industry Report, 2019.4.10

세계 각국에서는 카지노의 부정적인 이미지에도 불구하고 외화 획득, 여행객 유치 등 관광개발의 촉매적 기능, 자국 관광객의 유출 방지 및 관광객 유치, 영업장 소재지역의 경제회생 등을 위해 2000년대 들어 카지노산업을 육성하고 있는 추세다. 아울러 세계 카지노산업은 단순한 겜블링만을 하는 카지노에서 리조트의 기능, 테마파크의 기능, 컨벤션의 기능 등을 도입하여 토탈 엔터테인먼트 산업으로 변모하고 있다. 국내 카지노산업은 운영초기 사행행위업으로 강력하게 규제되어 오다가 1994년에 이르러 외화획득과 외래 관광객 유치에도 기여하는 바가 크다는 판단으로 관광진흥법상 관광사업으로 전환되어 카지노산업이 발전하는 계기가 마련되었다.

현재까지 아시아·태평양지역 국가들은 추가 카지노허용 및 대형 카지노리조트 건설 등 대규모 투자를 통해 타지역에 비해 빠른 성장세를 보였다. 2008년 하반기부터 글로벌 금융위기에 따른 여파 등으로 전세계 카지노산업이 침체기로 접어들었으나, 2009년 이후 지역별로 점차 회복하였으며 특히 마카오, 싱가포르를 중심으로 한 동아시아 지역의 카지노 복합리조트는 관광산업의 발전에도 적지 않게 기여할 전망이다.

최근 아시아 각국은 경쟁적으로 카지노 리조트를 신설하고 있다. 일본 카지노의 경우 2018년 7월 일본에서 카지노가 포함된 복합리조트 시행 법안(IR법)이 통과됨에 따라, 싱가포르의 MBS 및 RWS와 같은 오픈카지노(내국인 출입 가능 카지노)가 만들어질 예정(2025~)으로 보인다. 일본이 보유한 높은 관광인프라 및 대외인지도를 바탕으로 중국 동부지역 고객을 끌어올 수 있다는 점에서 해외 사업자들(라스베이거스샌즈, 멜코, MGM, 윈리조트 등)의 시선이 몰려있다.

해외 카지노시장은 카지노의 고급화, 대형화, 고급리조트 시설을 포함하는 복합리조트 형태로 추진중에 있다. 아쉽게도 국내 카지노 사업자 대부분은 복합리조트 형태를 이루지 못하고 있다. 국내에 있는 외국인 카지노 16개 중 2개(파라다이스시티, 랜딩카지노), 내국인 카지노인 강원랜드 정도가 카지노 복합리조트 형태를 띠고 있다. 국내 카지노 산업 전체가 복합리조트 클러스터 효과를 보기에는 아직 절대적인 수 자체가 부족하다.

한국은 2019년 기준 총 17개의 카지노(외국인 전용 카지노 16개, 내국인 출입 가능 카지노 1개)가 국내에서 운영되고 있다. 국내 외국인 카지노 사업장은 서울 3개, 제주도 8개, 부산 2개 등 운영되고 있으나, 카지노 리조트 형태로 운영되는 사업장은 인천의 파라다이스시티와 제주의 랜딩카지노 두 곳 뿐이며, 4개 카지노(공즈, 마제스타, 랜딩, 메가럭)가 중국계 자본을 바탕으로 한다.

카지노 사업장은 외래관광객 유치를 위한 관광산업 진흥의 일환으로 "사행행위 등 규제 및 처벌 특별법"에 의거 1967. 8. 10. 인천 올림포스호텔 카지노(현 인천카지노)가 최초 개설되었고, 다음해에 주한 외국인 및 외래관광객 전용 위락시설로 서울 워커힐호텔 카지노가 개장되었다. 2005년 1월 28일 한국관광공사의 자회사인 그랜드코리아레저(주)에 카지노 3곳 영업장 허가한(세븐럭서울강남점 2006년 1월, 세븐럭서울힐튼호텔점 2006년 5월 개장, 세븐럭부산롯데호텔점 2006년 6월 개장) 이후 추가적인 카지노 허가가 이루어지지 않아 현재까지 외국인 전용 카지노는 16개로 유지되고 있다. 내국인 출입이 허가된 카지노인 강원랜드는 '폐광지역 개발지원에 관한 특별법(1995.12, 이하 '폐특법')' 에 따라 2000년에 개장하였으며, 폐특법이 2차례 연장되면서 2025년까지 내국인 출입이 가능하다.

영종도에는 현재 국내 최대 카지노 리조트인 '파라다이스시티' 가 위치하고 있으나, 아직은 주변 인프라가 갖춰지지 않은 상태이다. 다만 '시저스코리아 복합리조트' 가 2021년, '인스파이어 복합리조트' 가 2022년 개장을 목표로 하고 있다. 또한 카지노가 없는 2개의 복합리조트가 추가적으로 개장할 예정이다. 해당 리조트들이 모두 개장될 것으로 보이는 2023년 이후에는 높은 공항 접근성 및 클러스터 효과로 국내 카지노 산업 성장에 긍정적인 영향을 끼칠 것으로 기대한다.

국내 외국인 카지노산업은 외래객의 입국시즌 및 국내 · 외 환율변동에 따라 증감하는 경향이 있다. 특히 중국 위안화 및 일본 엔화의 변동에 따라 많은 영향을 받을 수 있다. 국내 외국인 카지노 산업의 주요 방문객은 일본과 중국 고객들로 이들 국가의 연휴에 따라 방문객이 증가되는 특성을 가지고 있다. 카지노 산업은 중앙정부에서 각종 인 · 허가 등을 직접 관리하고 있는 산업으로, 신규업체의 시장 진입이 상당히 어렵다.

표 8-1 • 국내 카지노업체 현황

(2019년 4월 기준)

시·도	업체명(법인명)	허가일	운영형태(등급)	종사원 수(명)	'18 매출액 (백만 원)	'18 입장객 (명)	전용영업 장면적(㎡)
서울	파라다이스카지노워커힐지점 : (주)파라다이스	'68. 3.5	임대 (5성)	803	296,212	463,167	2,685.86
	세븐럭카지노 서울강남점 : 그랜드코리아레저(주)	'05.1.28	임대 (컨벤션)	917	195,145	476,338	2,151.36
	세븐럭카지노 서울 강북힐튼점 : 그랜드코리아레저(주)	'05.1.28	임대 (5성)	545	202,909	748,840	1,728.42
부산	세븐럭카지노 부산롯데점 : 그랜드코리아레저(주)	'05.1.28	임대 (5성)	368	84,360	253,253	1,583.73
	파라다이스카지노 부산지점 : (주)파라다이스	'78.10.29	직영 (5성)	408	69,496	141,708	1,483.66
인천	파라다이스 카지노파라다이스시티 : (주)파라다이스 세가사미	'67. 8.10	직영 (5성)	816	249,407	298,275	8,726.80
강원	알펜시아카지노 : (주)지바스	'80.12.9	임대 (5성)	25	238	3,424	632.69
대구	호텔인터불고대구 카지노 : (주)골든크라운	'79. 4.11	임대 (5성)	200	16,336	79,953	1,485.24
제주	공즈카지노 : (주)길상창휘(유)	'75.10.15	임대 (5성)	237	38,084	44,880	1,604.84
	파라다이스카지노제주지점 : (주)파라다이스제주	'90. 9.1	임대 (5성)	208	24,595	73,046	1,265.02
	마제스타카지노 : (주)마제스타	'91. 7.31	임대 (5성)	126	15,842	7,871	1,366.3
	로얄팔레스카지노 : (주)건하	'90.11.6	임대 (5성)	152	13,616	17,883	955.44
	엘티카지노 : (주)엘티엔터테인먼트	'85.4.11	임대 (5성)	115	4,349	14,110	1,175.85
	제주썬카지노 : (주)지앤엘	'90. 9.1	직영 (5성)	142	8,660	24,878	1,543.62
	랜딩카지노(제주신화월드) : 람정엔터테인먼트코리아(주)	'90. 9.1	임대 (5성)	623	384,810	178,635	5,581.27
	메가럭카지노 : (주)메가럭	'95.12.28	임대 (5성)	119	21,214	12,756	800.41

시·도	업체명(법인명)	허가일	운영형태(등급)	종사원 수(명)	'18 매출액(백만 원)	'18 입장객(명)	전용영업장면적(㎡)
12개 법인, 16개 영업장			직영 : 2 임대 : 14	5,804	1,625,273	2,839,017	34,770.51
강원	강원랜드카지노 : (주)강원랜드	'00.10.12	직영 (5성)	1,526	1,400,081	2,851,889	12,792.95
13개 법인, 17개 영업장			직영 : 3 임대 : 14	7,330	3,025,354	5,690,906	47,563.46

자료 : 문화체육관광부, 융합관광산업과 주) 매출액은 관광진흥개발기금 부과금액을 기준으로 한 것임

참고

카지노업 관련 법규

구분			내용
진입규제	관광진흥법	제5조	① 카지노업을 경영하려는 자는 문화체육관광부령으로 정하는 시설과 기구를 갖추어 허가를 받아야 함
		제21조	① 다음 각 호의 어느 하나에 해당하는 경우에만 허가할 수 있음 1. 국제공항이나 국제여객선터미널이 있는 특별시·광역시·도·특별자 치도에 있거나 관광특구에 있는 호텔업 시설 또는 대통령령으로 정하는 국제회의업 시설 2. 우리나라와 외국을 왕래하는 여객선 ① 공공의 안녕, 질서유지 또는 카지노업의 건전한 발전을 위하여 허가가 제한될 수 있음
	제주특별법	제243조	① 도지사는 외국인투자의 경우 … 카지노업(외국인전용의 카지노업으로 한정)의 허가를 할 수 있음
	경제자유구역법	제23조의3	① 문화체육관광부장관은 외국인투자를 하려는 경우 … 카지노업(외국인 전용 카지노업만 해당) 허가할 수 있음
		공통	1. 외국인투자 금액이 미합중국 화폐 5억달러 이상일 것
	기업도시개발특별법	제30조	① 관광·레저가 주된 기능인 기업도시의 실시계획에 반영되어 있고 아래 요건을 모두 갖춘 경우 카지노업 허가하여야 함 1. 대통령령으로 정하는 일정 규모 이상의 금액을 투자하는 사업시행자일 것 2. 신청 내용이 실시계획에 부합할 것 3. 필요한 시설·기구 및 인력 등을 확보하였을 것

구분			내용
수요규제	관광 진흥법	제28조	① 카지노사업자는 다음 각 호의 어느 하나에 해당하는 행위를 하여서는 아니됨 4. 내국인(「해외이주법」 제2조에 따른 해외이주자는 제외한다)을 입장하게 하는 행위 5. 지나친 사행심을 유발하는 등 선량한 풍속을 해칠 우려가 있는 광고나 선전을 하는 행위 8. 19세 미만인 자를 입장시키는 행위
영업규제	관광 진흥법	제23조	① 카지노업의 허가를 받으려는 자는 문화체육관광부령으로 정하는 시설 및 기구를 갖추어야 함 ② 일정 시설에 대하여 문화체육관광부장관이 지정 · 고시하는 검사기관의 검사를 받게 할 수 있음 ③ 카지노사업자는 제1항에 따른 시설 및 기구를 유지 · 관리하여야 함
		제25조	⑤ 검사에 합격된 카지노기구에는 검사에 합격하였음을 증명하는 증명서를 붙이거나 표시하여야 한다.
		제26조	① 카지노업의 영업 종류는 문화체육관광부령으로 정한다. ② 카지노사업자는 카지노업의 영업 종류별 영업 방법 및 배당금 등에 관하여 문화체육관광부장관에게 미리 신고하여야 한다. 신고한 사항을 변경하려는 경우에도 또한 같다.
		제28조	① 카지노사업자는 다음 각 호의 어느 하나에 해당하는 행위를 하여서는 아니된다. 1. 법령에 위반되는 카지노 기구를 설치하거나 사용하는 행위 2. 법령을 위반하여 카지노 기구 또는 시설을 변조하거나 변조된 카지노 기구 또는 시설을 사용하는 행위 3. 허가받은 전용영업장 외에서 영업을 하는 행위 6. 영업 종류에 해당하지 아니하는 영업을 하거나 영업 방법 및 배당금 등에 관한 신고를 하지 아니하고 영업하는 행위 7. 총매출액을 누락시켜 제30조제1항에 따른 관광진흥개발기금 납부금액을 감소시키는 행위 9. 정당한 사유 없이 그 연도 안에 60일 이상 휴업하는 행위
조세규제	관광 진흥법	제30조	① 카지노사업자는 총매출액의 10% 범위에서 … 관광진흥개발기금에 내야 함
	관광 진흥법 시행령	제30조	① 총매출액 = 카지노영업과 관련하여 고객으로부터 받은 총금액- 고객에게 지불한 총금액

구분			내용
조세규제	관광진흥법 시행령	제30조	② 관광진흥개발기금 납부금의 징수비율: 연간 총매출액에 따른 다음 각 호 1. 10억 원 이하 : 총매출액의 100분의 1 2. 10억 원 초과 100억 원 이하 : 1천만원+총매출액 중 10억원을 초과하는 금액의 100분의 5 3. 100억 원을 초과 : 4억6천만 원+총매출액 중 100억 원을 초과하는 금액의 100분의 10
	개별소비세법	제1조	③ 입장행위에 대하여 개별소비세를 부과할 장소와 그 세율은 다음과 같음 5. 카지노 : 1명 1회 입장에 대하여 5만 원(「폐광지역 개발 지원에 관한 특별법」 제11조에 따라 허가를 받은 카지노의 경우에는 1명 1회 입장에 대하여 6천300원). 외국인은 1명 1회 입장에 대하여 2천원 ⑤ 영업행위에 대하여 개별소비세를 부과하는 장소와 그 세율은 다음과 같음 「관광진흥법」 제5조제1항에 따라 허가를 받은 카지노 : 연간 총매출액에 따른 다음 각 호의 어느 하나의 세율 1. 500억 원 이하 : 0% 2. 500억 원 초과~1천억 원 이하 : 500억 원을 초과하는 금액의 100분의 2 3. 1천억 원 초과 : 10억 원+(1천억 원을 초과하는 금액의 100분의 4)

자료 : http://www.krearatings.com(카지노 산업 동향 및 전망)

신문 읽기

아시아 카지노 패권 전쟁...불황 모르는 VIP '잭팟의 꿈'

아시아 VIP 유치 위한 복합리조트 경쟁…베트남 · 일본 적극
카지노 대형 · 복합화 추세...영종도 파라다이스시티 2분기 흑자전환 예상

아시아 관광 패권을 위한 소리 없는 전쟁이 벌어지고 있다. 카지노를 비롯한 복합리조트 개발을 통해 VIP(귀빈) 고객을 확보하려는 아시아 국가들의 경쟁이 치열하다. 마카오와 싱가포르 등 전통강자들은 물론 일본과 동남아시아 등 신흥 강자들 역시 앞다퉈 시장 확대에 나서고 있다.

베트남은 지난 1월 캄보디아 접경 지역인 휴양지 푸꾸옥 섬에 '코로나 카지노 푸꾸옥(Corona Casino Phu Quoc)'을 개장했다. 외국인 뿐만 아니라 내국인도 입장 가능한 첫 오픈카지노다. 베트남은 2017년 카지노 법 발효에 따라 3년간 오픈카지노를 허용했다. 푸꾸옥 카지노뿐만 아니라 북부 지역에 오픈카지노를 추가로 열 예정이다.

베트남이 카지노에 열을 올리는 것은 관광객 확보를 위한 것이다. 중국 · 일본은 물론 태국과 필리핀에도 밀리던 베트남은 지난해 외국인 관광객 1560만 명을 기록하며 다크호스로 떠올랐다.

일본은 작년 7월 카지노법이 통과되면서 2024~2025년 세 곳의 복합리조트를 완공할 계획이다. 마카오와 싱가포르의 성공 사례에 주목한 글로벌 카지노 기업들이 적극 투자에 나선 상황이다.

러시아는 2022년까지 블라디보스토크를 동북아를 겨냥한 관광지로 개발하는 대규모 프로젝트를 진행 중이다. 4개의 카지노 사업자가 참여해 25개 구역을 개발하는 복합리조트 사업이다.

◇ 아시아 2025년까지 카지노에 77兆 투자... 'VIP를 모셔라'

아시아 카지노 업계의 투자는 오는 2025년까지 650억 달러(약 76조 5250억 원)에 달할 것으로 전망된다. 시장 확대의 주요 트렌드는 대형화 · 복합화다. 최대 고객인 중국인, 그 중에서도 VIP를 끌어오기 위해 더 화려하고 볼거리가 많은 복합리조트 건설 및 확장에 초점이 맞춰져 있다.

복합리조트는 카지노는 물론 호텔 · 쇼핑몰 · 컨벤션 · 공연장 등 여러 시설을 융합해 다양한 목적의 관광을 충족하는 대규모 리조트를 말한다. 전통 강자인 마카오의 카지노 영업장은 2004년 14곳에서 작년 40곳으로 늘었다. 지역 관광의 장기 성장성을 뒷받침할 6개의 신규 복합리조트가 연내 완공될 예정이다. 싱가포르는 마리나베이샌즈를 비롯한 2곳의 복합리조트를 운영 중이다.

아시아 국가간 경쟁이 치열해지는 가운데 국내에서도 복합리조트 개발이 본격 이뤄지고 있다. 한국은 강원랜드와 16개의 외국인 전용 카지노가 운영되고 있다. 복합리조트라고 할 만한 곳은 영종도의 파라다이스(034230)시티가 유일하다.

국내 첫 복합리조트인 파라다이스시티는 2017년 4월 개장과 동시에 중국발 한한령(限韓令)으로 어려움을 겪었고 적자를 냈다. 그러나 올 2분기(4~6월)에는 흑자전환이 기대되고 있다.

복합리조트의 영업 구조는 숙박 · 외식 · 테마파크 등에서 적자를 보더라도 우수한 서비스를 제공해 VIP 고객들이 카지노에서 큰돈을 쓰도록 하는 방식이다. VIP 고객이 오지 않으면 복합리조트 전체 경영이 악화될 수밖에 없다.

◇한국 복합리조트 개발 본격화...日 카지노 문 열면 관광객 유출 우려도

파라다이스는 VIP 고객 유치를 위해 축구장 46배 크기인 33만㎡(약 10만 평)에 카지노 · 호텔 · 면세 · 클럽 · 컨벤션에 이어 최근 테마파크 원더박스를 개장했다. 이곳에는 총 1조 5000억 원의 사업비가 투입됐다.

이러한 노력은 2년만에 빛을 발하고 있다. 파라다이스의 2분기 드랍액(고객이 카지노에서 쓴 돈)은 전년보다 33% 증가한 1조 8500억 원으로 사상 최고치를 경신한 것으로 추정된다. 외국인 고객의 절반 이상을 차지하는 중국과 일본 VIP의 드랍액이 각각 66%, 27% 성장했다.

매출은 2378억 원으로 전년보다 31% 늘었다. 이중 카지노에서만 865억 원의 매출이 나왔다. 영업이익은 5억 원의 흑자를 낸 것으로 추정된다. 전문가들은 오는 9월말 단일 공항으로는 세계 최대 규모인 베이징 다싱공항이 문을 열면 파라다이스에 긍정적인 영향을 줄 것으로 예상했다.

인천에서 비행 시간 2시간 거리인 베이징에 연간 1억 명에 달하는 대형 공항이 개항한다는 점은 지리적 접근성을 높여 국내 카지노에 호재로 작용할 수 있다는 것이다. 김수민 대신증권 연구원은 "한국과 접근성 높은 베이징의 교통 인프라 개발은 국내 카지노 기업에 호재"라며 "다만 중국인 VIP 관련 불확실성은 여전히 남아있기 때문에 안정적이고 수익성 높은 일반고객(Mass)에 더욱 집중할 필요가 있다"고 조언했다.

일각에선 2024년 일본을 비롯해 아시아 복합리조트 카지노가 문을 열면 한국 관광객이 큰 폭으로 감소할 수 있다는 우려도 나온다. 이충기 경희대학교 관광학과 교수는 일본 카지노 합법화로 내외국인이 총 770만 명정도 이탈해 연간 2조 7600억 원이 일본으로 유출될 것으로 전망했다. 이 교수는 한국 정부가 무조건적으로 카지노를 규제하기보다는 철저한 연구를 통해 카지노를 관광산업의 하나로 인식하려는 노력이 필요하다고 조언했다.

자료 : 조선비즈, 2019. 07. 09

2. 스포츠 관광자원

1) 골프

(1) 골프산업

현대 사회에서 스포츠는 단순한 일과성 이벤트가 아닌 주기적이고 지속적인 여가 활동이며 비즈니스의 수단이 되고 있다. 이는 여가 시간의 증가 및 건강과 레저에 대한 관심 증대, 개인 소비 지출의 증가와 같은 생활양식의 변화에 따른 것으로 골프, 스키 등과 같은 참여 스포츠의 발달과 활성화를 가져왔으며, 프로스포츠와 같은 관람스포츠의 인기와 관심까지도 증가시켰다.

한국의 골프산업은 서구에 비해 짧은 역사에도 불구하고 양적으로나 질적으로 괄목할 만한 발전을 이루었다. 골프가 1982년 뉴델리 아시안게임에서 정식 종목으로 채택된 이후 한국 대표팀은 각종 국제 대회에서 우승을 차지하였으며, 1998년 LPGA US여자오픈에서 박세리 선수가 한국인으로서 첫 우승을 하면서부터 세계인의 기억 속에는 골프코리아가 각인되었다. 2016년 리우올림픽에서는 116년 만에 골프가 정식종목으로 채택되었고 한국 여자골프 국가대표팀의 박인비 선수가 금메달을 획득하기도 했다. 이후로도 한국의 남녀 아마추어 및 프로골퍼가 지속적으로 전 세계의 골프대회에서 탑 10에 들거나 우승을 차지하고 있다. 한편으로 지금까지 한국의 골프 관련 산업은 일류 상류층, 중장년층 등의 골프 참여와 구매력에 의존해 제한적으로 발전해왔다고 볼 수 있다. 골프산업이 발달하기 위해서는 기본적으로 골프 선수, 코치, 골프를 즐기는 참여자가 더욱더 늘어나야 한다. 최근 들어 골프장, 스크린 골프장, 골프연습장 수가 늘어나면서 골프의 대중화가 점차적으로 진행되어 계층, 성별, 연령을 뛰어 넘는 골프인구 증가가 발생했고 이에 따라 골프 관련 시설, 골프 용품, 레슨 시장의 규모가 발전해오고 있다(한국골프산업백서2018).

한국사회에서는 '골프열풍'이라고 할만큼 골프에 대한 관심이 증대되고 있으며 이로 인해 골프산업 자체가 급속하게 팽창하고 있다. 이런 골프열풍의 배경에는 국민소득수준의 상승과 여가시간의 증대 이외 한국 골퍼들의 글로벌한 활약 등으로 인해 골프 인구도 비약적으로 증가한 요인이 있다.

또한 골프산업은 골프장, 골프의류, 스크린 골프, 골프연습장, 골프용품, 골프투어, 방송 골프대회 등 다양한 관련산업과 연관되어 있어 골프가 국민적인 스포츠로 자리 잡을 수 있는 계기가 형성되었다. 그러나 골프에 대한 부정적인 인식은 대중적인 증가세에 있는 골프가 대중적인 여가활동으로의 인식전환과 이를 통한 골프관광 활성화와, 관광상품화에도 부정적 영향을 미치고 있다.

한국 골프산업백서 2018에 따르면 2017년 기준 한국골프시장 규모는 12조 4028억 원으로 조사됐으며, 시장규모는 2년간 1조 6538억 원 성장했으며, 연간 7%씩 커진 것으로 나타났다.

(2) 골프게임

골프란 코스 위에 정지(靜止)해 있는 골프공을 클럽(골프채)으로 쳐서 구멍(hole, 혹은 cup)에 넣고, 그때까지 소요된 스트로크(타수)가 많고 적음에 따라서 우열을 판정하는 게임이다. 골프는 일반적으로 18홀을 기준으로 굴곡과 경사가 완만한 잔디 위에서 치루게 된다. 골프는 광활한 잔디 위에서 벌어지는 실외 스포츠로서 18홀을 라운딩하는 시간은 대략 3~4시간으로 장시간 소요되며, 날씨에 따라 경기력도 많이 좌우되고, 특히 자연의 신선한 공기와 태양을 즐기는 운동으로 날씨와 필요불가결한 스포츠이다.

골프코스는 넓은 코스에 숲이나 계곡, 연못, 작은 산 등의 장애물을 인공적으로 만들기도 하고, 자연의 강이나 바다를 이용하기도 한다. 볼을 처음 치기 시작하는 지역인 티잉 그라운드 및 페어웨이, 러프, 벙커, 워터해저드, 그린, 홀 등으로 이루어져 있다. 이 가운데 페어웨이와 러프를 총칭하여 스루더그린이라 하고, 벙커와 워터해저드를 총칭하여 해저드라고 한다. 또 코스와 경계는 목책이나 말뚝으로 표시하는데, 경계 밖을 OB라고 한다.

골프게임이란 한마디로 수백 m 떨어져 있는 직경 10.8cm의 구멍(홀컵)에 클럽으로 볼(크기는 직경 4.3~4.5cm)을 쳐서 집어넣는 게임이다. 쉽게 말해 가장 적은 횟수로 볼을 쳐서 홀에 집어 넣는 것이다.

골프에는 '파'(기준타수)가 있으며 파는 파3, 파4, 파5 등 세 종류, 파3이란 세번을 쳐서 볼을 홀에 넣는 것이고 파4는 4번, 파5는 5번 쳐서 넣으면 된다는 뜻이다. 남자골프의 경우 파3홀은 거리가 229m 이하, 파4홀은 230~430m, 파5홀은 430m 이상이어야 된다고 규정하고 있다. 여자는 파3이 192m 이하, 파4가 193~366m, 파5가 367~526m로 권장하고 있다. 골프장의 정규코스는 18개의 홀로 구성되며 홀은 보통 파3홀 4개, 파4홀 10개, 파5홀 4개로 구성돼 파72가 되는 셈이다. 따라서 (파3×4=12타+파4×10=40타+파5×4=20타)=72타가 기본이며 여기에서 기준타수보다 1타 적은 타수로 볼을 홀컵에 넣는 것을 '버디(birdie)'라고 하며 기준타수보다 1타 더 치는 것을 '보기(bogey)'라 한다. 2타 적게 치는 것을 '이글(eagle)', 2타 많게 치는 것을 '더블보기(double bogey)', '홀인원(hole in one)'은 단 한번에 쳐서 홀컵에 볼을 넣는 것을 말한다. 언더 파에 상대되는 말로는 오버 파(over par)가 있으며, 1오버 파, 3오버 파라고 한다.

골프란 가장 적게 쳐서 홀인시키는 게 골프의 핵심이며 남녀노소 불문하고 누구나 즐길 수 있는 스포츠인 것이다(http://sports.imbc.com).

2) 스키

(1) 스키산업

스키의 역사를 보면 현재의 스키의 개념과는 다른 추운 지방 사람들의 사냥과 이동, 운반, 수단에 없어서는 안 될 중요한 교통수단으로 이용되었다. 지금까지 발견된 스키로 보아 스키는 기원전에 북유럽 지방과 아시아 산악지방에서 사용되었음을 알 수 있다. 지금도 노르웨이 · 스웨덴 · 핀란드를 비롯한 북유럽 국가와 동유럽 국가의 시골지역에서는 교통수단으로 이용한다. 겨울스포츠의 꽃이라 불리는 스키는 운동장소가 산악지형이나 완 · 급경사면에서 이루어지고 매끄럽거나 울퉁불퉁한 지형 등 눈 상태의 변화에 따라 다양한 동작으로 이루어지는 운동이다.

스키는 눈이 쌓인 산과 들 등 자연을 이용하는 겨울의 대표적인 야외 스포츠이다. 눈에 덮인 자연 속에서 맑은 공기를 마시며 땀을 흘리면서 스키를 타고 여러 형태의 경사나 눈의 상태를 극복해가는 중에 즐거움을 찾아내는 스포츠라고 할 수 있다. 스릴과 속도감을 매력으로 한 겨울의 대표적인 레포츠로서 특히 스키는 운동량이 풍부한 온몸 운동으로 하체와 허리 기능 강화에 좋으며 심폐기능과 균형감각, 순발력을 기르는데 더 없이 좋다.

스키 장비의 개량도 스키 발전을 촉진시켰고, 오락과 스포츠로서 인기를 더해주었다. 스키는 원래 하나로 이어진 나무토막(대개는 히코리 나무)으로 만들었지만, 1930년대부터는 얇은 나무판을 여러 개 붙여 만든 스키도 이용되었다. 1950년대에 플라스틱 활주면이 개발되자, 속도가 빨라졌을 뿐 아니라 내구성도 강해졌다. 그 후 나무나 플라스틱 위에 금속을 씌운 스키가 점점 인기를 얻게 되었다. 19세기에 이미 노르드헤임은 날이 안으로 구부러진 스키를 만들었는데, 이것이 근대 스키의 원형이 되었다.

최근 주 5일 근무제의 확산은 국민들의 여가 문화에 대한 관심을 더욱 증가하고 있는 추세에 있다. 이러한 시대 상황 속에서 레저문화는 여가를 풍요롭고 재미있게 즐길 수 있는 바탕을 마련하여 주고, 경제발전에 의해 높아진 삶의 가치를 충족시켜주고 있다는 점에서 그 중요성이 크다고 하겠다. 우리나라의 대표적인 레저문화로 성장하고 있는 스키리조트 산업은 과거 일부계층에의 고급스포츠라는 인식에서 벗어나 남녀노소 누구나 즐길 수 있는 평생스포츠로서의 대중화시대를 맞이하고 있으며, 스키라는 스포츠만 즐기는 측면을 넘어서 기존 시설과 공간에 대한 효율적인 운영을 통하여 하나의 여가문화로 정착되는 모습을 보이고 있다.

(2) 스키경기

스키 경기는 크게 알파인(alpine)과 노르딕(nordic)으로 구분할 수 있는데, 알파인 경기에는 회전(slalom), 활강(downhill), 대회전(giant slalom), 슈퍼 대회전(super giant slalom), 알파인 복합경기(alpine combined competitions), 속도경기(flying kilometer) 및 프리 스타일 경기(free style competitions) 등이 있으며, 이외에도 올림픽 정식 종목은 아니지만 회전 평행 경기(parallel slalom)가 있다. 노르딕 경기에는 크로스컨트리(cross country), 점프(ski jumping), 바이애슬론(biathlon) 및 노르딕 복합 경기(nordic combined) 등과 이외에 올림픽 정식 종목이 아닌 마라톤 경기가 있다.

스키는 눈 위에서 행하여지는 스포츠로 스키가 행해지는 스키장은 다른 스포츠에 비해 입지적인 제약이 많다. 스키장 입지는 지형이나 교통여건도 중요하지만 특히 기온, 풍속, 강설량 등 기후적 조건이 중요하여 입지 선정 시 이러한 면을 고려한다. 공통적인 입지는 눈이 녹는 것을 방지하기 위해 스키장은 일반적으로 산의 북사면에 슬로프가 위치해 있으며, 스키장의 기본 시설로서는 눈 제조기(snow maker), 슬로프(slope), 리프트(lift), 피스테 머신(pieste machine), 안전 및 부대시설로 나눌 수 있다.

신문 읽기

사드 침체 제주에 中 골프관광객 5천 명 몰려온다

사드(THADD · 고고도미사일방어체계) 배치 갈등 여파로 유커(중국인 관광객)가 급감한 제주도에 중국인 골프관광객 5000여 명이 찾아 관련 업계가 모처럼 활기를 띠고 있다.

2일 제주도에 따르면 지난해 제주지역 골프장 이용객은 총 190만 6000명으로 전년(216만 8000명) 대비 12%(약 26만 명) 감소했다. 특히 제주도민을 제외한 관광객 · 외국인 이용객이 103만 3000명으로 전년(128만 명)과 비교해 19%(약 25만 명)나 줄어든 것으로 나타났다. 이는 2010년대 들어 가장 작은 규모다.

개별소비세 감면 혜택이 사라진 데다 해외나 국내 타 지역의 저가 골프상품이 많아지면서 골프 여행객들이 다른 지역으로 발길을 돌리고 있기 때문이다.

이처럼 골프관광객이 급감한 상황에서 글로벌 프리미엄 골프 멤버십 서비스 기업인 퍼시픽링스 인터내셔널이 오는 9월까지 회원 5000명을 제주에 초청하는 골프여행 프로모션을 진행하고 있다. 이를 위해 지난달 26일 라마다프라자 제주호텔에서 퍼시픽링스 인터내셔널 회원 100명을 비롯해 아시아퍼시픽 래리 왕 회장과 퍼시픽링스 코리아 이승훈 대표, 그리고 제주지역 협력사 관계자들이 참가한 가운데 '2019 제주 프로젝트' 첫 번째 공식 행사를 가졌다.

퍼시픽링스 인터내셔널은 전 세계 34개국, 900여 개의 유명 골프장들과 제휴를 통해 골프 · 호텔 · 항공 · 관광 등 품격 있는 토탈 여행이 가능한 원 스톱 서비스인 '퍼시픽링스 멤버십 서비스'를 제공하고 있다. 한국 지사인 퍼시픽링스 코리아는 이번 제주 골프여행 프로모션 기간에 방문하는 회원과 동반객들을 위해 제주도 내 호텔 · 리조트 4곳 이상 및 5개 이상의 골프장과 제휴해 골프와 연계한 프리미엄 토털 여행 서비스를 제공한다. 항공 · 숙박 · 식사 · 골프 · 관광 · 쇼핑 등 제주의 다양한 관광 자원과 연계한 4박 5일 상품을 선보인다. 퍼시픽링스는 이번 프로모션 기간인 9월까지 골프 멤버십 회원인 중국인 5000여 명과 동반객 및 가족 여행객까지 6000여 명이 제주를 찾을 것으로 보고 있다.

퍼시픽링스 코리아는 다양한 연령대로 구성된 가족 여행객들의 경우 골프뿐 아니라 제주의 다채로운 관광상품에 관심이 높은 점을 고려해 현지 여행업체와 전략적인 협력을 맺고 고객을 위한 맞춤형 특화 서비스를 제공할 예정이다. 또 제주지역뿐 아니라 접근성이 좋은 부산 · 서울과 연계한 특별 관광상품도 선보인다. 이승훈 퍼시픽링스코리아 대표는 "지난해 프로모션을 통해 2900여 명이 호텔 숙박, 골프 외에 면세점 이용 등으로 제주도에 100억 원 이상의 경제효과를 가져다주었다"고 설명했다.

자료 : 세계로컬타임즈, 2019. 04. 03

제9장

관광자원 개발

제1절 관광자원 개발의 개념과 기본 계획

제2절 관광지와 관광단지

제3절 관광특구

Introduction to Tourism Resources

관광자원론

제9장

9

관광자원 개발

제1절 관광자원 개발의 개념과 기본 계획

1. 관광자원 개발의 개념과 계획의 의의

1) 관광자원 개발의 개념 정의

관광자원 개발이란 관광객의 욕구를 충족시키기 위해 제공되는 관광객체와 관광매체인 서비스를 신규공급 또는 강화시키는 것을 관광자원 개발이라고 한다. 즉 관광자원을 새롭게 발굴 · 개발하거나 기존 관광자원의 정비 · 개선 등 관광자원마다 특성을 살려 관광의 편의를 증진시키고, 관광객의 유치와 관광소비의 증대를 촉진시키기 위한 일련의 행위를 말한다. 구체적으로는 관광자원의 가치평가와 보호, 그리고 관광객에게 물리적인 시설개선과 콘텐츠의 개발 등과 휴게공간, 교통수단 등 각종 편의시설 그리고 모든 관광에대한 정보를 제공하는 것이라 할 수 있다.

관광자원 개발의 기본 목적으로는 첫째, 인간은 여가를 이용하여 일상 생활권을 벗어나 다른 환경 속에서 생활의 변화를 추구하는 관광욕구를 갖고 있으므로 이를 충족시키기 위한 관광공간을 제공하기 위함이며, 둘째는 개발 투자효과, 지역고용증대, 방문관광객의 관광소비에 의한 지역경제를 발전시키기 위함이며, 세 번째는 적절한 놀이 · 숙박 · 편의시설 등을 제공함으로서 관광의 불편함을 덜어줌으로써 관광자원의 가치를 증대시킴과 동시에, 무분별한 관광자원의 낭비에 의한 자연훼손을 막고 방문관광객을 위험으로부터 보호하려는데에 목적이 있다 할 수 있다(임주환, 2003).

2) 관광자원 개발계획의 의의

문화체육관광부가 수립하는 관광개발 기본계획은 관광지, 관광단지 등 관광자원 개발을 추진함에 있어 전국적이고 장기적인 안목에서 개발계획을 수립하여 국제관광의 여건변화, 국민관광의 질적 · 양적 성숙 등에 원활히 대응할 수 있도록 하기 위한 것이다. 즉 관광개발계획은 관광자원의 특성에 의거한 관광개발을 통해 관광의 편의를 증진하고, 관광객의 유치와 관광소비의 증대를 통해 지역개발을 촉진할 목적으로 행하는 계획으로 관광개발 기본계획과 권역별 관광개발 계획으로 나누어 수립하고 있다. 관광진흥법 제49조(관광개발 기본계획 등)에는 문화체육관광부 장관은 관광자원을 효율적으로 개발하고 관리하기 위하여 전국을 대상으로 관광개발 기본계획을 수립하여야 한다고 규정하고 있다. 관광개발 계획의 목적을 달성하기 위하여 관광기본법에서는 정부로 하여금 관광자원의 보호 및 개발의무(관광기본법 제9조)와 관광지 지정 및 개발의무(관광기본법 제12조)를 동시에 부여하고 있다.

관광개발 기본계획은 전국의 관광자원을 효율적으로 개발, 관리하기 위하여 문화체육관광부 장관이 10년마다 수립하는 법정계획이다.

추진내용으로는 제1차 관광개발기본계획(1992~2001)에 따른 제1차 권역개발계획(1992~1996)과 제2차 권역별 계획(1997~2001)을 시행하였고, 제2차 관광개발기본계획(2002~2011)에 따른 제3차 권역별 관광개발계획(2002~2006)과 제4차 권역별 관광개발계획(2007~2011)을 시행하였고, 제3차 관광개발기본계획(2012~2021)에 따른 제5차 권역별 관광개발계획(2012~2016)을 시행하였고, 2016년 12월 말 제6차 권역별 관광개발계획(2017~2021)을 수립 중에 있다.

이러한 관광개발계획의 실질적인 추진을 위하여 정부에서는 1993년 12월 27일 관광진흥법을 개정하여 관광개발계획(기본계획 및 권역계획)을 법정계획으로 규정하였고 1994년 6월 30일 관광진흥법시행령을 개정하여 기본계획은 10년, 권역계획은 5년 주기로 수립하도록 제도화하였다. 즉 관광자원을 전국적인 관점에서 체계적이고 효율적으로 개발 · 관리하기 위한 제도적인 장치로서 관광개발계획을 수립하도록 하는 근거를 관광진흥법에 규정하고 있다.

제49조(관광개발기본계획 등), 제50조(기본계획), 제51조(권역계획)

제1절 관광지 및 관광단지의 개발

제49조(관광개발기본계획 등)

① 문화체육관광부장관은 관광자원을 효율적으로 개발하고 관리하기 위하여 전국을 대상으로 다음과 같은 사항을 포함하는 관광개발기본계획(이하 "기본계획"이라 한다)을 수립하여야 한다. 〈개정 2008. 2. 29〉

1. 전국의 관광 여건과 관광 동향(動向)에 관한 사항
2. 전국의 관광 수요와 공급에 관한 사항
3. 관광자원 보호 · 개발 · 이용 · 관리 등에 관한 기본적인 사항
4. 관광권역(觀光圈域)의 설정에 관한 사항
5. 관광권역별 관광개발의 기본방향에 관한 사항
6. 그 밖에 관광개발에 관한 사항

② 시 · 도지사(특별자치도지사는 제외한다)는 기본계획에 따라 구분된 권역을 대상으로 다음 각 호의 사항을 포함하는 권역별 관광개발계획(이하 "권역계획"이라 한다)을 수립하여야 한다. 〈개정 2008. 6. 5, 2009. 3. 25〉

1. 권역의 관광 여건과 관광 동향에 관한 사항
2. 권역의 관광 수요와 공급에 관한 사항
3. 관광자원의 보호 · 개발 · 이용 · 관리 등에 관한 사항
4. 관광지 및 관광단지의 조성 · 정비 · 보완 등에 관한 사항

4-2. 관광지 및 관광단지의 실적 평가에 관한 사항

5. 관광지 연계에 관한 사항
6. 관광사업의 추진에 관한 사항
7. 환경보전에 관한 사항
8. 그 밖에 그 권역의 관광자원의 개발, 관리 및 평가를 위하여 필요한 사항

제50조(기본계획)

① 시 · 도지사는 기본계획의 수립에 필요한 관광 개발사업에 관한 요구서를 문화체육관광부 장관에게 제출하여야 하고, 문화체육관광부 장관은 이를 종합 · 조정하여 기본계획을 수립하고 공고하여야 한다. 〈개정 2008. 2. 29〉

② 문화체육관광부 장관은 수립된 기본계획을 확정하여 공고하려면 관계 부처의 장과 협의하여야 한다. 〈개정 2008. 2. 29〉

③ 확정된 기본계획을 변경하는 경우에는 제1항과 제2항을 준용한다.

④ 문화체육관광부 장관은 관계 기관의 장에게 기본계획의 수립에 필요한 자료를 요구하거나 협조를 요청할 수 있고, 그 요구 또는 협조 요청을 받은 관계 기관의 장은 정당한 사유가 없으면 요청에 따라야 한다. 〈개정 2008. 2. 29〉

제51조(권역계획)

① 권역계획(圈域計劃)은 그 지역을 관할하는 시 · 도지사(특별자치도지사는 제외한다. 이하 이 조에서 같다)가 수립하여야 한다. 다만, 둘 이상의 시 · 도에 걸치는 지역이 하나의 권역계획에 포함되는 경우에는 관계되는 시 · 도지사와의 협의에 따라 수립하되, 협의가 성립되지 아니한 경우에는 문화체육관광부 장관이 지정하는 시 · 도지사가 수립하여야 한다. 〈개정 2008. 2. 29, 2008. 6. 5〉

② 시 · 도지사는 제1항에 따라 수립한 권역계획을 문화체육관광부 장관의 조정과 관계 행정기관의 장과의 협의를 거쳐 확정하여야 한다. 이 경우 협의요청을 받은 관계 행정기관의 장은 특별한 사유가 없는 한 그 요청을 받은 날부터 30일 이내에 의견을 제시하여야 한다. 〈개정 2007. 7. 19, 2008. 2. 29〉

③ 시 · 도지사는 권역계획이 확정되면 그 요지를 공고하여야 한다.

④ 확정된 권역계획을 변경하는 경우에는 제1항부터 제3항까지의 규정을 준용한다. 다만, 대통령령으로 정하는 경미한 사항의 변경에 대하여는 관계 부처의 장과의 협의를 갈음하여 문화체육관광부장관의 승인을 받아야 한다. 〈개정 2008. 2. 29〉

2. 관광개발 기본계획

1) 제1차 관광개발 기본계획(1992~2001)

관광자원을 효율적으로 개발 · 이용 · 관리 · 보전하고 관광객의 다양하고 새로운 관광욕구를 충족시키기 위하여 관광자원의 특성 · 교통권 · 지역실정 등을 감안하여 전국을 5대 관광권 24개 소관광권으로 권역화하여 각각의 권역별 개발구상을 제시하였다. 또한 관광루트를 체계적으로 설정함으로써 관광활동이 보다 편리하고 쾌적하게 이루어지도록 주요관광지 또는 관광명소를 연계하는 관광루트를 표준화하였다. 이에 따라 전국적으로는 육로 9개, 해상 3개, 항공 18개 등 모두 30개의 관광루트가 설정되었으며 권역별로는 중부권에 4개, 충청권에 3개, 서남권에 3개, 동남권에 3개, 제주권에 2개 등 모두 15개의 권역 내 관광루트를 설정하였다.

그림 9-1 • 제1차 관광개발기본계획 권역구분도

자료 : 문화체육관광부, 2017년 기준 관광 동향에 관한 연차보고서(2018)

문화체육관광부는 관광개발 사업을 효율적으로 추진하기 위하여 문화체육관광부 지방자치단체, 한국관광공사 및 민간부분이 역할을 분담하도록 하였다.

2) 제2차 관광개발 기본계획(2002~2011)

제2차 관광개발 기본계획에서는 국제경쟁력 강화를 위한 관광시설, 개발촉진, 지역특성화와 연계화를 통한 관광개발 추진, 문화자원의체계적 관광자원화 촉진, 관광자원의 지속가능한 개발 및 관리강화, 지식기반형 관광개발 관리체계 국축, 국민생활관광 향상을 위한 관광개발 추진, 남북한 및 동북아 관광협력체계 구축 등 7대 개발 전략을 제시하였다. 또한 기존 7대권 24개 소권 체제하에서 문제점 및 한계로 제기되어 왔던 관광권역과 집행권역의 불일치로 인한 계획의 실천성 미흡을 개설하기 위하여 관광권역의 구분을 16개 광역지방자치단체를 기준으로 재설정하고 권역별 관광개발기본방향을 제시하였다.

동 계획에서 제시하는 권역별 관광개발 방향을 기초로 지방자치단체별로 제3차 권역별 관광개발 계획(2002~2006)과 제4차 권역별 관광개발 계획(2007~2011)을 수립하여 이에 따른 당해 지역의 관광자원 개발 사업을 추진하였다.

그림 9-2 • 제2차 관광개발기본계획 권역구분도

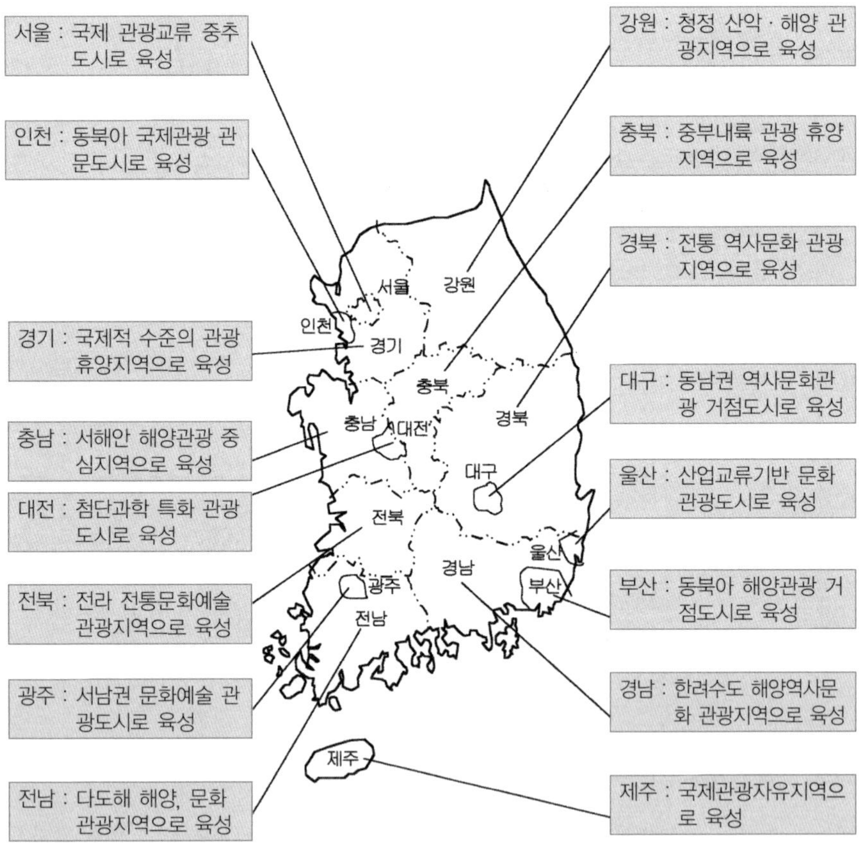

자료 : 문화체육관광부 2017년 기준 관광 동향에 관한 연차보고서(2018)

3) 제3차 관광개발 기본계획(2012~2021)

제3차 관광개발 기본계획에서는 '제2차 관광개발 기본계획(2002~2011)' 수립 이후 급변하는 환경변화에 대응하는 새로운 비전과 전략을 제시하며, 국제 경쟁력을 갖춘 관광발전 기반을 구축하고 국민 삶의 질과 지역발전에 기여하기 위해 전국 관광개발의 기본방향을 미래지향적으로 제시하는 계획이다.

동 계획에서는 '글로벌 녹색한국을 선도하는 품격 있는 선진관광'이라는 비전하에 이를 달성하기 위해 품격관광을 실현하는 관광개발 정책효율화, 미래 환경에 대응한 명품 관광자원 확충, 문화를 통한 품격 있는 한국형 창조관광 육성, 국민이 행복한 생활관광 환경 조성, 저탄소 녹색성장을 선도하는 지속가능한 관광 확산, 관광경쟁력 제고를 위한 국제 협력 강화 등 6대 개발전략을 제시하였다.

또한 관광권역 설정에 있어 제3차 관광개발 기본계획에서는 16개 시 · 도, 광역경제권, 초광역개발권 등 변화하는 행정 위계를 반영한 '다층적 지역 관광발전 전략'을 도입하여 시 · 도 관광권과 더불어 5+2 광역경제권을 계획 관광권역으로 설정하였으며 해안을 중심으로 한 동 · 서 · 남해안 관광벨트 등 초광역 관광벨트 설정으로 계획권역을 기능적으로 연계 · 보완하였다. 동 계획에서 제시하는 권역별 관광개발 방향을 기초로 지방자치단체별로 제5차 권역별 관광개발 계획(2012~2016)을 수립하여 시행하였다.

그림 9-3 • 제3차 관광개발기본계획 권역구분 및 개발방향

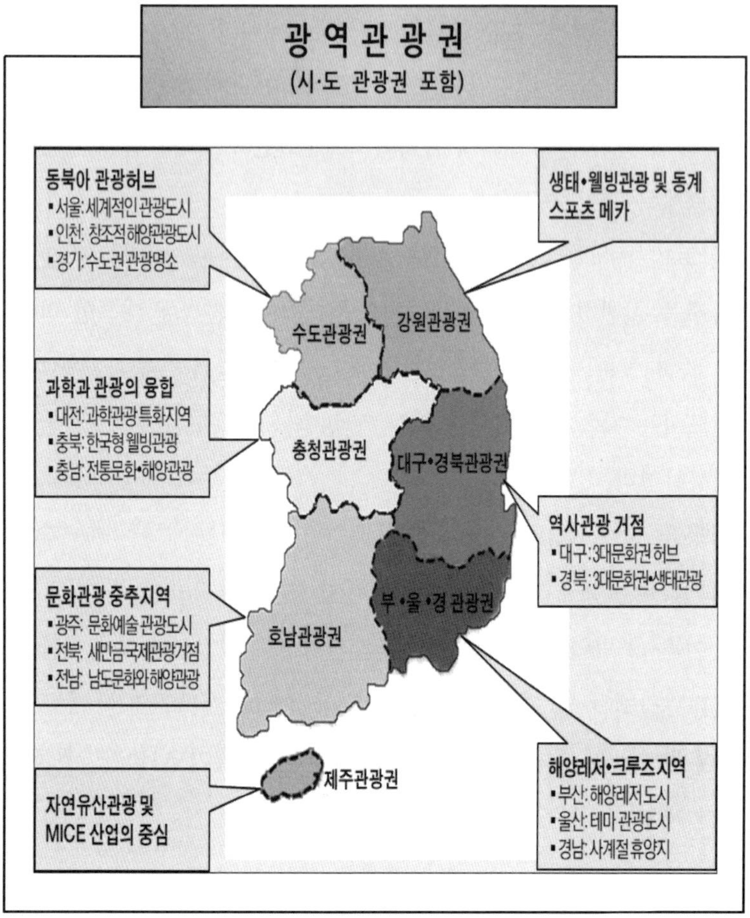

자료 : 문화체육관광부 2017년 기준 관광 동향에 관한 연차보고서(2018)

그림 9-4 • 제3차 관광개발 기본계획상의 초광역관광벨트

백두대간 생태문화 관광벨트
- 친환경 생태관광 거점 조성
- 산촌 커뮤니티 활성화

한반도 평화생태 관광벨트
- 민통선 마을 체류형 관광 촉진
- 유네스코 생물권보전지역 지정

동해안 관광벨트
- 동해안 국제관광 거점 조성
- 휴양•헬스케어 관광 육성

서해안 관광벨트
- 해양관광 네트워크 구축
- 경인 아라뱃길 연계루트 개발

남해안 관광벨트
- 국제크루즈 항로 개설
- 남중권 지역발전 거점 육성

강변생태문화 관광벨트
- 수변관광 인프라 구축
- 강변생태문화 클러스터 조성

자료 : 문화체육관광부 2017년 기준 관광 동향에 관한 연차보고서(2018)

참고

국토종합계획 소개

국토종합계획은 대한민국 국토 전체의 장기적인 발전 방향을 제시하는 종합적인 성격의 계획으로 우리나라의 최상위 국토계획입니다. 국토종합계획은 우리나라의 9개 도와 각 시 · 군 지방자치단체에서 수립하는 계획의 기본이 되며, 교통, 주택, 수자원, 환경, 문화 · 관광, 정보통신 등의 부문별 계획과 광역 · 수도권, 특정지역 등의 지역계획은 국토종합계획과 조화를 이루어야 합니다. 대한민국정부는 제1차 국토종합개발계획(1972~1981)부터 제4차 국토종합계획 수정계획(2011~2020)까지 40여 년 동안 4차례의 본 계획과 3차례의 수정계획을 수립하였습니다. 제1차에서 제3차 국토종합개발계획까지는 10년 단위로 계획을 수립하였으며, 제4차 계획부터는 명칭을 국토종합계획으로 변경하여 장기적 관점에서 20년 단위로 계획을 수립하되 여건 변화에 따라 5년마다 계획을 수정해 왔습니다. 이번 제5차 국토종합계획은 2040년을 목표로 수립하며, 국민 여러분께 한 걸음 더 다가가 의견을 귀 기울여 듣고 적극적인 태도로 소통하면서 수립하고자 합니다.

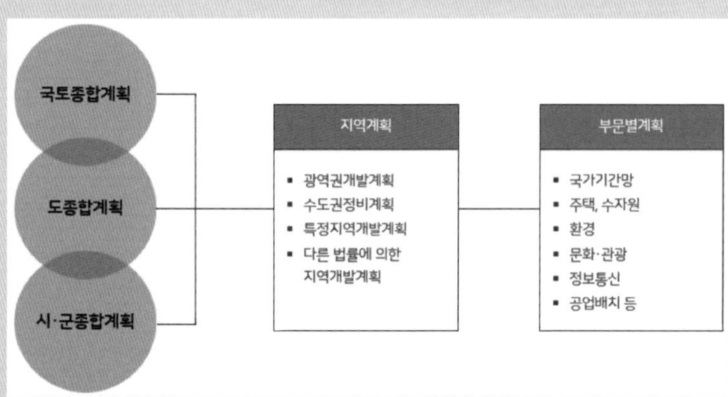

제1차 (1972~1981)	제2차 (1982~1991)	제3차 (1992~2001)	제4차 (2000~2020)	제4차수정계획 (2006~2020)	제4차수정계획 (2011~2020)

제5차 국토종합계획 수립배경 및 목적

2020년, 제4차 국토종합계획 및 관련 부문 · 지역계획(수도권정비계획, 도종합계획, 국가기간교통망계획 등)의 만료시기가 도래합니다. 국토종합계획은 최상위 공간계획으로서 관련 부문 · 지역계획 수립의 가이드라인으로 작동할 수 있도록 관련 부문 · 지역계획 보다 선행하여 수립될 필요가 있습니다.

제5차 국토종합계획은 인구구조 변화, 4차 산업혁명, 기후변화 등 국토정책에 중대한 영향을 미치는 새로운 메가트렌드와 자치와 분권, 균형발전, 남북관계 변화 등 여건변화에 대응할 수 있는 새로운 국토비전 및 추진전략을 제시하고자 합니다.

국토종합계획 수립 일정 및 절차

2018년 12월까지 제5차 국토종합계획 시안을 마련하고, 2019년 부문별 토론회 · 지역순환토론회, 공청회 등을 진행하여 제5차 국토종합계획을 완성하고자 합니다. 또한 국토종합계획 수립 과정에서 국민소통 플랫폼운영과 국민참여단 구성을 통해 국민제안을 수렴하여 소통형 · 참여형 계획을 수립하고자 합니다.

자료 : 국토교통부

제2절 관광지와 관광단지

1. 관광지

1) 관광지의 개념

관광지란 "자연적 또는 문화적 관광자원을 갖추고 관광객을 위한 기본적인 편의시설을 설치하는 지역으로서 관광진흥법(관광진흥법 제2조 6항)에 의하여 지정된 곳"으로 시장, 군수, 구청장의 신청에 의하여 시 · 도지사가 관광객이 관광욕구를 만족시킬 수 있는 관광행위를 할 수 있도록 개발한 지역을 말한다. 즉, 관광지는 관광자원이 풍부하고 관광객의 접근이 용이하며 개발 제한요소가 적어 개발이 가능한 지역과 관광정책상 관광지로 개발하는 것이 필요하다고 판단되는 지역을 대상으로 관광객의 관광활동에 필수적인 진입도로, 주차장, 상 · 하수도, 공중화장실, 오수처리시설, 관리사무소, 관광지 안내도 등 기반시설과 야영장, 어린이 놀이시설, 청소년 수련시설, 체력단련장, 샤워 · 탈의장, 물품보관소 등 편의시설을 공공사업으로 추진하고 그 외 이용관광객의 편의를 위한 운동, 오락시설, 휴양. 문화시설, 숙박시설, 상가시설 등은 민간자본을 유치하여 개발하는 사업이다.

정부에서는 주5일 근무제의 본격적인 시행과 국민소득 증가에 따른 관광수요 증가에 맞추어 관광지를 특화하여 개발함으로써 아름답고 쾌적한 환경을 조성함은 물론 관광을 통하여 국민의 삶의 질을 향상시키는 복지관광정책의 일환으로 활용하고 있다. 따라서 정부는 자연적 또는 문화적 관광자원을 갖추고 관광 및 휴식에 적합한 지역을 대상으로 관광지를 지정하여 공공 · 편의시설, 숙박 · 상가시설 및 운동 · 오락시설, 휴양 · 문화시설, 녹지 등을 유치 · 개발하고 있다.

제52조(관광지의 지정 등)

① 관광지 및 관광단지(이하 "관광지 등"이라 한다)는 문화체육관광부령으로 정하는 바에 따라 시장·군수·구청장의 신청에 의하여 시·도지사가 지정한다. 다만, 특별자치도의 경우에는 특별자치도지사가 지정한다. 〈개정 2008. 2. 29, 2008. 6. 5, 2009. 3. 25〉

② 시·도지사는 제1항에 따른 관광지 등을 지정하려면 사전에 문화체육관광부 장관 및 관계 행정기관의 장과 협의하여야 한다. 다만, 「국토의 계획 및 이용에 관한 법률」 제30조에 따라 같은 법 제36조제1항제2호다목에 따른 계획관리지역(같은 법의 규정에 따라 도시·군 관리계획으로 결정되지 아니한 지역인 경우에는 종전의 「국토이용관리법」 제8조에 따라 준도시지역으로 결정·고시된 지역을 말한다)으로 결정·고시된 지역을 관광지등으로 지정하려는 경우에는 그러하지 아니하다. 〈개정 2011.4.5, 2011.4.14〉

③ 제2항 본문에 따라 협의요청을 받은 문화체육관광부 장관 및 관계 행정기관의 장은 특별한 사유가 없는 한 그 요청을 받은 날부터 30일 이내에 의견을 제시하여야 한다. 〈신설 2007. 7. 19, 2011.4.5〉

④ 관광지 등의 지정 취소 또는 그 면적의 변경은 관광지 등의 지정에 관한 절차에 따라야 한다. 이 경우 대통령령으로 정하는 경미한 면적의 변경은 제2항 본문에 따른 협의를 하지 아니할 수 있다. 〈개정 2007. 7. 19〉

⑤ 시·도지사는 제1항 또는 제4항에 따라 지정, 지정취소 또는 그 면적변경을 한 경우에는 이를 고시하여야 한다. 〈개정 2007. 7. 19〉

2) 관광지 지정 현황

2019년 6월 30일 기준으로 전국에 지정된 관광지 현황은 227개소로 [표 9-1]과 같다.

표 9-1 • 전국 관광지 지정 현황

시·도	지정개소	관광지명
부산	5	기장도예촌, 용호씨사이드, 금련산청소년수련원, 태종대, 해운대
인천	2	마니산, 서포리
대구	2	비슬산, 화원
경기	14	대성, 산장, 수동, 장흥, 용문산, 신륵사, 한탄강, 공릉, 임진각, 내리, 백운계곡, 산정호수, 소요산, 궁평
강원	41	호반, 구곡폭포, 청평사, 간현, 옥계, 주문진, 연곡, 등명, 대관령 어흘리, 무릉계곡, 망상, 추암, 구문소, 속초해수욕장, 척산온천, 장호, 맹방, 삼척해수욕장, 초당, 팔봉산, 홍천온천, 어답산, 유현문화, 고씨동굴, 영월온천, 마차탄광문화촌, 미탄마하생태, 화암, 아우라지, 고석정, 직탕, 광덕계곡, 후곡약수터, 내설악 용대, 방동약수터, 오토테마파크, 송지호, 삼포 문암, 화진포, 오색, 지경
충북	22	세계무술공원, 충온온천, 능암온천, 충주호체험, 교리, 능강, 금월봉, 계산, 제천온천, 만남의광장, KBS촬영장, 속리산레저, 구병산, 장계, 송호, 레인보우힐링, 수옥정, 괴강, 무극, 천동, 다리안, 온달
충남	25	천안종합휴향, 태조산, 곰나루, 마곡사, 마곡온천, 공주문화, 대천해수욕장, 무창포해수욕장, 죽도, 신정호, 아산온천, 간월도, 삽교호, 왜목마을, 난지도, 구드레, 서동요역사, 금강하구둑, 춘장대해수욕장, 칠갑산도립온천, 남당, 예당, 덕산온천, 만리포해수욕장, 안면도
전북	21	석정온천, 금강호, 은파, 김제온천, 벽골제, 남원, 모항, 변산해수욕장, 위도, 모악산, 금마, 미륵사지, 왕궁보석테마, 웅포, 사선대, 오수의견, 방화동, 내장산리조트, 백제가요정읍사, 마이산회봉온천, 운일암반일암
전남	28	대구면도요지, 곡성 도림사, 지리산온천, 나주호, 담양호, 회산연꽃방죽, 율포해수욕장, 한국차소리 문화공원, 불갑사, 성기동, 마한문화, 영산호 쌀문화 테마공원, 영암바둑테마파크, 신지명사십리, 장성호, 홍길동테마파크, 정남진우산도, 녹진, 아리랑마을, 해신장보고, 회동, 사포, 땅끝, 우수영, 도곡온천, 운주사, 화순온천, 대광해수욕장
경북	32	경산온천, 고령부례, 문경온천, 문경상리, 오전약수, 다덕약수, 경천대, 문장대온천, 회상나루, 안동하회, 예안현, 고래불, 장사해수욕장, 선바위, 문수, 부석사, 영주순흥, 풍기온천, 치산, 포리, 예천삼강, 개척사, 울릉도, 백암온천, 성류굴, 의성탑산온천, 신화랑, 청도온천, 청도용암온천, 주왕산, 가산산성, 호미곶

시 · 도	지정개소	관광지명
경남	21	거가대교, 장목, 가조, 수승대, 당항포, 송정, 표충사, 실안, 금서, 전통한방휴양, 중산, 벽계, 오목내, 부곡온천, 마금산온천, 도남, 묵계, 농월정, 미숭산, 합천보조댐, 합천호
제주	15	제주남원, 돈내코, 수망, 미천굴, 토산, 표선, 곽지, 제주여성테마파크, 김녕해수욕장, 돌문화공원, 묘산봉, 봉개휴양림, 용머리, 함덕 해안, 협재 해안
합 계	228	

자료 ; 문화체육관광부, 2019년 6월 30일 기준

신문 읽기

화원유원지 일대 대구시 2호 관광지 지정

대구 달성군에 따르면 1일자로 화원읍 성산리 화원유원지 일대 21만여㎡를 대구시 2호 관광지로 지정.고시했다고 밝혔다.대구시가 화원유원지 일대 관광지 지정에 따라 달성군은 관광지 조성을 위한 실시설계 등 본격적인 사업추진단계로 진입한다. 화원 관광지는 대구시에서 추진 중인 '낙동가람 수변역사 누림길 조성' 사업과 연계하여 자연과 역사문화를 체험하고 힐링과 치유를 테마로 조성될 예정이다. 부대시설로 테라피 룸, 약선 레스토랑 등의 시설을 갖춘 힐링형 관광호텔, 한방의료 등 다양한 힐링 프로그램을 운영할 자연치유원, 지역 예술가와의 협력을 통한 예술작품을 상시 전시하고 다양한 행사를 개최할 수 있는 예술 공원, 어린이를 위한 스토리텔링형 테마공원 등이 조성될 예정이다.

대구시가 시행 중인 낙동가람 수변 역사누림길 조성사업의 일환으로 역사문화체험관, 고분공원, 상화대공원 등도 함께 조성된다. 김문오 달성군수는 "지난 2017년 비슬관광지 지정에 이어 이번 화원관광지 지정으로 달성군의 위상이 대구시 관광의 중심으로 한층 더 업그레이드되는 계기가 될 것이다. 특히 달성군은 대구시 면적의 절반, 산업의 70%를 담당하고 있으며 대구에서 유일하게 제1호 및 제2호 관광지를 보유하게 되었다. 이렇게 대구의 뿌리라는 역사성과 신성장 허브도시라는 미래성을 감안할 때 대구시 신청사도 지리, 교통, 관광의 중심인 달성군 화원읍이 최적지"라며 "대구의 백년대계를 위한 당연하고도 현명한 결정을 기대한다"라고 말했다. 달성군은 2017년 6월 비슬산 일대 대구시 1호 '비슬관광지'에 이어 이번 '화원관광지' 지정을 받아 대구시 최초이자 유일하게 관광지 개발을 추진하며 관광발전을 선도하고 있다.

자료 : 대구신문, 2019. 05. 02

2. 관광단지

1) 관광단지의 개념

관광단지란 "관광객의 다양한 관광 및 휴양을 위하여 각종 관광시설을 종합적으로 개발하는 관광거점 지역으로서 관광진흥법(관광진흥법 제2조 7항)에 의하여 지정된 지역"을 말한다. 일반적으로 관광지보다는 광역일 뿐만 아니라 관광객의 장기체재가 가능하도록 관광자원 및 관광시설을 종합적으로 개발한 인위적 지역을 말한다. 관광단지는 개발사업을 장기간에 걸쳐 대규모 투자재원과 인력이 소요되므로 공익차원에서 관광공사가 주도적으로 개발하여 왔으나 1994년을 기점으로 민간업체의 관광단지 개발사업 참여가 늘어나고 있다.

정부는 관광단지 개발 활성화를 위해 관광단지를 〈사회간접자본시설에 대한 민간투자법〉상 사회간접자본시설로 규정하여 민자를 적극 유치케 하고 있으며, 취득세(25%, 조례에 따라 추가로 50% 감면), 대체 산림조성비(준보전산지) 및 대체초지조성비의 100% 면제 등 각종 세제 및 부담금의 감면 혜택을 주고 있다. 또한 관광단지 지정을 위한 면적기준을 현행 100만 제곱미터에서 50만 제곱미터로, 관광단지 설치시설 기준을 4종에서 3종으로 완화(공공편의시설, 숙박시설, 운동 · 오락시설, 휴양 · 문화시설)하였고, 민간개발자가 관광단지를 개발할 경우 지방자치단체장과의 협약을 통해 자원이 필요하다고 인정하는 공공시설에 대해 보조금을 지원할 수 있도록 하였으며, 2010년부터는 보조금을 지원하고 있다.

관광단지는 건강, 교육, 체험 등 다양한 관광수요를 특징으로 하는 최근의 관광패러다임 변화에 맞춰 관광단지를 특성화하여 개발함으로써 지역 관광산업의 동력으로 활용할 목적으로 개발을 계획하고 있다.

2) 관광단지 현황

2019년 6월 30일 기준으로 전국에 지정된 관광단지 현황은 총 43개소이며 [표 9-2]와 같다.

표 9-2 • 관광단지 현황 (2019년 6월 30일 현재)

연번	단지명	위치	규모(km^2)	개발주체
1	중문	제주 서귀포시 색달동, 중문동, 대포동 일원	3.562	한국관광공사
2	보문	경북 경주시 신평동, 보문동, 북군동, 천군동, 손곡동 일원	8.515	경북문화관광공사
3	해남 오시아노	전남 해남군 화원면 주광리, 화봉리 일원	5.073	한국관광공사
4	감포	경북 경주시 감포읍 나정리, 대본리 일원	4.019	경북문화관광공사
5	강동	울산광역시 북구 정자동 일원	1.369	울산 북구청
6	안동문화	경북 안동시 성곡동 일원	1.655	경북문화관광공사
7	오시리아 (舊동부산)	부산시 기장군 기장읍 대변리, 시랑리 일원	3.663	부산도시공사
8	알펜시아	강원 평창군 대관령면 용산리, 수하리 일원	4.837	강원도개발공사
9	어등산	광주시 광산구 운수동 219번지 일원	2.736	광주광역시도시공사
10	신화역사공원	제주 서귀포시 안덕면 서광리 산 35-7 일원	3.986	제주국제자유도시 개발센터
11	여수 경도	전남 여수시 경호동 일원	2.169	전남개발공사
12	제주헬스케어 타운	제주 서귀포시 동홍동 2032번지 일원	1.539	제주국제자유도시 개발센터
13	창원 구산해양	경남 창원시 마산합포구 구산면 구복리, 심리 일원	2.843	창원시
14	여수 화양	전남 여수시 화양면 장수리, 안포리, 화동리, 이목리, 서촌리 일원	9.990	㈜일상해양산업
15	원주 오크밸리	강원 원주시 지정면 월송리, 판대리 일원	11.356	㈜한솔개발
16	김천온천	경북 김천시 부항면 안간 · 파천리 일원	1.424	㈜우촌개발
17	휘닉스파크	강원 평창군 봉평면 면온리, 무이리, 진조리 일원	4.233	㈜보광
18	평창 용평	강원 평창군 대관령면 용산리, 수하리 일원	16.219	㈜용평리조트
19	웰리힐리파크	강원 횡성군 둔내면 두원리, 우용리, 조항리 일원	4.830	㈜신안종합리조트
20	홍천비발디파크	강원 홍천군 서면 팔봉리 1290-14 일원	7.052	㈜대명레저산업
21	팜파스종합휴양	제주 서귀포시 표선면 성읍리 3196-2	3.001	㈜남영산업

연번	단지명	위치	규모(km²)	개발주체
22	고흥우주해양	전남 고흥군 영남면 남열리 201번지 일원	1.158	고흥군
23	라비에벨(舊무릉도원)	강원 춘천시 동산면 조양리 산156번지 및 홍천군 북방면 전치곡리 산1번지 일원	4.844	㈜코오롱글로벌
24	마우나오션	경북 경주시 양남면 신대리 산 140-1번지 일원	6.419	㈜엠오디
25	신영	강원 춘천시 동산면 군자리 일원	1.694	㈜신영종합개발
26	설악한화리조트	강원 속초시 장사동 11번지 일원	1.314	㈜한화호텔 앤드 리조트
27	골드힐카운티리조트	충남 천안시 서북구 입장면 기로리 일원	1.691	㈜골드힐
28	성산포해양	제주 서귀포시 성산읍 고성리 127-2 일원	0.654	㈜보광제주
29	예래휴양형주거	제주 서귀포시 예래동 일원	0.741	㈜버자야제주리조트
30	고성 델피노 골프앤리조트	강원 고성군 토성면 원암리 403-1번지 일원	0.901	㈜대명레저산업
31	강화종합리조트	인천 강화군 길상면 선두리 산281-1번지 일원	0.645	㈜해강개발
32	평택호	경기 평택시 현덕면 권관리, 기산리, 대안리, 신왕리 일원	2.743	㈜평택호관광단지(가칭)
33	록인제주	제주 서귀포시 표선면 가시리 622번지 일원	0.523	㈜록인제주
34	백제문화	충남 부여군 규암면 합정리, 신리, 호암리, 오수리 일원	3.024	㈜호텔롯데
35	원주 더네이처	강원 원주시 문막읍 궁촌리 산121번지 일원	1.444	㈜경안개발
36	양양국제공항	강원 양양군 손양면 동호리 510-28번지 일원	2.448	㈜새서울레저
37	횡성드림마운틴	강원 횡성군 서원면 석화리 산 261-1번지 일원	1.797	㈜미지엔리조트
38	안성 죽산	경기 안성시 죽산면 당목리 산53번지 일원	1.438	㈜송백개발 ㈜서해종합건설
39	원주 플라워 프루트월드	강원 원주시 문막읍 궁촌리 1777번지 일원	1.874	㈜원주화훼특화관광단지개발
40	진도대명리조트	전남 진도군 의신면 초사리 산 274 일원	0.559	㈜대명레저산업
41	원주 루첸	강원 원주시 문막읍 비두리 산 239-1번지 일원	2.644	㈜지프러스

연번	단지명	위치	규모(km²)	개발주체
42	증평에듀팜특구	충북 증평군 도안면 연촌리 산59-1번지	2.623	㈜블랙스톤 리조트
43	애월국제문화 복합단지	제주 제주시 영평동 2170-1	0.587	㈜애월국제문화 복합단지
44	프로젝트 ECO	제주 제주시 봉성리 산 35번지 일원	0.698	㈜제주 대동
45	남원 드래곤	전북 남원시 대산면 옥율리 산 131번지 일원	0.795	㈜신한레저
46	거제 남부	경남 거제시 남부면 탑포리, 동부면 율표리 일원	3.693	
47	여수첼린지파크	전남 여수시 화양면 나진리 산333-2번지 일원	0.510	여수시

자료 : 문화체육관광부, 2019년 6월 30일 기준

표 9-3 • 관광단지 시 · 도별 현황

(2019년 6월 30일 현재)

시 · 도	지정개소	관광단지명
부산	1	오시리아(舊동부산)
인천	1	강화종합리조트
울산	1	강동
광주	1	어등산
경기	2	평택호, 안성 죽산
강원	15	알펜시아, 원주 오크밸리, 휘닉스파크, 평창 용평, 웰리힐리파크, 홍천 비발디파크, 라비에벨(舊무릉도원), 신영, 설악한화리조트, 고성 델피노골프앤리조트, 원주 더네이처, 양양국제공항, 횡성 드림마운틴, 원주 플라워프루트월드, 원주 루첸
충북	1	증평 에듀팜 특구
충남	2	골드힐카운티리조트, 백제문화
전북	1	남원드래곤
전남	6	해남 오시아노, 여수 경도, 여수 화양, 고흥우주해양, 진도 대명리조트, 여수 첼린지파크
경북	5	보문, 감포, 안동문화, 김천온천, 마우나오션
경남	2	창원구산해양, 거제 남부

시 · 도	지정개소	관광단지명
제주	9	중문, 신화역사공원, 제주헬스케어타운, 팜파스종합휴양, 성산포해양, 예래휴양형주거, 록인제주, 애월국제문화복합단지, 프로젝트 ECO
합계	47	

제3절 관광특구

1. 관광특구의 개념

관광특구는 외국인관광객의 유치 촉진을 위하여 관광시설이 밀집된 지역에 대해 야간 영업시간 제한을 배제하는 등 관광활동을 촉진하고자 1993년 12월 27일 관광진흥법을 개정하여 도입된 제도이다. 관광진흥법 제2조(11항)에서는 관광특구를 '외국인 관광객의 유치 촉진 등을 위하여 관광활동과 관련된 관계법령의 적용이 배제되거나 완화되고, 관광활동과 관련된 서비스 · 안내 체계 및 홍보 등 관광여건을 집중적으로 조성할 필요가 있는 지역으로서 관광진흥법에 의하여 지정된 곳' 이라고 정의하고 있다.

문화체육관광부는 2004년 10월 관광진흥법을 일부 개정하여 특구 지정권한을 시 · 도지사에게 이양하고 특구에 대한 국가 및 지방자치단체의 지원근거를 마련하였으며, 관광특구 진흥계획의 수립 · 시행 및 평가를 의무화하는 등 특구제도의 실효성을 확보하기 위한 다양한 제도적 장치를 도입하였다. 또한 2005년 4월에는 관광진흥법 개정을 통해 관광특구 지역 안의 문화 · 체육시설, 숙박시설 등으로 관광객 유치를 위하여 특히 필요하다고 문화체육관광부 장관이 인정하는 시설에 대하여 관광진흥개발기금의 보조 또는 융자가 가능하도록 하였다. 관광특구 지정 요건(관광진흥법 제70조 및 동법 시행령 제 58조)은 문화체육관광부령이 정하는 상가 · 숙박 · 공공편익시설, 휴양 · 오락시설 등의 요건을 갖추고 외국인 관광객의 수요를 충족시킬 수 있는 지역으로 당해 지역의 최근 1년간 외국인 관광객이 10만 명(서울특별시는 50만 명) 이상 (문화체육관광부 장관이 고시하는 통계전문기관의 통계)이어야 하며, 임야 · 농지 · 공업용지 · 택지 등 관광활동과 관련이 없는 토지가 관광특구 전체 면적의 10%

를 초과하지 않아야 한다. 2008년부터 지정 관광특구를 대상으로 관광진흥개발기금을 지원해 주고 있다.

제70조(관광특구의 지정)

① 관광특구는 다음 각 호의 요건을 모두 갖춘 지역 중에서 시장 · 군수 · 구청장의 신청(특별자치도의 경우는 제외한다)에 따라 시 · 도지사가 지정한다. 〈개정 2007. 7. 19, 2008. 2. 29, 2008. 6. 5〉

1. 외국인 관광객 수가 대통령령으로 정하는 기준 이상일 것
2. 문화체육관광부령으로 정하는 바에 따라 관광안내시설, 공공편익시설 및 숙박시설 등이 갖추어져 외국인 관광객의 관광수요를 충족시킬 수 있는 지역일 것
3. 임야 · 농지 · 공업용지 또는 택지 등 관광활동과 직접적인 관련성이 없는 토지의 비율이 대통령령으로 정하는 기준을 초과하지 아니할 것
4. 제1호부터 제3호까지의 요건을 갖춘 지역이 서로 분리되어 있지 아니할 것

② 관광특구의 지정 · 취소 · 면적변경 및 고시에 관하여는 제52조제2항부터 제4항까지의 규정을 준용한다.

관광진흥법 시행령 제58조(관광특구의 지정요건)

① 법 제 70조제1항제1호에서 "대통령령으로 정하는 기준"이란 문화체육부장관이 고시하는 기준을 갖춘 통계전문기관의 통계결과 해당지역의 최근 1년간 외국인 관광객 수가 10만 명(서울특별시는 50만 명)인 것을 말한다.〈개정 2008.2.29〉

② 법 제70조 제1항제3호에서 "대통령령으로 정하는 기준"이란 관광특구 전체 면적 중 임야 · 농지 · 공업용지 또는 택지 등 관광활동과 직접적인 관련성이 없는 토지가 차지하는 비율이 10퍼센트인 것을 말한다.

2. 관광특구 지정 현황

2019년 4월 30일 기준으로 13개 시 · 도 32개 소의 관광특구가 지정되어 있다.

표 9-3 • 관광특구 지정 현황 (2019년 4월 30일 기준)

시 · 도	특구명	지정지역	면적(㎢)	지정일
서울(6)	명동 · 남대문 · 북창	명동, 회현동, 소공동, 무교동 · 다동 각 일부	0.87	'00. 3.30
	이태원	용산구 이태원동, 한남동 일원	0.38	'97. 9.25
	동대문 패션타운	중구 광희동, 을지로5~7가, 신당1동 일원	0.58	'02. 5.23
	종로 · 청계	종로1가~6가, 서린동, 관철동, 관수동, 예지동 일원, 창신동 일부 지역 (광화문빌딩~숭인동 4거리)	0.54	'06. 3.22
	잠실	송파구 잠실동 · 신천동 · 석촌동 · 송파동 · 방이동	2.31	'12. 3.15
	강남	강남구 삼성동 무역센터 일대	0.19	'14.12.18
부산(2)	해운대	해운대구 우동 · 중동 · 송정동 · 재송동 일원	6.22	'94.8.31
	용두산 · 자갈치	중구 부평동 · 광복동 · 남포동 전 지역, 중앙동 · 동광동 · 대청동 · 보수동 일부 지역	1.08	'08.5.14
인천(1)	월미	중구 신포동 · 연안동 · 신흥동 · 북성동 · 동인천동 일원	3.00	'01.6.26
대전(1)	유성	유성구 봉명동 · 구암동 · 장대동 · 궁동 · 어은동 · 도룡동	5.86	'94.08.31
경기(5)	동두천	동두천시 중앙동 · 보산동 · 소요동 일원	0.40	'97.1.18
	평택시 송탄	평택시 서정동 · 신장1 · 2동 · 지산동 · 송북동 일원	0.49	'97.5.30
	고양	고양시 일산 서구, 동구 일부 지역	3.94	'15.8.6
	수원 화성	경기도 수원시 팔달구, 장안구 일대	1.83	'16.1.15
	통일동산	경기도 파주시 탄현면 성동리, 법흥리 일원	3.01	'19.4.30
강원(2)	설악	속초시 · 고성군 및 양양군 일부 지역	138.2	'94.8.31
	대관령	강릉시 · 동해시 · 평창군 · 횡성군 일원	428.3	'97.1.18

시·도	특구명	지정지역	면적(㎢)	지정일
충북(3)	수안보온천	충주시 수안보면 온천리·안보리 일원	9.22	'97.1.18
	속리산	보은군 내속리면 사내리·상판리·중판리·갈목리 일원	43.75	'97.1.18
	단양	단양군 단양읍·매포읍 일원(2개읍 5개리)	4.45	'05.12.30
충남(2)	아산시온천	아산시 음봉면 신수리 일원	3.71	'97.1.18
	보령해수욕장	보령시 신흑동, 웅천읍 독산·관당리, 남포면 월전리 일원	2.52	'97.1.18
전북(2)	무주 구천동	무주군 설천면·무풍면	7.61	'97.1.18
	정읍 내장산	정읍시 내장지구·용산지구	3.45	'97.1.18
전남(2)	구례	구례군 토지면·마산면·광의면·신동면 일부	78.02	'97.1.18
	목포	북항·유달산·원도심·삼학도·갓바위·평화광장 일원(목포해안선 주변 6개 권역)	6.90	'07.9.28
경북(3)	경주시	경주 시내지구·보문지구·불국지구	32.65	'94.8.31
	백암온천	울진군 온정면 소태리 일원	1.74	'97.1.18
	문경	문경시 문경읍·가은읍·마성면·농암면 일원	1.85	'10.1.18
경남(2)	부곡온천	창녕군 부곡면 거문리·사창리 일원	4.82	'97.1.18
	미륵도	통영시 미수1·2동·봉평동·도남동·산양읍 일원	32.90	'97.1.18
제주(1)	제주도	제주도 전역(부속도서 제외)	1,809.56	'94.8.31
13개 시·도 32개소		–	2,639.48	

자료 : 문화체육관광부, 2019년 4월 30일 기준

신문 읽기

관광특구 된 파주 통일동산 '평화관광 1번지' 꿈꾼다

4월 말 경기도 접경지역 중 첫 관광특구 지정
안내소 · 가이드북 제작 등 편의시설 정비키로
'씨제이 이엔엠 콘텐츠 월드' 조성 협약 체결
장단콩웰빙마루도 2021년 상반기 준공 예정

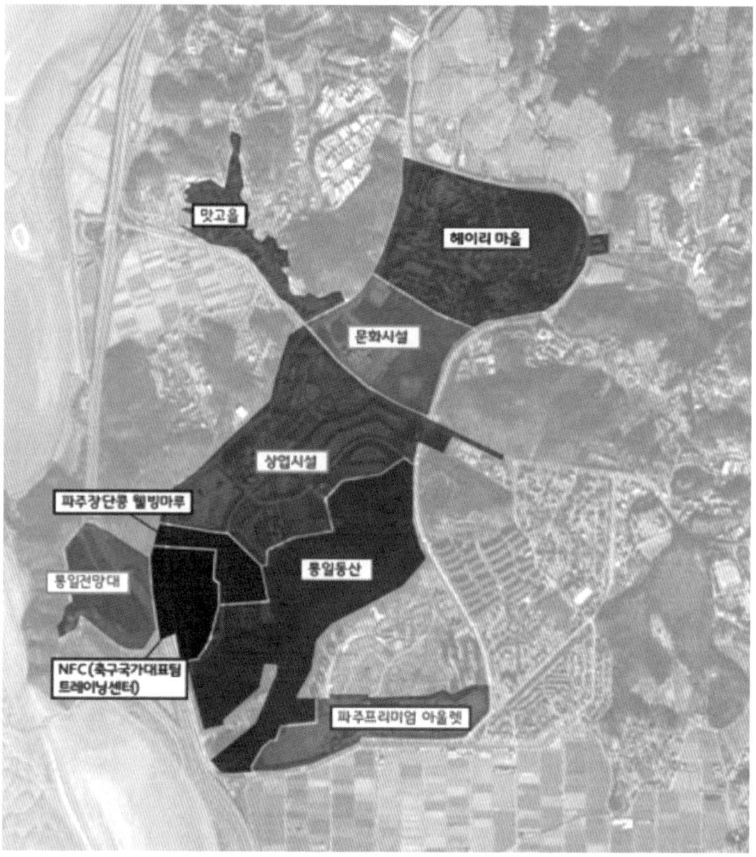

외국인 관광객이 즐겨 찾는 경기도 파주 통일동산이 최근 관광특구로 지정돼 명실상부한 '한반도 평화관광의 1번지'로 발돋움할 것으로 보인다.

25일 파주시 등의 설명을 들어보면, 탄현면 성동리와 법흥리 일대 약 300만㎡(91만여 평) 규모의 통일동산 관광특구가 지난 4월 말 경기도 접경지역 가운데 처음으로 지정됐다. 통일동산지구 조성계획이 발표된 지 29년 만이다.

통일동산 관광특구는 오두산 통일전망대와 헤이리마을, 맛고을, 프로방스, 프리미엄아웃렛, 카트랜드 등 주요 관광시설이 밀집해있으며 연간 20만 명이 넘는 외국인 관광객이 방문하고 있다.

특히 예술인 마을로 알려진 헤이리에는 운보 김기창 화백을 비롯한 유명 작가의 작품을 전시하는 미술관과 박물관 카페가 30곳이 넘어 연중 관광객이 끊이지 않고 있다.

통일동산 관광특구는 동두천, 평택, 고양, 수원에 이어 경기도에서 다섯 번째며, 전국에 31개의 관광특구가 지정돼 있다. 파주시는 2015년 타당성 용역을 시작으로 주민설명회 등을 거쳐 2017년 경기도에 특구 지정을 신청했다.

파주시는 통일동산 관광특구 활성화를 위해 관광안내소와 다국어 종합관광안내소, 안내간판 설치와 관광특구 가이드북 제작, 무료 공공와이파이 설치 등 편의시설을 정비하기로 했다. 또 관광체계 매뉴얼과 관광정보 표준화, 연계 콘텐츠와 주변 지역 연계 관광코스 개발, 외국어 관광안내사 양성 배치 등을 계획하고 있다.

시는 이어 통일동산에 추진 중인 파주장단콩웰빙마루 조성사업도 시민자문단과 함께 원활히 추진해 관광특구 연계 콘텐츠로 개발할 방침이다. 파주장단콩웰빙마루는 지역 특산물인 장단콩을 주제로 생산 · 가공 · 유통 · 판매와 체험 · 관광 · 문화가 어우러진 6차 산업을 육성하는 것으로 9월 착공에 들어가 2021년 상반기 준공할 예정이다.

특히 파주시는 씨제이 이엔엠(CJ ENM)과 최근 통일동산지구 특별계획구역 내 '씨제이 이엔엠 콘텐츠 월드' 조성을 위한 상생협약을 체결해 아시아 최대 규모의 콘텐츠 월드가 조성될 전망이다.

최종환 파주시장은 "관광객 수요에 맞춰 통일동산 관광특구 맞춤형 버스를 7월부터 운영하고 성동리 일원에 대한 건축 규제를 완화해 관련 투자를 유치할 계획이다. 통일동산 주변의 풍부한 관광자원들을 연계해 다양한 관광활성화 정책을 추진하겠다"고 말했다.

자료 : 한겨레, 2019. 06. 25

참고문헌

[국내서적]

강준호 외 5명, 한국골프산업백서 2018, 이조, 2019

김정배, 관광자원관리, 형설출판사, 1997.

김정옥, 관광자원관리론, 대왕사, 2007.

김종은, 관광지리자원론, 백산출판사, 2006.

김주환 외 8명, 고등학교사회, 중앙교육진흥연구소, 2008.

김진수 외 8인, 한끝고등사회, 비유와 상징, 2007.

문화관광부, 문화관광해설사제도 운영 매뉴얼, 2006.

문화체육관광부 · 한국문화관광정책연구원(공편), 2003 문화정책백서, 2004.

____________________, 2006 문화정책백서, 2007.

문화체육관광부, 2006년 기준 관광동향에 관한 연차보고서, 2007.

문화체육관광부, 2017년 기준 관광동향에 관한 연차보고서, 2018.8.

문화체육관광부, 2018 전국문화기반시설 총람, 2018.11.

서태양, 문화관광론, 대왕사, 2002.

신우성, 관광자원의 이해, 기문사, 2004.

윤세환 외 4명, 관광지리자원론, 한올출판사, 2005.

이광원, 관광자원론, 기문사, 2005.

이상춘, 관광자원론, 백산출판사, 2002.

이순구, 관광자원지리, 두남, 2005.

이지만, 관광자원해설, 시대고시기획, 2004.

임주환외 4명, 친환경적 관광지개발론, 백산출판사, 2003.

양정임, 관광자원해설, 백산출판사, 2018.

주종대, 문화관광론, 대왕사, 2007.

채예병, 관광자원론, 새로미, 2008.

한국관광공사, 국제회의개최현황, 2006.

한국수자원공사, 물과 미래, 2008.

한국직업능력개발원, NCS 학습모듈, 관광자원해설, 2018.

[논문]

국립수목원, 숲해설 기초, 2014.10.

곽행구 외 2인, 전남 전통 한옥마을의 문화관광활성화 방안, 전남발전 연구원, 2009.

김상태, 산업관광활성화방안, 한국문화관광연구원, 2009.

김종록, 문화관광활성화 방안에 관한 연구, 내부지방행정연수원, 1996.

김향자 · 유지윤, 도시관광 진흥방안, 한국관광연구원, 2000.

김홍운 · 김사영, 우리나라 해양관광자원 개발방안에 관한 연구, 해양정책연구 7월호, 한국해양수산개발원, 1992.6.

나도삼 · 서울시 문화시설 분포현황과 향후 정책방향, 서울정책포커스 제41호, 서울시정개발연구원, 2007. 9.

농촌진흥청, 농촌 · 농업관광프로그램 개발연구, 농업과학기술원농촌생활연구소, 2002.

박진재, 국내세계문화유산 주변경관 관리방안에 관한 연구, 성균관대학교대학원 석사학위논문, 2004.

백선혜, 북촌지역에 적합한 문화, 관광프로그램, 서울시정개발연구원, 2007.

송화섭, 전통축제와 현대축제의 발전방향, 인문콘텐츠학회, 인문콘텐츠 제2호, 2003. 12.

신영증권, Industry Report, 카지노산업, 2017.2.23.

엄수원, 지역관광잠재력 및 개발방향에 관한 연구, 토지연구, 한국토지공사, 1998. 8.

이동필 · 최경은, 향토음식산업의 육성방안, 한국농촌경제연구원, 2007. 11.

이종규, 서울시 문화관광상품 마케팅방안, 서울시정개발연구원, 2002.

전영옥 · 민승규, 농촌활성화를 위한 농촌어메니티 정책의 방향, 삼성경제연구소, 2003. 10.
정재선, 우리나라 주제공원의 개황 및 발전방향, 관광정보, 한국관광공사, 1995.
주현식, 경북지역 문화관광해설인력 활용방안, 대구경북연구원, 2011.
조민, 문화유산의 가치평가에 관한 연구, 세종대대학원 석사학위논문, 2005.
한상우, 의령군 관광자원 개발전략과 방안, 경남발전연구원, 2010.
한국경제개발연구원, 부산해양관광진흥 실행계획, 2018.6.
이희승, 국어대사전, 민중서림, 1979.
내무부, 온천지, 1983.
문화재청, 2003 제주도 천연동굴 일제조사보고서.
문화재청, 2004, 충청북도 천연동굴 일제조사보고서.
김태영, 2016 경남관광자원 저오의 체계적 관리운영방안, 경남발전연구원, 2016.9.
성남시, 성남시 산업관광육성, 2016 성남시 정책연구보고서.
국립공원 관리공단 국립공원 연구원, 국립공원 내 분포하는 동굴현황 및 동굴생물 조사연구, 2011.12.
김효윤, 스토리텔링을 활용한 관광안내기법연구, 전남대학교 석사학위논문, 2011.
문화재보호법 무형문화재 보전 및 진흥에 관한 법률(무형문화재법).
문화재청, 통계로 보는 문화유산 2018, 2019.2.
한국관광연구원, 도시관광진흥방안연구, 2000.10.
서울연구원, 서울시 문화자원 실태와 분포 특성, 2015.11.
NH투자증권, Industry Report, 2019.4.10.

[기타]

국립공원관리공단, http://www.knps.or.kr/
국제기념물유적협의회한국위원회, http://www.icomos-korea.or.kr/
국토교통부, http://www.cntp.kr/
국회도서관, http://www.nanet.go.kr/
공감코리아, http://www.korea.kr/
문화재청, http://www.cha.go.kr/
문화재청국가문화유산포털, http://www.heritage.go.kr/
문화체육관광부, http://www.mcst.go.kr/
법제처, http://www.moleg.go.kr/
서울특별시청, http://www.seoul.go.kr/
유네스코한국위원회, htp://www.heritage.unesco.or.kr/
한국관광공사, http://www.visitkorea.or.kr/
한국문화재단, http://www.chf.or.kr/
한국박물관협회, http://www.museum.or.kr/
환경부, http://www.me.go.kr/
강원일보, http://www.kwnews.co.kr/
건설경제신문, http://www.cnews.co.kr/
경기신문, http://www.kgnews.co.kr/
경상매일신문, http://www.ksmnews.co.kr/
경인일보, http://www.kyeongin.com/
경향신문, http://www.khan.co.kr/
국민일보, http://www.kukinews.com/
극동경제신문, http://www.kdpress.co.kr/
농민신문, http://www.nongmin.co.kr/
뉴스토마토, http://www.newstomato.com/
뉴시스, http://www.newsis.com/

대구신문, http://www.idaegu.co.kr/
대전일보, http://www.daejonilbo.com/
대한뉴스, http://www.dhns.co.kr/
데일리 전북, http://www.dailyjeonbuk.com/
동아일보, http://www.donga.com/
두산백과사전, http://www.101.encyber.com/
매일경제, http://www.mk.co.kr/
매일신문, http://www.imaeil.com/
머니투데이, http://www.mt.co.kr/
부산시 인터넷 신문, http://www.busan.go.kr/
부산신문, http://www.busan.com/
서울경제, http://www.hankooki.com/
세계로컬타임즈, http://www.segyelocalnews.com/
세계일보, http://www.segye.com/
스포츠조선, http://www.sports.chosun.com/
신아일보, http://www.shinailbo.co.kr/
씨앤비뉴스, http://www.cnbnews.com/
아시아경제, http://www.asiae.co.kr/
여성동아, http://www.women.donga.com/
연합뉴스, http://www.yna.co.kr/
영남일보, http://www.yeongnam.com/
영주시민신문, http://www.yjinews.com/
이데일리, http://www.edaily.co.kr/
인터넷환경일보, http://www.hkbs.co.kr/
일요서울, http://www.ilyoseoul.co.kr/
조선일보, http://www.chosun.com/
주간조선, http://www.weekly.chosun.com/
주간동아, http://www.weekly.donga.com/
중도일보, http://www.joongdoilbo.co.kr/
중부뉴스통신, http://www.jungbunews.com/
중앙신문, http://www.joongang.tv/
중앙일보, http://www.joins.com/
제주매일, http://www.jejumaeil.net/
한겨레, http://www.hani.co.kr/
http://www.koreacasino.or.kr/
http://www.dbpia.co.kr/
http://www.inews.seoul.go.kr/
http://www.kcaf.or.kr/
http://www.lawnb.com/
http://www.law.go.kr/
http://www.kyohak.co.kr/
http://www.lifeinkorea.com/
http://www.yuksa.new21.org/
네이버 http://www.naver.com/
네이트 http://www.nate.com/
다음 http://www.daum.net/

저자소개

■김 영 규

- 동국대학교 대학원 서비스경영학과 경영학 석사
- 가천대학교 대학원 관광경영학과 경영학 박사
- (주)한국콘도미니엄 근무
- (주)세일여행사 근무
- (주)에어몰여행 근무

현) 신안산대학교 국제관광경영과 교수

관광자원론

2008년 8월 14일 초　판 발행
2010년 8월 20일 2판 1쇄 발행
2013년 3월 31일 3판 1쇄 발행
2019년 8월 31일 4판 1쇄 발행

저　자 김 영 규
발행인 한 인 환
발행처 도서출판 **기 문 사**
등　록 1978. 8. 9. NO. 6-0637
주　소 서울시 동대문구 안암로 50-1(용두동) 홍신빌딩 3층
전　화 02) 2265-7214 / 922-8662~8663
팩　스 02) 922-8772

homepage : www.kimoonsa.co.kr
e-mail : book@kimoonsa.co.kr

ISBN : 978-89-7723-838-1 93900

정가 : 20,000원

●불법복사는 지적재산을 훔치는 범죄행위입니다.

저작권법 제 97조의 5(권리의 침해죄)에 따라 위반자는 5년 이하의 징역 또는 5천만원 이하의 벌금에 처하거나 이를 병과할 수 있습니다.